HELDEN NACH MASS

200 Jahre Völkerschlacht bei Leipzig

Katalog zur Ausstellung des Stadtgeschichtlichen Museums Leipzig
4. September 2013 – 5. Januar 2014

Veröffentlichung des Stadtgeschichtlichen Museums Leipzig
Im Auftrag der Stadt Leipzig herausgegeben von Volker Rodekamp

Wir danken für die großzügige Unterstützung

Ostdeutsche Sparkassenstiftung
gemeinsam mit der
Sparkasse Leipzig

LANDESSTELLE FÜR MUSEUMSWESEN | Freistaat SACHSEN

Hieronymus - Lotter - Gesellschaft
zur Förderung des Stadtgeschichtlichen Museums Leipzig e.V.

HELDEN NACH MASS

200 Jahre Völkerschlacht — Katalog

Inhaltsverzeichnis

Grußwort
Burkhard Jung, Oberbürgermeister der Stadt Leipzig
7

Zum Geleit
Volker Rodekamp, Direktor des Stadtgeschichtlichen Museums Leipzig
8

Essays

Alfred Grosser
Für und gegen die Freiheit
Die Erinnerung an Kriege in Frankreich und Deutschland
10

Steffen Poser
„Ich habe das Morden zum Überdruß satt!"
Die Völkerschlacht
17

Roman Töppel
„Es ist ein trauriges Leben, alle drei oder vier Jahre um seine Existenz bangen zu müssen."
Die Stimmung in Sachsen während der Befreiungskriege 1813–1815
27

Wolfgang Häusler
„Krieg ist das Losungswort! Sieg! Und so tönt es fort!"
Deutsche und Österreicher für, mit und gegen Napoleon Bonaparte
37

Susanne Schötz
„Frauenschlacht" zu Leipzig
Anmerkungen zu Louise Otto-Peters in der Reichsgründungszeit
47

Magdalena Gehring
„Wir haben einen glänzenden Sieg gehabt."
Theodor Körner auf der Opernbühne
55

Harald Homann
Ein Ereignis – zwei Perspektiven
Die Rezeption des historischen Geschehens in der DDR und in der Bundesrepublik Deutschland
60

Katalog

Ulrike Dura, Steffen Poser

Prolog *Auf der Fährte* — 70

Geistige Brandstifter — 74
„Haß glühe als Religion des deutschen Volkes" Ernst Moritz Arndt — 76
Der „Turnwüterich" Friedrich Ludwig Jahn — 79

Glorreiche Hasardeure — 82
„Die Wunde brennt, die bleichen Lippen beben" Theodor Körner — 84
Überstürzter Rebell Ferdinand von Schill — 88
„Wilde verwegene Jagd" Ludwig Adolph Wilhelm von Lützow — 92
Elenore Prochaska und andere Weibsbilder — 94

Generäle mit Rückgrat — 98
Hochverrat oder Patriotismus Ludwig Yorck von Wartenburg — 100
Der gelehrte General Gerhard von Scharnhorst — 103
Jakobiner in preußischer Uniform August Neidhardt von Gneisenau — 105
Marschall Vorwärts Gebhard Leberecht von Blücher — 108

Zu Helden erkoren — 112
Königin der Herzen Luise — 114
„Deutschland in seiner tiefen Erniedrigung" Johann Philipp Palm — 120

Fürs Vaterland — 124
Das Volk steht auf Die Landwehr — 126
Gold gab ich für Eisen — 136

Klare Fronten? — 140
Geliebter Feind Napoleon — 142
Vererbte Feindschaft? — 150
Piefke und seine Brüder — 160

Ikonen der Nation — 168
Gusseisen und ein bisschen Silber Das Eiserne Kreuz — 170
Retourkutsche Die Quadriga — 174
RAL 9005 + RAL 3020 + RAL 1021 Die Deutschen Nationalfarben — 180

Epilog *Verheizte Helden* — 184

Studio-Ausstellung

Napoleon-Karikaturen aus der Sammlung des Stadtgeschichtlichen Museums Leipzig — 196

Anhang

Literaturverzeichnis — 242
Mitwirkende — 247
Bildnachweis/Impressum — 248

Grußwort

Die Völkerschlacht im Oktober 1813 war für die nächsten 100 Jahre die größte Massenschlacht in der Geschichte Europas und wurde ebenso zu einem Sinnbild des Grauens. Beinahe einhunderttausend Soldaten fanden den Tod. Hinzu kamen unzählige Verletzte, Verstümmelte, durch Krankheit und Seuchen heimgesuchte Menschen. Es wurde nicht nur auf dem großen Schlachtfeld gestorben und gelitten, auch die Stadt wurde in Mitleidenschaft gezogen und hatte noch lange an den Folgen zu leiden.

Es war die Entscheidungsschlacht der Befreiungskriege auf deutschen Boden, die Napoleonische Vorherrschaft wurde besiegt und vertrieben. Mit der Erinnerung an diesen Sieg keimten die Aufrufe zum Bau eines Denkmals auf, Nationalismus trat in den Vordergrund. Das Denkmal wurde zu einem Mahnmal für die Toten aus vielen Ländern und das unsägliche Leid, es wurde aber auch ein Zeichen für deutschen Nationalismus, obwohl in der Völkerschlacht auch Deutsche gegen Deutsche kämpften.

Nun begehen wir den Erinnerungs- und Gedenktag an die Völkerschlacht vor 200 Jahren und 100 Jahre Völkerschlachtdenkmal. Der riesige Erzengel Michael, der Schutzpatron der Soldaten, steht als Symbol für Heldentum. Was liegt da näher, als nach den Helden zu fragen, nach dem Maß, das Helden ausmacht. Die Ausstellung widmet sich dieser nicht alltäglichen Frage.

Wer also waren die Helden der Völkerschlacht? Waren es die Befehlshaber der Koalitionsarmeen oder besonders waghalsige Offiziere oder war es auch der sogenannte kleine Mann, der das Wort der Zivilcourage noch nicht kannte, aber so handelte?

Der Begriff vom Helden, vom Heros stand lange Zeit für große, äußerst kräftige Männer, die mutig sich der Schlacht stellen, Leben retten. Wir kennen die griechischen und deutschen Heldensagen aus unserer Jugend. Später kamen auch Westernhelden hinzu. Heldentenöre heißen die Sänger aus Wagneropern in den Figuren von Siegfried, Tristan, Lohengrin.

Leipzig bekam 1989 von Christoph Hein den Titel „Heldenstadt".

Wo finden wir die Helden der Völkerschlacht? Einige werden uns durch Straßennamen in Erinnerung gerufen. Yorck zum Beispiel. Er durchbrach am 16. Oktober 1813 in der Schlacht bei Möckern, also im nördlichen Schlachtfeld, die französischen Linien und trug maßgeblich zur Niederlage Napoleons bei. Zuvor hatte er sich noch dem Preußenkönig durch die Konvention von Tauroggen im Dezember 1812 widersetzt. Damit riskierte er Kopf und Kragen, seinen Soldaten ersparte er jedoch einen aussichtslosen Kampf, der vielen das Leben gekostet hätte. Ein Held? Historiker setzen dieses Datum von Tauroggen als den Beginn der Befreiungskriege.

Waren die 3 000 „Schwarzen Jäger" von Lützows Freikorps Helden? Deren militärische Rolle wurde lange Zeit überbewertet, auch gab es einen sehr hohen Anteil an Deserteuren. Wie hoch ist der Mut zu bewerten, sich überhaupt einer solchen wilden Kämpfergruppe zwischen den Fronten anzuschließen?

Wie stand es um die Leipziger Bevölkerung in dieser Zeit, was hatte sie auszustehen? Es wird nicht nur Barmherzigkeit erfordert haben, um den Verwundeten zu helfen, sondern auch großen Mut. Welche Helden finden wir hier?

Sehen Sie sich die Ausstellung an und finden Sie Ihr Maß für Heldentum, das der Vergangenheit und das heutige.

Ihr Burkhard Jung
Oberbürgermeister der Stadt Leipzig

Zum Geleit

Im Oktober 2013 erinnern wir uns des 200. Jahrestages der Völkerschlacht bei Leipzig, immer noch ein Datum, an das sich vielfältige Erwartungen knüpfen.

Schon den Zeitgenossen war es angesichts der erschreckenden Dimensionen des Sterbens auf dem Leipziger Schlachtfeld kaum denkbar, einfach zur Normalität überzugehen. Kommenden Generationen sollte in geeigneter Weise Durchlittenes überliefert werden. Standen dafür zunächst die zahlreichen Versuche zur Errichtung eines angemessenen Denkmals, so suchte man auch bald über die öffentliche Präsentation von Erinnerungsstücken die Geschichte jener Tage für kommende Generationen lebendig zu halten.

Bereits seit Mitte des 19. Jahrhunderts existierten in Leipzig öffentlich zugängliche Privatsammlungen zu verschiedenen Facetten der mittlerweile sogenannten deutschen Befreiungskriege. 1913 widmete das junge Stadtgeschichtliche Museum Leipzig eine erste große Sonderausstellung dem Jahrhundertereignis. Später existierten auch am Völkerschlachtdenkmal eigene Ausstellungsräume, um die historische Folie darzustellen, vor der der größte Denkmalbau Europas errichtet wurde. Zugleich spiegelten diese Ausstellungen die sich kontinuierlich wandelnde zeitgenössische Haltung der Gesellschaft zu Wesen und Stellenwert nationaler Identität wider.

Im Deutschen Kaiserreich Wilhelms II. verallgemeinerten derartige Expositionen die preußische Geschichte der Kriege gegen Napoleon zur deutschen schlechthin, im Nationalsozialismus hingegen betonten diese die Notwendigkeit bedingungslosen Aufgehens des Einzelnen in der Volksgemeinschaft, während sie in der DDR der engen Anlehnung an die Sowjetunion und deren gesellschaftspolitischen Zielen eine scheinbare historische Legitimation verschafften.

Binnen zweier Jahrhunderte hat sich so ein dichtes Flechtwerk an Mythen und Legenden um das tatsächliche Geschehen der Befreiungskriege gelegt. Viele von ihnen sind bis heute lebendig. Zugleich ist in dem Maße, in dem die Bedeutung des Ereignisses als Quelle von Inspiration und Orientierung für das Handeln in unserer Gegenwart zurückging, auch das Wissen um den Ursprung der uns umgebenden Symbole und Helden dieser untergegangenen Epoche verloren gegangen.

Das Stadtgeschichtliche Museum lädt zum lustvollen Dechiffrieren und Kombinieren, zum Ergründen und Erspüren von Wirkungslinien aus zwei Jahrhunderten in seine Ausstellung zum 200. Jahrestag der Völkerschlacht ein.

Mag bisweilen die eine oder andere Metamorphose, die ein Protagonist, eine aufrichtig gemeinte Begeisterungswelle, eine bedeutungsschwere Tradition im Verlauf unserer Erzählung erfährt, kurios oder gar skurril wirken: Wir begegnen jenen, die einst Leidenschaft, Besitz und Leben in der Hoffnung einsetzten, es diene ihrer Zukunft und der ihrer Kinder, stets mit gebührendem Respekt. Diese gewundenen Wege vom rationalen Kern zu den mitunter wunderlichen Stationen eines Mythos; wir haben uns die Freiheit genommen, sie lediglich freizulegen.

Welcher Stellenwert diesem Ereignis in der diesjährigen Leipziger Kulturlandschaft beigemessen wird, wird auch durch die zur Verfügung gestellten städtischen Sondermittel deutlich. Zu dem in ganz Leipzig mit viel Enthusiasmus vorbereiteten 200. Jahrestag der Völkerschlacht wollen wir mit dieser Ausstellung in besonderer Weise beitragen. Ohne die engagierte Unterstützung zahlreicher Partner wäre das in dieser Weise nicht denkbar gewesen. Besonderer Dank gilt der Ostdeutschen Sparkassenstiftung gemeinsam mit der Sparkasse Leipzig, die es uns ermöglichten, diesen Katalog vorzulegen und einen ausstellungsbegleitenden Audioguide, auch in englischer und französischer Sprache, zu realisieren. Die Sächsische Landesstelle für Museumswesen in Chemnitz förderte in großzügiger Weise den Einsatz moderner Medien in der Ausstellung, durch die den Besuchern zahlreiche zusätzliche Aspekte und Informationen angeboten werden können.

Für eine moderne und zeitgemäße „Verpackung" der Ausstellung danken wir den Architekten KatzKaiser, Köln/Darmstadt und den Grafikern der Agentur Pluralnet in Berlin, für das wunderbare Layout des Katalogs Frau Gabine Heinze von TOUMAart in Leipzig sowie den Fotografen Frau Helga Schulze-Brinkop und Herrn Steffen Talhi. Für das außergewöhnliche Titelmotiv danke ich Frau Patricia Müller von weite kreise in Berlin.

Besonders gedenken möchte ich an dieser Stelle Herrn Manfred Köhlers (trion film, Berlin), der, wie für ungezählte Ausstellungen unseres Hauses in der Vergangenheit, auch für diese Ausstellung wunderbares historisches Filmmaterial zusammengestellt hat. Durch sein unvergleichliches Fachwissen auf diesem Gebiet hat er unsere Arbeit enorm bereichert und war uns ein wichtiger Partner. Durch einen schrecklichen Unfall wurde er im Juni 2013 aus dem Leben gerissen.

Danken möchte ich aber auch jenen Museen, Institutionen und Privatsammlern im In- und Ausland, die uns großzügig mit der Ausleihe von Exponaten aus ihren Sammlungen ermöglicht haben, den Blick über Leipzig hinaus auf ein Stück Vergangenheit mit nationaler Strahlkraft zu werfen.

Dr. Volker Rodekamp
Direktor

Alfred Grosser

Für und gegen die Freiheit:
Die Erinnerung an Kriege in Frankreich und Deutschland

Es muss hier natürlich von Frankreich und Deutschland zur Zeit der beiden Weltkriege die Rede sein. Aber auch das 19. Jahrhundert muss in Betracht gezogen werden, sowie die Gewalt, die von Deutschland und Frankreich gegen Andere ausgegangen ist – mehr zur Bekämpfung der Freiheit als zur Unterstützung Freiheit Suchender. Stets sollte dabei die Frage gestellt werden, wie es mit der Erinnerung an die Geschehnisse steht. Die blutige Zeit nach 1945 – von der so wenig gesprochen wurde, bis 2011 das große Buch von Keith Lowe, „Savage continent: Europe in the aftermath of World War II" erschienen ist – darf ausgeklammert werden, weil die Massaker in Jugoslawien, die Vertreibung der Sudetendeutschen, die Unterdrückung der antisowjetischen Aufstände in den baltischen Staaten einen besonderen Essay verdienen und nur sehr begrenzt mit den deutsch-französischen Beziehungen zu tun haben.

Es gibt noch immer französische Intellektuelle, die behaupten, seit ewigen Zeiten habe Deutschland angegriffen. Wenn man fragt: „Als es noch kein Deutschland gab? Und zur Zeit von Ludwig XIV. und Napoleon?", so erhält man keine Antwort. Manchmal gibt es Erstaunliches: Ein kleines Liederbuch für Schulkinder enthielt ein Chanson de Turenne, dessen erste Zeile lautet „Feux de joie, brûlons le Palatinat" (Freudenfeuer, lasst uns die Pfalz verbrennen). Die Frage an die Schulbehörde: „Was würden Sie sagen, wenn ein deutsches Schulbuch ein Lied brächte „Lasst uns Oradour verbrennen!", rief Empörung über den Vergleich hervor, aber das Lied verschwand. Und die Millionen deutschen Toten des Dreißigjährigen Kriegs sind gewiss nicht nur Frankreich und dessen Verwüstung von Speyer oder Heidelberg zuzuschreiben!

Selten war damals von Freiheit die Rede wie bei dem friedlichen Fest auf dem Hambacher Schloss im Mai 1832. Es gab noch kein Deutschland, es herrschte in den meisten der vielen deutschen Staaten Metternichs Unfreiheit. Deswegen hieß es im Lied von Philipp Jakob Siebenpfeiffer: „Frisch auf, Patrioten, den Berg hinauf / Wir pflanzen die Freiheit, das Vaterland auf." Und in seiner Rede sagte er: „Es lebe das freie, das einige Deutschland! Hoch leben die Polen, der Deutschen Verbündeten! Hoch leben die Franken, der Deutschen Brüder, die unsere Nationalität und unsere Selbständigkeit achten! Hoch lebe jedes Volk, das seine Ketten bricht und mit uns den Bund der Freiheit schwört!" Leider ist diese Bestrebung 1849 in Deutschland wie in Frankreich blutig niedergeschlagen worden.

1840 gab es eine deutsch-französische Plänkelei, die nicht die geringste Kriegsgefahr enthielt. Als Antwort auf das Rheinlied des Dichters Nikolaus Becker schrieb Alfred de Musset die gleich berühmt gewordenen Strophen „Le Rhin allemand", die verhöhnend begannen mit „Wir haben euren deutschen Rhein besessen. Er hat unser Glas gefüllt ...". Im selben Jahr schrieb Max Schneckenberger „Die Wacht am Rhein". Das Lied mit dem Refrain

Lieb Vaterland magst ruhig sein,
Fest steht und treu die Wacht,
Die Wacht am Rhein

ist dann bis 1922 gesungen worden, als das Deutschlandlied Nationalhymne wurde.

Musset spielte auf Napoleons Eroberungen an. Hambach hat auch nach Napoleon stattgefunden, der wie die Französische Revolution, deren Erbe er antrat, in Deutschland einige

Freiheit und viel Unfreiheit gebracht hatte. Nicht nur Heinrich Heine hat ihn später verehrt. Auch im Rheinland blieb die Erinnerung an ihn positiv, weil nach ihm Preußen als Besatzungsmacht kam. In Leipzig erinnert man sich 2013 an die Völkerschlacht, der ja diese Ausstellung gewidmet ist. In Frankreich ist die Erinnerung nicht ganz die Gleiche. So lautet z.B. die Geschichte in der französischen Wikipedia: „In der Nacht vom 18. auf den 19. wenden sich die Sachsen und ihre Artillerie ohne Vorwarnung gegen die Truppen von Napoleon." Als Folge dieses Ereignisses ist der Ausdruck Saxon in französischer Sprache als Bezeichnung eines feigen Verräters aufgenommen worden! Es heißt jedoch auch, dass Abertausende sächsische Soldaten in Russland für Napoleon gefallen waren und dass das Benehmen der französischen Soldaten in Sachsen „den Hass der Nation und der Armee" hervorgerufen hatte.

Aber die Sachsen kommen nicht als Feind in der französischen Literatur vor. Der eigentliche Feind, der später als Erbfeind bezeichnet wird, obwohl dieser Namen eigentlich England zugeschrieben werden sollte, ist nicht Deutschland, sondern Preußen, und dies seit 1870 bis in die Zeit nach dem Zweiten Weltkrieg. In den Novellen von Guy de Maupassant und Alphonse Daudet im 19. Jahrhundert sind die Soldaten manchmal Deutsche, aber die Offiziere sind immer Preußen. 1945 steht in der ersten Anweisung der französischen Regierung an die Besatzungsbehörde in Baden-Baden mehr über die Notwendigkeit zu „Entpreußen" als zu Entnazifizieren. Und noch im Januar 1962 sagte mir General de Gaulle in einem Gespräch über eins meiner Bücher: „ Wir beide wissen doch, dass auf der anderen Seite Preußen liegt." Dass die bösen Preußen Kommunisten geworden waren, das war doch nicht erstaunlich. Bei Bayern oder Rheinländern wäre man überrascht gewesen!

Alfred Grosser, deutsch-französischer Publizist, Soziologe und Politologe,
2010 in der Paulskirche in Frankfurt am Main
© Wikimedia Commons

Allerdings ging es am 23. Januar 2003 um Deutschland, nicht um Preußen. Zum ersten Mal tagten die beiden Parlamente in Versailles zusammen, Anlass war der 40. Jahrestag des Elysée-Vertrags. Die Medien haben die schöne Symbolkraft dieses Ereignisses nicht genügend bewertet. Es war doch eine Überwindung zweier Demütigungen. Der französischen von 1871 und der deutschen von 1919. In der Erinnerung sollte ein doppelter Unterschied auffallen. Frankreichs Niederlage war eine „normale". Der Besiegte musste viel Gold bezahlen und hat es auch bezahlt (was die deutsche Kriegsführung 1914 sehr erleichtert hat), während der Versailler Frieden keiner Verhandlung folgte, sondern unter Druck auferlegt wurde, mit einer moralischen Betonung: das besiegte Deutschland musste sich schuldig bekennen und sollte wegen dieser Schuld zahlen. Während der heftigen deutschen Diskussion über das Buch von Fritz Fischer „Griff nach der Weltmacht" (1961) veranstaltete ich an der Sorbonne eine Debatte über die Verantwortung für den Ersten Weltkrieg zwischen dem französischen Historiker Jacques Droz und dem deutschen Gilbert Ziebura, der im Sinne Fischers von der kaiserlichen Alleinverantwortung sprach, worauf der Franzose antwortete, der Gesprächspartner vernachlässige völlig die doch große französische Schuld. Als Vorsitzender hätte ich nicht lachen sollen, aber ich fragte lachend: „Können Sie sich vorstellen, dass ein solches Gespräch in den zwanziger Jahren in diesem selbstanklägerischen Sinn geführt worden wäre?" Zu einer Zeit, als die französische Politik die Weimarer Republik schlecht behandelte, nur weil sie eben Deutschland war.

Gerade weil damals Frankreich durch seine Haltung indirekt zum Aufstieg Hitlers beigetragen hatte, haben ältere Männer nach 1945 eine völlig andere Einstellung angenommen. Rémy Roure war ein bekannter Journalist, bis zum Krieg bei Le Temps, ab 1945 bei Le Monde. Was wusste er von Deutschland? Er sprach kein Wort deutsch. 1916 war er als Kriegsgefangener in einem deutschen Offizierslager. Im Widerstand nach 1940 wurde er im KZ Buchenwald interniert, während seine Frau im KZ Ravensbrück litt und starb. Der Sohn wurde von einer deutschen Mine getötet. Und doch hat er 1947 sofort ja gesagt, als ich ihm anbot, einer der Präsidenten unseres Comité français d'échanges avec l'Allemagne nouvelle zu werden. Gerade wegen der ersten Nachkriegszeit fühlte er sich mitverantwortlich für die demokratische Zukunft des zerstörten Deutschland. Diese Mitverantwortung hat das ganze Kuratorium dieses Comités bewegt, das sich aus Deportierten, Résistanceführern und anderen Hitler-Opfern zusammensetzte. Es galt, an der Entstehung eines freiheitlichen Deutschland mitzuwirken, zusammen mit Deutschen, die auch Hitler bekämpft hatten. Völlig im Sinne der Präambel der französischen Verfassung von 1946, die auch heute noch gültig ist. Es hieß gleich am Anfang, dass der Sieg davongetragen wurde nicht über ein Volk oder eine Nation, sondern „über die Regime, die versucht haben, die Menschen zu versklaven und zu entwürdigen." Als ich 1947 zum ersten Mal seit unserer Emigration 1933 in meine Geburtsstadt Frankfurt a. M. kam, wurde ich von Oberbürgermeister Walter Kolb empfangen. Er war in Buchenwald interniert gewesen. Wir hatten uns nicht zu „versöhnen", sondern trugen eben eine deutsch-französische Mitverantwortung für die Freiheit in (West-) Deutschland. In diesem Sinn hätten sich die Großen in Dachau treffen sollen, wo französische und deutsche Hitler-Gegner gemeinsam gelitten hatten. Aber de Gaulle und Adenauer haben sich in der Kathedrale von Reims getroffen, François Mitterrand und Helmut Kohl in Douaumont bei Verdun, Nicolas Sarkozy und Angela Merkel am Arc de Triomphe an einem 11. November, Jahrestag des Waffenstillstands 1918. Also dreimal wurde die Erinnerung an den Ersten Weltkrieg beschworen, nicht an den Zweiten.

Und nun soll es 2014 große Erinnerungsfeiern zum hundertsten Jahrestag des Weltkriegs geben. Warum? Es war doch eine Art europäischer Bürgerkrieg, mit Millionen Toten, und mit traurigen Konsequenzen für das ganze Jahrhundert (das eigentlich 1914 begonnen hat und 1990 endete). Vergeblich hat ein Romain Rolland versucht, friedenstiftend zu wirken, ebenso wie Papst Benedikt XV., während die Bischöfe beider christlicher Konfessionen in Frankreich wie in Deutschland das Niedermetzeln von deutschen und französischen Christen in ihren Predigten anspornten. Der bewegende Film „Joyeux Noël" (2005, auf deutsch absurderweise „Happy Christmas" betitelt) zeigte eine Verbrüderung zwischen den Schützengräben Weihnachten 1914 – und wie der Priester, der die Freude hat, die Messe zu lesen, dann von seinem, eine Hasspredigt haltenden Bischof hart bestraft wird. Nach dem Krieg sind Bücher erschienen, die den Wahnsinn dieses Krieges darstellten, wie „Im Westen nichts Neues" von Remarque oder „Le feu" von Henri Barbusse. Beeindruckt wurde ich in jungen Jahren von „Der Schädel des Negerhäuptlings Makaua. Ein Kriegsroman für die Jugend" von Rudolf Frank. Der Schädel steht im Versailler Vertrag. Um ihn von den Deutschen zurückzuerhalten, ließen sich Abertausende Afrikaner in den Tod schicken. Das Buch, 1931 erschienen, zeigt die Sinnlosigkeit der verschiedenen Kriegsziele, lässt auch einen alten Juden sagen, dass das geschlagene Deutschland einen Krieg gegen die Juden führen wird, der nichts kostet und viel einbringt.

Warum also die geplanten Feiern 2014? Vielleicht weil die führenden Politiker nicht verstanden haben, dass der Zweite Weltkrieg kein deutsch-französischer gewesen ist, sondern ein moralischer. Wahrscheinlich auch, weil heute noch der Erste in Frankreich als ein großes Leiden in Erinnerung ist. In jedem französischen Dorf steht ein Denkmal mit einer langen Liste der Gefallenen zwischen 1914 und 1918, denen wenige Namen der Toten von 1939 bis 1945 zur Seite gestellt wurden. Anzeichen für das Verständnis der Sinnlosigkeit gab es bereits direkt nach Kriegsende. Der Bischof von Verdun, Mgr. Charles Ginisty, erreichte, dass im Ossarium Douaumont deutsche und französische Gebeine zusammen begraben wurden und heute noch durch Glasscheiben zu sehen sind. Man könnte auch Menschen wie meinen Vater feiern, der vier Jahre lang als Militärarzt an der „Westfront", d. h. in Frankreich, gedient und vielen Familien des besetzten Ostfrankreichs medizinische Hilfe geleistet hat. Aber ich muss gestehen, dass ich mir wünschte, dass vieles von dem Geld, das für 2014 zurückgelegt ist, lieber der aktuellen deutsch-französischen Aufklärungsarbeit zugute käme.

Für den Zweiten Weltkrieg dürfte es auch nicht die geringste Diskussion geben über die Verantwortung, die Schuld. Es wäre schön, in allen deutschen Schulbüchern stünden lediglich zwei Zitate. Hitler spricht zu seinen Generälen und einigen Ministern, am 3. Februar 1933, vier Tage nach der Machtergreifung, da heißt es bereits:

„Wie soll die politische Macht, wenn sie gewonnen ist, gebraucht werden? Vielleicht Erkämpfung neuer Export-Möglichkeiten. Vielleicht – und wohl besser – Eroberung eines neuen Lebensraums im Osten und dessen rücksichtslose Germanisierung."

Das führt schließlich am 22. August 1939 zu der aggressiven Bilanz: „Die persönliche Verbindung zu Stalin ist hergestellt. Von Ribbentrop wird übermorgen den Vertrag schliessen. Nun ist Polen in der Lage, in der ich es haben wollte. Wir brauchen keine Angst vor der Blockade zu haben. Der Osten liefert uns Getreide, Vieh, Kohle, Blei, Zink. Ich habe nur Angst, dass mir noch im letzten Moment irgend ein Schweinehund einen Vermittlungsplan vorlegt."

Der Wille zum Krieg ist von den Anderen nicht verstanden worden. Der französische Regierungschef, Edouard Daladier, hatte während des Ersten Weltkriegs im Schützengraben gelegen. Wie alle (bis zum Buch von Thomas Weber „Hitlers erster Krieg: Der Gefreite Hitler im Weltkrieg – Mythos und Wahrheit", Berlin 2012) glaubte er, Adolf Hitler habe auch das große Leiden, das große Sterben gesehen. Also konnte er doch sicher nicht ein neues Desaster wünschen! Und mit schlimmen Zugeständnissen wie in München sollte es doch möglich sein, ihn zu beschwichtigen. Da das nicht der Fall war, ist „München" zum Symbol der Kapitulation vor einem Diktator geworden. „Munichois" ist zum französischen Schimpfwort geworden und man kann die britisch-französische Intervention am Suez-Kanal 1956 nur verstehen, wenn man einsieht, dass Anthony Eden und Guy Mollet beide dem Diktator Nasser gegenüber keine neuen „Munichois" sein wollten.

Hitlers Krieg, Hitlers Massenmorde stehen seit 1945 bis heute im Zentrum der Debatten zur „Vergangenheitsbewältigung" in Deutschland, aber auch in Frankreich. Es gibt so etwas wie einen deutschen Masochismus. Es ist, als seien damals alle Deutsche mitmarschiert im Sinne der Parodie von Bertolt Brecht auf das Horst Wessel Lied:

Hinter der Trommel her
Trotten die Kälber.
Das Fell für die Trommel
Liefern sie selber.
Der Metzger ruft,
Die Augen fest geschlossen,
Das Kalb marschiert mit ruhig festem Tritt.
Die Kälber, deren Blut im Schlachthof schon geflossen,
sie ziehn im Geist in seinen Reihen mit.

Es war nicht falsch, was Bundespräsident Walter Scheel in seiner Rede zum 8. Mai 1975 gesagt hat: „Warum geschah das alles? Warum diese furchtbaren Opfer? Die Antwort ist: Hitler wollte den Krieg. Er verwandelte unser Land in eine riesige Kriegsmaschine und jeder von uns war ein Rädchen darin. Das war erkennbar. Wir haben aber die Augen und Ohren geschlossen, hoffend, es möge anders sein." Aber es war zu verallgemeinernd und schien auf etwas wie eine Kollektivschuld hinzuweisen. Eine solche hat es nie gegeben. Sogar das Nürnberger Gericht hat zwar SS (nicht Waffen-SS!) und Gestapo als kollektiv schuldig erklärt, aber jedes einzelne Mitglied musste individueller Schuld überführt sein, um verurteilt zu werden. Schon bevor er 1949 Bundespräsident wurde, hat Theodor Heuss von der Notwendigkeit der Kollektivscham gesprochen. Als 1970 Willy Brandt vor dem Warschauer Ghettodenkmal auf die Knie sank, hatte er, der bereits 1933 aus Hitler-Deutschland fliehen musste, keine Schuld zu bereuen. Als Kanzler der Bundesrepublik trug er die Haftung, die Last der entsetzlichen Vergangenheit. Diese sollte für die folgenden Generationen nur als ein Wissen dastehen, mit der Verpflichtung, sich nie mehr verführen zu lassen und stets für die Würde der Anderen einzutreten. So wie es Bundespräsident Horst Köhler am 2. Februar 2005 vor der Knesset gesagt hat:

„Die Würde des Menschen ist unantastbar. Diese Lehre aus den nationalsozialistischen Verbrechen haben die Väter des Grundgesetzes im ersten Artikel unserer Verfassung festgeschrieben. Die Würde des Menschen zu schützen und zu achten ist ein Auftrag an alle

Deutschen. Dazu gehört, jederzeit und an jedem Ort für die Menschenrechte einzutreten. Daran will sich die deutsche Politik messen lassen."

Leider meinte er damit nicht die verachteten und gedemütigten Palästinenser! Dieses Eintreten für andere, das ist dabei die Grundlage der Einsätze der Bundeswehr und nicht die Macht der Nation. Als Bundesverteidigungsminister Volker Rühe die erste Rede an die vereinigten Rekruten aus West- und Ostdeutschland am 9. Oktober 1995 hielt, sagte er: „Sie alle stehen für unsere demokratische Verfassung ein und übernehmen Mitverantwortung für Freiheit und Menschenwürde anderer." Inwieweit dies auf Kosovo und Afghanistan zutrifft, mag diskutiert werden. Aber diese ermutigende Einstellung hat wenig zu tun mit der ständig zurückblickenden, relativ neuen deutschen Selbstanklage, die sogar weiter zurückliegende Jahrhunderte betrifft. Die falsche Behauptung eines Daniel Goldhagen, der später wegen seiner unsauberen Arbeitsweise den erhofften Lehrstuhl in Harvard nicht erhielt, „die" Deutschen hätten schon immer Mordgelüste gegen die Juden empfunden, ist mit einer wirklichen Begeisterung in der Bundesrepublik aufgenommen worden. Heute geht es um die Kollektivschuld aller deutschen Diplomaten, wo doch die Einseitigkeit des Buches „Das Amt" jedem Leser auffallen sollte. Manche „neuen" Historiker und andere Intellektuelle schreiben so, als seien sie sicher, dass, hätten sie damals gelebt, sie sich heldenhaft benommen und den Spruch verworfen hätten „Lieber Gott, mach mich stumm, dass ich nicht nach Dachau kumm!" Dabei wird ständig eine Frage gestellt, die doch überholt sein sollte: „Was wird das Ausland sagen?" Sogar angesichts der Freude bei einer Fußballweltmeisterschaft auf deutschem Boden, bei der viele schwarz-rot-goldene Fahnen gezeigt und geschwenkt wurden. Die Farben von Hambach, von 1848 – was war denn da so schlimm?

Es wäre besser, die Vergangenheit schlicht aufzuarbeiten und daraus Konsequenzen zu ziehen im Hinblick auf die damaligen Verfolgten, Gejagten, Ermordeten. Die deutschen Schulkinder, vor allem in den gar nicht mehr so neuen Ländern, sollten die „Gemeinsame Erklärung aller Fraktionen der Volkskammer zur Oder-Neiße-Grenze und zur Vergangenheitsbewältigung" zur Kenntnis nehmen, die die Volkskammer am 13. April 1990 verabschiedet hat:

„Wir, die ersten frei gewählten Parlamentarier der DDR, bekennen uns zur Verantwortung der Deutschen in der DDR für ihre Geschichte und Zukunft und erklären einmütig vor der Weltöffentlichkeit: Durch Deutsche ist während der Zeit des Nationalsozialismus den Völkern der Welt unermessliches Leid zugefügt worden. Nationalismus und Rassenwahn führten zum Völkermord, insbesondere an den Juden aus allen europäischen Ländern, an den Völkern der Sowjetunion, am polnischen Volk und am Volk der Sinti und Roma.

Diese Schuld darf niemals vergessen werden. Aus ihr wollen wir unsere Verantwortung für die Zukunft ableiten. ... Die Volkskammer der DDR bekennt sich zur Mitschuld der DDR an der Niederschlagung des „Prager Frühlings" 1968 durch Truppen des Warschauer Paktes. Mit der unrechtmäßigen militärischen Intervention wurde den Menschen in der Tschechoslowakei großes Leid zugefügt und der Prozess der Demokratisierung in Osteuropa um 20 Jahre verzögert. ... Wir haben in Angst und Mutlosigkeit diesen Völkerrechtsbruch nicht verhindert."

Die Erinnerung an Auschwitz ist überall in Deutschland erhalten geblieben. Nicht nur in Berlin stehen die Stolpersteine vor den Häusern, aus denen Juden deportiert wurden. Die Architektur des Jüdischen Museums ist an sich schon tief erschütternd. Leider wird das große Stelenfeld des Holocaust-Denkmals der Art und Weise der Ermordung der Juden nicht gerecht, die durch Gas oder Erschießungen an Grabenrändern getötet wurden, während jeder unwissende Besucher hier eine Stätte von Grabsteinen sieht. Und in meinem Buch „Von Auschwitz nach Jerusalem. Über Deutschland und Israel" habe ich versucht zu zeigen, warum die Erinnerung an Auschwitz niemanden zwingen sollte, jede Politik der israelischen Regierung lobenswert zu finden.

Es war schön, dass Bundespräsident Roman Herzog den 27. Januar, an dem 1945 Auschwitz befreit wurde, zum Tag der Erinnerung gemacht hat. Noch schöner vielleicht ist die Tatsache, dass 2011 an diesem Tag ein Überlebender der Sinti und Roma vor dem Bundestag sprechen durfte. Polen gegenüber ist viel Positives geschehen, obwohl manche Äußerungen von Erika Steinbach, Vorsitzende des Bundes der Vertriebenen, zumindest missverstanden werden konnten. Der schönste Text ist hier wahrscheinlich die Tafel, die Rudolf von Thadden und Trieglaff mit aus aller Welt zusammengerufenen Trieglaffern an der Kirche der polnisch gewordenen Stadt in Pommern angebracht hat: „Zur Erinnerung an viele Generationen deutscher Trieglaffer, die hier lebten und glücklich waren, und mit guten Wünschen für das Wohlergehen derer, die heute hier ihre Heimat gefunden haben".

Die Wiedervereinigung hat 1990 die Grenze des freien Europas an die polnische Grenze verschoben, bis dann 2004 Polen, die Tschechische Republik, die baltischen Staaten und andere in die Europäische Union aufgenommen wurden, nachdem auch sie frei geworden waren. Der Begriff der Freiheit war aber vor 1989 nicht immer großgeschrieben worden. Als Staatspräsident François Mitterrand am 8. Januar 1988 Erich Honecker im Elysée-Palast empfing, sagte er dem Gast: „Die Vergangenheit lässt sich nicht vergessen und bei den Franzosen bleibt die Erinnerung wach an die heldenhaften Bestrebungen all der Deutschen, die wie Sie, Herr Präsident, sich dem Nazismus widersetzt haben. Der Geist der Freiheit beseelte damals gegen denselben Feind die Kämpfer aller Geistesrichtungen. Es ist dieser Geist, der seit bald zwei Jahrhunderten unsere Auffassung von der pluralistischen Demokratie und den Bürgerrechten begründet. Möge sie doch wieder zum Gemeingut ganz Europas werden! Denn wie könnte man wähnen, dass sich die Europäer über den Frieden einigen, wenn sie sich über die Freiheit trennen!"

Es war ein Wink mit dem Zaunpfahl an alle, die in der Bundesrepublik ein gemeinsames europäisches Dach forderten für den freien und den unfreien Teil und die im Namen der Annäherung das Wort Freiheit zu Gunsten von Frieden, Gerechtigkeit und Schutz der Natur beiseite schoben.

In Frankreich ist die Teilhabe der Kommunisten kein Problem, außer im Hinblick auf die Periode 1939/41 – die Zeit der Allianz Hitler/Stalin – und auch auf den manchmal blutigen Machtanspruch der KP innerhalb der Résistance. Die eigentliche Erinnerungsdebatte geht immer noch um Vichy. Nicht um über die „Kollaboration" zu diskutieren, die kaum noch Verteidiger findet, sondern um sich zu fragen, inwiefern das Vichy von Marschall Pétain und Pierre Laval Frankreich war. Es stimmt, dass das Votum des Parlaments am 10. Juli 1940 die Republik abgeschafft hat, wie es am 23. März 1933 durch das Ermächtigungsgesetz geschehen war. Aber wenn es hieß, La République (das Wort ist in Frankreich wertbeladener als in Deutschland) trage keine Haftung für die Jahre, die lediglich eine Klammer in ihrer Geschichte gewesen seien, so dürfte man fragen, ob das nicht auch für die „Klammer" 1933–1945 der deutschen Geschichte gelten sollte. Und vor allem war es doch das Frankreich der Polizei und der Behörden, das die Juden an Hitler-Deutschland auslieferte und in den Tod schickte. Dieses ist erst durch Staatspräsident Jacques Chirac halbwegs anerkannt worden, bis nun Staatspräsident François Hollande Klartext gesprochen hat. Am 22. Juli 2012 sagte er bei einer Feier zu Erinnerung an die Verhaftungen der Pariser Juden und ihr Zusammenpferchen im Vélodrome d'Hiver, der Winterradfahrhalle, am 16./17. Juli 1942: „Es war ein Verbrechen in Frankreich und von Frankreich". Die Aufregung war groß und die Kritik der Gaullisten von rechts und links heftig: Zu dieser Zeit existierte Frankreich nur in London mit General de Gaulle!

Bleibt eine weitere, eigentlich grundsätzliche Frage: Wie steht es mit der Bekämpfung der Freiheit anderer vor, während oder nach deutsch-französischen Kriegen? Die deutsche Erinnerung an den „ersten Völkermord des 20. Jahrhunderts" ist noch sehr begrenzt. Und doch sind zwischen 60 000 und 80 000 Hottentotten dem Wüten des Generals Lothar von Trotha zu Opfer gefallen, die Männer durch Massenmord, die Frauen und Kinder durch Vertreibung in die Wüste nach Sperrung der Wasserstellen. Auch weiß man wenig von der deutschen Duldung und auch Unterstützung des Völkermords der Türkei an den Armeniern 1915.

In Frankreich gibt es an viel mehr zu erinnern. Zunächst, weil der Algerienkrieg 1954/1962 noch ständig diskutiert wird. Dass viel gefoltert wurde, dass ganze Dörfer zerstört wurden, steht nicht mehr zur Debatte, wohl aber das Ausmaß der Barbarei der anderen Seite. Und auch die Rolle der Pieds Noirs, der nicht-muslimischen Bevölkerung, für die oft Algerien das eigentliche Vaterland war. Als Albert Camus den Literatur-Nobel-Preis erhielt, drückte er seine Freude darüber aus, dass dieser Preis zum ersten Mal einem algerischen Schriftsteller zugeschrieben werde. Aber in einem seiner Romane erzählt er, wie sein Vater, der niemals in Frankreich war, als französischer Soldat in den Krieg geschickt wurde und beinahe sogleich gefallen ist. Als muslimischer Algerier war er als minderwertig betrachtet und behandelt worden. Vieles wird heute erkannt und bereut. Der Oberbürgermeister der Stadt Nantes, Jean-Marc Ayrault, heute Premierminister, hat letztes Jahr ein großes Denkmal eingeweiht, das zeigt, dass die Stadt ihren Wohlstand im 18. Jahrhundert durch den Sklavenhandel erreicht hat. Ein ähnliches Bekenntnis gibt es auch in Bordeaux. Nicht alle Einsichten sind schon erreicht. Das Wüten der napoleonischen Armee in Spanien 1808 ist natürlich bekannt durch die Zeichnungen Los Desastres von Francisco de Goya, und auch das furchtbare Bild der Erschießungen am 3. Mai steht in manchen Büchern. Aber der Ruhm des Kaisers wird dadurch kaum berührt. Und in den Schulbüchern steht noch nicht, dass die Zwangsarbeit im französischen „schwarzen" Afrika erst durch Gesetz im April 1946 abgeschafft wurde. Es stimmt jedoch, dass die Debatte um das Positive und das Negative in den beherrschten Gebieten völlig berechtigt ist. Wie in Großbritannien sind manche zukünftigen Herren der unabhängig gewordenen Staaten in Frankreich mit den Prinzipien ausgebildet worden, in deren Namen sie dann Frankreich bekämpft haben.

Schließlich soll die Frage nach den freiheitsbekämpfenden Religionen gestellt werden. Nicht nur Martin Luther und der Krieg gegen die Bauern. Auch nicht so sehr Luther und Calvin, die trotz Verkündung der Freiheit des Christen neue Orthodoxien etablierten, die Verketzerung aller Andersdenkenden eingeschlossen. Viel mehr die katholische Kirche, die den Begriff der Freiheit des Anderen nur ein paar Jahrzehnte, zwischen Konstantin und Theodosius, im 4. Jahrhundert und nun seit Oktober 1965 durch den Konzil-Text Dignitatis humanae anerkannt hat. In der Zwischenzeit gab es Ereignisse wie das Massaker an den Einwohnern von Béziers: 1209 wurden 20 000 Menschen umgebracht, weil ein Teil von ihnen „Häretiker" waren, woraufhin der Legat des Papstes nach Rom schrieb: „Die Rache Gottes hat Wunder vollbracht: Wir haben sie alle getötet"! Es wäre schön, wenn die katholische Kirche eines Tages eines ihrer Opfer selig sprechen würde, zum Beispiel Jan Hus.

Was verbindet all das, was in diesem Essay steht? Dass die wichtigste Tugend die Anerkennung des Leidens des Anderen, des Rechts auf Freiheit des Anderen ist. Nach 1945 konnten wir von keinem jungen Deutschen verlangen, das Ausmaß von Hitlers Verbrechen zu verstehen, wenn wir nicht echtes Mitgefühl zeigten für die Leiden der Seinen unter den Bomben oder bei der Vertreibung. Nur so konnte der Versuch gelingen, ihm zu helfen, frei zu denken und somit um die Freiheit anderer besorgt zu sein.

Steffen Poser

„Ich habe das Morden zum Überdruß satt!"
Die Völkerschlacht

Präludium

„Fußvolk und Reiter, Kanonen und Munitionskarren wälzten sich, wie in einen unauslöschlichen, nie zu entwirrenden Knäuel verschlungen, durcheinander in dem aufgewühlten, schmutzigen Grunde des Flusses. Offiziere und Gemeine schrieen, die Ersteren schimpften; ... Hier breitete sich das außerordentliche Schauspiele vor unseren Blicken aus. Jenseits der Parthe erhob sich das Land; eine lange, zusammenhängende Hügelreihe zog sich von Osten nach Westen, und auf dieser entdeckten wir die unermeßlichen Heerschaaren, welche, von Morgen herkommend, dem bis dahin so übermächtigen Feinde entgegen zogen, erbitterte Völker aus dem Innersten Asiens, aus Russland, wie aus Deutschland und Schweden, zu seinem Untergange verschworen. ... Eine unübersehbare Reihe war schon an dem verwunderten Auge vorübergezogen, die ganze, lange Hügelkette schien mit einem Kranze von Kriegern geschmückt, ... Die langsam fortscheitenden, zahllosen Massen verloren sich gegen Westen hinter den Hügeln, aber immer neue Kolonnen tauchten im Osten auf, als wollte der unversiegbare Menschenstrom nie aufhören. ... Wir ahnten die große Bedeutung des Tages, Welttheile hatten sich in Bewegung gesetzt, und es war dieser Augenblick staunender Bewunderung, der auf dieser Stelle die Benennung Völkerschlacht schuf, welche auf immer den merkwürdigsten Kampf bezeichnen wird."[1]

Der Philosoph und Naturwissenschaftler Henrich Steffens nahm als Freiwilliger auf preußischer Seite an den Befreiungskriegen teil und beschrieb in seinen Erinnerungen den Anblick der in die Leipziger Schlacht ziehenden Truppen der Verbündeten. Als sich endlich die frühe Dämmerung des 19. Oktober 1813 über die Stadt Leipzig und ihre Umgebung senkte, fiel zugleich der Vorhang zum Schlussakt eines Dramas von Danteschen Ausmaßen – die Völkerschlacht war geschlagen. Was sich genau um die rund 33 000 Einwohner zählende sächsische Handelsstadt ereignet hatte und welch erschreckende Dimensionen es offenbaren sollte, das wussten die Leipziger zu jenem Zeitpunkt alle nicht und von den zahllosen anwesenden Militärs aller Nationalitäten des Kontinents ahnten es die wenigsten.

Tatsächlich sind die Dimensionen der Schlacht außergewöhnlich. Rund eine halbe Million Soldaten wurde im Oktober 1813 um die alte Handelsstadt Leipzig zusammengezogen, um das künftige politische Schicksal Europas auf dem Schlachtfeld zu entscheiden.

Das gesamte Jahr 1813 über hatte es gebrodelt, ein Gerücht das andere gejagt, war eine politische Erschütterung der anderen gefolgt. Begonnen hatte das Jahr mit den bizarren Nachrichten der wenigen Heimkehrer aus dem Feldzug Napoleons gegen Russland. Es dauerte einige Zeit, bis man nicht mehr daran zweifeln konnte, dass die wenigen Tausend zerlumpten, sich heimwärts schleppenden Gestalten der Rest jenes mehr als 600 000 Mann starken Heeres war, das im Juni 1812 die Memel überquert hatte, um das größte Reich des Kontinents dem Kaiser der Franzosen zu unterwerfen. So einzigartig Napoleon seinen Zeitgenossen in seinen Siegen auf dem Schlachtfeld erschien, so außergewöhnlich schien er auch in der Niederlage zu sein. Dass er dabei seine Verbündeten gleich mit in den Abgrund zu reißen drohte, rief verständlicherweise deren Widerspruch hervor. War so mancher von ihnen dem Herrn über Europa schon ohne innere Überzeugung gen Osten gefolgt, so mochte nun, da er schwer angeschlagen war, die Zeit gekommen sein, den Spieß umzudrehen. Es gab noch offene Rechnungen zu präsentieren. Den Anfang machte Preußen. Der Chef des preußischen Hilfskorps für Napoleons Feldzug, General Johann David Ludwig Graf Yorck, schloss auf eigene Faust und ohne ausdrückliche Billigung seines Königs mit dem in russischen Diensten stehenden General Johann Karl Friedrich Anton Graf Diebitsch am 30. Dezember 1812 die berühmte Konvention von Tauroggen: das preußische Hilfskorps kündigte Napoleon die Gefolgschaft auf und wartete ab, wie der König die neu entstandene militärische Sachlage bewerten würde. Da ein großer Teil der Preußen sich voller Begeisterung anschickte, in den Krieg gegen Napoleon zu ziehen, blieb Friedrich Wilhelm III. nichts anderes übrig, als den Seitenwechsel amtlich zu machen, den ein Teil seiner Untertanen innerlich schon längst vollzogen hatte. Ab 17. März 1813 befand sich Preußen an der Seite Russlands im Krieg gegen Napoleon. Es begann ein Feldzug, der wegen der zunächst geringen Erfolge den Bedenken Friedrich Wilhelms III. Recht zu geben schien. Doch auch der Gegner hatte die Katastrophe im Russlandfeldzug noch längst nicht verdaut. Die eilends aus dem Boden gestampfte neue Armee war noch nicht voll einsatzbereit. Beide Seiten spielten auf Zeit und vereinbarten einen Waffenstillstand, der vom 4. Juni bis 11. August 1813 Bestand hatte. Sie nutzten die Atempause. Napoleon konnte die Rüstung seiner neuen Armee komplettieren. Russland und Preußen gewannen Österreich und Schweden als aktive Bündnispartner und versicherten sich der materiellen Unterstützung Englands.

Nach Leipzig

Die Kriegsziele der neuen Alliierten waren unterschiedlich, die „Befreiung der Völker Europas" hauptsächlich ein öffentlichkeitswirksames Lippenbekenntnis. Preußen und Österreich waren vor allem darauf aus, die an Napoleon verlorenen Gebiete wiederzuerlangen und ihren Einfluss auf die europäische Politik zu stärken. Russland wollte ganz allgemein seine Stellung in Europa stärken und in den Kreis der Großmächte aufsteigen, argwöhnisch die Aktivitäten Preußens und Österreichs an seinen Grenzen beobachtend. Schwedens Armee, die vom ehemaligen französischen Marschall und derzeitigen Aspiranten auf den Thron Gustav Adolphs, Jean Baptiste Jules Bernadotte, geführt wurde, sollte die Herrschaft über Norwegen sichern. In Zentraleuropa hatte Schweden wenig Interessen und so schonte der Neuschwede Bernadotte seine neuen Landsleute in Uniform, wo immer es möglich war. England hatte die Vorherrschaft zur See und in den Kolonien bereits vor Ausbruch der Befreiungskriege erreicht und achtete nun darauf, dass keines der von ihr unterstützten Länder den Niedergang Napoleons zu gefährlichem Machtzuwachs nutzte. Noch mehr als im Inselstaat fragte man sich in Österreich, ob ein endgültiger Sturz Napoleons tatsächlich wünschenswert wäre. Er würde eine Lücke hinterlassen, die andere nur zu gern füllen mochten, auch auf Kosten des habsburgischen Einflusses in Europa. Und schließlich war Franz I. der Vater der französischen Kaiserin und Großvater von Napoleons Sohn. Da galt es auch dynastische Fragen zu beachten.

Carl Philipp Fürst von Schwarzenberg,
Heliogravure nach Ludwig Hummel, 1816

Es ist ein diplomatischer Eiertanz, den die Beteiligten absolvierten und dessen militärische Variante Karl Philipp Fürst zu Schwarzenberg als Oberbefehlshaber der alliierten Truppen absolvieren musste. Geeinigt hatte man sich zunächst auf die Bildung dreier Armeen, die konzentrisch gegen Napoleon vorrückten: Im Süden der Mark Brandenburg operierte die Nordarmee des schwedischen Thronfolgers Karl Johann mit schwedischen, russischen und preußischen Einheiten, in Schlesien russisch-preußische Truppen unter dem Kommando des preußischen Generals Gebhard Leberecht von Blücher. Von Böhmen hatte sich die Hauptarmee aus österreichischen, russischen und preußischen Kontingenten in nördliche Richtung in Marsch gesetzt. Die Verbündeten verließen sich auf Napoleons gewohnte Taktik, gegnerische Truppen möglichst einzeln zu schlagen. Keine der Armeen sollte im Fall eines Angriffs den Kampf aufnehmen. Rückzug und Vereinigung mit den Teilarmeen war die Devise des Oberkommandierenden. Er hatte vor seinem Widerpart den größten Respekt und war nicht bereit, ein Risiko einzugehen. Das Kräfteverhältnis war zunächst fast ausgeglichen. Napoleon führte rund 450 000 Mann ins Feld, die Verbündeten wenige Zehntausend mehr. Gegen ein militärisches Ausnahmetalent wie Napoleon wollte das wenig heißen. Dieser konzentrierte sich zunächst auf den Raum Dresden und überließ es einem seiner Marschälle, die preußische Hauptstadt zu besetzen. Der Versuch scheiterte. Großbeeren und Hagelberg, zwei sandige Dörfer im brandenburgischen Fläming, standen für zwei vor allem psychologisch wichtige Siege der Verbündeten. Das Blatt hatte sich gewendet, die Verbündeten nutzten die Ruhepause des Sommers gut. Blücher war es in Niederschlesien mit dem Übergang über die Katzbach gelungen, ein allgemeines Vorrücken der Truppen zu erkämpfen. Dass sein Oberkommandierender am gleichen Tag bei Dresden durch Napoleon eine Niederlage hinnehmen musste, klingt dramatischer als es tatsächlich war. Die verbündete Hauptmacht entkam dem französischen Zugriff und als zwei Tage darauf Napoleon bei den böhmischen Dörfern Kulm und Nollendorf ein ganzes Korps mitsamt Marschall verlor, war die Dresdner Scharte ausgewetzt. Ein letzter französischer Versuch, die preußische Hauptstadt zu erobern, misslang. Militärisch war es bis dahin für den sieggewohnten Kaiser der Franzosen ein verlustreicher Herbst. Mehr als 100 000 Mann hatte er bisher opfern müssen, ohne seine Gegner entscheidend schwächen zu können. Erst jetzt schlossen die Verbündeten im böhmischen Teplitz den förmlichen Allianzvertrag. Man einigte sich gemeinsam darauf, Napoleons Einfluss hinter den Rhein zurückzudrängen. Preußen und Österreich sollten den Besitzstand von 1805 wiedererhalten, der Rheinbund aufgelöst werden. Wie argwöhnisch die Verbündeten ihre Partner im Blick hatten, zeigt jener Passus des Bündnisvertrags, der ausdrücklich den Abschluss eines Separatfriedens eines Alliierten mit Napoleon verbot.

Fürst Blücher von Wahlstatt,
Kupferstich von Moritz Steinla nach F.W. Schmidt, um 1860

Schließlich verlor ausgerechnet einer der ältesten Kriegsteilnehmer die Geduld. Der 71-jährige Blücher überquerte am 3. Oktober in einem blutigen Gefecht bei Wartenburg die Elbe. Die damit geänderte strategische Lage zwang nun auch die anderen Heerführer zum Vorrücken. Bernadottes Nordarmee überquerte ebenfalls den Fluss. Napoleon zog sich in das nördliche Sachsen zurück. An der befestigten Elbelinie konnte er nicht bleiben, seine rückwärtigen Verbindungen waren bedroht. Er bewegte sich in Leipziger Richtung. Immer noch hoffte er, die drei Armeen einzeln schlagen zu können. Ein Vorstoß gegen Blücher am 9. Oktober war ergebnislos. Der Vormarsch der Hauptarmee aus dem Süden schob die französischen Truppen unter Joachim Murat, König von Neapel und Schwager Napoleons, auf Leipzig zu. Dresden wurde mit 30 000 französischen Soldaten von russischen Truppen eingeschlossen. Schwarzenberg zögerte. Vor dem militärischen Können seines Gegners hatte er höchsten Respekt. Er selbst hatte noch nie Truppen in diesen Dimensionen in eine Schlacht geführt. Zudem litt er seit Beginn des Feldzugs unter dem ständigem Streit in seinem Hauptquartier. Die alliierten Generäle der ebenfalls anwesenden Monarchen mischten sich permanent ein und befolgten seine Befehle nur, wenn sie einverstanden waren. Noch Ende August wollte der Oberkommandierende von seinem Posten zurückzutreten. Nun waren es wieder die Russen, die seine Defensivpläne kritisierten und ihn zum Angriff drängten. Schließlich wurde der allgemeine Vormarsch auf Leipzig angeordnet.

Leipzig

1813 zählte die im Zentrum des Königreichs Sachsen gelegene Großstadt Leipzig rund 33 000 Einwohner. In der Leipziger Tiefebene vereinigen sich die Flüsse Parthe, Pleiße und Elster. Das Gelände ist außerordentlich flach, die höchsten Erhebungen in der näheren Umgebung der Stadt sind der Galgenberg (165 m über NN) und der Monarchenhügel (159 m über NN). Insbesondere im Süden und Westen der Stadt erlaubte die Ebene einen weiten Überblick über das Land. Der sanfte Ost-West-Höhenrücken, der sich von Liebertwolkwitz über Wachau nach Markkleeberg erstreckt, beeinträchtigte die Übersicht, nicht aber die

Bewegung größerer Truppenmassen. Zwischen den Geländefalten verliefen zahlreiche wassergefüllte Gräben, die sowohl die Pleiße als auch eine Vielzahl von Teichen speisten. Die regnerische Wetterlage im Oktober hatte sämtliche Gewässer über die Ufer treten lassen und den Lehm- bzw. Tonboden in eine zähe, kaum passierbare Masse verwandelt.

Nördlich der Stadt ist das Bodenprofil noch flacher ausgebildet. Die zwischen Lindenthal und Gohlis verlaufende Rietzschke bildete mit ihren morastigen Ufern ein natürliches Hindernis. Pleiße und Elster verlaufen westlich dieser Abschnitte und teilen sich bei Leipzig in mehrere Arme auf. Das dazwischen liegende morastige Gelände war im Oktober 1813 wegen der zahlreichen Tümpel, wassergefüllten Gräben und dem wild wachsenden Gestrüpp kaum zu passieren.

Die Dörfer rings um Leipzig waren in der Regel gut ausgebaut, verfügten über ausreichend breite Straßen, viele steinerne Gebäude und waren mit Lehmmauern oder Hecken umfriedet. Insgesamt begünstigten die Geländeverhältnisse um Leipzig die Armee Napoleons. Parthe, Elster und Pleiße sicherten die Flanken seiner Truppen. Die wenigen Höhenzüge erlaubten einen wirksamen Artillerieeinsatz, während die Infanterie beim Anmarsch durch die Geländefalten gedeckt war. Die ausgedehnte Ebene hingegen erlaubte den massierten Einsatz der Kavallerie. Die stabile Struktur der Dörfer machte sie zu hervorragenden Verteidigungspunkten, während Flüsse, Teiche, Gräben, Morast und Unterholz das Anrücken des Gegners beträchtlich erschweren.

14. Oktober

Die Informationslage im verbündeten Hauptquartier war dürftig. Dass Napoleon mit seiner Hauptmacht Dresden verlassen hatte, schien gewiss. Man vermutete ihn auf dem Weg nach Leipzig. Blücher wusste man bei Düben, Bernadotte in der Nähe von Radegast. Schwarzenberg nahm an, dass Murat die wichtigen Truppenbewegungen Napoleons verschleiern sollte. Sicher war er sich jedoch nicht. Murats Soldaten hatten zunächst hinter dem Eulabach Stellung bezogen, waren dann aber vor den heranrückenden Verbündeten auf eine Linie zwischen Markkleeberg und Güldengossa zurückgegangen. Würden sie sich weiter zurückziehen, gar Leipzig aufgeben, wenn sie den Eindruck hätten, die Verbündeten drängten kräftig vorwärts? Hatte man es hier überhaupt mit der Hauptmasse Napoleons zu tun? Um all das herauszufinden, hatte man die Praxis der bewaffneten Erkundung entwickelt. Man griff den Gegner mit einer genügend großen Anzahl von Soldaten an, die ihn glauben machten, es käme zu einem entscheidenden Gefecht. Man provozierte groß angelegte Verteidigungsmaßnahmen oder einen Rückzug und wusste so, welche Absichten der Gegner hegt. Schwarzenberg plante eine solche Erkundung, Rekognoszierung genannt.

Ein russischer und ein österreichischer General wurden am 14. Oktober mit einigen Regimentern Kavallerie gegen Murat vorgeschickt. Dieser wollte schon vor der vermeintlich heranrückenden böhmischen Armee zurückweichen, als ihn ein direkter Befehl Napoleons daran hinderte. Mit 40 000 Mann und 150 Geschützen erwartete er den nahenden Feind. Schwarzenbergs Offiziere vermuteten in den gegenüberstehenden Franzosen eher eine Nachhut und griffen sie leichtfertig mit leichter Reiterei an. Als die Franzosen nicht flohen, sondern Front machten, war die Überraschung groß. Es wurden weitere Truppen ins Feld geführt. Noch waren nicht alle Teilnehmer an der Erkundungsoperation angelangt. Kaum eingetroffen, wurden sie in das Gefecht geworfen, dass so nicht geplant war und mit den Erwartungen eines gegnerischen Rückzuges nichts zu tun hatte. Murat, passionierter Reiterführer, ließ sich von der Hitze des Gefechts mitreißen. Statt das sinnlose Gemetzel abzubrechen, schickte er Regiment auf Regiment in die Schlacht. Auch die kampferprobten Truppen aus Spanien, gerade erst bei Leipzig angelangt, verheizte der Schwager Napoleons an diesem Tag. Sich selbst schonte er jedoch auch nicht und entging nur knapp der Gefangennahme. Insgesamt hetzte der denkwürdige Reiterkampf bei Liebertwolkwitz fast 14 000 Mann Kavallerie gegeneinander.

Erst die Dämmerung beendete das Gefecht. Keine der beiden Seiten hatte Vorteile vorzuweisen, Hunderte Reiter waren tot, verwundet oder gefangen. Napoleon tobte über die Unbedachtheit seines Schwagers. Die Verbündeten waren zufriedener. Die Gegenwehr der Franzosen hatte ihnen gezeigt, Napoleon würde Leipzig ohne eine große Feldschlacht nicht aufgeben.

Während Murat bei Liebertwolkwitz einen Teil der französischen Kavallerie ruinierte, war Napoleon endlich in Leipzig eingetroffen.

Napoleon im Bivouac am Galgen bei Leipzig d. 14. oct. 1813,
unbekannter Künstler,
kolorierte Radierung, um 1815

Am Galgen außerhalb der Stadt bezog er ein Biwak und informierte sich über die Lage, schmiedete Pläne für die heraufziehende Schlacht und jagte seine Offiziere zu den eintreffenden Truppen, um sie entsprechend zu positionieren.

Die kurze Nacht verbrachte er in der Villa des Leipziger Bankiers Christian Gottlob Vetter in der Kapellengasse, wo er am Morgen Murats Bericht über die Kämpfe tags zuvor entgegennahm. Der Tag verging mit verschiedenen Truppeninspektionen und Beratungen im Generalstab. Auch auf Seiten der Verbündeten wurde der kommende Tag, der nach Möglichkeit die Schlacht entscheiden sollte, akribisch geplant. Schwarzenberg wollte seinen Hauptangriff von Westen und Süden her führen. Seine erste Schlachtdisposition beruhte auf zu vielen Unsicherheiten, was den erneuten Protest der Russen hervorrief. Erst die Drohung des Zaren, die russischen Truppen gar nicht einzusetzen, ließ den Oberkommandierenden seine Befehle schicksalsergeben überarbeiten. Der Hauptteil seiner Truppen hatte den Vormarsch abgeschlossen. Im Süden Leipzigs erreichten sie die Linie Gautzsch – Cröbern – Güldengossa – Threna, im Westen Markranstädt und Lützen und im Norden Schkeuditz. Bis auf zwei Korps konzentrierte auch Napoleon alle verfügbaren Kräfte bei Leipzig. Insgesamt standen ihm 191 000 Mann mit 690 Geschützen zur Verfügung, denen die Verbündeten rund 205 000 Soldaten mit über 900 Geschützen entgegenstellen konnten.

16. Oktober

Noch bei Dunkelheit setzte Schwarzenberg am Morgen des 16. Oktober seine Truppen zu ihren Angriffspositionen in Marsch. Den Hauptschlag wollte er bei Wachau führen. Hier standen den 118 000 Soldaten Napoleons rund 72 000 Mann der Verbündeten gegenüber. Insgesamt vier Angriffskolonnen ließ er gegen Markkleeberg, Wachau und Liebertwolkwitz vorgehen. Ausschlaggebend für deren Erfolg sollte das gleichzeitige Vordringen österreichischer Infanterie über die Pleiße hinweg in den Rücken der Franzosen werden. Bereits am späten Vormittag waren die Angreifer jedoch in die Defensive gedrängt worden. Der Durchbruch der Österreicher scheiterte am Widerstand des polnischen Fürsten Józef Antoni Poniatowski und am völlig unwegsamen Gelände der Pleißeniederungen. Napoleon ließ bereits zum Zeichen des für ihn günstigen Schlachtverlaufes die Glocken in Leipzig läuten. Zur Vorbereitung seines Gegenangriffs hatte er Truppen vom Norden der Stadt hierher beordert. Wartend ließ der Kaiser den günstigsten Angriffszeitpunkt verstreichen. Als er endlich den Befehl zum Gegenstoß gab, waren die schwächsten Punkte der gegnerischen Linie durch Reserven verstärkt worden. Die Spitze des französischen Gegenangriffs bildete eine mehrtausendköpfige Kavalleriekolonne, deren Ansturm sich aber im schlammigen Boden und heftigen Kartätschenfeuer nur langsam entwickelte. Russisch-preußische Kavallerie schlug endlich die französischen Reiter auf der Linie Wachau – Güldengossa zurück. Auch die Angriffe eines französischen Korps westlich Güldengossas und französisch-polnischer Reiter, die das französische Korps bei Auenhain und Markkleeberg unterstützten, wurden zum Stehen gebracht. Als schließlich die Schlacht bei Wachau endete, hatte keine von beiden Seiten entscheidende Erfolge erzielt. Ein ähnliches Ergebnis erbrachte auch der halbherzige Versuch der Verbündeten, Napoleons Rückzugsstraße bei Lindenau zu sperren. Als hier im Verlauf des Vormittags französische Verstärkung eintraf, sahen sich die Österreicher gezwungen, die bereits besetzten Teile Lindenaus wieder zu räumen. Die potentielle Rückzugsstraße Napoleons blieb offen.

Im Norden Leipzigs war die Schlesische Armee Blüchers am Morgen des 16. Oktober auf französische Einheiten Marschall Neys gestoßen. Der preußische General entschloss sich zum Angriff. Die Hauptstellung des Gegners bildete das Dorf Möckern, dessen Eroberung unweigerlich seine Niederlage an der nördlichen Front bedeutet hätte. Stundenlang wiederholte General Johann David Ludwig Graf Yorck vergeblich die Angriffe auf das Dorf. Schließlich setzte er gegen 17 Uhr die Kavallerie ein, die endlich den Gegner zum fluchtartigen Rückzug zwang. Für die Verbündeten war der Sieg in der Schlacht bei Möckern der einzige nachhaltige Erfolg an jenem Tage. Da der französische Marschall Michael Ney sich dafür entschied, die angeforderten Kräfte nicht nach dem Leipziger Süden abmarschieren zu lassen, sondern gegen Blücher einzusetzen, band dieser hier die Truppen, die Napoleon bei Wachau für einen entscheidenden Sieg dringend benötigt hätte.

Damit war zugleich eine wichtige Vorentscheidung gefallen. Am folgenden Tage kamen mit der russischen Reservearmee, der Nordarmee Karl Johanns von Schweden und 28 000 Österreichern auf Seiten der Verbündeten weitere Truppen bei Leipzig an. Napoleon hatte nur wenige Reserven in der Hinterhand. Seinen noch 160 000 Mann standen nun rund 295 000 Soldaten der Verbündeten gegenüber.

18. Oktober

In der Nacht zum 18. Oktober zog Napoleon seine Truppen weiter auf die Stadt zurück. Am Morgen griffen die Truppen Schwarzenbergs die französischen Stellungen mit sechs großen Kolonnen an. Unter dem Erbprinzen von Hessen-Homburg gelang der Vormarsch über Markkleeberg und Wachau auf Dösen und Dölitz. Michael Andreas Fürst Barclay de Tolly ging mit weiteren Einheiten nach der Einnahme von Liebertwolkwitz gegen Probstheida vor. Ihnen schlossen sich die Truppen der dritten Angriffskolonne Levin August Gottlieb Graf Bennigsens an, die Zuckelhausen und Holzhausen einnahmen. Als endlich auch die Nordarmee eingriff, konnte Paunsdorf eingenommen werden. Am Nachmittag mussten die Franzosen auch Mölkau, die beiden Zweinaundorf, Sellerhausen und Stünz verloren geben. Reste der Schlesischen Armee kämpften im Rosental und vor dem Hallischen Tor. Heftige Kämpfe tobten um Schönefeld, das die Russen schließlich ebenfalls eroberten.

Die Erstürmung von Schönefeld,
Ernst Wilhelm Straßberger,
Öl auf Leinwand,
um 1840

Während im Süden und Norden die napoleonischen Truppen ihre Stellungen hielten, mussten sie im Osten und Nordosten zum Teil bis unmittelbar vor die Stadtmauern zurückgehen. Napoleon wurde klar, dass er am folgenden Tag die Angriffe nicht mehr würde abwehren können. Gegen 17 Uhr gab er schließlich seiner Armee den Befehl zum Rückzug. Das Areal westlich von Leipzig war wegen des gescheiterten Angriffs der Österreicher auf Lindenau im Wesentlichen in französischer Hand. Durch das Nadelöhr Leipzig strömten nun Zehntausende mit Pferden, Wagen und Geschützen. Es war ein endloser Zug und ein großes Durcheinander, das sich in steigender Auflösung in den rettenden Westen bewegte. Am Nachmittag machten sich auch andere Auflösungserscheinungen bemerkbar. Nachdem schon der württembergische General Karl Graf von Normann-Ehrenfels mit seinen 556 Landsleuten den Seitenwechsel vollzogen hatte, begann die Moral auch innerhalb der sächsischen Truppen zu bröckeln. Bei Paunsdorf lief ein großer Teil der Männer zu den Verbündeten über. Die Versuche des sächsischen Generalstabs, den in Leipzig weilenden König Friedrich August zum Abfall vom Bündnispartner Napoleons zu bewegen, waren gescheitert. Jetzt folgten die Offiziere ihrem Gewissen, die einen eine verlorene Sache aufgebend zu den Alliierten, die anderen mit ihrem König in die Gefangenschaft. Die psychologische Wirkung der Übertritte war beträchtlich. Später wollte Napoleon seine Niederlage in der Schlacht gar den 3000 Fahnenflüchtigen anlasten. „C'est un Saxon" brannte sich im französischen Wortschatz bis heute als Synonym für einen verräterischen Charakter ein.

19. Oktober

Vom Gegner unbemerkt hatte Napoleon in der Nacht zum 19. Oktober die Dörfer im südöstlichen Abschnitt räumen lassen. Rund 30 000 Mann waren das letzte Aufgebot Napoleons gegen fünf Kolonnen der Verbündeten, die gegen 7 Uhr ihren Vormarsch auf die Vorstädte begannen. Nachdem die letzten Dörfer vor der Stadt besetzt waren, begann die Artillerie

Josef Anton Fürst Poniatowski,
Johann Heinrich Schmidt,
Öl auf Leinwand, 1812

auf die Stadtmauern zu feuern, jedoch ohne viel auszurichten. Im Verlauf des Vormittags schickten sich die Verbündeten zum Sturm auf die Mauern an. Inzwischen herrschte in Leipzigs Stadtverwaltung emsige Betriebsamkeit. Mehrere Abordnungen wurden in alle Himmelsrichtungen in Marsch gesetzt, die feindlichen Heerführer um Schonung der Stadt zu bitten. Nicht alle konnten ihre Botschaft im Gewühl des Angriffs überbringen; wo es gelang, wurde Milde zugesichert.

Das äußere Grimmaische Tor wurde zuerst heftig bestürmt. Es waren Landwehreinheiten des Generals Friedrich Wilhelm von Bülow, die mit mehr Todesverachtung als militärischen Fertigkeiten eine Bresche schlugen. Danach ging alles schnell. Die ersten Verbündeten befanden sich in der Stadt. Die Franzosen schürten das Chaos noch zusätzlich, als sie die einzige Brücke über den Elstermühlgraben vorzeitig sprengten und sich selbst den Rückzug verlegten. Hunderte Soldaten ertranken, Tausende wurden gefangengenommen. Der Hoffnungsträger der polnischen Nation, der noch vor zwei Tagen zum Marschall von Frankreich ernannte Fürst Poniatowski, verlor noch in den letzten Minuten der Schlacht sein Leben. Als prominentestes Schlachtenopfer bekam er später zumindest ein Grab und einige Denkmäler. Tausende andere erhielten nicht einmal ersteres.

Bilanz

Die Kämpfe bei Leipzig kosteten nahezu jeden fünften Soldaten das Leben. 22 000 Russen, 16 000 Preußen, 12 000 Österreicher und 300 Schweden weisen die Verlustlisten der Verbündeten als Gefallene aus. Napoleon bezifferte seine Verluste auf 30 000 Mann. 23 Generale, 700 Offiziere, 1 900 gesunde und 51 000 verwundete und kranke Soldaten Napoleons waren in die Hände der Verbündeten gefallen.

Der Johannisfriedhof in Leipzig nach der Völkerschlacht,
Ernst Wilhelm Straßberger,
Öl auf Leinwand, um 1840
(s. S. 190)

Insbesondere die Dörfer rund um die Stadt waren durch die Kämpfe heftig in Mitleidenschaft gezogen worden, einige bestanden zum großen Teil aus rauchenden Ruinen. Biwakierende Soldaten hatten das Vieh geschlachtet, Pferde, Vorräte, Wertsachen gestohlen, Obstbäume, Mobiliar, Türen und Fensterrahmen in den Wachtfeuern verheizt.

In sechzig Ortschaften rund um Leipzig fertigten meist die Pastoren eine Aufstellung der Gesamtverluste an. Allein die Gebäudeschäden wurden mit 806 351 Talern angegeben. Hinzu kam der Verlust von 1 080 Pferden, 3 295 Stück Rindvieh, 10 265 Schafen, 3 808 Schweinen, Getreide und Lebensmittel im Wert von 802 899 Talern und der Verlust an Hausrat und sonstigen Wertgegenständen in Höhe von 630 734 Talern.

Noch in Leipzig wurde der sächsische König Friedrich August als Gefangener der Alliierten in Haft genommen. Bis zur abschließenden Beratung des Wiener Kongresses über das künftige Schicksal des besiegten Sachsen blieb er in Friedrichfelde in Haft. Das Königreich wurde der provisorischen Verwaltung der Verbündeten unterstellt, Leipzig erhielt einen russischen Stadtkommandanten. Dieser, der geborene Tiroler Prendel, sorgte sich in rührender Weise, der Frontstadt Leipzig den Rückweg ins Leben einer Bürgerstadt zu bahnen.

Tausende von Leichen und Kadavern bargen ein Seuchenrisiko, dem am dringendsten begegnet werden musste. Über Wochen verrichteten die Leipziger als Beerdigungskommandos ein trauriges Geschäft. Den Ausbruch des Typhus verhinderte das nicht. Zwischen 21. November 1813 und 9. April 1814 erkrankten etwa 1 920 Leipziger an der Seuche, rund 500 starben.

Am 26. Oktober 1813 schrieb der preußische Arzt Johann Christian Reil an den Chef der Zentralverwaltung für die besetzten Gebiete, Heinrich Friedrich Karl vom und zum Stein:

„Ew. Exc. haben mich beauftragt, Ihnen einen Bericht über meinen Befund der Lazarette der verbündeten Armeen am diesseitigen Elbufer einzureichen. Ich thue dies um so williger, als in dieser Thatenreichen Zeit auch Unthaten nicht für die Tagesgeschichte verloren gehen dürfen. ... Noch an diesem Tage, also Sieben Tage nach der Völkerschlacht, wurden Menschen vom Schlachtfelde eingebracht, deren unverwüstliches Leben nicht durch Verwundungen, noch durch Nachtfröste und Hunger zerstörbar gewesen war. In Leipzig fand ich ungefähr 20000 Verwundete und kranke Krieger aller Nationen. Die zügelloseste Phantasie ist nicht im Stande, sich ein Bild des Jammers in so grellen Farben auszumalen, als ich es hier in Wirklichkeit vor mir fand. ... Die Verwundeten liegen entweder in dumpfen Spelunken, in welchen selbst das Amphibienleben nicht Sauerstoffgas genug finden würde, oder in scheibenleeren Schulen und hochgewölbten Kirchen, in welchen die Kälte der Atmosphäre in dem Maasse wächst, als ihr Verderbnis abnimmt ... Bei dem Mangel öffentlicher Gebäude hat man doch nicht ein einziges Bürgerhaus den gemeinen Soldaten zum Spitale eingeräumt. An jenen Orten liegen sie geschichtet, wie die Heringe in ihren Tonnen, alle noch in den blutigen Gewändern, in welchen sie aus der heissen Schlacht hereingetragen sind. Unter 20000 Verwundeten hat nicht ein einziger ein Hemde, Bettuch, Decke, Strohsack oder Bettstelle erhalten. Alle Kranken mit zerbrochenen Armen und Beinen ... sind für die verbündeten Armeen verloren. ... Ihre Glieder sind, wie nach Vergiftungen, furchtbar angelaufen, brandig und liegen nach allen Richtungen neben den Rümpfen. ... Viele Verwundete sind noch gar nicht, andere werden nicht täglich verbunden. Die Binden sind zum Theil von grauer Leinwand, aus Dürrenberger Salzsäcken geschnitten, die die Haut mitnehmen, wo sie noch ganz ist. In einer Stube stand ein Korb mit rohen Dachschindeln, zum Schienen der zerbrochenen Glieder. ... Verwundete, die nicht aufstehen können, müssen Koth und Urin unter sich gehen lassen und faulen in ihrem eigenen Unrath an. Für die gangbaren sind zwar offene Bütten ausgesetzt, die aber nach allen Seiten überströmen, weil sie nicht ausgetragen werden. In der Petristrasse stand eine solche Bütte neben einer anderen ihr gleichen, die eben mit der Mittagssuppe hereingebracht worden war. ... Das scheusslichste in dieser Art gab das Gewandhaus. Der Perron war mit einer Reihe solcher überströmenden Bütten besetzt. Es war mir unmöglich, durch die Dünste dieser Cascade zu dringen, und den Eingang des Spitals von der Straße her zu erzwingen. ... Ich schliesse meinen Bericht mit dem grässlichsten Schauspiel, das mir kalt durch die Glieder fuhr und meine ganze Fassung lähmte. Nehmlich auf dem offenen Hofe der Bürgerschule fand ich einen Berg, der aus Kehricht und Leichen meiner Landsleute bestand, die nackend lagen und von Hunden und Raben angefressen wurden, als wenn sie Missethäter und Mordbrenner gewesen wären. So entheiligt man die Ueberreste der Helden, die dem Vaterlande gefallen sind!" [4]

Steffen Poser

Postludium

Der Kriegszug der Verbündeten gegen Napoleon forderte nicht nur die unzähligen Opfer bei Leipzig. In der Silvesternacht 1813 verfolgte Blücher mit seiner Armee die sich nach Frankreich zurückziehenden Soldaten. Für die deutschen Staaten war damit die Epoche Napoleons definitiv beendet. Nie kehrte er über den Rhein zurück. 1814 dankte er ab, die Verbündeten zogen zum ersten Mal in Paris ein. Im Februar 1815 kehrte der exilierte Kaiser heimlich nach Frankreich zurück und übernahm für 100 Tage erneut die Herrschaft. Die Verbündeten von 1813 erneuerten ihre Allianz und zogen ein weiteres Mal ins Feld. In der Schlacht von Waterloo, in Deutschland lange Zeit als Schlacht von Belle Alliance bezeichnet, ging Napoleons Stern endgültig unter.

Während sich bereits die Fama der Kriege gegen Napoleon bemächtigte und tapfere Gegner wie edelmütige Sieger besang, während die Alte Garde Napoleons in der Erzählung wieder und wieder lieber starb, als sich zu ergeben, schrieb der im Sattel ergraute Blücher an seine Frau: „Ich habe gestern und heute wieder gegen dreitausend Mann verloren; ich hoffe zu Gott, es sollen die letzten in diesen Kriege sein; ich habe das Morden zum Überdruß satt."[5]

Anmerkungen

1 STEFFENS, Henrik: *Novellen. Gesamtausgabe. Band 16: Malcolm. 4*, Breslau 1838, S. 98 ff.
2 POPPE, Maximilian: *Chronologische Übersicht der wichtigsten Begebenheiten aus den Kriegsjahren 1806–1815. Mit besonderer Beziehung auf die Leipziger Völkerschlacht und Beifügung der Original-Dokumente. Band 2*, Leipzig 1848, S. 197 f.
3 Ebd., S. 107.
4 VIRCHOW, Rudolf (Hrsg.): *Archiv für pathologische Anatomie und Physiologie und für klinische Medicin 31 (1871)*, S. 389 ff.
5 UNGER, Wolfgang von: *Blücher. 2 Bände*, Berlin 1907–1908, S. 319.

Amputationssäge (s. S. 187)
*Mitte 19. Jahrhundert
Holz, Eisen
Universität Leipzig,
Medizihistorische Sammlung
des Karl-Sudhoff-Instituts*

Roman Töppel

„Es ist ein trauriges Leben, alle drei oder vier Jahre um seine Existenz bangen zu müssen."

Die Stimmung in Sachsen während der Befreiungskriege 1813–1815

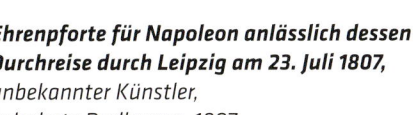

Ehrenpforte für Napoleon anlässlich dessen Durchreise durch Leipzig am 23. Juli 1807, unbekannter Künstler, kolorierte Radierung, 1807

Am 3. Dezember 1812 erließ Napoleon das berühmte 29. Bulletin der Großen Armee, in dem er die Niederlage seiner Truppen in Russland bekannt gab.[1] Zwei Tage später übergab er den Oberbefehl über die geschlagenen Reste seines Heeres dem König von Neapel und reiste nach Paris ab. Noch bevor die Niederlage in der sächsischen Presse bekannt gegeben wurde, traf der Kaiser selbst ein: Am 14. Dezember erreichte er Dresden und setzte nach kurzer Rast und einer Unterredung mit dem sächsischen König seine Fahrt über Leipzig und Frankfurt am Main nach Paris fort.[2] Eine Woche später schrieb Siegfried August Mahlmann, der Redakteur der Leipziger Zeitung, an den Dresdner Gelehrten Karl August Böttiger: „Ich preise Gott, dass ich die Offenbarung seiner Gerechtigkeit erlebe und den Beweis, dass er noch der alte Zeus Kronion ist, der die Übermütigen züchtigt. Wehe, dass soviel Unschuldige mit dem großen Verbrecher fallen!"[3]

Tatsächlich hatten die Franzosen 1812 in Sachsen nur noch wenige Anhänger. Fünf Jahre zuvor war das anders gewesen: Im Sommer 1807 hatte Napoleon den Frieden von Tilsit geschlossen. Viele Sachsen hatten damals geglaubt, nunmehr würden die napoleonischen Kriege endlich ihr Ende finden und Ruhe, Ordnung und Wohlstand würden nach Sachsen zurückkehren.[4] Doch die kurze Napoleon-Euphorie, die die sächsische Bevölkerung im Sommer 1807 erfasste, war rasch verklungen, die Hoffnung auf einen dauerhaften Frieden war vergeblich gewesen. Napoleon führte weitere Kriege, und Sachsen hatte als Mitglied des Rheinbunds einen Teil der Kriegslasten zu tragen. Diese wurden umso drückender empfunden, als Sachsens Wirtschaft und Handel durch Napoleons rigorose Schutzzollpolitik und

Siegfried August Mahlmann, Gerhard von Kügelgen, Öl auf Leinwand, 1811

Was hat sich in die Sack – ein französischer Zollbeamter sucht nach Schmuggelware,
Christian Gottfried Heinrich Geißler,
kolorierte Radierung, um 1807

durch die Kontinentalsperre schwer geschädigt wurden. Verschuldung, Arbeitslosigkeit und Not waren die Folge.[5] Außerdem durchzogen immer wieder französische Truppen das Königreich Sachsen. Sie mussten von der Bevölkerung einquartiert und verpflegt werden. Die Bauern hatten „Vorspanndienste" zu leisten, d. h. ihre Pferde für Militärtransporte zur Verfügung zu stellen. Selbst in den für Sachsen verhältnismäßig ruhigen Jahren 1807-1812 kam die Bevölkerung deshalb fast ununterbrochen mit Truppen der napoleonischen Armee in Kontakt und musste dabei immer wieder Übergriffe undisziplinierter Soldaten ertragen – Übergriffe, die von Handgreiflichkeiten und Plünderungen bis zu einzelnen Fällen von Mord und Totschlag reichten und die Bevölkerung schließlich aufs Höchste gegen die „fremden Truppen" aufbrachten, wie es in einem Stimmungsbericht vom 30. April 1812 aus dem Wittenberger Kreis heißt.[6] Viele Sachsen empfanden deshalb Genugtuung, als sie Ende 1812 von Napoleons Niederlage in Russland erfuhren. Aber in die Freude mischte sich bald die Sorge um die sächsischen Soldaten, von denen mehr als 28 000 am Russlandfeldzug teilgenommen hatten.[7] Außerdem verbreitete sich bald große Angst, dass Sachsen zum Kriegsschauplatz werden könne. Am 20. Januar 1813 schrieb der Torgauer Senator Carl Gottfried Niese: „Ich leugne nicht, dass mich mein guter Mut, den ich lange, länger als die meisten, bewahrt hatte, zu verlassen beginnt. Es ist ein trauriges Leben, alle drei oder vier Jahre um seinen Wohlstand und um seine Existenz bangen zu müssen."[8]

Selbst in Leipzig – einer Stadt, die als Handelszentrum seit 1806 besonders stark unter den Kriegslasten gelitten hatte – wartete die Mehrheit der Bevölkerung keineswegs sehnsüchtig auf die Russen, wie es in manchen nachträglich verklärten Erinnerungsschriften heißt.[9] Der Leipziger Polizeiamtschef Johann August Otto Gehler berichtete am 17. Februar 1813 nach Dresden, die „russische Partei" habe in Leipzig zwar viele heimliche Anhänger, die sich von einem russischen Sieg die Wiederherstellung der Handelsfreiheit und des Wohlstands Sachsens erhofften. Zugleich sei die Bevölkerung aber um ihre Sicherheit und Ruhe besorgt. Die Annäherung des „Kriegstheaters" mit all seinen furchtbaren Wirkungen, die allgemeine Bewaffnung in Preußen und andere sich täglich verbreitende Schreckensnachrichten böten reichlich Stoff für Klagen und Befürchtungen aller Art.[10] Zu den Schreckensbotschaften zählten etwa die Befehle zur Einrichtung von Lazaretten für die aus Russland heimkehrenden verwundeten und kranken Soldaten. Gefürchtet waren die Hospitäler nicht nur wegen der damit verbundenen Kosten, sondern vor allem wegen der Seuchengefahr. Tatsächlich mussten in Leipzig Anfang Februar 1813 mehrere Lazarette eingerichtet werden.[11] Obwohl der Leipziger Stadtrat umfangreiche Vorsichtsmaßnahmen gegen die Ansteckung mit Typhus bekannt gab und die Leipziger Lazarette bereits Mitte Februar 1813 nach Weißenfels verlegt wurden, breitete sich das „Nervenfieber", wie der Typhus in den zeitgenössischen Quellen meist genannt wird, rasch unter der Leipziger Bevölkerung aus: Ende März 1813 meldete Gehler nach Dresden, in Leipzig stürben täglich 10 bis 12 Personen an Typhus.[12]

Im Frühjahr 1813 erreichte die Abneigung der Sachsen gegen die Franzosen ihren Höhepunkt, denn viele französische Soldaten verhielten sich in Sachsen mittlerweile nicht mehr wie in einem verbündeten Land, sondern wie auf feindlichem Territorium. Als die Franzosen vor ihrem Rückzug aus Dresden im März 1813 trotz vehementer sächsischer Proteste Anstalten trafen, die barocke Augustusbrücke – damals die einzige Elbbrücke der Stadt – zu sprengen, entlud sich der Zorn der Dresdner sogar in offenem Aufruhr. Am 10. März versammelten sich Hunderte von Menschen an und auf der Brücke und verjagten die französischen Soldaten, die mit der Vorbereitung der Sprengung beschäftigt waren. Anschließend zogen sie vor das Brühlsche Palais, wo der französische Kommandierende General Jean Louis Reynier Quartier genommen hatte. Unter Rufen wie „Fort mit den Franzosen!", „Sachsen soll leben!" und „Es lebe Kaiser Alexander!" warf die Menge Steine in die Fensterscheiben. Der Tumult fand erst ein Ende, als sächsische Infanterie mit gefälltem Bajonett gegen die Aufrührer vorrückte und eine Artilleriebatterie auf der Brücke aufgefahren wurde. Außerdem ließ Reynier eine

Die Dresdner Brücke nach der am 19. März 1813 erfolgten Sprengung, gezeichnet im Augenblick der Ankunft des Russisch. Parlementairs, unbekannter Künstler, kolorierte Radierung, um 1813

Kavallerieeinheit in den Straßen patrouillieren und am 13. März den Belagerungszustand über Dresden verhängen. Am 19. März wurde schließlich ein Pfeiler der Brücke gesprengt. Diese Maßnahme wurde geradezu als Symbol der vermeintlich sinnlosen Zerstörungswut der Franzosen in Sachsen gedeutet, und zwar keineswegs nur von den Dresdnern. Denn die Nachricht von der Sprengung verbreitete sich rasch in ganz Sachsen und rief überall Empörung hervor.[13]

Zur gleichen Zeit wich die Anfang 1813 noch verbreitete Angst vieler Sachsen vor den Russen einer gewissen Neugier auf die fremden Soldaten. Dies lag nicht zuletzt an einer Propagandakampagne, welche die Russen und Preußen gestartet hatten, um die sächsische Bevölkerung zu gewinnen. Bereits am 6. März hatte der russische General Konstantin von Benkendorf einen Aufruf erlassen, in dem es hieß, die Russen kämen, um Deutschland zu befreien. Die Proklamation war direkt an die Sachsen gerichtet und schloss mit den Worten: „Gott segne Euren König und sein gutes Volk!" Am 23. März erließ der preußische General Gebhard Leberecht Fürst von Blücher einen Aufruf an seine Truppen, in dem er sie aufforderte, die Sachsen als Freunde und künftige Bundesgenossen zu behandeln. Am selben Tag richtete Blücher eine Proklamation an Sachsens Einwohner, in dem diese zum Aufstand gegen die „fremden Unterdrücker" aufgefordert wurden. Darin wurde auch auf die Brückensprengung Bezug genommen, und zwar mit den Worten: „Schon hat der Vandalismus der Euch unterdrückenden Fremdlinge Euer schönstes Monument der Baukunst, die Brücke zu Dresden, unnötig und mutwillig zerstört." Ebenfalls am 23. März erschien ein Aufruf des russischen Generals Ludwig Adolph Peter Graf zu Sayn-Wittgenstein an die sächsische Bevölkerung. Sayn-Wittgenstein erklärte, er sei im Namen seines Kaisers gekommen, um alle Deutschen von dem „schimpflichen Joche" zu befreien. Seine Proklamation beschwor sogar den Geist des Sachsenherzogs Widukind und dessen Auflehnung gegen Karl den Großen im 8. Jahrhundert, um die Sachsen zum Kampf gegen Napoleon und für die „heilige, gerechte Sache" zu bewegen. Weitere derartige Aufrufe folgten, etwa am 25. März durch Marschall Michail Fürst Kutusow, den Oberbefehlshaber der russisch-preußischen Armee, sowie am 30. März noch einmal durch Sayn-Wittgenstein.[14]

Entscheidend war, dass den freundschaftlichen Worten der Proklamationen auch Taten folgten. Vor allem über die gute Disziplin preußischer Truppen in Sachsen liegen zahlreiche Berichte vor. So schrieb beispielsweise Detlev Graf von Einsiedel, damals Kreishaupt-

Die Kosaken in Leipzig,
Christian Gottfried Heinrich Geißler, kolorierte Radierung, 1813

mann und Gendarmeriedirektor des Meißner Kreises, am 8. April 1813: „Das Benehmen der Preußen kann nicht genug gerühmt werden: Blücher handelt als Freund und Vater."[15] Und in einem Bericht aus der Oberlausitz heißt es: „Die preußischen Regimenter, aus gesitteten Individuen zusammengesetzt und von gebildeten Männern befehligt, durchzogen das Land mit einer Ordnung, mit einer Bescheidenheit und mit einer Genügsamkeit, welche sie sogar vor unsern eigenen Landestruppen auf das Vorteilhafteste auszeichneten."[16]

Doch nicht nur preußische, sondern auch viele russische Kommandeure waren zumindest in den ersten Wochen nach dem Überschreiten der sächsischen Grenze bemüht, unter ihren Soldaten strenge Disziplin zu halten, um der Bevölkerung zu zeigen, dass sie wirklich als Freunde und Befreier kämen. Und so verbreiteten sich bald überall in Sachsen Nachrichten über das gute Verhalten der „Feinde". Die Bevölkerung reagierte darauf mit großer Erleichterung. Bereits Anfang März 1813 berichtete der Oberamtshauptmann der Oberlausitz, Ernst Carl Gotthelf von Kiesenwetter, das „große Publikum" fürchte sich nicht vor den Russen, da ihnen der Ruf guter Disziplin und allgemeiner Schonung des Landes vorausgehe.[17] Vielerorts wurden die russischen Soldaten schließlich mit großem Jubel empfangen. So notierte beispielsweise der Leipziger Kaufmann Johann Carl Meissner am 31. März 1813 in sein Tagebuch, die ersten Kosaken seien in Leipzig mit „unbeschreiblichem Jubelgeschrei" begrüßt worden.[18] Sogar die Plünderungen und Ausschreitungen, die sich einige russische Einheiten im März und April 1813 in Sachsen erlaubten, konnten die grundsätzliche Sympathie der Sachsen für die Verbündeten zunächst nicht erschüttern. Das zeigte sich an der Begeisterung, mit der Zar Alexander I. und der preußische König Friedrich Wilhelm III. im April 1813 in Sachsen empfangen wurden. Über die Ankunft des Zaren in Görlitz am 20. April 1813 notierte der Lehrer Karl Rudolph August Flössel in sein Tagebuch: „Alles Volk jubelte hoch und laut fortwährend: Vivat Alexander! wie ich es noch niemals hörte. Gott gebe ihm Sieg!"[19]

Trotz der fast allgemein verbreiteten Abneigung der Sachsen gegen die Franzosen und der Sympathie für die Preußen und Russen waren im Frühjahr 1813 nur relativ wenige Sachsen bereit, sich aktiv am Kampf gegen die Franzosen zu beteiligen.[20] Zwar bemühten sich die Verbündeten, die sächsische Bevölkerung und die sächsische Armee auch ohne das Einverständnis König Friedrich Augusts I. zum Kampf gegen Frankreich zu bewegen, indem sie behaupteten, der sächsische König könne keine freien Entschlüsse fassen, da er in Napoleons Gewalt sei.[21] Aber die meisten Sachsen waren ihrem König, der das Land seit nunmehr 45 Jahren regierte und große Verehrung genoss, viel zu treu ergeben, um sich vom Enthusiasmus des Augenblicks hinreißen zu lassen. Der Geheime Finanzrat Joseph Friedrich von Zezschwitz schrieb im April 1813 aus Dresden an den sächsischen Außenminister, der sich mit dem König in Regensburg aufhielt: „Der Sinn, den das Volk hier darlegt, ist herrlich. Innige Liebe zum König und, bei tiefem innern Gefühl der Abneigung gegen Frankreich, Sinn für Ordnung und regelmäßige Handlungsweise."[22] Bestätigt wird diese Haltung durch Briefe des Freiherrn vom Stein, der zu jener Zeit in den Diensten Zar Alexanders I. stand. Stein verachtete den sächsischen König als einen der treuesten Verbündeten Napoleons und hätte gern eine Entfremdung zwischen ihm und seinen Untertanen gesehen. Am 11. April 1813 schrieb er jedoch enttäuscht an den russischen Diplomaten Karl Robert von Nesselrode, die „große Masse" des sächsischen Volkes sei ihrem König treu ergeben und wünsche seine Rückkehr nach Sachsen.[23]

Allerdings wurde die Treue zum König durch dessen Außenpolitik im Frühjahr 1813 auf eine harte Probe gestellt. Viele Sachsen wünschten sich einen Anschluss ihres Herrschers an die antinapoleonische Koalition. Friedrich August I. hingegen betrachtete die Preußen und Russen als Feinde und hielt aus Überzeugung am Bündnis mit Napoleon fest. Erst als er glaubte, Napoleon habe keine Aussicht mehr auf einen Sieg und könne Sachsen nicht mehr vor den Preußen und Russen schützen, wagte Friedrich August zögerliche Schritte, die sein

Land in die Neutralität führen sollten – und zwar an der Seite Österreichs, das nun die Rolle des Protektors übernehmen sollte. Ein Bündnis gegen Napoleon kam für Friedrich August aber nicht in Frage. Im Gegenteil: Sollten die Franzosen wider Erwartungen doch noch die Verbündeten besiegen und Sachsen zurückzuerobern, wollte er lieber wieder an Napoleons Seite zurückkehren und seinen Bündnispflichten gegenüber Frankreich nachkommen, als gegen Napoleon zu kämpfen.[24]

Die sächsische Bevölkerung glaubte indes, die Annäherung ihres Königs an Österreich bilde den Auftakt zu einem Bündnis mit den Preußen und Russen. So verbreitete sich am 11. April in Wittenberg das Gerücht, zwischen Sachsen und den Verbündeten sei eine Neutralitätskonvention abgeschlossen worden. Wenig später trafen russische und preußische Parlamentäre ein und verkündeten, Sachsen würde dem Bündnis zwischen Preußen und Russland bald beitreten. Diese Nachricht wurde von den Wittenbergern mit Freude und Erleichterung aufgenommen.[25] In Görlitz kursierten ähnliche Gerüchte. Preußische Offiziere behaupteten dort am 10. April, der sächsische General Thielmann habe sich mit den Preußen vereinigt und diese seien in Torgau eingerückt; außerdem kehre der sächsische König nach Dresden zurück. Als sich diese Nachrichten schon am folgenden Tag als falsch herausstellten, schrieb der Buchhändler Christian Gotthelf Anton verbittert in sein Tagebuch: „Torgau ist nicht von den Preußen besetzt, und der König ist in Regensburg und bleibt starrköpfig an seinem Napoleon hängen, und setzt sich in Gefahr, um Reich und Krone zu kommen und das Land (das nicht ihm gehört, sondern von dem er nur aus Gottes Gnaden Verwalter und oberster Staatsdiener ist) aufs Unverantwortlichste ins Unglück zu stürzen."[26]

Am 2. Mai 1813 besiegte Napoleon die Verbündeten in der Schlacht bei Lützen und zwang sie zum Rückzug in die Oberlausitz. Am 8. Mai rückten französische Truppen wieder in Dresden ein. Noch am selben Tag richtete Napoleon ein Ultimatum an den sächsischen König, der sich mittlerweile nach Prag begeben hatte, um die Verhandlungen mit Österreich über die Neutralität Sachsens zum Abschluss zu bringen. Napoleon forderte Friedrich August I. auf, seinen Verpflichtungen als Mitglied des Rheinbunds nachzukommen, andernfalls werde er ihn als Verräter betrachten.[27] Am 10. Mai traf das Ultimatum in Prag ein. Sofort richtete der sächsische König ein Schreiben an Napoleon, in dem er beteuerte, er betrachte sich nach wie vor als Mitglied des Rheinbunds. Die geheime Konvention mit Österreich, die der sächsische Gesandte am 20. April in Wien abgeschlossen hatte, leugnete er ab.[28] Noch am selben Tag reiste Friedrich August I. von Prag ab und traf zwei Tage später wieder in Dresden ein, wo er von Napoleon freundlich empfangen wurde. Dem Bündnis mit Frankreich blieb er nun bis zum Ende treu. Die Enttäuschung der sächsischen Bevölkerung darüber war so groß, dass es zum ersten Mal in der bis dahin fünfundvierzigjährigen Regierungszeit dieses Herrschers zu einer Vertrauenskrise zwischen ihm und seinen Untertanen kam. Der Wittenberger Prediger Karl Immanuel Nitzsch fasste seine Empfindungen später in die Worte: „Die Hoffnung auf den Tag der Freiheit war sehr herabgestimmt; die Pietät gegen den Landesherrn hatte nicht aufgehört, war jedoch durch seine erneute Allianz mit Frankreich schwer getroffen."[29]

Anfang Mai 1813 herrschte in Sachsen große Angst vor der Rückkehr der Franzosen. Am 3. Mai verbreitete sich im ganzen Land die Nachricht, dass am Vortag in der Nähe von Leipzig eine gewaltige Schlacht stattgefunden hatte. Über ihren Ausgang ließen die Verbündeten die sächsische Bevölkerung jedoch im Unklaren. Überall behaupteten preußische und russische Soldaten, Napoleon sei geschlagen worden. In Dresden beruhigte der preußische König persönlich einige verängstigte Bürger mit den Worten: „Seid ruhig, Kinder! Wir haben einen schönen Sieg erfochten. Es wird noch alles gut werden."[30] Am 6. Mai machten die Verbündeten allerdings öffentlich bekannt, dass ihr Rückzug unvermeidlich sei. Die Bevölkerung reagierte bestürzt. Manche glaubten, die Franzosen würden sich für die offene Sympathie rächen, welche die Sachsen in den vorangegangenen Wochen für die Verbündeten gezeigt hatten. In aller Eile versteckten die Bürger die zahlreichen antifranzösischen Flugschriften und Spottbilder, mit denen die Türen und Fenster der Kaufläden bedeckt gewesen waren; einige Einwohner flüchteten nach Böhmen.[31]

Die Angst vor den Franzosen war keineswegs unbegründet, denn diese waren sich der feindseligen Haltung der Sachsen bewusst. Bei der Räumung Dresdens Ende März waren die abziehenden Soldaten von einigen Einwohnern sogar beschimpft worden.[32] Anlässlich der Rückkehr des sächsischen Königs nach Dresden am 12. Mai hielt Napoleon eine Ansprache an die Ratsabgeordneten, in der er öffentlich erklärte, er wisse, dass in Dresden ein „schlechter Geist" herrsche.[33] Am selben Tag besetzen französische Truppen die Stadt Bischofswerda ca. 30 km östlich von Dresden. Da die meisten Einwohner geflohen waren und der Magistrat keine Lebensmittel bereitgestellt hatte, brachen die Soldaten kurzerhand die Häuser auf und begannen zu plündern. Offenbar durch die Unachtsamkeit einiger Soldaten, die am Abend mit Kerzen die Häuser durchsuchten, brach ein Brand aus, der sich innerhalb weniger Stunden über die ganze Stadt ausbreitete und fast alle Wohnhäuser sowie die beiden Kirchen und alle anderen öffentlichen Gebäude zerstörte. Die Kunde von der Einäscherung Bischofswerdas sprach sich rasch in ganz Sachsen herum und sorgte für Entsetzen, zumal viele Sachsen davon überzeugt waren, es habe sich um einen französischen Racheakt gehandelt.[34] Dies war zwar in Wirklichkeit nicht der Fall, fügte sich aber in das Bild, das die Sachsen im Frühjahr 1813 von den Truppen Napoleons hatten.

Französische Infanterie treibt Vieh von Paunsdorf nach Leipzig,
Christian Gottfried Heinrich Geißler, kolorierte Radierung, um 1813

Angesichts des erneuten Sieges Napoleons in der Schlacht bei Bautzen am 20./21. Mai 1813 und dem weiteren Rückzug der Verbündeten nach Schlesien schien ein Ende der französischen Herrschaft jedoch in weite Ferne gerückt. Enttäuschung und Kriegsmüdigkeit breiteten sich aus, und als Napoleon am 4. Juni mit den Verbündeten den Waffenstillstand von Pläswitz schloss, war die Hoffnung auf einen Frieden bei vielen Sachsen für einige Wochen größer als die Abneigung gegen den französischen Kaiser. Der Torgauer Senator Carl Gottfried Niese schrieb am 12. Juli 1813 an einen Freund die bezeichnenden Worte: „Gott gebe nur Frieden, er sei, wie er wolle. Unser Vaterland hat zuviel gelitten..."[35] Bereits am 1. Juni 1813, noch vor dem Abschluss des Waffenstillstands, hatte Napoleon in den Zeitungen ein Projekt zu einem allgemeinen Friedenskongress veröffentlichen lassen.[36] Am 8. Juni hielt er sich in Görlitz auf und versicherte dem dortigen Magistrat, er sei darauf bedacht, Europa einen dauerhaften Frieden zu verschaffen.[37] Auch in Dresden, wo er in den folgenden Wochen sein Hauptquartier aufschlug, ließ er diese Nachricht verbreiten. Sein sächsischer Begleitoffizier, Oberstleutnant Otto von Odeleben, berichtet in seinen Erinnerungen: „Man versicherte allgemein im französischen Hauptquartier, dass am Frieden stark gearbeitet werde."[38] Umso größer war die Enttäuschung, als der Friedenskongress von Prag ergebnislos aufgelöst wurde und die Kampfhandlungen Mitte August 1813 weitergingen. Als Napoleon am 18. August wieder in Görlitz eintraf, bemerkte der Buchhändler Anton, dass die übliche Festbeleuchtung der Stadt diesmal sehr schlecht ausgefallen war. Anton notierte dazu: „Die Menschen haben's satt."[39]

Ende August 1813 rückten die verbündeten Preußen und Russen, deren Koalition sich nun auch Österreich angeschlossen hatte, auf Dresden vor. Die Angst der Dresdner vor einem Sturm auf die Stadt war so groß, dass sich viele Einwohner freuten, als Napoleon mit seiner Armee zur Verteidigung der Residenz eintraf – nicht etwa aus Sympathie für den Kaiser, sondern aus Überzeugung, dass es seinem überlegenen Feldherrntalent gelingen würde, die Kämpfe von der Stadt fernzuhalten.[40] Dies änderte allerdings nichts daran, dass Napoleon in Sachsen mittlerweile verhasst war, zumal er dafür verantwortlich gemacht wurde, dass die Friedensverhandlungen im Sommer 1813 zu keinem Ergebnis geführt hatten. Der württembergische Oberst Joseph Ignaz Graf von Beroldingen berichtete am 22. September 1813 an seinen König, die Stimmung in ganz Sachsen sei auf das Höchste gespannt und die Bevölkerung könne den gänzlichen Untergang der französischen Armee kaum erwarten.[41] Auch der sächsische König war sich der Unzufriedenheit der Bevölkerung längst bewusst. Das belegen seine wiederholten Aufrufe zur Treue. Am 27. September ermahnte er seine Untertanen, sich nicht von den Proklamationen feindlicher Befehlshaber beeinflussen zu lassen. Wer die Pläne des Feindes begünstige oder tatkräftig unterstütze, würde mit „unnachsichtlicher Strenge" bestraft.[42]

Solche Proklamationen dürften bei der Bevölkerung allerdings nur noch wenig Aufsehen erregt haben, zumal viele glaubten, der König befinde sich in der Gewalt der Franzosen und könne sich den Anordnungen Napoleons nicht widersetzen. Dieser Eindruck musste sich noch verstärken, als Friedrich August I. Anfang Oktober 1813 mit dem französischen Kaiser auf dessen Wunsch hin Dresden verließ, begleitet von sächsischen, polnischen und französischen Soldaten. Am 14. Oktober erreichte der König Leipzig – zwei Tage vor dem Beginn der Völkerschlacht. Während der Schlacht selbst konnten zunächst die französischen Truppen taktische Erfolge erringen, und am frühen Nachmittag des 16. Oktobers verkündeten französische Soldaten in der Stadt ihren Sieg. Auf Befehl Napoleons wurden in Leipzig die Glocken geläutet, und der sächsische König ließ am Abend einen Dankgottesdienst abhalten. Friedrich August I. hoffte tatsächlich auf einen Sieg Napoleons. Zu seinem Kammerpagen, Carl Anton Philipp von Dziembowski, sagte er am folgenden Tag: „Wir können ruhig schlafen. Napoleon hat die Alliierten in den Händen, morgen sind die Feinde vernichtet."[43]

Die Leipziger Bevölkerung war über die voreiligen Siegesnachrichten bestürzt. Der Schreck hielt allerdings nicht lange an, denn schon bald wurde klar, dass die Freude der Franzosen verfrüht gewesen war und die Schlacht mit unverminderter Härte weiterging. Als sich die Reste der französischen Armee am 19. Oktober schließlich geschlagen aus Leipzig zurückzogen und die ersten preußischen Soldaten in die Stadt eindrangen, gerieten die Einwohner in einen regelrechten Freudentaumel. Ein Leipziger Student schrieb darüber am 23. Oktober in einem Brief an seine Angehörigen: „Euch das Jubelgeschrei und Hurrarufen der Einwohner Leipzigs zu schildern, welches so laut zum Himmel stieg, dass man darüber nicht einen Schuss mehr von der immer noch fortdauernden Kanonade hörte, bin ich nicht im Stande. Die Äußerungen der allgemeinen Wonne hierüber brachen in ein wahres Toben aus."[44] Auch von preußischen und russischen Augenzeugen liegen Berichte vor, die solche Aussagen bestätigen. General August Neidhardt von Gneisenau, der zusammen mit Blücher als einer der ersten preußischen Offiziere in Leipzig einritt, schrieb noch am 19. Oktober an seine Frau, seine Kameraden und er seien von den Einwohnern mit Freudengeschrei empfangen worden. Und Ludwig Freiherr von Wolzogen, der den Einmarsch in Leipzig als russischer Offizier erlebte, berichtet in seinen Memoiren, aus allen Kellern seien die halbverhungerten Einwohner auf die Straße gestürzt und hätten Gott auf den Knien für ihre Rettung gedankt.[45]

Das Interesse am Schicksal des sächsischen Königs trat bei vielen Sachsen angesichts der Freude über den Sieg der Verbündeten und die Befreiung des Landes von den Franzosen im Herbst 1813 zunächst in den Hintergrund. Zahlreiche Sachsen folgten den Aufrufen der Verbündeten und meldeten sich freiwillig zum Kampf gegen Napoleon, darunter selbst sozial hochstehende und prominente Bürger wie der Leipziger Theologieprofessor und Superintendent Heinrich Gottlieb Tzschirner und der Philosophieprofessor Wilhelm Traugott Krug. Letzterer schrieb dazu in seinen Erinnerungen: „Das durch den französischen Druck aufgeregte Vaterlandsgefühl, die allgemeine Begeisterung für Deutschlands Freiheit riss mich fort."[46]

Das gesamtdeutsche Nationalgefühl, das in diesem Zitat zum Ausdruck kommt, dürfte allerdings nur bei wenigen Sachsen so stark gewesen sein wie bei Krug. Dieser hatte, obgleich gebürtiger Sachse, von 1801 bis 1809 in Preußen gelebt, war Mitglied des patriotischen preußischen „Tugendbunds" gewesen und fühlte sich laut eigener Aussage als „Preuße von ganzem Herzen".[47] Die preußische Kriegspropaganda, die auf die Entfesselung deutsch-nationaler Kräfte zielte, fiel bei Krug dementsprechend auf viel fruchtbareren Boden als bei den meisten Sachsen, die unter dem Begriff „Vaterland" vor allem ihr Königreich Sachsen verstanden. Der sächsische General August Friedrich Wilhelm von Leyßer schrieb im Rückblick über das Verhältnis der sächsischen Soldaten zu ihrem Vaterland zur Zeit des Russlandfeldzugs von 1812: „Doch war von keiner deutschen Sache, dies kann ich versichern, damals die Rede, das Deutschtum, welches hernachmals als Palladium unserer Gegner und Reizmittel für die Völker so eminente Dienste leistete, war unserer Armee zu jener Zeit noch eine unbekannte Größe, nur Sachsens Wohl, seine Größe, sein Gedeihen und sein Gewicht war für uns als echte Sachsen der Zentralpunkt des heiligsten Interesses, alle unsere Wünsche und Pläne hatten nur dieses Ziel."[48] Diese Aussage lässt sich mit Sicherheit auch auf den Großteil der sächsischen Zivilbevölkerung übertragen. In den meisten zeitgenössischen sächsischen Quellen wird als Motiv des Kampfes 1813/14 nur die „gute Sache" genannt, womit die Befreiung des Vaterlandes von den Franzosen gemeint war – ganz gleich, ob dieses Vaterland Deutschland oder Sachsen hieß.

Die Stimmung der Sachsen, die den Preußen und Russen 1813 wohlgesinnt war, änderte sich jedoch im Laufe des Jahres 1814. Nach der Völkerschlacht bei Leipzig war der sächsische König gefangen genommen, Sachsen zu einem „Generalgouvernement" erklärt und dessen Verwaltung dem russischen General Nikolai Repnin-Wolkonski übertragen worden.[49] Dieser versuchte von Anfang an, das Land auf einen territorialen Anschluss an Preußen vorzubereiten. Repnin ließ z. B. die übliche Fürbitte für Friedrich August I. und das sächsische Königshaus aus dem Kirchengebet streichen – eine Verordnung, die auf den Widerstand vieler Geistlicher stieß und oftmals einfach übergangen wurde. Eine andere Maßnahme war die Verschärfung der Zensur, um alle sächsisch-königstreuen Äußerungen in der Publizistik zu unterbinden. Sogar das Berliner Polizeiministerium schaltete sich in die Zensur sächsischer Veröffentlichungen ein. Schriften, die sich für eine Rückkehr Friedrich Augusts I. aussprachen, wurden ebenso verboten wie die zahlreichen Petitionen zugunsten des Königs, die von den Landständen aus allen Teilen Sachsens verfasst wurden.[50]

Derartige Maßregeln sowie die Gefangenhaltung Friedrich Augusts I. auch über Napoleons scheinbar endgültige Niederlage im Frühjahr 1814 hinaus empörten selbst solche Sachsen, denen das Schicksal ihres Königs in den ersten Wochen und Monaten nach der Völkerschlacht gleichgültig gewesen war. Zur Verschlechterung der Stimmung trug außerdem das undisziplinierte Verhalten vieler russischer Soldaten bei, das nicht selten gewalttätige Auseinandersetzungen zwischen Sachsen und Russen zur Folge hatte.[51] Repnin bemühte sich zwar mit Nachdruck um die Aufrechterhaltung der Ordnung, schaffte es aber nicht, der Disziplinlosigkeiten Herr zu werden. Die Lage verbesserte sich erst, als die Preußen die Verwaltung des „Generalgouvernements" übernahmen. Die Kehrseite der Medaille war jedoch, dass Zensur und polizeiliche Überwachung von den Preußen noch rigoroser gehandhabt wurden, um der immer stärkeren Flut königstreuer Schriften entgegenzuwirken.[52]

Als auf dem Wiener Kongress 1815 schließlich die Teilung Sachsens beschlossen wurde, waren alle Sachsen empört. Denn diese Lösung der sächsischen Frage lehnten selbst die Anhänger der „preußischen Partei" in Sachsen strikt ab.[53] Sachsen erschien nun vor allem als Opfer preußischen Expansionsstrebens, was das Zusammengehörigkeitsgefühl der Bevölkerung und die Sympathien für den gefangenen König deutlich verstärkte. König Friedrich August I. fand deshalb zwar sein Land stark verkleinert vor, als er am 7. Juni 1815 nach mehr als anderthalbjähriger Abwesenheit wieder in Dresden eintraf. Aber die verbliebenen Untertanen waren ihm treu ergeben. Die Erbitterung auf die Franzosen war in den Hintergrund getreten, die Entfremdung zwischen Volk und Souverän vergessen. Da Sachsen als Verlierer aus den Befreiungskriegen hervorging, entwickelte sich ab 1815 in Sachsen ein besonders starker Territorialpatriotismus, der auf einem Opfermythos gründete.[54] Selbst Karl von Nostitz – ein gebürtiger Dresdner, der zunächst in preußischen Diensten gestanden hatte, 1813 jedoch russischer Offizier geworden war – schrieb in seinen Erinnerungen: „Mir sind die Sachsen immer vorgekommen wie die fleißigen Biber in Deutschland, zu ihrem Unglück von Raubtieren umlagert, die jedes halbe Jahrhundert die zierlichen Baue zerstören, damit die nächsten Jahre wieder Arbeit geben, denn im Ordnen und Ersparen ist das Sachsenvölkchen Meister."[55]

Anmerkungen

1 Vgl. MARKHAM, J. David: *Imperial Glory. The Bulletins of Napoleon's Grande Armée 1805–1814. With Additional Supporting Documents*, London 2003, S. 310–313.
2 Vgl. WIEGAND, Peter: *Neue Interessen und neue Gesichtspunkte – Friedrich August I. von Sachsen als Verbündeter Napoleons*, in: Guntram Martin/Jochen Vötsch/Peter Wiegand (Hrsg.): 200 Jahre Königreich Sachsen. Beiträge zur sächsischen Geschichte im napoleonischen Zeitalter (Saxonia 10), Beucha 2008, S. 83–104, hier S. 96 f., 103 f.
3 Sächsische Landesbibliothek – Staats- und Universitätsbibliothek Dresden (SLUB), Handschriftenabteilung, Nachlass Karl August Böttiger, Msc.Dresd.h.37, Bd. 122 (4°), Dok. 57, unpag.
4 Vgl. TÖPPEL, Roman: *Die Sachsen und Napoleon. Ein Stimmungsbild 1806–1813* (Dresdner historische Studien 8), 2., durchges. Aufl., Köln u. a. 2013, S. 90–96.
5 Vgl. TÖPPEL, Roman: *Die sächsische Wirtschaft, Kriegslasten und die Kontinentalsperre*, in: Hemmerle, Oliver Benjamin/Brummert, Ulrike (Hrsg.): Zäsuren und Kontinuitäten im Schatten Napoleons. Eine Annäherung an die Gebiete des heutigen Sachsen und Tschechien zwischen 1805/06 und 1813 (Schriftenreihe Studien zur Geschichtsforschung der Neuzeit 62), Hamburg 2010, S. 37–50.
6 Vgl. Sächsisches Staatsarchiv – Hauptstaatsarchiv Dresden (HStA Dresden), Acten, die hohe geheime Polizei im Jahr 1812 betreffend, Bd. 2, Geheimes Kabinett 10026, Loc. 1430/6, Bl. 29. Für weitere Beispiele vgl. TÖPPEL, wie Anm. 4, S. 35–40.
7 Vgl. GÜLICH, Wolfgang: *Die Sächsische Armee zur Zeit Napoleons. Die Reorganisation von 1810*, (Schriften der Rudolf-Kötzschke-Gesellschaft 9), Beucha 2006, S. 191 f., 204, 206, 216.
8 Zitat nach FRENZEL, Elisabeth: *Vergilbte Papiere. Die zweihundertjährige Geschichte einer bürgerlichen Familie*, Düsseldorf 1990, S. 73.
9 So beispielsweise in den Erinnerungen des damaligen Leipziger Ratsmitglieds und späteren Bürgermeisters von Leipzig Johann Carl Groß, vgl. GROSS, Johann Carl: *Erinnerungen aus den Kriegsjahren*, Leipzig 1850, S. 49 f.
10 Vgl. HStA Dresden, Geheime Polizei, Nachrichten über dieselbe 1812, Kriegsnachrichten 1813, Geheimes Kabinett 10026, Loc. 30087, unpag.
11 Vgl. POPPE, Maximilian: *Chronologische Übersicht der wichtigsten Begebenheiten aus den Kriegsjahren 1806–1815. Mit besonderer Beziehung auf Leipzigs Völkerschlacht und Beifügung der Original-Dokumente. Band 2*, Leipzig 1848, S. 16.
12 Vgl. HStA Dresden, Geheime Polizei, Nachrichten über dieselbe 1812, Kriegsnachrichten 1813, Geheimes Kabinett 10026, Loc. 30087, unpag.
13 Vgl. TÖPPEL, wie Anm. 4, S. 159–168.
14 Die Proklamationen sind wiedergegeben bei POPPE, wie Anm. 11, S. 33, 49–56 sowie LANGE, Bernhard: *Die öffentliche Meinung in Sachsen von 1813 bis zur Rückkehr des Königs 1815* (Geschichtliche Studien 2. Heft 2), Gotha 1912, S. 17 f.
15 SCHMIDT, Otto Eduard (Hrsg.): *Aus der Zeit der Freiheitskriege und des Wiener Kongresses. 87 ungedruckte Briefe und Urkunden aus sächsischen Adelsarchiven* (Aus Sachsens Vergangenheit 3), Leipzig 1914, S. 24.
16 HStA Dresden, Kriegsachen, Geheimes Kabinett 10026, Bd. 8: September und October 1813, ingl. ais. 1815 und 1816, Loc. 2403/6, Bl. 148.
17 Vgl. HStA Dresden, Geheime Polizei, Nachrichten über dieselbe 1812, Kriegsnachrichten 1813, Geheimes Kabinett 10026, Loc. 30087, unpag.
18 MEISSNER, Johann Carl: *Leipzig 1813. Tagebuch und Erinnerungen an die Völkerschlacht*, bearb. von Holger Hamecher, hrsg. von Martin Scheffer, Kassel 2001, S. 24.
19 FLÖSSEL, Karl Rudolph August: *Erinnerungen an die Kriegsdrangsale der Stadt Görlitz im Jahre 1813*, Görlitz 1863, S. 18. Für weitere Beispiele vgl. TÖPPEL, wie Anm. 4, S. 177–179.
20 Immerhin sollen sich circa 500 Sachsen im Frühjahr 1813 dem Lützowschen Freikorps angeschlossen haben, vgl. OPPELL, Hans Adolf: *Die Stellung des sächsischen Adels zur deutschen Bewegung von 1813*, in: Deutsches Adelsblatt. Zeitschrift der Deutschen Adelsgenossenschaft für die Aufgaben des christlichen Adels 46 (1928), S. 341 f., hier S. 341.
21 So heißt es in Blüchers Proklamation „An Sachsens Einwohner!" vom 23.3.1813: „Euer Landesherr ist in fremder Gewalt; die Freiheit des Entschlusses ist ihm genommen.", vgl. POPPE, wie Anm. 11, S. 51.
22 ZEZSCHWITZ, Joseph Friedrich von: *Mittheilungen aus den Papieren eines sächsischen Staatsmannes*, 2. Aufl., Dresden 1864, S. 238 f.
23 Vgl. HUBATSCH, Walther (Hrsg.): *Freiherr vom Stein. Briefe und amtliche Schriften. Band 4: Preussens Erhebung. Stein als Chef der Zentralverwaltung. Napoleons Sturz (Januar 1813 – Juni 1814)*, Stuttgart 1963, S. 86.

24 Vgl. dazu ONCKEN, Wilhelm: *Oesterreich und Preußen im Befreiungskriege. Urkundliche Aufschlüsse über die politische Geschichte des Jahres 1813. Zweiter Band*, Berlin 1879, S. 229-297, bes. S. 271; JENAK, Rudolf: *Die Realität der Österreichisch-sächsischen Konvention vom 20. April 1813*, in: Mitteilungen des Vereins für sächsische Landesgeschichte e. V. 5 (2007), S. 5-24, bes. S. 12, 16, 20; WIEGAND, wie Anm. 2, S. 98 f.

25 Vgl. MAASS, Johann: *Die schrecklichen Drangsale Wittenbergs während der Belagerung durch die königlich preußischen Truppen im Jahre 1813 und 1814*, Dresden 1814, S. 30, 39.

26 Ratsarchiv Görlitz, Anton, Christian Gotthelf, Tagebuch über die Kriegsereignisse der Jahre 1813-1815, Abschrift von 1841, Bd. 1, Varia 233, Bl. 27.

27 Vgl. *Correspondance de Napoléon Ier. Publiée par ordre de l'empereur Napoléon III. Band 25*, Paris 1868, S. 278 f.

28 Vgl. JENAK, Rudolf (Hrsg.): *Mein Herr Bruder ... Napoleon und Friedrich August I. Der Briefwechsel des Kaisers der Franzosen mit dem König von Sachsen (1806-1813)*, Beucha 2010, S. 158.

29 NITZSCH, Carl Immanuel: *Ein Stück Wittenberger Geschichte aus dem Jahre 1813 (Mai) bis 1814 (Januar). Vortrag im evangelischen Verein am 21. März gehalten*, Berlin 1859, S. 7.

30 NIERITZ, Gustav: *Selbstbiographie*, Leipzig 1872, S. 120.

31 Vgl. beispielsweise das Tagebuch des Dresdner Polizeidirektors Brand, 7.5.1813, HStA Dresden, Kriegssachen, Geheimes Kabinett 10026, Bd. 4: May, Loc. 2510/5, Bl. 77; *Darstellung der Ereignisse in Dresden, im Jahre 1813. Von einem Augenzeugen*, Dresden 1816, S. 58-63; FLÖSSEL, wie Anm. 19, S. 22 f.

32 Vgl. Darstellung der Ereignisse in Dresden, wie Anm. 31, S. 29 f.

33 Vgl. SCHULZE, Friedrich August [unter dem Pseudonym Friedrich Laun]: *Memoiren. Theil 2*, Bunzlau 1837, S. 228 f.

34 Vgl. TÖPPEL, wie Anm. 4, S. 201-204.

35 Zitat nach FRENZEL, wie Anm. 8, S. 102.

36 Vgl. POPPE, wie Anm. 11, S. 96.

37 Vgl. Ratsarchiv Görlitz, Anton, Christian Gotthelf, Tagebuch über die Kriegsereignisse der Jahre 1813-1815, Abschrift von 1841, Bd. 1, Varia 233, Bl. 101.

38 ODELEBEN, Otto von: *Napoleons Feldzug in Sachsen im Jahr 1813. Eine treue Skizze dieses Krieges, des französischen Kaisers und seiner Umgebungen, entworfen von einem Augenzeugen in Napoleons Hauptquartier*, Neudruck der zweiten verbesserten Auflage (Dresden 1816), Osnabrück 1999, S. 242.

39 Ratsarchiv Görlitz, Anton, Christian Gotthelf, Tagebuch über die Kriegsereignisse der Jahre 1813-1815, Abschrift von 1841, Bd. 1, Varia 233, Bl. 132.

40 Vgl. beispielsweise REIKE, Lutz: *Napoleon in Dresden*, in: Dresdner Geschichtsbuch 1 (1995), hrsg. vom Stadtmuseum Dresden, S. 45-66, hier S. 59.

41 Vgl. SCHMIDT, wie Anm. 15, S. 42.

42 Der Aufruf ist wiedergegeben bei POPPE, wie Anm. 11, S. 159 f.

43 Zitat nach SCHMIDT, Otto Eduard: *Carl Adolf von Carlowitz und Ferdinand von Funck*, in: Neues Archiv für Sächsische Geschichte und Altertumskunde 55 (1934), S. 125-139, hier S. 138.

44 DÖHLER, Karl (Hrsg.): *Ein Brief aus dem Jahre 1813*, in: Sächsische Heimatblätter 9 (1963), S. 458-464, hier S. 462.

45 Vgl. PERTZ, Georg Heinrich: *Das Leben des Feldmarschalls Grafen Neithardt von Gneisenau. Band 2*, Berlin 1865, S. 473; WOLZOGEN, Ludwig von: *Memoiren des königlich preußischen Generals der Infanterie Ludwig Freiherrn von Wolzogen. Aus dessen Nachlaß unter Beifügung officieller militärischer Denkschriften*, mitgetheilt von Alfred Freiherrn von Wolzogen, Leipzig 1851, S. 231.

46 KRUG, Wilhelm Traugott: *Krug's Lebensreise in sechs Stazionen von ihm selbst beschrieben. Nebst Volkmar Reinhard's Briefen an der Verfasser*, neue, verb. u. verm. Aufl., Leipzig 1842, S. 162.

47 Ebd., S. 114 f.

48 LEYSSER, August Friedrich Wilhelm von: *Briefe über den Feldzug 1812 in Russland. Geschrieben an den Ufern der Wolga*, in: Der Kamerad. Unterhaltende und belehrende Zeitschrift für deutsche Militärs aller Grade und Waffen, sowie für patriotisch gesinnte Bürger 1 (1863), Nr. 10, S. 75.

49 Vgl. dazu ULBRICHT, Gunda: *Instandbesetzt. Der Modellfall Sachsen 1813-15*, in: Schnabel-Schüle, Helga/Gestrich, Andreas (Hrsg.): Fremde Herrscher – fremdes Volk. Inklusions- und Exklusionsfiguren bei Herrschaftswechseln in Europa (Inklusion – Exklusion 1), Frankfurt am Main u. a. 2006, S. 139-168.

50 Vgl. LANGE, wie Anm. 14, S. 105-197.

51 Vgl. beispielsweise KLEMM, Gustav Friedrich: *Chronik der Königlich Sächsischen Residenzstadt Dresden. Zweiter Band: Die Geschichte Dresdens von 1694 bis 1827*, Dresden 1837, S. 645; TOBIAS, Carl Anton: *Beiträge zur Geschichte der Stadt Zittau. Band 1: Begebenheiten und Erlebnisse in Zittau 1813*, Zittau 1863, S. 98, 108-112.

52 Zu den zahlreichen Schriften für und wider den sächsischen König, die in den Jahren 1814 und 1815 verbreitet wurden, vgl. TROSKA, Ferdinand: *Die Publizistik zur sächsischen Frage auf dem Wiener Kongress* (Hallesche Abhandlungen zur neueren Geschichte 27), Halle 1891.

53 Vgl. beispielsweise KOHLSCHMIDT, Walter: *Die Sächsische Frage auf dem Wiener Kongreß und die Sächsische Diplomatie dieser Zeit* (Aus Sachsen Vergangenheit 6), Dresden 1930, S. 32 f.

54 Vgl. TÖPPEL, Roman: *Zwischen Altem Reich und Deutschem Bund. Eine Epoche im Spiegel sächsischer Publizistik und Historiographie*, in: Martin/Vötsch/Wiegand, wie Anm. 2, S. 195-203, hier S. 195 f.

55 NOSTITZ, Karl von: *Aus Karls von Nostitz, weiland Adjutanten des Prinzen Louis Ferdinand von Preussen, und später russischen General-Lieutenants, Leben und Briefwechsel. Auch ein Lebensbild aus den Befreiungskriegen*, Dresden 1848, S. 93.

Wolfgang Häusler

„Krieg ist das Losungswort! Sieg! Und so tönt es fort!"

Deutsche und Österreicher für, mit und gegen Napoleon Bonaparte

Die Schriften des Waldschulmeisters (1875) des steirischen Volksdichters Peter K. Rosegger, als fiktive Autobiographie des Andreas Erdmann aus Salzburg, verdichten die deutsche Misere der napoleonischen Zeit. Erdmann kämpft Anno Neun in den Reihen Andreas Hofers als „Kriegsmann, Tirolerschütz'" – jedoch: „Die Franzosen und die Bayern und etwan auch die Österreicher hinten haben es nicht gelitten, daß in der Burg zu Innsbruck ein Bauer sollt' König sein." Aus der „Hundenot" dieser Jahre flieht der Erzähler in die Grande Armée Napoleons (nicht einmal die Hälfte dieser über 600 000 Kombattanten zählenden Streitmacht war französischer Herkunft): „Ich will das arge Fehl sühnen, daß ich gegen den großen Feldherrn rechtlos die Waffen geführt, ich will mit seinen Scharen ziehen, um die Völker des Morgenlands befreien und der Hut des Abendlands unterordnen zu helfen. (…) Die Deutschen haben uns den Weg schwer gemacht, aber der Feldherr ist wie ein Blitz hineingefahren in die zerrissenen Völkerfetzen, die keinen großen Gedanken gehabt und keine große Tat." Von den russischen „Eisströmen und Schneefeldern" heimgekehrt, bleibt er dem Franzosenkaiser treu: „Er ist der Befreier, der Fürstenhader muß enden. Die Stämme müssen ein großes einiges Volk werden! – Solche Gedanken haben mich begeistert. Des Feldherrn finsteres Aug', wie ein Blitz in der Nacht, hat uns alle entflammt. Gegen das Sachsenland sind wir gezogen, um dort den Streit für unsern Herrn auszukämpfen, und das schöne deutsche Land unter seinen Schutz zu stellen. Bei Lützen hab' ich einem welschen Feldherrn das Leben geschützt; vor Dresden hab' ich dem Blücher das Roß niedergeschossen; bei Leipzig hab' ich meinen (Jugendfreund) Heinrich erschossen (…) - - - - - - - - - - - - - - - - - (…) Jetzt kommt mir die Besinnung. Mein Gewehr hab' ich um einen Stein geschlagen, daß es zerschmettert; mit seinem eignen Schwert hab' ich einem Franzosenführer den Schädel gespalten."

„Am Anfang war Napoleon" – dieser lapidare Satz Thomas Nipperdeys in seiner *Deutschen Geschichte 1800–1866* (München 1983), im Anklang von Genesis 1, 1 und Johannesevangelium 1, 1, ist zum geflügelten Wort geworden. Zu ergänzen ist, dass Napoleon wohl den Modernisierungsprozess ganz Europas entscheidend vorantrieb und den Deutschen wie den Italienern und Polen den Weg zu Staatlichkeit durch Nationsbildung geebnet hat – Aufklärung und Reformabsolutismus, Sturm und Drang und Klassik und, nicht zu vergessen, deutsche und österreichische radikale „Jakobiner", d. h. Demokraten, hatten den Boden bereitet.

Schiller, der an seinem allzu frühen Lebensabend dem „Herrn von" den „Bürger von Frankreich" im Weimarischen Hofkalender anfügte, wollte *Universalgeschichte* (Jena 1789!) nicht als „Brotgelehrter", sondern als „philosophischer Kopf" begreifen und lehren. Sein dramatisches Werk hielt den Aufstand des Individuums „in Tirannos" durch, sein Thema waren die Revolutionen der Frühen Neuzeit wie das Werden der europäischen Nationen, im Wechsel von Krieg und Frieden. Dass sein letztes vollendetes Drama, der Volk und Freiheit gegen Fürstenwillkür und feudale Landeshoheit setzende *Wilhelm Tell* dann als Signal für die antinapoleonischen Kämpfe umgedeutet wurde, lag nicht in seiner Absicht.

Alle Paradoxien der Epoche spiegeln Goethes Person und Werk. Da Goethe im Wendejahr 1813 mit dem *West-Östlichen Divan* „sich aus der Gegenwart retten" wollte und nach Karlsbad, zu Mineralogie und Botanik, floh, holten ihn „die ungeheuren Weltbegebenheiten" immer wieder ein. Das „Gespräch von Krieg und Kriegsgeschrei, / Wenn hinten, weit,

Friedrich Schiller,
*Johann Friedrich August Tischbein,
Öl auf Leinwand, 1805
(s. S. 145)*

in der Türkei, / Die Völker aufeinanderschlagen" (Osterspaziergang des 1808 erschienenen *Faust*) wurde in Deutschland, für Europa bittere Realität. Hier erscheint der Begriff „Völkerschlacht" vorgeprägt. Zumeist werden die Militärs Müffling und Yorck für diese Benennung der Leipziger Schlacht namhaft gemacht – vorher noch, als im Sommer 1813 Österreich noch schwankte, hatte Max von Schenkendorf dem „deutschen Kaiser" Franz das Stichwort „Völkerschlacht" zugerufen. Es bleibt zu diskutieren, ob nicht auch der biblische Bann (cherem), den das Gottesvolk Israel an feindlichen Völkern vollstreckt (v. a. Buch Josua), hereinspielt – tragisch enthüllt sich hier der Ursprung der modernen Genozidverbrechen. Auch die ältere Bedeutung von Volk als kriegerische Gefolgschaft, Kriegsvölker, hallt in diesem Bedeutungsfeld nach.

Die Katastrophe der Grande Armée im russischen Winter 1812 griff der Dichter im Dezember 1814 mit der Übersetzung der Timur-Biographie von Ibn Arabšah auf. Napoleon wird mit dem gewaltigen Eroberer Asiens gleichgesetzt: Der Winter mit „seinen frostgespitzten Stürmen, / Stieg in Timurs Rat hernieder, / Schrie ihn drohend an und sprach so: „Leise, langsam, Unglücksel'ger! / Wandle du Tyrann des Unrechts. (...) Meine Lüfte sind noch kälter als du sein kannst, / Quälen deine wilden Heere / Gläubige mit tausend Martern." Amir Timur – so nennt man in Usbekistan noch heute den uns als Tamerlan/ Timur Lenk (d. h. der Lahme) bekannten Kriegsherrn und Reichsgründer – erlag mit seinem Heer im Februar 1405 der „Todeskälte" auf seinem Winterfeldzug gegen China. Der *Divan* erschien vollständig erst 1819. *Timur Nameh*, das Buch Timur, ist die Verbindung zwischen den zugleich mystisch-sinnlichen Liebesgedichten des Hafis und dem Buch *Suleika. An Suleika* (Marianne von Willemer) schloss Goethe an Timurs Wintertod ein Gedicht, dessen Rosenöl-Metaphorik den Leser bestürzt: „Sollte jene Qual uns quälen? / Da sie unsre Lust vermehrt. / Hat nicht Myriaden Seelen / Timurs Herrschaft aufgezehrt!" Marx hat diese Strophe übrigens gelegentlich seiner Kritik an der *Britischen Herrschaft in Indien* zitiert. Woran dachte Goethe hier – vielleicht an Joséphines berühmte Rosengärten von Malmaison, oder kamen ihm Darstellungen von Khanen, Sultanen, Großmoguln mit Rosenknospen in der Hand, zwischen Schädelpyramiden und Paradiesgärten, in den Sinn? Goethes (und der deutschen) problematisches Verhältnis zu Napoleon steht hinter diesem ästhetischen Zynismus. Hatte der junge Goethe mit *Götz* und *Egmont* klarsichtige Analysen der frühneuzeitlichen Revolutionen geleistet, wendete sich der Minister von der Französischen Revolution bald ab; „begeisternde Freiheit und löbliche Gleichheit" wurden überschattet und entwertet von „Zügen bewaffneter Franken" (*Hermann und Dorothea*). Die *Campagne in Frankreich* 1792 erlebte Goethe als „Koth und Noth, Mangel und Sorge (...) zwischen Trümmern, Leichen, Äsern und Scheishaufen" – erst 30 Jahre später schwang er sich dazu auf, die Kanonade von Valmy zur welthistorischen Epoche „hier und heute" zu (v)erklären. In Napoleon begrüßte Goethe wie viele Deutsche staatliche Neuordnung durch Überwindung der Revolution unter Wahrung ihrer bürgerlichen Rechtsprinzipen. Selbst Plünderungen nach der Schlacht von Jena – Herzog Karl August stand im preußischen Lager, Napoleon nahm im Weimarer Schloss Quartier – machten ihn nicht irre. Unter diesen Vorzeichen kam es zur Begegnung anlässlich des Fürstenkongresses zu Erfurt, der den Zaren fester an Napoleon und den Rheinbund binden sollte, am 2. Oktober 1808. Hier fielen zwischen Frühstück und Kontributionsangelegenheiten Napoleons Worte an oder über Goethe „Vous êtes un homme" bzw. „Voilà un homme". Man muss nicht das *Ecce homo* oder gar Nietzsches „Übermenschen" (mit der Konnotation von Un- und Untermensch) bemühen, wenn man weiß, dass Napoleon es am liebsten hörte, wenn seine Soldaten über ihn als „l'homme" redeten – zugleich petit caporal und Großer General – ein Mann wie wir. Mit Goethe und Wieland besprach der Kaiser die Problematik eines *Cäsar*-Dramas. Neben dem russischen St. Annen-Orden trug Goethe fortan stolz das rote Band der Ehrenlegion und legte es auch nach dem Sturz „meines Kaisers" nicht ab. Er blieb für ihn „ein Kerl", „Halbgott", „Kompendium der Welt". Napoleons Wort von „Politik als Schicksal" haftet im Gedächtnis.

Goethe versagte sich zunächst der Aufbruchstimmung der Befreiungskriege: „Ja, schüttelt nur an euren Ketten! Der Mann ist euch zu groß; ihr werdet sie nicht zerbrechen" – so zu Schillers Freund Regierungsrat Christian Gottfried Körner, dessen Sohn Theodor im Frühjahr 1813 mit Lützows Freischaren in Kampf und Tod zog. Auch gegenüber dem engagierten Historiker Heinrich Luden blieb Goethe nach der Völkerschlacht skeptisch, ob „wirklich die Freiheit gewonnen" sei: „Franzosen sehe ich nicht mehr, aber ich sehe Kosaken, Baschkiren, Kroaten, Magyaren, Kassuben, Samländer, braune und andere Husaren." Nur mit Mühe konnte ein Trupp Donkosaken von der Einquartierung im Haus am Frauenplan abgehalten werden.

Das allegorische Festspiel *Des Epimenides Erwachen*, begonnen im Mai 1814 nach Napoleons Abdankung in Fontainebleau und am 30. März 1815 (Jahrestag der Einnahme von Paris durch die Alliierten) vor dem preußischen Hof in Berlin aufgeführt, da eben der gestürzte Korse sich zum heroischen Abenteuer der Hundert Tage auf den Weg machte, blieb skeptisch. Dem manchmal zu den Sieben Weltweisen gerechneten Philosophen und Priester Epimenides aus Kreta, der seine Zeit verschläft, wurde ja das doppelsinnige Dictum zugeschrieben: „Alle Kreter sind Lügner." Was ist Wahrheit in der Geschichte, die Goethe einmal als „Unsinn für den höheren Denker" bezeichnete?

Den vierten Akt von *Faust II* mit dem Kampf zwischen Kaiser und Gegenkaiser sollte man als Parabel der Kriege der historischen Monarchien gegen den aus der Revolution aufgestiegenen Franzosenkaiser lesen. Vorangegangen war ja die Schlacht von Pharsalos zwischen Cäsar und Pompeius in der *Klassischen Walpurgisnacht*. Der „Obergeneral", in dessen Rolle Faust schlüpft, deutet auf Erzherzog Karl, der Goethe seine Werke zur Strategie schenkte. Das Feld behaupten im Kampfgetümmel „Drei Gewaltige": Raufebold, Habebald und Haltefest. Die anlässlich des Todes Napoleons verfasste pathetische Ode Manzonis übersetzte Goethe (wie auch Chamisso) con amore, und in einem nachgelassenen Gedichtentwurf („Am jüngsten Tag, vor Gottes Thron, / Stand endlich Held Napoleon...") wollte er ihn, gleich Faust, von der Höllenstrafe erlöst wissen.

In diesem Sinn darf auch die Gestalt Euphorions, Fausts und Helenas Sohn, verstanden werden. Gewiss, Goethe nannte Byron als Vorbild, doch hat der Heldenjüngling viel von Theodor Körner: „Träumt ihr den Friedenstag? / Träume, wer träumen mag, / Krieg ist das Losungswort. / Sieg! Und so tönt es fort! (...) In Drang um Drang zu Schmerz und Qual. / Und der Tod ist Gebot, / Das versteht sich nun einmal." Noch warnt der Chor: „Überall Gefahr, / Tödliches Los!" und beklagt den Todessturz: „Ikarus! Ikarus! Jammer genug." – „Kleid, Mantel und Lyra bleiben liegen." Körners Vater gab die Gedichte des gefallenen Sohnes unter dem Titel *Leyer und Schwert* 1814 heraus. Das letzte Wort des alten Goethe zu Mephistopheles' Frage „Krieg oder Frieden" lautet mit Euphorions „Stimme aus der Tiefe: Laß mich im düstern Reich, / Mutter, mich nicht allein!" – Dieses Wort könnte auf den Denkmälern für die Gefallenen aller Kriege stehen, wie auch in unseren Tagen Goethes schönstes Friedensbekenntnis, ein freies Zitat aus dem Koran (Sura 2, 115): „Gottes ist der Orient! / Gottes ist der Okzident! / Nord- und südliches Gelände / Ruht im Frieden seiner Hände."

Diese differenzierte Reflexion der Revolutionsepoche wich bei dem aus alter preußischer Offiziersfamilie stammenden Heinrich von Kleist christlich-germanischem grimmigem Hass, aber auch Kritik an deutscher Zersplitterung – in der *Hermannsschlacht*, wie im Katechismus der Deutschen gegen den „Korsen" und im furchtbaren Gedicht *Germania an ihre Kinder*: „Schlagt ihn tot! Das Weltgericht / Fragt euch nach den Gründen nicht." Die Lebenstragödie des „ungeduldigen und dunklen Kleist" (Rilke), erlitten auf dem Leichenfeld von Aspern und in tiefster Erniedrigung Preußens, endete im Freitod am Wannsee (1811).

Auch bei Arndt mündete anfängliche kritische Reflexion (Napoleon als „erhabenes Ungeheuer") in exklusiven Deutschnationalismus, völkisch und fremdenfeindlich noch übertroffen von Turnvater Jahn – beide saßen als Leitfossilien dieser Fehlentwicklung auf der äußersten Rechten der Frankfurter Paulskirche 1848, weiterwirkend in Treitschkes Verdam-

Wolfgang Häusler

Die deutsche National-Versammlung in der Paulskirche zu Frankfurt a. M.,
Paul Bürde,
Lithographie, 1848

mung der „Eroberungsbestie". Angemerkt sei, dass im nationalen „Erbe"-Konzept der DDR auch diese Tradition bemüht wurde – Friedrich Engels zum Trotz, der am Beispiel Arndts vor der „Sackgasse der Deutschtümelei" gewarnt hatte. Die höchste, von der sozialistischen Massenorganisation Deutscher Turn- und Sportbund vergebene Auszeichnung war die Friedrich-Ludwig-Jahn-Medaille. 1966 wurde der Scharnhorst-Orden „für außerordentliche militärische Verdienste, hohe persönliche Einsatzbereitschaft bei der Erfüllung von Aufgaben des zuverlässigen Schutzes der DDR und der Stärkung ihrer Landesverteidigung", weiters der Theodor-Körner-Preis (1970) „für besondere Verdienste bei der Entwicklung des künstlerischen Schaffens und der kulturellen Tätigkeit in den bewaffneten Organen der DDR" geschaffen.

Als konservative Macht stand das Habsburgerreich im Brennpunkt der Auseinandersetzung des monarchischen Europa mit dem revolutionären Frankreich. 1792 hatten französische Nationalversammlung und Ludwig XVI. (!) dem unerfahrenen König Franz von Ungarn und Böhmen den Krieg erklärt, der sich zum europäischen Koalitionskrieg und Prinzipienkampf ausweitete. Zu Campo Formio 1797 erntete der siegreiche General Bonaparte die Früchte, mit Lombardei und Hegemonie über Italien. Österreich wurde mit der Übernahme der ausgelöschten Republik Venedig und der stillschweigenden Abtretung des linken Rheinufers Komplize dieser revolutionären Neugestaltung. Ein Patriotismus neuen Stils erwachte – immerhin musste die Huldigung an den „guten Kaiser Franz" mit Haydns wundervoller Melodie, die nachmals dem *Lied der Deutschen* (Text Hoffmann von Fallersleben, 1841) zugrunde gelegt wurde, als *Volkshymne* (1797) deklariert werden. Den Worten folgten keine Taten – mit halben Mitteln ließ Österreich sich in den zweiten und dritten Koalitionskrieg ein. Die große Flurbereinigung im Heiligen Römischen Reich mit dem Reichsdeputationshauptschluss 1803 brachte auch eine neue Definition der bedrängten habsburgischen Macht: Im Gefolge der napoleonischen Selbstkrönung machte sich Wahlkaiser Franz II. zum österreichischen Erbkaiser Franz I. (1804). Es folgten nach der Dreikaiserschlacht von Austerlitz am Krönungsjahrestag Napoleons (1805) die Schaffung deutscher Mittelstaaten und die Gründung des Rheinbundes, die zur Liquidierung des Heiligen Römischen Reiches führte (1806), dessen Krone und Insignien zu Wiener Schatzkammerantiquitäten wurden. Der kurze, doch ideologisch intensive Reformschub von 1808/09, geleitet von Minister Stadion und Erzherzog Karl, führte zum Einmarsch in Bayern, doch blieb Österreich isoliert: Dem ersten Abwehrsieg bei Aspern folgten Niederlage von Deutsch-Wagram und Friedensdiktat von Schönbrunn. Die politische Taktik brachte die Vermählung der Kaisertochter Marie Louise mit dem triumphierenden Sieger; Erzherzog Karl führte als Prokurator seine Nichte zum Traualtar.

Diese verquere Situation hat die Denkmallandschaft Wiens stark beeinflusst. Für den Marmorkoloss Canovas *Theseus tötet den Zentauren*, den Italien für Napoleon, der sich 1805 in Monza zum König krönte, in Auftrag gegeben hatte, erbaute Kaiser Franz nach dem Sturz des nahezu gleich alten Schwiegersohnes den Theseustempel im Volksgarten, aus dem der antirevolutionär umgewidmete steinerne Gast dann in das Kunsthistorische Museum wandern sollte. An den Volksgarten schließt der vom Äußeren Burgtor geschlossene nachmalige Heldenplatz an. Das dorische Tor, das die auf Befehl Napoleons 1809 gesprengten Befestigungen wiederherstellte, wurde am 18. Oktober 1824 als Erinnerungsmal der Völkerschlacht eingeweiht – im Ersten Weltkrieg und in der Ersten Republik als Gefallenendenkmal gestaltet, steht es immer wieder in der Diskussion, zuletzt anlässlich der Entdeckung der unter dem Marmorblock des unbekannten Soldaten versteckten NS-Flaschenpost des Bildhauers Wilhelm Frass. Der Heldenplatz ist ja mit „Anschluß 1938", 1988 in schmerzende Erinnerung gerufen von Thomas Bernhard, der wichtigste Gedächtnisort Österreichs in Kaiserreich und Republik. Zum 50jährigen Gedenken der Asperner Schlacht wurde hier Fernkorns grandioses Reiterdenkmal errichtet. Erzherzog Karl als „beharrlicher Kämpfer für Deutschlands Ehre" und „heldenmüthiger Führer der Heere Oesterreichs" wurde allerdings erst 1860 enthüllt, nach der Niederlage von Solferino. In der Gestaltung verschmolz der Erzgießer die Motive des „ruhigen Reiters auf feurigem Ross", Davids *Erster Konsul auf dem Großen St. Bernhard*, mit Gros' heroischem Fahnenträger auf der *Brücke von Arcole* – ebenso fiktiv wie die Fahnenlegende von Aspern. Poetisch hatte Theodor Körner vorgearbeitet: Ein Soldat fällt und ruft „mit der letzten Kraft": „Hoch lebe das Haus Österreich! / Der Adler sinkt, die Fahne fliegt. / Heil dir, mein Volk, du hast gesiegt." Körner war es, der die Verbindung von Befreiungskrieg und Österreichs Erhebung gegen Napoleon herstellte: Am 30. Dezember 1812, dem Tag von Tauroggen, kam sein patriotisches Drama *Zriny* im Burgtheater zur Aufführung, das Sultan Soliman als Tyrannen brandmarkte.

Vom Heldenplatz ist es nicht weit zum Schwarzenbergplatz, wo auf Veranlassung Franz Josephs nach Karl und Prinz Eugen (1865) die „Reiterbedenkmalung" fortgesetzt wurde. (Grundsteinlegung am 18. Oktober 1863, vollendet 1867 unter den peinlichen Auspizien der Revanche pour Sadowa nach Königgrätz). Der taubenumschwärmte Reiter, der so energisch seinen Degen – in die Scheide stößt, ist Fürst Schwarzenberg, der „siegreiche Heerführer der Verbündeten in den Kriegen von 1813 und 1814", der 1812 noch das österreichische Flankenkorps der Grande Armée in Russland führte und auf Napoleons Wunsch zum Feldmarschall befördert wurde. Sein Waffenkamerad im Türkenfeldzug Kaiser Josephs II. 1788/89 war Fürst József Poniatowski, der in Wien geborene Neffe des letzten Königs von Polen Stanislaus. Im Ehrenhof des Warschauer Präsidentenpalastes reitet Fürst Poniatowksi, gestaltet von der Meisterhand Thorwaldsens, mit gezücktem Degen. „Le beau prince Pepi", wie ihn die Wiener Gesellschaft nannte, nahm regen Anteil am Rettungsversuch der Rzeczpospolita und stand im bewaffneten Kampf gegen die zweite und dritte Teilung seines Vaterlandes. „Finis Poloniae", wie Kościuszko schmerzlich ausrief, schien da. Gegen diese Erbsünde der Monarchien Österreich, Preußen und Russland formte sich der Widerstand der polnischen Legionen; Józef Wybickis Hymne *Noch ist Polen nicht verloren*, geschrieben in Reggio nell'Emilia, klang fort – „Marsch, marsch, Dąbrowski, von Italien nach Polen! (…) Bonaparte hat uns gezeigt, wie wir siegen (…)" Nach der preußisch-russischen Niederlage von 1806/07 gelang die Gründung eines polnischen Kernstaates in Gestalt des an Sachsen gegebenen Herzogtums Warschau. 1809 kämpfte Poniatowski erfolgreich gegen die Truppen Österreichs; dieses musste Westgalizien abtreten. Damit stand Napoleon auf dem Höhepunkt seiner Machtfülle: Schwarzenberg vermittelte als Gesandter in Paris die Vermählung mit der Kaisertochter. Gemäß dem Bündnis vom 14. März 1812 stellte Österreich ein Korps von 30 000 Mann. Als sich die Katastrophe der Grande Armée abzeichnete, schrieb Schwarzen-

Modell des Denkmals für den Fürsten Poniatowski
Bertel Thorwaldsen, (Kriegsverlust), Foto, um 1930

berg, er werde „suchen, mich mit Ernst, aber Klugheit wegzumaneuvriren". Dies gelang: Am 30. Jänner 1813 erfolgte der Waffenstillstand mit den Russen, einen Monat nach Tauroggen. Napoleon hatte ihn für einen „homme d'honneur" gehalten ...

Wir eilen voraus nach Leipzig. Am ersten Schlachttag, 16. Oktober 1813, erhob Napoleon Poniatowski zum Marschall des Kaiserreiches, angeblich mit dem Zuruf „Vorwärts, König von Polen!" Poniatowski war es, der mit den Polen den Rückzug des 19. Oktober deckte. Zu früh für diese Nachhut wurde die Elsterbrücke gesprengt; der verwundete Fürst stürzte sich mit seinem Pferd in den hochgehenden Fluss. Er ertrank. 1817 wurden seine Gebeine vom Johannisfriedhof in die Königsgruft des Wawel überführt. Den Ring des Jugendkameraden brachte man Schwarzenberg: „Die österreichische Armee bedauerte sein Ende."

Schwarzenbergs heikle Aufgabe war die diplomatische Koordination der gekrönten Häupter – die militärische Stabsarbeit leistete bei Leipzig Radetzky, seine schwarze Ledermappe im Wiener Heeresgeschichtlichen Museum ist die kriegsgeschichtlich bedeutendste Reliquie der Völkerschlacht. Weniger authentisch sind die Gemälde, vor allem von Johann Peter Krafft (ebenda, gemeinsam mit dem *Aspernbild* und *Erzherzog Karl zu Pferd* einst zur Erbauung der alten Soldaten im Invalidenhaus), die den Siegesrapport Schwarzenbergs vor den drei Monarchen zeigt (der schwedische Kronprinz Bernadotte, der sich aus der Affäre zog, bildete bei alldem eine Verlegenheit). Diese Unsicherheit gilt auch für das Schwarzenbergdenkmal bei Meusdorf (den Granitblock stiftete 1838 die Witwe „dem Führer der auf den Ebenen von Leipzig für Europas Freiheit kämpfenden Scharen") und den Obelisken am nahen Monarchenhügel. Manche späteren Bilder haben gar das Zusammentreffen der Monarchen als gemeinsames Gebet, womöglich kniend, gestaltet oder gar effektvoll zur Quandtschen Tabaksmühle (seit 1857 Napoleonstein an der Stelle seines Gefechtstandes am 18. Oktober) verlegt. Diese Siegesrepräsentation wurde schon zeitgenössisch für die schaulustig applaudierenden Wiener bei der Begrüßung Friedrich Wilhelms III. und Zar Alexanders I. an der Taborbrücke 1814 nachgestellt, gleichsam als lebendes Bild und Eröffnungstableau zum Wiener Kongress. Mit der Begegnung des Preußenkönigs und seiner Gemahlin Luise mit dem Zaren am Sarg Friedrichs des Großen in Potsdam (1805) und den Freundschaftsbezeugungen Napoleons und Alexanders auf dem Floß im Njemen bei Tilsit (1807) und in Erfurt (1808) vor einem „Parkett von Königen", wurde dieses händedrückende, umarmende, bruderküssende Zeremoniell fortan im Verkehr von Monarchen und Staatsmännern (und -frauen) obligat. Der erste Völkerschlachtsjahrestag wurde im Prater als größtes Massenfest des Wiener Kongresses in Gemeinschaft von Volk, Armee und Herrschern gestaltet. Noch 1913 erhielten die Wiener Schulkinder ein nettes Büchlein *Festgabe der Gemeinde Wien zur Erinnerung an die Befreiungskriege 1813*, verfasst von dem katholisch-konservativen Historiker Richard Kralik.

„Was kraucht denn da im Busch herum? / Ich glaub', es ist Napolium" – der Zweizeiler von 1813, erneuert 1870, fungiert bei Karl May humorig als sächsisches Schiboleth. – Wann immer ich nach Dresden komme, trete ich nachdenklich auf den Pflasterstein mit dem großen N – hier stand Napoleons Kartentisch, da er, 26./27. August 1813, seinen letzten Sieg auf deutschem Boden erfocht (nebenbei: Die Infanterie kämpfte, da starker Regen herrschte, weitgehend mit Bajonett und Kolben, wie gleichzeitig die märkische Landwehr bei Hagelberg; Napoleons alter Widersacher Moreau fiel bei Dresden, und zur gleichen Zeit siegte Blücher an der Katzbach über Macdonald). Der Stein befindet sich zwischen Hofkirche und dem Denkmal König Friedrich Augusts I. des Gerechten, mit seiner steifen Perücke in der Art des Ancien Régime. Der sächsische Kurfürst trat Ende 1806 nach Jena auf die Seite des Siegers: Napoleon belohnte ihn mit der Königswürde und der Erneuerung der polnischen Verbindung, Friedrich August wurde der treueste Rheinbundfürst, vor allem 1809 und bis zum bitteren Ende 1813. In der letzten Phase der Völkerschlacht traten die meisten sächsischen Regimenter auf die Seite der Verbündeten; am 19. Oktober verabschiedete sich Napoleon vom historischen Balkon aus von den verbliebenen „braves Saxons", die Blücher übrigens vor Waterloo noch einige Schwierigkeiten machen sollten. Apropos Blücher: Laut Treitschke sollen russische Soldaten Blücher den Titel „Marschall Vorwärts" gegeben haben, als er sie zum Sturm auf das Leipziger Gerbertor führte (Arndt: „Vorwärts! Vorwärts! rief der Blücher ...").

Jeder Besucher Münchens kommt auf dem Weg zu Glyptothek und Pinakotheken am düsteren, 29 Meter hohen Obelisk auf dem Karolinenplatz vorbei. Nur wenige lesen die Inschrift „Den dreyssigtausend Bayern die im russischen Kriege den Tod fanden" mit dem merkwürdigen Nachsatz „Auch sie starben für des Vaterlandes Befreyung". Am 18. Oktober 1833 wurde das Denkmal vollendet. Diese bayrischen Soldaten zählten zu den Kerntruppen des Rheinbundes in der Großen Armee, die zur Sommersonnenwende 1812 den Grenzfluss Njemen überschritt. Im Mai hatte Napoleon die verbündeten deutschen Fürsten zu Dresden gemustert, einschließlich Papa François, der hier mit seiner Tochter zusammenkam, die den König von Rom, nach des Vaters Fall eine dynastische Verlegenheit als Herzog von Reichstadt, geboren hatte. Erzherzog Johann hörte den kaiserlichen Bruder über den Schwiegersohn „zwischen den Zähnen murmeln: Das ist ein ganzer Kerl." Doch Napoleons Sonne, die aus den Nebeln von Austerlitz aufstieg und die er bei Borodino beschwor, war im Sinken. Das im russischen Winter furchtbar dezimierte Bayernkorps erreichte auf dem Rückzug noch mit 3800 Mann Wilna; 300 Mann und 20 Chevauxlegers bildeten am Njemen die letzte Arrièregarde.

In der Schlacht von Polozk war General Deroy, der Befehlshaber des bayrischen Korps, gefallen. Karl Philipp Wrede übernahm das Kommando, dessen Karriere unter Napoleon begonnen hatte. Wrede eroberte 1805 München von den Österreichern zurück und focht an Napoleons Flanke in den Tagen von Austerlitz bei Iglau. 1807 stritten die Bayern gegen Preußen und Russen. 1809 eroberte Wrede Salzburg, rückte zweimal in Innsbruck ein und siegte in der letzten Schlacht am Bergisel. Napoleon verlieh ihm 1810 die französische Grafenwürde. Noch Ende 1812 stellte Wrede ein neues bayrisches Korps im Osten auf, doch betrieb er den Seitenwechsel, der zehn Tage vor der Leipziger Schlacht zu Ried im Innviertel besiegelt wurde. Halbherzig und vergeblich stellte er sich der zurückgehenden französischen Armee bei Hanau in den Weg. Seine Bayern bewährten sich in der Folge bei Brienne, Bar-sur-Aube, Arcis-sur-Aube (Münchener Straßennamen!); Feldmarschallrang und Fürstentitel waren der Lohn (1814). Auf seiner Brust fanden die Orden kaum mehr Platz, angefangen mit französischer Ehrenlegion (1806) und Maria-Theresien-Orden, die russischen Orden trug er vollständig. Am Jahrestag von Ried (8. Oktober 1844) enthüllte König Ludwig I. höchstselbst Wredes Standbild, das seither in der Feldherrnhalle an Tillys Seite über Bayerns Waffenehre wacht. Der Volkswitz meinte: Tilly sei kein Bayer, der allzu wendige Wrede kein Feldherr gewesen. Aus der habsburgisch-wittelsbachischen Konkurrenz- und Konfliktgeschichte ging Bayern mit Maximilian I. Joseph als Königreich (1. Jänner 1806) hervor – durch Heiratspolitik wurden sowohl die Beziehung zur Familie Napoleons, v. a. mit Eugène Beauharnais, geknüpft wie die alten Spannungen mit dem habsburgischen Nachbarn ausgeräumt. Ludwig I., der widerwillig als Kronprinz unter Napoleon gedient hatte, monumentalisierte diese widerspruchsvolle Geschichte nicht nur aufwendig mit Siegestor, Bavaria und Ruhmeshalle, sondern auch mit gesamtdeutschem Geschichts- und Kulturanspruch mit Kelheimer Befreiungshalle und Walhalla. Der 1812-Obelisk war, wenigstens zum Teil, aus türkischen Kanonen aus der Schlacht von Navarino gegossen – Ludwigs Sohn Otto wurde 1832 König von Griechenland. Zum letzten Mal handelten Russland und die Westmächte in der orientalischen Frage durch den bayrischen Kompromiss einmütig. Die Habsburgermonarchie blieb unter Metternichs Führung skeptisch. Die Marmorbüste des Staatskanzlers, der die Ehe der Kaisertochter mit dem korsischen Eroberer gestiftet hatte, dann dessen Isolierung und Sturz betrieb und zum Lohn den Fürstentitel auf dem Schlachtfeld von Leipzig erhielt, wurde für die Walhalla fertig gestellt. Metternichs Porträt gelangte jedoch nie dorthin, sondern steht im Bayerischen Nationalmuseum, verschämt im Winkel unter den Erinnerungen an die ‚napoleonische' Ära der Wittelsbacher, deren Kroninsignien aus den besten Pariser Hofwerkstätten stammten. Auch die Schlachtengemälde im Königsbau der Residenz illustrieren – stolz und verlegen – die militärischen und politischen Wechselfälle dieser Zeit.

Wolfgang Häusler

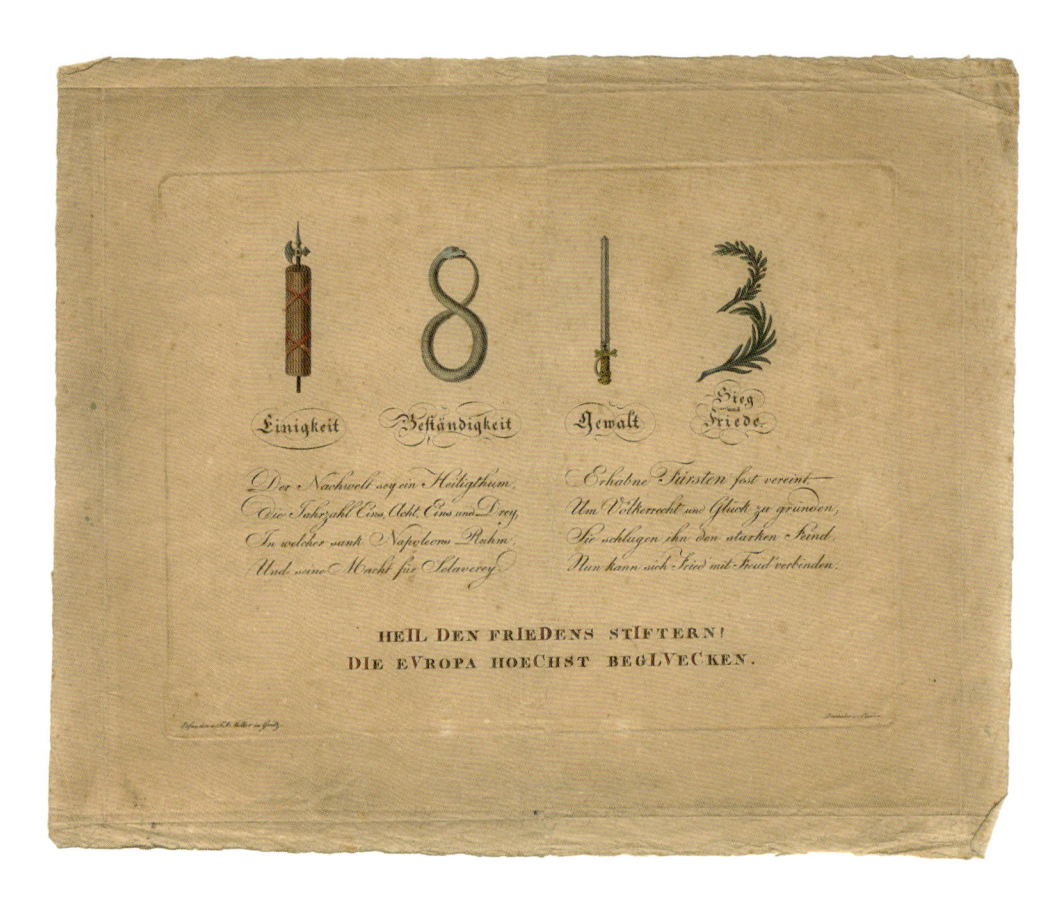

Heil den Friedensstiftern! Die Europa höchst beglücken.
Franz Xaver Müller,
kolorierte Radierung, um 1813
(s. S. 162)

Allzu wenig wissen wir von den Hoffnungen und Leiden der Soldaten aller Nationen, die ein Vierteljahrhundert lang kreuz und quer durch Europa ritten und marschierten, kämpften und starben. Überrascht steht man auf deutschen Friedhöfen links des Rheins vielfach vor stattlichen ‚Napoleonsteinen', die glücklich heimgekehrte Veteranen zu ihrem und ihrer gefallenen Kameraden Ehrengedenken gesetzt haben, stolz auf den Dienst „unter den Fahnen Napoleons", so u. a. in Mainz, Zweibrücken, Bingen und Koblenz.

Ein singuläres Denkmal setzte sich der Freidl-Bauer von Katzwalchen, Jakob Wimmer (1790-1872) auf dem Friedhof im niederbayrischen Palling. Man kann hier in einem Gedenkbuch aus Eisenblech von seinen Erlebnissen lesen – 1812, 1813, 1814, 1815 werden lebendig, etwa seine Begegnung mit Kosaken bei Polozk oder die Schlachten von Brienne und Bar. Sein ursprünglich salzburgisches Heimatdorf wechselte im ersten Jahrzehnt des 19. Jahrhunderts den Besitzer in permanenter Rochade: Das Fürsterzbistum ging 1803 zunächst als Kurfürstentum an den Kaiserbruder Ferdinand von Toskana, dann im Pressburger Frieden 1805 an Österreich, 1809 an Frankreich, um 1810 an Bayern übergeben zu werden. Durch die Abtretung des Rupertiwinkels, des Flachgaues links der Salzach an Bayern, vom 1816 österreichisch gewordenen Salzburg war der napoleonische Soldat, der noch die Reichsgründung erleben sollte, endgültig zum Bayern geworden ...

In seiner letzten Novelle *Das Bild des Kaisers* (1827) brachte Wilhelm Hauff, die Widersprüche auf den Punkt: Angesichts des David-Bildes Bonapartes versöhnen sich der mediatisierte Reichsfreiherr von Thierberg und der napoleonische General Willi im Schwabenland. Die Erzählung schließt mit einem „jauchzenden: ‚Vive l'Empereur!'"

In dem vor dem Hintergrund der Julirevolution 1830 geschriebenen Drama des verlotterten Genies Grabbe *Napoleon oder die hundert Tage* steht als letzter Satz Blüchers Kommando: „Vorwärts, Preußen!" – kritisch relativiert durch das vorhergehende Resümee Napoleons: „Die Armen! Statt eines großen Tyrannen, wie sie mich zu nennen belieben, werden sie bald lauter kleine besitzen. (...) – von gewaltigen Schlachtfeldern und Heroen wird man freilich nichts hören, desto mehr aber von diplomatischen Assembleen, Konvenienzbesuchen hoher Häupter, von Komödianten, Geigenspielern und Opernhuren – bis der Weltgeist ersteht, an die Schleusen rührt, hinter denen die Wogen der Revolution und meines Kaisertums lauern." In der Eingangszene dieses „Marstheaters" (K. Kraus) haben die abgedankten Kaisergardisten Vitry und Chassecoeur einem Guckkastenmann, der zurückgekehrte Bourbonen gleichermaßen wie Beresina und Leipzig vorführt, sein Instrument zerschlagen: „*Ausrufer bei dem Guckkasten*. Hilfe. Hilfe! – Konspiration! – Gendarmen! – Man spricht hier von Kaisern! / *Vitry*. Ja, und die Könige zittern! / *Pöbel (kommt)*. Kaiser, Kaiser – ist er wieder da?" Geschichte dreht sich im Kreis, wie der *Savoyardenknabe (mit Murmeltier und dem Dudelsack)* singt: „La marmotte, la marmotte, / Avec si, avec là, / La marmotte ist da."

Mit dem „Vorwärts!" von 1813 stellt sich die Frage nach dem Fortschritt in der Geschichte. So verstand es die nach Frankreich emigrierte deutsche Intelligenz, mit ihrer kurzlebigen Zeitschrift *Vorwärts. Pariser Signale* (1844/45) – hier erschien Heines *Weberlied* mit dem „dreifachen Fluch" auf Gott, König und Vaterland – die Parole der Befreiungskriege. Sozialdemokratische Verlage und Zeitschriften wählten *Vorwärts* zum Titel. Höhepunkt dieser Entwicklung ist das *Solidaritätslied* am Ende des Films *Kuhle Wampe* (1932, Brecht/Eisler): „Vorwärts und nicht vergessen / Worin unsre Stärke besteht ..." 1848 enthüllte Grillparzer die Ambivalenz von Fortschritt und Reaktion, in seinem Appell an *Feldmarschall Radetzky*, die Habsburgermonarchie mit Militärgewalt zusammenzuhalten: „Denn: Vorwärts! ist ungrisch und böhmisch." (Eine persönliche Zwischenbemerkung: Noch habe ich das harsche Kommando der Grundausbildung im österreichischen Bundesheer: „Sprung vorwärts! Dekken!" im Ohr. Und im April 2013 erreichte eine freie Liste namens „Vorwärts Tirol" immerhin an die 10 % der Wählerstimmen).

Zurück nach Leipzig am Ende des Tages der Völkerschlacht: König Friedrich August I. wurde Gefangener des Zaren, um erst 1815 unter dem Jubel seines Volkes wieder in Dresden einzuziehen. Die sächsisch-polnische Frage drohte den Wiener Kongress zu sprengen und wurde mit einem Kompromiss – Halbierung des Königreiches Sachsen zugunsten Preußens und neuerliche Teilung Polens – ‚gelöst'. Napoleon hatte Kunde von diesen Misshelligkeiten, als der den Beschluss seiner Rückkehr von Elba fasste. Man mag diese Verwirrung um Person und Sache des „vielleicht edelsten und gewissenhaftesten Monarchen der Welt" in den *Jugenderinnerungen eines alten Mannes* des damals zwölfjährigen Malers Wilhelm von Kügelgen nachlesen.

Unter den zahllosen Jubelstimmen zur Völkerschlacht wurde das Gedicht des ‚vielleicht edelsten' Poeten dieser Zeit schier erstickt. Wir sprechen von Adelbert von Chamisso aus französischer Emigrantenfamilie, der seinen *Peter Schlemihl* von Kunersdorf, 27. September 1813, datierte und aus drohendem Identitätsverlust im Milieu der Restauration zu neuen Ufern aufbrach (Romanzoffsche Weltumsegelung 1815/18). *Der Invalide im Irrenhaus* (1827, in merkwürdiger Gleichzeitigkeit mit Hauff!) zieht eine hellsichtige Bilanz, die dem fürchterlichen wilhelminischen Völkerschlachtdenkmal schroff entgegensteht: „Leipzig, Leipzig! Arger Boden! / Schmach für Unbill schafftest du. / Freiheit! Hieß es, vorwärts, vorwärts! / Trankst mein rotes Blut, wozu? (...) Schrei' ich wütend nach der Freiheit, / Nach dem bluterkauften Glück, / Peitscht der Wächter mit der Peitsche / Mich in schnöde Ruh' zurück."

An diesem Punkt setzt Heines Kritik am *Wintermärchen Deutschland* ein, die er mit der Kontinuität der Französischen Revolution argumentierte, nicht nur mit der Romanze der *Grenadiere*, die Schumann und Wagner (letzterer in französischer Sprache!) vertonten. Auch auf „verlorenem Posten" hielt er als „ein braver Soldat im Befreiungskriege (!) der Menschheit" stand; „Emancipation" blieb „die große Aufgabe der Zeit", projiziert auf das Schlachtfeld von Marengo im Anbruch des 19. Jahrhunderts. Sein letztes Wort aus der Matratzengruft zu einer bei Leipzig und Waterloo n i c h t zu Ende gegangenen Epoche war: „Es sind nicht bloß die Franzosen und der Kaiser, welche zu Waterloo unterlagen – die Franzosen stritten dort freilich für ihren eignen Herd, aber sie waren zu gleicher Zeit die heiligen Kohorten, welche die Sache der Revolution vertraten, und ihr Kaiser kämpfte hier nicht sowohl für seine Krone, als auch für das Banner der Revolution, das er trug; er war der Confaloniere der Demokratie, wie Wellington der Fahnenjunker der Aristokratie war. (...) Und diese letztere siegte, die Sache des verjährten Vorrechts, der servile Knechtsinn und die Lüge triumphierten, und es waren die Interessen der Freiheit, der Gleichheit, der Brüderschaft, der Wahrheit und der Vernunft, es war die Menschheit, welche zu Waterloo die Schlacht verloren."

Die Summe der Revolutionsepoche 1789-1848 hat Karl Marx am Beispiel Napoleons als Dialektik von Freiheit und Herrschaft, Demokratie und Diktatur, in den Geburtswehen der neuen, unserer Gesellschaft gezogen: *Der achtzehnte Brumaire des Louis Bonaparte*. In dieser flammenden Polemik und antizipierten Faschismusanalyse stehen die Sätze: „Camille Desmoulins, Danton, Robespierre, Saint-Just, Napoleon, die Heroen, wie die Parteien und die Masse der alten französischen Revolution, vollbrachten in dem römischen Kostüme und mit römischen Phrasen die Aufgaben ihrer Zeit, die Entfesselung und Herstellung der modernen bürgerlichen Gesellschaft. (...) Aber unheroisch, wie die bürgerliche Gesellschaft ist, hatte es jedoch des Heroismus, der Aufopferung, des Schreckens, des Bürgerkriegs und der Völkerschlachten bedurft, um sie auf die Welt zu setzen."

Als „Schulgeheimnis der deutschen Philosophie" entdeckte Heine das Epochenprinzip Revolution. Nietzsche stellte fest, dass Goethe kein größeres Erlebnis gehabt habe als Napoleon, das „ens realissimum" – ein Verweis auf Kants Umwälzung der Philosophie. Das „napoleonische Ich" Fichtes kippte in die „Reden an die deutsche Nation". In Napoleon bei Jena erblickte Hegel, nachmals preußischer Staatsphilosoph, die „Weltseele zu Pferde", andererseits sah er „die Massen avanciren", im revolutionären Prozess von Vernunft und Wirklichkeit, Freiheit und Notwendigkeit.

„Vieles wäre zu sagen davon" – wir schließen mit Hölderlin, ohne noch von Beethoven, Stendhal, Balzac, Hugo, Dumas, Dostojewski, Tolstoj, den großen Vor- und Nachdenkern dieser fortdauernden welthistorischen Epoche, gesprochen zu haben. Friedrich Hölderlin – mit Hegel feierte er im Tübinger Stift hoffnungsfroh die große weltumspannende Revolution und spiegelte seine Fragment gebliebene Befreiungs- und Vaterlandsutopie *Hyperion* an *Buonaparte*: „Er kann im Gedicht nicht leben und bleiben. / Er lebt und bleibt in der Welt ..."

Susanne Schötz

„Frauenschlacht" zu Leipzig
Anmerkungen zu Louise Otto-Peters in der Reichsgründungszeit

Zu den Merkwürdigkeiten in der Rezeption und Instrumentalisierung von Befreiungskriegen und Völkerschlacht gehört es, dass in Leipzig 1865 just zum Jahrestag der Völkerschlacht, vom 15. bis 18. Oktober, eine Frauenkonferenz einberufen worden war. Die Initiative dazu ging vom Leipziger Frauenbildungsverein unter dem Vorsitz von Louise Otto-Peters aus. Dieser hatte seit dem Spätsommer 1865 unter den Frauen Deutschlands für eine gemeinsame Beratung über Mittel und Wege zur „Hebung des weiblichen Geschlechts" sowie zur Erweiterung seines Wirkungskreises geworben.

Schon im Vorfeld sorgte das Ereignis für mediale Aufmerksamkeit. Man war zwar mit dem Wiedererstarken der deutschen Nationalbewegung seit dem Ende der 1850er Jahre daran gewöhnt, dass sich deutsche Schützen, Turner oder Sänger versammelten und sich Männer in einem Deutschen Nationalverein, einem Deutschen Reformverein, Deutschen Abgeordnetentag, Deutschen Städtetag, einem Allgemeinen Deutschen Arbeiterverein u.v.a.m. zusammenfanden – eine Konferenz deutscher Frauen aber hatte es noch nicht gegeben. Sie passte wenig in das Geschlechterrollenverständnis der meisten Deutschen, die den Platz der Frauen hauptsächlich im Inneren des Hauses, in Ehe und Familie, als Gattinnen, Hausfrauen und Mütter sahen und sie keinesfalls als Akteurinnen in der Sphäre öffentlicher Angelegenheiten und politischer Partizipation erleben wollten. Während einige Presseorgane mehr oder weniger sachlich über die vorab veröffentlichten, zur Beratung stehenden Vorlagen informierten, mutmaßten andere eine bevorstehende „Frauenschlacht" zu Leipzig und erwarteten „eine Kriegserklärung der unterdrückten Frauen gegen die Männerwelt".[1] Auch wenn es sich hier wohl eher um eine Strategie des Lächerlich-Machens handelte, orakelte man doch, wie viele Frauen überhaupt anreisen würden, verdeutlicht dieses Vokabular, dass der sich in der Konferenzterminierung ausdrückende Bezug auf Semantiken der Befreiungskriege und Völkerschlacht sehr wohl verstanden wurde.

Das kann angesichts der zentralen Position der Befreiungskriege im kollektiven Gedächtnis der 1860er Jahre auch nicht verwundern.[2] Es war gerade erst zwei Jahre her, dass in Leipzig anlässlich des 50. Jahrestages der Völkerschlacht – die Zeitgenossen nannten sie die Leipziger Schlacht – zwei große Nationalfeste stattgefunden hatten; einmal Anfang August 1863 das dritte deutsche Turnfest,[3] zum anderen vom 17. bis 19. Oktober 1863 die zentrale Jubiläumsfeier zur Erinnerung an die Völkerschlacht. Letztere ging auf eine gemeinsame Initiative Berliner und Leipziger Kommunalpolitiker zurück und sollte „das aufgeklärte und patriotische Bürgertum von ganz Deutschland" versammeln, „um gemeinsam Hand anzulegen an den Bau deutscher Freiheit und Selbständigkeit".[4]

Im Jubiläumsjahr fanden zudem in verschiedenen Orten kleinere Feiern statt, bei denen die Schlachtenlieder von einst gesungen und noch lebende Veteranen gewürdigt wurden.[5] Darüber hinaus hatten 500 deutsche Städte beschlossen, auch die fünfzigste Wiederkehr des Todestages von Theodor Körner am 26. August 1863 feierlich zu begehen. In Leipzig nahm der Schillerverein die Organisation der Veranstaltung in die Hand.[6] An die Befreiungskriege und die Völkerschlacht erinnerten zudem unzählige in der Presse veröffentlichte Lieder und Gedichte sowie biographische Porträts ehemaliger Kämpfer.

Diese Omnipräsenz der Befreiungskriege in Kultur und Politik in der ersten Hälfte der 1860er Jahre hat vor allem mit der Vielgestaltigkeit der Anknüpfungsmöglichkeiten zu

Louise Otto-Peters,
Holzstich nach einer Zeichnung von Adolf Neumann in der Gartenlaube Nr. 49 von 1871

diversen Legitimierungszwecken zu tun.⁷ In einer Zeit, die innenpolitisch eine gewisse Liberalisierung erlebte, in der jedoch die nationale Frage noch immer offen war und bereits von sozialen Problemlagen und Parteibildungsprozessen überlagert wurde, boten die Befreiungskriege ein schier unerschöpfliches Reservoir an Bezugsmöglichkeiten. Je nachdem auf welches Ereignis und wessen Handeln und Intention Bezug genommen wurde, fanden großdeutsch wie kleindeutsch Orientierte Identifikationsangebote; eher auf Vereinbarung mit den Fürsten bzw. dem preußischen König setzende Liberale ebenso wie die sich kritisch mit der Daseinsberechtigung spätabsolutistischer Partikularstaaten und der Exklusivität des Adels auseinandersetzenden, Volkssouveränität fordernden Demokraten. Die unterschiedlichsten Nations- und Nationalstaatsvorstellungen ließen sich mit dem Bezug auf die Befreiungskriege legitimieren, auch ein aggressiver, auf die Abgrenzung von „äußeren Feinden" zielender, chauvinistischer Nationalismus fand hier geistige Nahrung.⁸

Wenn die politisch so unterschiedlich denkenden Deutschen jener Jahre in der Erinnerung an die Befreiungskriege dennoch zu Feiern und Gedenkveranstaltungen zusammenfanden, dann wohl vor allem deshalb, weil es mehr oder weniger gelang, aktuelle Gegensätze auszublenden und problematische Teile der Vergangenheit (wie zum Beispiel den Kampf sächsischer Veteranen während der Völkerschlacht auf der falschen Seite) wegzulassen. So wurden einfache politische Botschaften, die alle Anhänger der Nationalbewegung teilen konnten, formuliert. Hierzu gehörte der Topos „Ihr Blut ist nicht umsonst geflossen", der Vergangenheit und Zukunft miteinander verband.⁹ Hatten die Kämpfer von 1813 unter hohem Blutzoll das „Vaterland" aus der „Fremdherrschaft" befreit, die Freiheit also nach außen erkämpft, so musste diesem verheißungsvollen ersten Schritt der nächste folgen. „Wir wollen endlich frei und einig sein", „Wir sind ein einig Volk von Brüdern", hieß es deshalb.¹⁰ Das implizierte die allgemeine Forderung nach einem freien Zusammenleben aller Deutschen auf der Grundlage verfassungsgemäß verbürgter Rechte in einem deutschen Nationalstaat – so unterschiedlich dessen territorialer Umfang, die konkrete politische Ausgestaltung und der Weg dahin auch gedacht wurde.¹¹

Aber welche historischen Ereignisse oder ideellen Inhalte verbanden die sich 1865 zum Jahrestag der Völkerschlacht in Leipzig versammelnden Frauen mit den Befreiungskriegen und der Völkerschlacht? Auf welchen Ereignis-, Ideen- oder Mythenschatz griffen sie zurück? In den überlieferten Redebeiträgen der Frauenkonferenz finden sich keine direkten Bezugnahmen. Da die Schriftstellerin, Journalistin und Publizistin Louise Otto-Peters aber die unbestrittene Schlüsselfigur für das Zustandekommen der ersten deutschen Frauenkonferenz war, können uns ihre biografischen Kontexte sowie literarischen und publizistischen Texte Aufschlüsse ermöglichen. Deutlich wird dabei eine faszinierende Persönlichkeit, in der sich ein konsequent national-demokratisches und feministisches Engagement auf wohl einzigartige Weise miteinander verbanden.¹²

Louise Otto-Peters war im Februar/März 1865, als der Frauenbildungsverein in Leipzig gegründet wurde, bereits eine bekannte Demokratin, Verfechterin der Einheitsidee und Frauenrechtlerin.¹³ 1819 als Tochter eines Juristen in Meißen geboren, sprach sie sich schon als junge Frau im Vormärz, u. a. in den von Robert Blum redigierten *Sächsischen Vaterlandsblättern*, für die Beteiligung der Frauen am Staatsleben aus, war während der Revolution von 1848/49 mit ihrer berühmten *Adresse eines Mädchens* zugunsten der Förderung weiblicher Erwerbsarbeit an den sächsischen Innenminister Martin Gotthard Oberländer hervorgetreten und gab zwischen 1849 und 1852 unter dem Motto »Dem Reich der Freiheit werb´ ich Bürgerinnen« die *Frauen-Zeitung* heraus. Sie gehörte zu den politisch Überwachten der Reaktionsperiode und verlor in dieser Zeit viele ehemalige Gesinnungsgenossen und Freunde durch Verhaftung oder Emigration. In Leipzig lebte sie seit 1860 mit ihrem Mann August Peters, einem wegen seiner Teilnahme an den bewaffneten Kämpfen in der Pfalz und in Baden verurteilten und 1856 schließlich begnadigten Achtundvierziger;¹⁴ sie besaß hierher seit dem Vormärz enge Kontakte zu Schriftstellern, Publizisten und Verlegern. Das Ehepaar arbeitete ab 1861 an der *Mitteldeutschen Volks-Zeitung*, einem entschieden demokratischen

Blatt, und war in den Leipziger Schillerverein und andere Vereinigungen der Nationalbewegung bis zum frühzeitigen Tod von August Peters 1864 involviert.

In der gemeinsamen Leipziger Zeit begann Louise Otto-Peters in verschiedenen Blättern wieder offen zu Frauenthemen zu publizieren, z. B. im *Leipziger Sonntagsblatt* und in *Otto Janckes Deutscher Wochenschrift*, herausgegeben von Friedrich Spielhagen in Berlin.[15] Aus ihrer Feder jener Jahre stammen aber auch Gedichte zur Erinnerung an die Leipziger Schlacht und an Theodor Körner.[16] Letzterem widmete sie zudem ein Gedenkblatt anlässlich seines 50. Todestages[17] und das Libretto zur „vaterländischen Oper" „Leyer und Schwert oder Theodor Körner" von Wendelin Weißheimer.[18]

Im Winter 1864/65, nach dem Tod ihres Mannes, versammelte sie einen reinen Frauenkreis, den sog. „Unschuldsbund", immer donnerstags bei sich. Dieser bestand aus Lehrerinnen, Theaterkünstlerinnen, Schriftstellerinnen und anderen interessierten und interessanten Frauen.[19] Hier wurde bereits in einem lockeren personellen Netz Kommunikation unter Frauen gepflegt, als Hauptmann Philipp Anton Korn Anfang 1865 in Leipzig Vorträge zur „Frauenfrage" und über „Volkserziehung" hielt. Ohne die Gründungsgeschichte des Leipziger Frauenbildungsvereins weiter verfolgen zu wollen,[20] war es doch Louise Otto-Peters, von der die entscheidende inhaltliche Prägung des Frauenbildungsvereins ausging. Es gelang ihr, eine Programmatik durchzusetzen, die weit über den lokalen Kontext hinausreichte und den Frauenbildungsverein zur „Wiege" der deutschen Frauenbewegung[21] machte, denn Punkt 2 seines Programms legte bereits die Vorbereitung einer Konferenz von Frauen aus verschiedenen Städten und Orten Deutschlands fest. Dieser Punkt sorgte in der Gründungsphase des Vereins für Auseinandersetzungen, doch, wie Louise Otto-Peters rückblickend bemerkte, habe sie ihren Mitstreiterinnen seinerzeit erwidert, dass ihr selbst dieser Punkt „gerade die Hauptsache [sei – S. Sch.], denn sie denke nicht nur an das Wirken innerhalb einer Stadt, sondern an das aller deutschen Frauen und sage auch hier und jetzt wie immer: ‚Das ganze Deutschland soll es sein!'".[22]

Zweifellos drückt sich hier ihr Engagement im Kontext der erstarkenden Nationalbewegung der frühen 1860er Jahre aus. Auch ihr Festhalten an der Idee eines geeinten deutschen Vaterlandes, die sie seit dem Vormärz begeisterte und die nun immer mehr Menschen erfasste. Zugleich vermittelt das Zitat ihre unveränderte Überzeugung von der Berechtigung der Frauen zur Teilhabe am öffentlichen Leben und von der Notwendigkeit, eigene Belange selbst in die Hand zu nehmen. Dabei wird sichtbar, dass sie die ausstehende Nationsgründung keinesfalls nur als formal-juristischen oder staatlich-politischen Vorgang ansah, sondern sie mindestens ebenso als einen von konkreten Menschen zu gestaltenden Prozess „von unten" betrachtete. Einheit konnte durch selbstbestimmte, eigenverantwortliche und freie Vereinigung von Bürgern und, das war das Besondere im Denken von Louise Otto-Peters, das sie von den meisten demokratischen männlichen Vertretern der Einheitsbewegung unterschied, auch von Bürgerinnen hergestellt werden. Das vereinte Wirken der deutschen Frauen in vielen Städten würde zudem eine ganz andere, ungleich stärkere gesellschaftliche Wirkung erzielen als die Arbeit einzelner, von einander unabhängiger Fraueninitiativen. Die Planung und Vorbereitung einer gesamtdeutschen Frauenkonferenz muss daher als strategische Entscheidung Louise Ottos begriffen werden, nunmehr aus dem Leipziger Wirkungskreis herauszutreten und auf nationaler Ebene Frauenpolitik zu gestalten. Das wichtigste Ergebnis der Leipziger Frauenkonferenz, die Gründung des *Allgemeinen Deutschen Frauenvereins* (ADF) unter ihrem Vorsitz, dürfte voll und ganz ihrer Absicht entsprochen haben. Sie erfolgte am 18. Oktober 1865, einst der Entscheidungstag der Völkerschlacht, und markiert in einschlägigen Darstellungen zur Geschichte den Beginn der organisierten Frauenbewegung in Deutschland.[23]

Mit dem ADF wurde die benachteiligte, vielfach eingeschränkte, z. T. völlig rechtlose Stellung von Frauen in Ehe und Familie, Wirtschaft, Gesellschaft und Staat ein Thema, das aus der öffentlichen Debatte in Deutschland nicht mehr verschwand. Ausgehend von der natürlichen Berechtigung der Frauen, „sich aus der bisherigen Unterordnung zu der ihnen gebührenden Gleichberechtigung neben dem Manne emporzuheben", wie es Auguste Schmidt am Eröffnungsabend der Frauenkonferenz formulierte,[24] entwickelten seine Mitglieder in den folgenden Jahrzehnten beeindruckende Initiativen. Sie riefen für Frauen Sonntags- und Fortbildungsschulen, Haushalts-, Landwirtschafts- und Handelsschulen, Mägdeherbergen, Speiseanstalten, Stellenvermittlungsbüros, Kindergärtnerinnenseminare u.v.a. ins Leben. Sie forderten die Öffnung neuer Erwerbsfelder für Frauen durch den Staat und in den Gemeinden, so in Krankenhäusern, Strafanstalten, in der Armenpflege usw. Dort, wo sie nicht selbst tätig werden konnten, beauftragten sie den Vorstand des ADF, sich auf dem Weg der Petition an Länderregierungen und Reichstag zu wenden. Petitionsziele waren beispielsweise die Anstellung von Frauen im Post- und Telegraphendienst, die Schaffung von Seminaren für Volksschullehrerinnen, die Öffnung der Universitäten für Frauen im Höheren Lehramt und im Medizinstudium. So klein mancher Schritt auch gewesen sein mag und so sehr sich die deutsche Frauenbewegung später auch ausdifferenzierte – in der Summe erzeugten all diese Schritte eine innovative gesellschaftspolitische Wirkung und veränderten die Gesellschaft des Kaiserreichs nachhaltig.[25] Anfangs von 35 Frauen gegründet, gehörten dem ADF vor dem Ersten Weltkrieg 14 000 Mitglieder an. Die 1894 unter Führung des ADF gegründete Dachorganisation *Bund Deutscher Frauenvereine* aber zählte 1913 mehr als 500 000 Frauen.[26]

Natürlich war eine solche Entwicklung im Sommer 1865 keineswegs absehbar, aber dass Louise Otto-Peters mit der Gründung des ADF hohe Erwartungen verband, verdeutlicht ihre programmatische Schrift *Das Recht der Frauen auf Erwerb*. Sie hatte sie im Winter 1865/66 verfasst, um einmal ausführlicher die Motive für die Gründung des ADF, seine Ansichten und Ziele sowie den Verlauf der ersten Frauenkonferenz darzulegen. So sollten „weitere Kreise" für die Bestrebungen des neu gegründeten Vereins gewonnen werden.[27] In dieser Schrift zeichnete sie u. a. nach, wie sich die Frauenfrage in den letzten Jahrzehnten entwickelt hatte. Sie verstand darunter den Aufbruch der Frauen zu selbstbestimmtem mündigen Handeln im öffentlichen Raum sowie die Artikulation eigener Interessen zur Verbesserung der gesellschaftlichen Stellung von Frauen. Dabei benannte sie zwei Aufbrüche: einmal die Zeit der Befreiungskriege von der Fremdherrschaft, in der einzelne Frauen aufgrund von Patriotismus, von Vaterlandsliebe also, für die Sache der Allgemeinheit „heraustraten". Zum anderen die politische Bewegung von 1848, in der sich unzählige Frauen, wenngleich insgesamt eine Minderheit, für die Sache der Demokratie begeisterten „und zugleich für die eigenen, d. h. die weiblichen politischen Rechte das Wort und die Feder ergriffen".[28] „Was damals gekeimt und geblüht hatte", fuhr sie fort, „verfiel dem Schicksal aller Märzblüten – sie verschneiten wieder –, aber jetzt, wo der Schnee wieder hinweggetaut, kommt alles aufs Neue zum Vorschein. Im Stillen ist fortgewachsen und hat sich ausgebreitet, was zu jener Zeit nur Keim war und schießt jetzt in frischen Halmen lustig empor."[29]

Nun, in den 1860er Jahren, traten wiederum Frauen im Rahmen der national-liberalen bzw. -demokratischen Bewegung hervor, und einige bezogen die allerorten proklamierten Freiheitsrechte auch auf einzulösende Frauenrechte. Frauen zu bestärken, „das Recht der freien Selbstbestimmung" als „das heiligste und unveräußerlichste jedes vernunftbegabten Wesens"[30] wahrzunehmen, und selbstständig und aus eigener Kraft in Ehe und Familie, im Erwerbsleben und in der Öffentlichkeit zu handeln, dieses Anliegen durchzieht die gesamte Schrift. Louise Otto-Peters ging dabei auch auf die in der zeitgenössischen Debatte stark in den Vordergrund getretene Frage unzureichender Erwerbs- und Bildungsmöglichkeiten für Frauen ein. Sie hielt sie für ein zu lösendes Problem und plädierte nachdrücklich für den Weg der Selbsthilfe der Frauen und ihre Mitarbeit im ADF. Frauen sollten den bürgerlichen Verein als das entscheidende organisatorische Mittel auch für Frauen nutzen, um über den eigenen, mehr oder weniger eng gezogenen persönlichen Rahmen hinaus als gesellschaftliche Gruppe aktiv werden und in die Öffentlich treten zu können.[31]

Die in ihrer Schrift erfolgte Bezugnahme auf patriotisch-nationales Frauenhandeln im öffentlichen Raum während der Befreiungskriege belegt, dass das Datum der ersten Frauenkonferenz 1865 von Louise Otto-Peters und ihren Mitstreiterinnen mit Bedacht gewählt worden war. Auch wenn wir bislang nicht wissen, ob ihnen das Wirken von fast 600 patriotischen Frauenvereinen zwischen 1813 und 1815 bekannt war,[32] besaßen die Gründerinnen des ADF zweifellos Kenntnis über verschiedene Frauenaktivitäten in der Zeit der Befreiungskriege.[33]

Genau diese waren es, denen neben der freiheitlich-patriotischen Ausrichtung Theodor Körners das besondere Interesse Louise Ottos bei der publizistischen und literarischen Gestaltung seines Lebens galt. Dabei stand in ihrem *Gedenkblatt* zum 50. Todestag von Theodor Körner 1863 dessen Ausrichtung an den Idealen von Nation und Freiheit ganz im Mittelpunkt der Darstellung. Warmherzig zeichnete sie hier das Bild eines liebenswürdigen jungen Mannes nach, der in einem Brief an seinen Vater seine Überzeugung formuliert hatte, „daß kein Opfer zu groß sei für das höchste menschliche Gut, für seines Volkes Freiheit". Reich vom Schicksal gesegnet mit dichterischem Talent und einer glanzvollen Karriere am Wiener Burgtheater, mit ihn liebenden und fördernden Eltern und einer umjubelten Braut zögerte er nicht, dem „Ruf des Vaterlandes", dem Aufruf des Preußenkönigs „An mein Volk" zu folgen. Er brachte, wie Louise Otto es ausdrückte, mit sich selbst „den höchsten Idealen des Menschenlebens: Vaterland und Freiheit", das würdigste Opfer. Sie hielt es um des deutschen Volkes und „namentlich seiner Jugend willen" für notwendig, an das Leben und den Tod von Theodor Körner zu erinnern. „Wen möchte nicht ein solches Beispiel begeistern?" fragte sie.[34]

Sie selbst war stark idealistisch veranlagt und besaß ausgeprägtes Interesse am „Großen und Schönen". Vaterland und Freiheit gehörten für sie zu höchsten Werten, die den Sinn des Menschenlebens ausmachten; nationale und demokratische Elemente verbanden sich in ihrem Denken und Fühlen. Zudem wies das Schicksal ihres Mannes sehr direkte Bezugspunkte zu Theodor Körners Leben auf. Wie einst Körner hatte sich 1849 der Schriftsteller und Journalist August Peters für den bewaffneten Kampf zur Rettung von Freiheit und Vaterland entschieden. In Rastatt entging er nur knapp der standrechtlichen Erschießung und verbüßte lange Jahre in den Zuchthäusern Bruchsal und Waldheim. Seine Gesundheit nahm dabei irreparablen Schaden. Louise Otto und ihr langjähriger Verlobter August Peters verloren viele gemeinsame Jahre durch seine Kerkerhaft. Dieses Schicksal und ähnliche Schicksale im Freundes- und Bekanntenkreis, zu dem auch der 1848 in Wien erschossene Robert Blum zählte, mögen für sie ein zusätzliches Motiv der Beschäftigung mit Körner bedeutet haben. Indem sie Körner würdigte, ehrte sie unausgesprochen all jene Zeitgenossen, die ihren Einsatz für Vaterland und Freiheit von 1848/49 bitter bezahlt hatten.

Auch wenn nur am Rande, stellte Louise Otto-Peters im *Gedenkblatt* zudem vier Frauengestalten dar, die allesamt das herrschende bürgerliche Geschlechterideal der Gattin, Hausfrau und Mutter konterkarieren. Am detailreichsten porträtierte sie dabei die Mutter Theodor Körners, Minna Stock. Diese verband Louise Otto-Peters zufolge, „geistiges Streben und alle Tugenden der Hausfrau mit dem feinen Takt weiblicher Liebenswürdigkeit auch in geselligen Kreisen". Sie wurde als Gefährtin und nicht lediglich als Hausfrau des Mannes sowie als gebildete, auf der Höhe der Zeit stehende Erzieherin des Sohnes gezeichnet. Die Eltern gestalteten ihr Haus gemeinsam zu einem Sammelplatz der „Strebenden Geister der Nation".[35] Ebenfalls als Gefährtin des Mannes, aber nicht im Inneren des Hauses, sondern bereits in der Sphäre öffentlichen patriotischen Handelns, führte sie Elise Gräfin von Ahlefeld an, die zusammen mit ihrem Ehemann Adolf von Lützow in Breslau „die Streiter für Freiheit und Vaterland in die Freischar" aufnahm. Knapp erwähnt wurden zudem die als Schauspielerin einem selbständigen Erwerb nachgehende Antonie Adamberger als Verlobte Theodor Körners sowie die Herzogin von Kurland, an deren Musenhof der junge Körner mehrfach zur poetischen Anregung weilte.[36]

Im *Opernlibretto* gestaltete Louise Ottos nur das letzte halbe Jahr im Leben von Theodor Körner. Wieder galt seiner Hingabe für die Ideale von Freiheit und Vaterland ihre besondere Aufmerksamkeit, doch vermittelt der Text daneben ein kritisches Bild des Verhältnisses

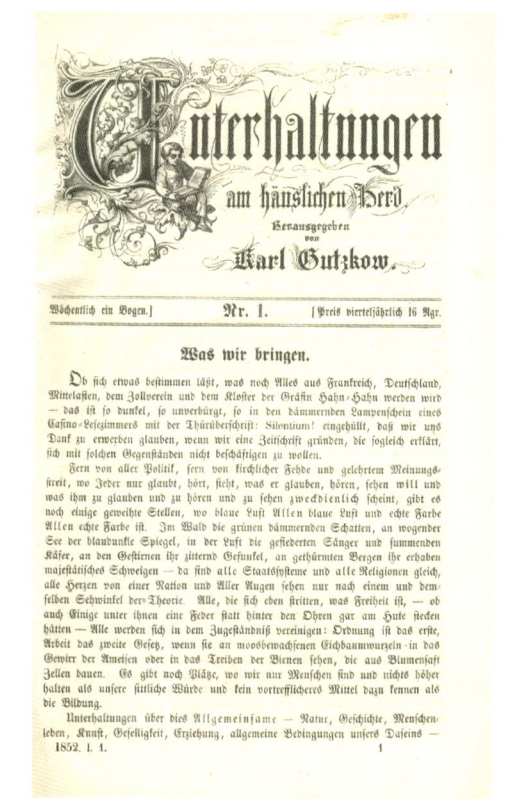

Unterhaltungen am häuslichen Herd, *hrsg. von Karl Gutzkow, Nr. 1, 1852*

zwischen Fürsten und Volk und prangert die Verzögerungstaktik der Fürsten im Kampf um die Befreiung von der Fremdherrschaft an. Anders als im *Gedenkblatt* kommt nun jedoch drei Frauenfiguren zentrale Bedeutung zu: Elise von Ahlefeld als besonderer, im öffentlich-politischen Raum agierender Soldatenfrau; der Verlobten Antonie Adamberger, die den Konflikt der Kriegerbraut verkörpert, und der Gärtnersfrau Johanna Häußer, die den verwundeten Körner in ihrem Haus pflegt und für seine Rettung sorgt.[37]

1872, anlässlich der Uraufführung der Oper, kommentierte Louise Otto-Peters dieses Figurenensemble folgendermaßen: Es „ist mir gelungen, in *drei deutschen Frauengestalten* [Hervorhebung von Louise Otto - S. Schötz], welche der Geschichte der Erhebung Deutschlands vor fünfzig Jahren angehören, unsere Idee: daß es die Aufgabe der Frauen ist, *mitzuwirken* so gut im *öffentlichen Leben* wie in der *Kunst* und im *Hause*, daß es im Vaterlande, in der Menschheit besser werde, auf die Bühne zu bringen [...]".[38]

Zugleich wies sie darauf hin, dass es ihr leicht gewesen wäre, auch „eine der Mitkämpferinnen, die Prohaska, Anna Lühning usw. einzuführen", es ihr bei dieser Dichtung aber nicht um eine Verherrlichung des Krieges gegangen sei, und sie auch nicht „unweibliches Amazonenthum" auf die Bühne bringen wollte. Sie habe stattdessen in dem von ihr gedichteten „Germaniachor" mit Germania noch eine Frau eingeführt, die als „Schirmherrin des Ganzen" wirkte.[39] Ihr, die die Nation als höchsten Wert verkörperte, schworen die Krieger, sie endlich zu erretten, sie zu „befrein von jedem falschen Herrn":[40] „Germania, o wende nicht / Von uns im Zorn Dein Angesicht! / Ist auch der Siegestag noch fern / Wir werden endlich doch Dich retten, / Befrein von jedem falschen Herrn / Und kühn zerbrechen Deine Ketten!"[41] Das waren Verse, deren ausdrückliches Zitat im Jahr 1872 sicherlich Raum für Interpretationen bot!

Louise Otto-Peters griff aus der Geschichte der Befreiungskriege demnach jene Ideen, Ereignisse, Persönlichkeiten und Mythen auf, die ihr zugleich nationaldemokratisches und feministisches Bestreben historisch legitimieren konnten. Ihnen galt die publizistische und literarische Gestaltung. Ihre zentralen Botschaften lauteten: Für Vaterland und Freiheit zu wirken, gehört zu den höchsten Idealen eines Menschenlebens - für Frauen ebenso wie für Männer. So unverzichtbar 1813–1815 die Mitwirkung der Frauen am Freiheitskampf der Männer war, so unverzichtbar war weibliche Teilhabe an Einheit und Freiheit auch in der Gegenwart.

Allerdings, als sich Louise Otto 1872 öffentlich zu den Frauengestalten der Oper äußerte, war die deutsche Einheit bereits Wirklichkeit. Wie einst in den Befreiungskriegen hatten die Frauen auch im Deutsch-Französischen Krieg Spenden gesammelt, Strümpfe und Handschuhe für die Soldaten gestrickt und sich an der Pflege der Verwundeten beteiligt. Mit der Waffe in der Hand kämpften sie diesmal freilich nicht. Doch trotz ihres engagierten Einsatzes an der Heimatfront blieben sie im neu gegründeten Kaiserreich von politischen Rechten ausgeschlossen. Das 1871 eingeführte Allgemeine Wahlrecht galt nur für Männer; es war argumentativ mit der Allgemeinen Wehrpflicht und der angeblich nur Männern zukommenden Fähigkeit, Kriegsdienste zu leisten, verbunden.

Für Louise Otto-Peters war eine solche Verknüpfung absurd. Sie hielt den Krieg nicht nur für ein Unglück, sondern für eine Schande der Menschheit. Sie vertrat deshalb die Auffassung, dass man durch Belehrung und Bildung alles dafür tun müsse, um einen derart barbarischen, rohen, vom Ziel der Humanität weit entfernten Kulturzustand, wie ihn jeder Krieg darstelle, zu beseitigen. Dies aber wäre längst geschehen, so ihre Auffassung, wenn man nicht „die Frauen mit ihren zarteren [sic!] Empfinden, mit ihrer Liebe und Milde zurückgehalten und zurückgedrängt hätte auf den allerbeschränktesten Wirkungskreis".[42] Sie forderte deshalb leidenschaftlich die Beteiligung der Frauen an einem „frei und freudig sich im Innern entwickelnden Deutschland", an einem würdigen „Tempelbau Germanias".[43]

Wie wenig dies jedoch passierte, war für sie desillusionierend. Zum Ausdruck kommt das insbesondere in ihrer Schrift *Frauenleben im deutschen Reich. Erinnerungen an die Vergangenheit mit Hinweis auf die Zukunft* aus dem Jahr 1876. Mit Blick auf die Gegenwart hielt sie einen „auf die Spitze des Schwertes" gestellten Frieden und ein Volk in Waffen, „das zumeist nach Gewinn und Genuß trachtet" nicht für Zustände, „die dem Ideal von der Harmonie der Menschheit entsprechen".[44] Auch der noch immer herrschende Ausschluss der einen Hälfte des Volkes, der Frauen, von den meisten Bildungsmitteln und bürgerlichen Rechten, belege, „wie wenig weit es die Menschheit gebracht hat in ihrer Entwicklung, insbesondere in der Entwicklung Allen zu Gute kommender humaner Zustände".[45] Solche Verhältnisse konnten für sie keinen Anspruch auf ewige, nicht einmal auf lange Dauer erheben. Rückblickend auf die vielen technischen, gesellschaftlichen und politischen Veränderungen der letzten Jahrzehnte zeigte sie sich im Abschnitt „Zukunftshoffnungen" dennoch überzeugt vom weiteren Voranschreiten der Menschheit auf dem Weg zu ihrer Vollendung. Sie prognostizierte, dass eines Tages ein neues Zeitalter kommen werde. Frauen würden dann ihre spezifischen weiblichen Fähigkeiten, von denen sie ausging, selbstbestimmt in allen Bereichen einbringen, in Bildung und Erziehung, Wirtschaft, Wissenschaft und Kultur ebenso wie in der Politik.[46]

Von heute aus betrachtet, leitete der Sieg der Verbündeten in der Leipziger Völkerschlacht von 1813 den Zusammenbruch des napoleonischen Herrschaftssystems und damit einen Wendepunkt in der Geschichte der Deutschen wie Europas ein. Der Weg zu einem einheitlichen deutschen Nationalstaat und einer freiheitlichen Grundordnung aber war noch weit. Grundsätzlich sahen das wohl auch die Zeitgenossen des Jahres 1865 so. Was hingegen die erste Frauenkonferenz und der ADF in der Mitte der 1860er Jahre in Gang setzten, das war nicht mehr und nicht weniger als Frauenpolitik in Deutschland. Zwar waren Frauen rein rechtlich von politischer Partizipation ausgeschlossen, besaßen bis 1919 kein Wahlrecht, durften weder in Stadt-, noch in Länderparlamenten mitarbeiten und bis 1908 keinen politischen Parteien angehören, aber über das organisatorische Mittel des Vereins gelang es ihnen, eigene Anliegen in die öffentliche Diskussion einzubringen und nach und nach umzusetzen. Mit der Gründung des ADF verbindet sich insofern ebenfalls ein Wendepunkt, jedoch vorrangig in der deutschen Geschichte. Jene, die im Vorfeld der Frauenkonferenz ironisch von einer „Frauenschlacht" zu Leipzig sprachen, in der die unterdrückten Frauen der Männerwelt den Krieg erklären würden, sollten mehr Recht behalten, als ihnen lieb gewesen sein dürfte. Auch ohne Kriegserklärung ist die sich auf Vorrechte und Privilegien stützende Männerwelt in Frage gestellt worden. Auf dem Weg zu einer geschlechtergerechten Gesellschaft befinden wir uns trotz vieler Erfolge noch immer.

Anmerkungen

1 Vgl. zu einigen Pressereaktionen OTTO-PETERS, Louise: *Das Recht der Frauen auf Erwerb. Blicke auf das Frauenleben der Gegenwart*, hrsg. im Auftrag der Louise-Otto-Peters-Gesellschaft e.V. von Astrid Franzke, Johanna Ludwig und Gisela Notz (LOUISEum 7), [Wiederveröff. der Erstausg. 1866], Leipzig 1997, S. 89, 95 und 108 sowie Joseph Heinrichs: Vorwort aus dem Jahr 1866 zu „Das Recht der Frauen auf Erwerb", in: Ebd., S. 121.
2 Siehe hierzu LENGER, Friedrich: *Die Erinnerung an die Völkerschlacht bei Leipzig im Jubiläumsjahr 1863*, in: Hettling, Manfred / Schirmer, Uwe / Schötz, Susanne (Hrsg.): Figuren und Strukturen. Historische Essays für Hartmut Zwahr zum 65. Geburtstag, München 2002, S. 24-41.
3 Sein Stattfinden in Leipzig aus Anlass des 50. Jahrestages der Völkerschlacht war auf dem zweiten deutschen Turnfest 1861 in Berlin beschlossen worden. Vgl. LENGER, wie Anm. 2, S. 31.
4 So die Forderung des Schriftstellers Robert Prutz. Zitiert nach HOFFMANN, Stefan-Ludwig: *Mythos und Geschichte. Leipziger Gedenkfeiern der Völkerschlacht im 19. und frühen 20. Jahrhundert*, in: François, Etienne / Siegrist, Hannes / Vogel, Jakob (Hrsg.): Nation und Emotion. Deutschland und Frankreich im Vergleich (Kritische Studien zur Geschichtswissenschaft 110), Göttingen 1995, S. 111-132, hier S. 117.
5 Vgl. LENGER, wie Anm. 2.
6 Vgl. den ungezeichneten Bericht im *Leipziger Tageblatt und Anzeiger 56* (1863), Nr. 240 vom 28. August.
7 Siehe BRANDT, Peter: *Die Befreiungskriege von 1813 bis 1815 in der deutschen Geschichte*, in: Grüttner, Michael (Hrsg.): Geschichte und Emanzipation. Festschrift für Reinhard Rürup, Frankfurt am Main 1999, S. 17-57.
8 Vgl. BRANDT, wie Anm. 7; LENGER, wie Anm. 2, S. 27f. sowie PELZER, Erich: *Die Wiedergeburt Deutschlands 1813 und die Dämonisierung Napoleons*, in: Höpel, Thomas (Hrsg.): Deutschlandbilder – Frankreichbilder, 1700-1850. Rezeption und Abgrenzung zweier Kulturen, Leipzig 2001, S. 271-284, hier S. 278 ff. Siehe auch LANGEWIESCHE, Dieter: *Nation, Nationalismus, Nationalstaat. Forschungsstand und Forschungsperspektiven*, in: Neue Politische Literatur 40 (1995), Nr. 2, S. 190-236.
9 Vgl. HOFFMANN, wie Anm. 4, S. 120.
10 Ebd.
11 Christian Jansen unterscheidet allein in der Paulskirchenlinken nach dem Scheitern der Revolution sechs Grundoptionen in der deutschen Frage. Vgl. JANSEN, Christian: *Einheit, Macht und Freiheit. Die Paulskirchenlinke und die deutsche Politik in der nachrevolutionären Epoche, 1849-1867* (Beiträge zur Geschichte des Parlamentarismus und der politischen Parteien 119), Düsseldorf 2000, S. 242-252. Für Sachsen hat Andreas Neemann gezeigt, dass alle politischen Organisationen an der deutschen Frage auseinandergebrochen waren, noch bevor Bismarck durch seine Bundesreformvorschläge die Positionen weiter polarisierte. Vgl. NEEMANN, Andreas: *Landtag und Politik in der Reaktionszeit. Sachsen 1849/50 – 1866* (Beiträge zur Geschichte des Parlamentarismus und der politischen Parteien 126), Düsseldorf 2000.

12 Vgl. hierzu den instruktiven Aufsatz: PLANERT, Ute: *Die Nation als „Reich der Freiheit" für Staatsbürgerinnen. Louise Otto zwischen Vormärz und Reichsgründung*, in: Planert, Ute (Hrsg.): Nation, Politik und Geschlecht. Frauenbewegungen und Nationalismus in der Moderne (Reihe Geschichte und Geschlechter 31), Frankfurt am Main u. a. 2000, S. 113–130. Wenngleich ich viele Einschätzungen Planerts teile, scheint mir ihre auf S. 124 geäußerte Auffassung, dass die nationale Einigung Louise Otto mit der Führungsrolle der wenig demokratischen Großmacht Preußen versöhnte, nicht zutreffend, vgl. meinen weiteren Text. Das Verhältnis Louise Ottos zum Kaiserreich bedarf allerdings weiterer Erforschung.

13 Vgl. das bislang beste biografische Porträt von LUDWIG, Johanna: *Louise Otto-Peters (Pseudonyme: Otto Stern, Malwine von Steinau)*, in: Sächsische Biografie, hrsg. vom Institut für Sächsische Geschichte und Volkskunde e. V., bearb. von Martina Schattkowsky, online unter: http://saebi.isgv.de/biografie/Louise_Otto-Peters_1819-1895 (zuletzt abgerufen am 28.3.2013).

14 Vgl. SIEBER, Siegfried: *Ein Romantiker wird Revolutionär. Lebensgeschichte des Freiheitskämpfers August Peters und seiner Gemahlin Louise Otto-Peters, der Vorkämpferin deutscher Frauenrechte*, Dresden 1948.

15 Vgl. *Laute aus den „stillen Jahren". Artikelfolge „Den Frauen" von Louise Otto im „Leipziger Sonntagsblatt"*, in: LUDWIG, Johanna/JOREK, Rita (Hrsg.): Louise Otto-Peters. Ihr literarisches und publizistisches Werk. Katalog zur Ausstellung (LOUISEum 2), hrsg. im Auftrag der Louise-Otto-Peters-Gesellschaft e. V., Leipzig 1995, S. 65–76. Mein herzlicher Dank gilt Johanna LUDWIG, deren noch unveröffentlichtem Manuskript *„Eigener Wille und eigne Kraft". Der Lebensweg von Louise Otto-Peters bis zur Gründung des Allgemeinen deutschen Frauenvereines 1865. Nach Selbstzeugnissen und Dokumenten* ich den Hinweis auf das Berliner Blatt entnehmen konnte.

16 Siehe z. B. *Leipziger Tageblatt und Anzeiger* 56 (1863), Nr. 240 vom 28. August sowie *Mitteldeutsche Volks-Zeitung* 1 (1862), Nr. 241 vom 16. Oktober.

17 OTTO, Louise: *Theodor Körner. Ein Gedenkblatt zum 26. August 1865*, in: Unterhaltungen am häuslichen Herd. 4. Folge 1 (1863), Nr. 34, S. 666-671. Ich danke Kerstin Kollecker, die für mich im Louise-Otto-Peters-Archiv in Leipzig nach Texten und Bezugnahmen Louise Ottos zu den Befreiungskriegen recherchiert hat.

18 Siehe den Beitrag von Magdalena Gehring in diesem Band.

19 Vgl. CLAUS, Clara: *Vor dreißig Jahren*, in: Neue Bahnen. Organ des Allgemeinen Deutschen Frauenvereins 31 (1896), Nr. 6, S. 50.

20 Vgl. zur Gründungsgeschichte des Frauenbildungsvereins KLEMM, Beate: *Der Leipziger Frauenbildungsverein und der Allgemeine Deutsche Frauenverein. Eine Annäherung an Figuren, Strukturen, Handlungsräume*, in: Hettling, Manfred/Schirmer, Uwe/Schötz, Susanne (Hrsg.): Figuren und Strukturen. Historische Essays für Hartmut Zwahr zum 65. Geburtstag, München 2002, S. 392-411 sowie SCHÖTZ, Susanne: *Zur Entstehungsgeschichte des Allgemeinen Deutschen Frauenvereins vor 135 Jahren in Leipzig*, in: Hundt, Irina/Kischlat, Ilse (Hrsg.): Zwischen Tradition und Moderne. Frauenverbände in der geschichtlichen Kontinuität und im europäischen Diskurs heute, Berlin 2002, S. 11–23. Siehe zudem als grundlegende Quelle: OTTO-PETERS, Louise: *Das erste Vierteljahrhundert des Allgemeinen deutschen Frauenvereins. Gegründet am 18. October 1865 in Leipzig. Auf Grund der Protokolle mitgeteilt*, Leipzig 1890.

21 Diesen Begriff benutzte Louise Otto-Peters 1890. Vgl. OTTO-PETERS, Louise: *Zum 25jährigen Bestehen des Frauenbildungsvereins in Leipzig*, in: Neue Bahnen. Organ des Allgemeinen Deutschen Frauenvereins 25 (1890), Nr. 4, S. 25-29, hier S. 27.

22 Vgl. OTTO-PETERS, wie Anm. 20, S. 4 f.

23 So beispielsweise GERHARD, Ute: *Unerhört. Die Geschichte der deutschen Frauenbewegung* (rororo 8377. Sachbuch), Reinbek bei Hamburg 1995, S. 76.

24 Vgl. OTTO-PETERS, wie Anm. 20, S. 8.

25 Den ADF kennzeichneten sowohl programmatisch als auch organisatorisch Innovationen, die sich vor allem aus seiner feministischen, an der Gleichberechtigung der Geschlechter orientierten, auf dem Prinzip der Selbsthilfe beruhenden und gesamtdeutschen Orientierung ergaben. Vgl. ausführlich SCHÖTZ, Susanne: *Leipzig und die erste deutsche Frauenbewegung*, in: Döring, Detlef/Schirmer, Uwe (Hrsg.): Leipzigs Bedeutung für die Geschichte Sachsens, Leipzig 2013 [im Druck].

26 Vgl. KLEMM, wie Anm. 20, S. 395 und FREVERT, Ute: *Frauen-Geschichte. Zwischen bürgerlicher Verbesserung und neuer Weiblichkeit* (Edition Suhrkamp 1284), Frankfurt am Main 1986, S. 109 f.

27 Sie wollte die Schrift unter dem Titel „Das Recht der Frauen" veröffentlichen, konnte dafür aber keinen Verleger gewinnen. Der Hamburger Verlag Hoffmann und Campe publizierte sie schließlich 1866 unter dem genannten Titel. Siehe hierzu OTTO-PETERS, Louise: *Das Recht der Frauen*, in: Dies., wie Anm. 1, S. 10 f.

28 Ebd., S. 85.

29 Ebd., S. 87.

30 Ebd., S. 99.

31 Ebd., S. 96.

32 Siehe hierzu REDER, Dirk: *Frauenbewegung und Nation. Patriotische Frauenvereine in Deutschland im frühen 19. Jahrhundert (1813-1830)* (Kölner Beiträge zur Nationenforschung 4), Köln 1998, hier insbesondere die Übersicht S. 489-503, sowie HAGEMANN, Karen: *„Deutsche Heldinnen". Patriotisch-nationales Frauenhandeln in der Zeit der antinapoleonischen Kriege*, in: Planert, Ute (Hrsg.): Nation, Politik und Geschlecht. Frauenbewegungen und Nationalismus in der Moderne (Reihe Geschichte und Geschlechter 31), Frankfurt am Main u. a. 2000, S. 86-112.

33 Angemerkt sei, dass sich Louise Otto bereits im Vormärz auf die Befreiungskriege bezog, als sie darauf hinwies, dass zur Zeit „des sogenannten deutschen Befreiungskrieges" die Frauen den gleichen Anteil an der allgemeinen Bewegung genommen hatten wie 1847, „wo das erwachte Zeitbewußtsein mit unblutigen Waffen einen noch heiligeren Befreiungskrieg mit all seinen Unterdrückern kämpft". Vgl. Dies.: *Die Theilnahme der weiblichen Welt am Staatsleben*, in: Vorwärts! Volkstaschenbuch 5 (1847), S. 51.

34 Alle Zitate sind entnommen: OTTO-PETERS: *Theodor Körner*, wie Anm. 17.

35 Ebd.

36 Ebd.

37 Siehe den Beitrag von Magdalena Gehring in diesem Band.

38 OTTO, Louise: *Frauencharaktere einer neuen Oper*, in: Neue Bahnen. Organ des Allgemeinen Deutschen Frauenvereins 7 (1872), Nr. 14, S. 105–108, hier S. 105.

39 Ebd., S. 106.

40 Ebd., S. 108.

41 Ebd., S. 108.

42 OTTO, Louise [unter der Abkürzung L. O.]: *Krieg!*, in: Neue Bahnen. Organ des Allgemeinen Deutschen Frauenvereins 5 (1870), Nr. 16, S. 121f., hier S. 121.

43 OTTO, Louise[unter der Abkürzung L. O.]: *Sieg.*, in: Neue Bahnen. Organ des Allgemeinen Deutschen Frauenvereins 5 (1870), Nr. 18, S. 137-139, hier S. 138.

44 OTTO, Louise: *Frauenleben im deutschen Reich. Erinnerungen aus der Vergangenheit mit Hinweis auf Gegenwart und Zukunft*, Leipzig 1876, S. 257.

45 Ebd.

46 Ebd., Abschnitte Zukunft und Zukunftshoffnungen, S. 243-268.

Magdalena Gehring

„Wir haben einen glänzenden Sieg gehabt."
Theodor Körner auf der Opernbühne

In diesem Jahr begeht die Stadt Leipzig das 200jährige Jubiläum der Völkerschlacht. Auch vor 150 Jahren waren große Festlichkeiten in der Stadt geplant. Neben der Völkerschlacht gedachte man auch des 50. Todestages von Theodor Körner. Mit einer Totenmesse für den 1813 früh gefallenen deutschen Dichter wollte der junge Komponist Wendelin Weißheimer seinen Beitrag zu diesem Ereignis leisten. Als Librettistin hatte er sich Louise Otto-Peters ausgesucht, die seine Konzerte in Leipzig wohlwollend rezensiert hatte. Die beiden kannten sich wahrscheinlich aus dem Kreis um den Musikpädagogen und Herausgeber Franz Brendel, der eng mit Louise Otto-Peters befreundet war. Wendelin Weißheimer besuchte sowohl dessen Vorträge als auch die Tonkünstlerversammlung 1859 in Leipzig. Eine andere Verbindung könnte über Ernst Keil bestanden haben, mit dem Louise Otto-Peters seit 1843 beruflich und freundschaftlich verbunden war. Der Verleger und Publizist war ein Verwandter von Weißheimers späterer Frau Rosalie[1]. Aus der Totenmesse wurde bald die Oper *Leyer und Schwert oder Theodor Körner*, die das letzte halbe Lebensjahr des Dichters und Helden der Befreiungskriege zum Inhalt hat.

Louise Otto-Peters liebte die Kunstform Oper über alles. Schon als Kind erhielt sie Klavierunterricht und spielte ihre damalige Lieblingsoper, *Der Freischütz* von Carl Maria von Weber, als Puppentheater nach, während die Schwestern die Arien dazu sangen.[2] Ihren ersten Opernbesuch erlebte sie 1837 mit Carl Maria von Webers *Oberon*. Die Musik begeisterte sie sehr und die Opernleidenschaft hatte sie endgültig gepackt. In ihren Erinnerungen heißt es: „In der Muffschachtel [so lautete der spöttische Spitzname des alten königlichen Hoftheaters in Dresden, Anmerkung M. G.] zu weilen war von da an das höchste Ziel meiner Wünsche."[3] Unter anderem hörte sie in Dresden die dort uraufgeführten Werke Richard Wagners: *Rienzi* (20. Oktober 1842), *Der fliegende Holländer* (2. Januar 1843) sowie *Tannhäuser* (22. Oktober 1845).[4]

Im Frühjahr 1845 las Louise Otto-Peters den *Vorschlag zu einer Oper* von Friedrich Theodor Vischer, in welchem er die Nibelungensage als den geeigneten Stoff für eine deutsche Nationaloper einführte, da „dieser Stoff national [... und] Die Nibelungen=Helden ächte deutsche Charaktertypen [seien ...]".[5] Er war der Überzeugung, dass „jedes Volk auch einige nationale Hauptstücke besitzen [solle], worin der heimische Charakter aus dem heimischen Stoffe zu ihm spricht."[6] Die Aufgabe eines solchen Werkes sollte darin liegen, das sogenannte „deutsche Wesen" durch deutsche Helden und mit deutscher Musik auf die Bühne zu bringen. Das Hauptproblem bestand für Vischer darin, dass es noch keinen geeigneten Komponisten für diese Musik gab.[7]

Bis ins 19. Jahrhundert wurde die Oper durch Frankreich und Italien dominiert. *Der Freischütz* von Carl Maria von Weber gilt als die erste romantische deutsche Nationaloper, die 1821 uraufgeführt wurde. „National" heißt in diesem Fall die Darstellung von „Deutschem" am Beispiel des Waldes, des Volkslieds, des Männerchores etc. Das „Deutsche" bleibt dabei eine Konstruktion der Zeitgenossen.[8] Im August 1845 veröffentlichte Louise Otto-Peters in der *Neuen Zeitschrift für Musik* von Franz Brendel einen eigenen Artikel zum Thema: *Die Nibelungen als Oper*. Darin heißt es: „Die Oper soll ein Kunstwerk sein, ja vielleicht eines der größten, weil so viele Künste sich in ihr vereinigen, und was hat man aus ihr gemacht? [...] Unsere Dichter ringen danach, der deutschen Bühne endlich ein Nationaldrama zu geben – aber wo sind die Bestrebungen der Componisten, ihr eine Nationaloper zu verschaffen? [...] Gebt uns die Nibelungen als Oper, das ist zugleich auch der erste Schritt, die Oper von ihrer

Der Komponist Wendelin Weißheimer
(1838–1910);
© *Thomas Goller/Familie May-Weißheimer*

55

jetzigen Gesunkenheit wieder auf ihren Höhepunkt zu bringen, auf welchem auch sie das neue Zeitbewußtsein in sich aufnehme und vorzugsweise eine Trägerin der neuen Zeitideen werden wird."[9]

Im Gegensatz zu Vischer gab es für sie allerdings einen geeigneten deutschen Komponisten für diese Nationaloper: Richard Wagner.[10]

Louise Otto-Peters ging es darum, die freiheitlichen, liberalen und nationalen Bestrebungen der 1840er Jahre unter Nutzung historischer Stoffe und der Wirkung von Musik zu unterstützen. „Aber was kann es Gewaltigeres, Ergreifenderes geben", schrieb sie 1845, „als eine Oper, welche allen Bedingungen des neuen Drama genügte und worin die Leidenschaft ihrem Ausdruck durch die Musik um so großartiger und tief einschneidender würde?" Mit der Oper ließe sich das Gefühl des Publikums für den Augenblick am stärksten ansprechen, während sich das Drama vor allem dem Gedanken zuwende und einen, ihrer Ansicht nach, dauernderen Eindruck hinterlasse.[11]

Sie selbst beließ es nicht bei Worten, sondern schrieb ein Nibelungenlibretto für diese deutsche Nationaloper. Auch der Komponist stand schon fest, der Däne Niels Wilhelm Gade, damaliger Kapellmeister des Gewandhauses in Leipzig. Doch auf Grund des Schleswig-Holstein Krieges und der damit verbundenen Rückkehr Gades nach Dänemark während der Revolution von 1848/49 verlief das Projekt im Sande. Die Nibelungenthematik sollte erst 1876 mit der Vollendung von Richard Wagners Tetralogie *Der Ring des Nibelungen* ihren Weg auf die Opernbühnen finden.

Doch zurück ins Jubiläumsjahr 1863. Am 31. Oktober 1863 kam es in Leipzig nur zur Uraufführung des Opernvorspiels *Deutschlands Erhebung oder Des Königs Aufruf*, da Wendelin Weißheimer die Komposition noch nicht vollendet hatte. Louise Otto-Peters berichtete am 2. November 1863 Karl Gutzkow von der Vorstellung: „[...] wir haben einen glänzenden Sieg gehabt. Das Theater war überfüllt u. bei unserm Finale war der Beifall so groß, da erst die Singer 2mal u. dann der Componist, der selbst dirigiert hatte, gerufen ward."[12]

Wendelin Weißheimer hielt in seinen Memoiren fest: „Nach einigen höchst beifällig aufgenommenen Aufführungen meines Körnervorspiels im Leipziger Stadttheater kehrte ich wieder nach Osthofen zurück, um so schnell als möglich das ganze Werk zu vollenden. Ganz so schnell wie ich dachte, ging das jedoch nicht."[13] Es sollte noch vier Jahre dauern, bis er die Oper 1867 vollendete. Die politische Situation nach dem deutsch-deutschen „Bruderkrieg" von 1866, der Deutschland in einen Nord- und Südteil gespalten hatte, machte eine Aufführung des von „Freiheits- und Vaterlandsliebe durchglühten" und die Einheit der Deutschen beschwörenden Stoffes jedoch unmöglich.[14] Schließlich wurde für das Jahr 1870 die Uraufführung in Darmstadt geplant. Die Proben waren bereits in vollem Gange, als der Großherzog von Hessen nach der Lektüre des Librettos die Produktion verbot. Als Begründung gab er an, der Text sei zu franzosenfeindlich. Angesichts der zunehmenden außenpolitischen Spannungen zu Frankreich hielt er die Oper für unaufführbar. Zudem erinnerte er daran, dass Hessen-Darmstadt während der Befreiungskriege auf napoleonischer Seite gekämpft habe.

Bald schon änderte sich allerdings die Situation. Louise Otto-Peters schrieb 1872 dazu: „Als nun freilich der Krieg gegen Frankreich kam [...] da war dieser Stoff zeitgemäß wie kein anderer, da hätte die Oper mitkämpfen helfen - wenn sie nur einstudiert gewesen!"[15] Erst am 28. Mai 1872 durfte das Werk seine Uraufführung „mit großem Erfolg" im Königlichen Hof- und Nationaltheater München erleben.[16]

Laut Louise Otto-Peters „[schließt sich] die Dichtung getreu der Geschichte an".[17] Gemeinsam mit Wendelin Weißheimer besuchte sie 1863 Johanna Häußer, die den im Wald von Kitzen bei Leipzig verwundeten Theodor Körner einst gepflegt hatte, und ließ sich den genauen Hergang der Ereignisse von 1813 erzählen.[18]

Die Oper folgt dem klassischen fünfaktigen Dramenaufbau, der durch ein Vorspiel ergänzt wird. Die Hauptfiguren des Stücks sind Theodor Körner, dessen Verlobte, die Burgschauspielerin Antonie Adamberger (genannt Toni), das Ehepaar Lützow, das Ehepaar Häußer und Pfarrer Peters. Louise Otto-Peters beschränkte sich dabei auf die wichtigsten historischen Charaktere.

Im Vorspiel wird durch Adolf von Lützow der Aufruf des preußischen Königs Friedrich Wilhelm III. „An mein Volk" verlesen, dem die Bürger ungläubig und voller Staunen zuhören. Daneben wird der Titelheld als leidenschaftliche und zur Befreiung des Vaterlandes bereite Identifikationsfigur eingeführt: „Der mit dem Schwert / Die Layer tauscht". Nach der Schilderung der Ausgangssituation folgt im 1. Akt der Entschluss Körners, sich dem Lützower Freikorps anzuschließen und nun auch aktiv gegen die „fremden Herrscher" zu kämpfen. Seine Verlobte Toni versucht ihn vergebens von diesem Vorhaben abzubringen, doch Körner zögert nicht, für ein freies Vaterland in den bewaffneten Kampf zu ziehen: „Mich ruft die Pflicht, mich ruft das Vaterland / [...] wenn sich das Volk erhebt, / So nehm' auch ich das Schwert in meine Hand!"[19]

Der 2. Akt schildert die Begegnung Körners mit Elise von Ahlefeld, der Ehefrau Lützows, die als patriotische Heroin und Walküre inszeniert wird. Ganz selbstverständlich folgt sie ihrem Mann in die Schlachten und vertritt ihn bei der Rekrutierung neuer Soldaten. Körner wird von Lützow in das Freikorps der schwarzen Jäger aufgenommen. Der Akt endet mit dem feierlichen Schwur der Lützower vor Pfarrer Peters.

Theodor Körner liest seinen Kameraden seine Kriegslieder vor,
Druck nach einer Vorlage von Richard Knötel, um 1900

Der Schauplatz des 3. Akts ist das Schlachtfeld. Lützow und Friesen versuchen, wie zuvor Toni, vergebens Körner zu überzeugen, dass er der Nation als lebender Dichter mehr helfe als ein früh gefallener Kämpfer: „Du bist bestimmt zu größern Dingen, / Als dich im Krieg zum Opfer bringen." Doch Körner lässt sich nicht beirren. Trotz eines Waffenstillstandes, der von den Lützowern als Verzögerungstaktik der Fürsten mit Empörung aufgenommen wird, toben bald wieder Kämpfe. Körner wird im Gefecht schwer verwundet und schreibt in Todesahnung sein Gedicht *Abschied vom Leben*.

Im 4. Akt wird Körners Rettung sowie seine Pflege durch Johanna Häußer geschildert. Die einfache Gärtnersfrau aus Großzschocher nimmt sich mutig und voller vaterländischer Gesinnung des Verwundeten an und schmuggelt Briefe nach Leipzig, um die Rettung Körners in die Wege zu leiten.[20] Das Ende des Aktes ist eine lange Arie Tonis, die den Namen *Verwandlung* trägt und ihren Sinneswandel in einem Albtraum darstellt. Darin durchlebt sie einen inneren Kampf, an dessen Ende sie Körners Entscheidung und Handeln versteht.

Die Oper endet mit dem 5. Akt, in dem Körner, wieder auf das Schlachtfeld zurückgekehrt, seinen frühen Tod findet.

Die Figur des Theodor Körner und die Lützower sprechen oft in Originalversen Körners, welche im Text genau gekennzeichnet sind. Auch „die Chöre singen zum Theil seine Lieder in Webers Composition."[21] So sind der Dichter und der Komponist seiner bekannten Lieder in der Oper ständig präsent und erfahren eine zusätzliche Ehrung.

Theodor Körners Tod,
Holzstich von K. Baum nach Ludwig Pietsch, um 1850

Manches an der Sprache, die teilweise gleichsam von Blut und Eisen durchtränkt ist, erscheint uns heute martialisch. Das trifft vor allem auf Szenen zu, in denen für den Kampf eingeschworen wird oder die vom Kampf handeln. Ganz überwiegend kommt hier Theodor Körner selbst zu Wort. Während seiner Zeit im Freiwilligenkorps schrieb er unter dem Eindruck der Kämpfe viele Lieder und Gedichte; sein Vater veröffentlichte sie rasch unter dem Titel *Leyer und Schwert*. Louise Otto-Peters ging es weder mit den Körner-Texten, noch mit dem Libretto, um eine Verherrlichung des Krieges an sich, sondern, wie sie schrieb, „nur den Krieg ‚Uns zu erretten aus der Knechtschaft Schande!'"[22], also konkret um die Befreiungskriege. Sie stand Krieg und Gewalt, auch während der Revolution von 1848/49, eher ablehnend gegenüber und betrachtete sie nur als letzte Möglichkeit, wenn das Vaterland bedroht war.[23]

Mittlerweile ist die Oper genau wie ihr Komponist völlig in Vergessenheit geraten. Woran liegt das? Ist die Musik zu schlecht? Sind Thematik und Text dem heutigen Denken zu fern oder politisch zu brisant? Da das Notenmaterial lange verschollen war, nicht in gedruckter Form vorliegt und derzeit mühsam transkribiert wird, kann über die Musik noch keine Aussage getroffen werden. Dass die Oper nach der Reichsgründung kaum aufgeführt wurde, wird nicht verwundern. Frankreich war erneut geschlagen und die nationalstaatliche Einheit der Deutschen verwirklicht. Damit hatte sich der Stoff überlebt. 2013 wird keine „vaterländische" Oper komponiert, dafür aber ein Requiem. Dieses Projekt junger internationaler Komponisten stellt eine Verbindung zwischen den Jahren 1813 – 1913 – 2013 dar und zeigt zugleich ein neues Verständnis für dieses Ereignis. So steht nicht mehr das Gedenken an einen nationalen Helden im Vordergrund, sondern das gemeinsame friedliche Erinnern an die vielen sinnlosen Opfer von Kriegen.

Anmerkungen

1 Vgl. LUDWIG, Johanna: „Eigner Wille und eigne Kraft." Der Lebensweg von Louise Otto-Peters bis zur Gründung des Allgemeinen deutschen Frauenvereines 1865. Nach Selbstzeugnissen und Dokumenten, Leipzig 2013, S. 377. Mein herzlicher Dank gilt an dieser Stelle Johanna Ludwig, in deren noch unveröffentlichtes Manuskript ich Einblick nehmen durfte.
Vgl. auch WEIẞHEIMER, Wendelin: Erlebnisse mit Richard Wagner, Franz Liszt und vielen anderen Zeitgenossen, nebst deren Briefen, Stuttgart u. a. 1898, S. 10, 35–38 und 366.
2 Vgl. OTTO, Louise: Musikalische Erinnerungen, in: Deutsche Revue über das gesamte nationale Leben der Gegenwart 11 (1886), S. 100.
3 Ebd., S. 101.
4 Vgl. LUDWIG, Johanna: Verschafft der deutschen Bühne eine Nationaloper. Das Nibelungenlibretto von Louise Otto-Peters und ihre Beziehungen zu Musik und Komponisten, in: Ludwig, Johanna/Rothenburg, Hannelore/Schötz, Susanne (Hrsg): Louise Otto-Peters Jahrbuch 2 (2006) (LOUISEum 25), S. 219.
5 VISCHER, Friedrich Theodor: Vorschlag zu einer Oper, in: Kritische Gänge. Zweiter Band, Tübingen 1844, S. 399–436.
6 Ebd, S. 403.
7 Vgl. ebd, S. 436.
8 Vgl. Die Nationaloper, in: Der Brockhaus Oper. Werke, Personen, Sachbegriffe, hrsg. von der Lexikonredaktion des Verlages F. A. Brockhaus, Mannheim u. a. 2003, S. 226–227.
9 OTTO, Louise: Die Nibelungen als Oper, in: Neue Zeitschrift für Musik 13 (1845), S. 49–51.
10 Vgl. dazu auch die Forschungsbeiträge von Johanna Ludwig und Elvira Pradel, in: LUDWIG, wie Anm. 4, S. 213–229; Dies.: Louise Otto-Peters' Nibelungenlibretto und ihre Beziehungen zu Musik und Komponisten, in: Frauen erinnern und ermutigen. Berichte vom 12. Louise-Otto-Peters-Tag 2006 (LOUISEum 24), hrsg. von der Louise Otto-Peters-Gesellschaft e. V., Leipzig 2006, S. 69–79.; PRADEL, Elvira: Die Frauengestalten in Louise Otto-Peters' Opernlibretti, in: Ludwig, Johanna/Pradel, Elvira/Schötz, Susanne (Hrsg.): Louise Otto-Peters Jahrbuch 1 (2004) (LOUISEum 19), S. 184–191.
11 OTTO, Louise [unter dem Pseudonym Otto Stern]: Deutsche Nationalität. Zweiter Artikel. Deutsche Oper, in: Der Wandelstern. Blätter für Unterhaltung, Kunst, Literatur und Theater 2 (1845), S. 384–388.
12 Brief von Louise Otto-Peters an Karl Gutzkow zitiert nach Ludwig, wie Anm. 1, S. 380.
13 Siehe WEIẞHEIMER, wie Anm. 1, S. 256 f.
14 Vgl. dazu auch OTTO, Louise: Frauencharaktere einer neuen Oper, in: Neue Bahnen. Organ des Allgemeinen Deutschen Frauenvereins 7 (1872), Nr. 14, S. 106.
15 Ebd.
16 Ebd. S. 105.
17 Ebd. S. 106.
18 Vgl. OTTO, Louise: Johanna Häußer, in: Neue Bahnen. Organ des Allgemeinen Deutschen Frauenvereins 4 (1869), Nr. 8, S. 59–60.
19 OTTO, Louise: Theodor Körner. Vaterländische Oper in fünf Akten und einem Vorspiel. Des Königs Aufruf, Musik von Wendelin Weißheimer, München 1872, S. 15.
20 OTTO, wie Anm. 19, S. 46.
21 OTTO, wie Anm. 14, S. 106.
22 Ebd.
23 Vgl. dazu GEHRING, Magdalena: Die Revolution 1848/49 im Leben von Louise Otto-Peters, in: Schötz, Susanne/Schattkowsky, Martina (Hrsg.): Louise Otto-Peters und die Revolution von 1848/49. Erinnern an die Zukunft (Dresdner Beiträge zur Geschlechterforschung in Geschichte, Kultur und Literatur 3), Leipzig 2012, S. 74–76.

Harald Homann

Ein Ereignis – zwei Perspektiven

Die Rezeption des historischen Geschehens in der DDR und der Bundesrepublik Deutschland

Niemand kann sich heute noch an die Völkerschlacht erinnern. Alle Zeitzeugen sind schon lange tot und auch diejenigen, die vielleicht von ihren Großeltern noch Augenzeugenberichte gehört haben, sind spätestens um 1930 gestorben. Will man sich an das damalige Geschehen erinnern, müssen andere Formen gefunden werden. Schriftliche Zeugnisse, autobiographische Aufzeichnungen sind eine Möglichkeit. Soll aber die Erinnerung in das allgemeine Gedächtnis der Gesellschaft aufgenommen werden, müssen Gedenkfeiern oder Denkmale diese Funktion übernehmen. Die Völkerschlacht wird auf diese Weise zu einem Teil des kulturellen Gedächtnisses. Damit wollen wir uns im Folgenden beschäftigen.[1]

„Völkerschlacht bei Leipzig", siehe „Leipzig (Geschichte)", so wird man lapidar beschieden, wenn man das Stichwort im 24. Band von Meyers Enzyklopädischem Lexikon von 1975, erschienen in Mannheim, nachschlägt. Und im Artikel zur Leipziger Stadtgeschichte heißt es: „Die Völkerschlacht bei Leipzig vom 16. bis 19. Oktober 1813 war die Entscheidungsschlacht des Herbstfeldzuges 1813 der Befreiungskriege." Es folgen 10 weitere Zeilen, in denen der Schlachtverlauf geschildert wird.[2]

Im nahezu zeitgleich 1976 in Leipzig erschienenen Band 14 von Meyers Neues Lexikon liest man unter dem Stichwort: „Entscheidungsschlacht im nationalen Unabhängigkeitskrieg zwischen der durch Rheinbundkontingente verstärkten französischen Armee unter Oberbefehl von Napoleon I. und den verbündeten russischen, österreichischen, preußischen und schwedischen Truppen vom 16. bis 19.10.1813."[3]

Das bundesrepublikanische Lexikon also schlägt die Völkerschlacht bewusst zur Lokalgeschichte Leipzigs, in diesen Rahmen soll sie gehören, in diesem Rahmen soll sie erinnert werden. Für das DDR-Lexikon dagegen repräsentiert die Schlacht ein bedeutendes Geschehen in der deutschen (und europäischen) Geschichte. Denn diese Schlacht bringt die Entscheidung in den ‚Befreiungskriegen' gegen die napoleonische Herrschaft und diese sollen als „nationale Unabhängigkeitskriege" erinnert werden, nahezu als Geburtsstunde der deutschen Nation.

Das gleiche Geschehen wird hier in denkbar unterschiedliche Dimensionen gerückt: einmal wird es verengt auf die Stadtgeschichte, also letztlich auf lokale Bedeutsamkeit gestutzt; das andere Mal wird ihm konstitutive Bedeutung für die (gesamt)deutsche Nationalgeschichte zugesprochen, an deren Beginn offenbar ein Unabhängigkeitskrieg stand, nahezu mythisch überhöht. Und damit haben wir auch den Befund vor uns, der sich ergibt, wenn die Rezeption dieses Geschehens in beiden deutschen Staaten untersucht wird. Von 1949 bis 1989 werden die Befreiungskriege und die Völkerschlacht für die DDR zu einem Bestandteil der deutschen Geschichte, den das Regime zur eigenen Legitimation nutzt und in dessen Folge und Erbe sich das Regime sieht. Die DDR als Erbe der nationalen Bewegung, als Erfüllung des nationalen Auftrages und am Beginn die Volks- und Massenerhebung gegen den Fremdherrscher Napoleon.[4] Auch der Befund für die Bundesrepublik Deutschland ist in der Zeit von 1949 bis 1989 von erstaunlicher Kontinuität: die Befreiungskriege und die Völkerschlacht stehen hier für den Beginn einer sehr ambivalenten und im Gesamtertrag fatalen Entwicklung Deutschlands (aber nicht nur Deutschlands) zu einem zerstörerischen Nationalismus, der im 20. Jahrhundert Europa und die Welt in Katastrophen stürzte. Ideologie und Formen dieses Befreiungskrieges seien die Keimzellen eines ungezügelten militaristischen Weltbildes. Interessanterweise wird diese Einschätzung in der Bundesrepublik von nahezu allen politischen Lagern geteilt, es gilt für Konservative, sozialdemokratische und liberale Gruppen. Trotz unterschiedlicher Begründungen ist man sich hierin einig.

Im Folgenden wollen wir klären, wie es zu diesen einseitigen Erzählungen kam. Und da es nur in der DDR eine positive Deutung des Geschehens gab und nur dort auch öffentlich daran erinnert wurde,[5] wird im Folgenden auch die Beschäftigung mit der DDR den weitaus größeren Raum einnehmen. Dabei werden wir die großen Züge und Linien herausarbeiten. Es wird sich herausstellen, dass sich im Umgang mit der Erinnerung an die Völkerschlacht die größere Frage nach der Deutung der deutschen Geschichte, dem Problem der ‚Nation' und Wunde ‚Deutschland' spiegelt.

Politik und Geschichte

Politik und Geschichte gehören oft zusammen, ja sie verschränken sich. Das gilt auch und besonders für die beiden deutschen Staaten DDR und Bundesrepublik Deutschland. Hier wird es besonders brisant, wenn sich beide deutsche Staaten auf Epochen, Ereignisse oder Personen der ‚gemeinsamen' deutschen Geschichte beziehen. Dann entsteht geradezu eine deutsch-deutsche Konkurrenz in der Deutung dieser Geschichte. Das gilt vor allem für die Geschichte Deutschlands seit der Französischen Revolution mit ihren Aufbrüchen und Brüchen sowie Katastrophen. Umstritten war die Rolle der Revolutionen von 1830, 1848 und 1918, die Rolle der Revolutionäre und der sozialen Gruppen die sie hervorbrachten, umstritten war die Rolle der ‚Massen' und des ‚Volkes'. Ganz deutlich wurde diese Deutungskonkurrenz noch einmal im letzten Jahrzehnt der Existenz der DDR. In den 1980er Jahren zeigte sich eine überraschende deutsch-deutsche ‚Preußenrenaissance' in Büchern, Filmen und Ausstellungen und wissenschaftlichen Beiträgen, die in der DDR zu einer positiven Neubewertung der Epoche und von historischen Personen führte, die vorher einhellig verdammt waren: Luther, Friedrich II. und Bismarck.[6] Eine solche Neubewertung war für die Befreiungskriege und die Völkerschlacht nicht notwendig, sie war ja von Beginn an ein wichtiger Bestandteil der eigenen DDR-Geschichte.

In unserem Fall verschränken sich also nicht nur Politik und Geschichte, sondern es verschränken sich zudem zwei (teil)staatliche Perspektiven. Die beiden Staaten beobachten sich intensiv, sie beziehen sich aufeinander, grenzen sich voneinander ab und bleiben doch aneinander gebunden und gekettet - nicht zuletzt dank der umstrittenen gemeinsamen Geschichte. Wir haben es seit der doppelten Staatsgründung von 1949 immer mit Doppelungen zu tun, auch im Bezug auf die Geschichte und auch im Gedenken an die Völkerschlacht.

Natürlich kann man sich fragen, ob es sinnvoll ist, bei der doppelten Beschäftigung mit Geschichte auf die ‚Staaten' zu blicken. Können Staaten denn als handelnde Wesen, als Akteure auf diesem Feld betrachtet werden? Verkennen wir da nicht die Pluralität, Wandelbarkeit und Vielgestaltigkeit der gesellschaftlichen Wirklichkeit? Das wird für die weiteren Ausführungen eine wichtige Frage sein, die wir vorweg etwas bedenken müssen.

Wir können davon ausgehen, dass in jeder Gesellschaft Geschichtsbilder existieren. Diese müssen nicht unbedingt einheitlich sein in einer Gesellschaft, sie können sehr unterschiedlich sein, wie in pluralistisch verfassten Gesellschaften. Es kann aber auch sein, dass eine politische Elite versucht, ein geschlossenes Geschichtsbild vorzugeben und zu verordnen – wie in den sozialistischen Staaten: Geschichtsbild als Parteiauftrag. Attraktiv ist dieser Versuch, weil Geschichte dazu dienen kann, kollektive Identität zu stiften (jedenfalls kann man dies versuchen). Sie dient dann der politischen Legitimation des politischen Systems und ihrer Elite. Durch die politische Inanspruchnahme versuchen Eliten soziale Gruppen bis hin zur ‚Nation' und heute auch ‚Europa' zu organisieren und in ihrem Bestand zu sichern. Gerade die geschichtlich jungen, erst im 19. Jahrhundert machtvoll auftretenden Nationalstaaten demonstrieren dies. Dabei sind es zunehmend bestimmte Deutungseliten, die an der Festlegung und Durchsetzung von Geschichtsbildern arbeiten. So werden im Deutschland des 19. Jahrhunderts die ideologischen Grundlagen des Einigungsprozesses vor allem von Historikern geschaffen. Wissenschaftler und Intellektuelle sind daran beteiligt, aber seit dem Beginn des 20. Jahrhunderts sind es in Europa zunehmend die politischen Eliten, die für ihren politischen Verband die grundlegenden Vorstellungen, Werte, Normen und Symbole festlegen wollen. Und dazu gebrauchen sie die Geschichte, um die Öffentlichkeit bei Feiern, Gedenktagen und durch Symbolisierungen für sich zu mobilisieren und zu politisieren. Vor allem aber um sich zu legitimieren. In diesem Sinne können wir von ‚Geschichtspolitik' sprechen – und die sah in den beiden deutschen Staaten sehr unterschiedlich aus.

Wir können von Geschichtspolitik sprechen, weil Politiker herausgehobene Möglichkeiten haben, durch ihre Medienpräsenz und Informationsapparate nachhaltig und wirksam auf Geschichtsbilder einzuwirken. Über die schulischen Lehrpläne prägen sie die nachfolgenden Generationen. Die Geschichtspolitik wird für uns besonders in den Inszenierungen und Ritualisierungen bestimmter Gedenktage und Jubiläen und in staatlichen Feiertagen spürbar und fassbar. Hier haben die politischen Eliten auf allen Ebenen von Ort, Stadt, Land und ‚Nation' Gelegenheit, mit der Vergangenheit ‚Politik zu machen'.[7]

Geschichtspolitik in der Bundesrepublik Deutschland und der DDR

Im Blick auf beide deutsche Staaten gibt es auffällige Unterschiede, aber auch Gemeinsamkeiten. Im Unterschied zur DDR kann man für die Bundesrepublik nicht von einem einheitlichen Geschichtsbild sprechen. Hier spielten die politischen Lager und die Generationszugehörigkeit wie auch die Regierungsbeteiligung eine wichtige Rolle. Es finden sich sehr unterschiedliche Geschichtsbilder, zu unterschiedlichen Zeiten, bei den wechselnden Regierungen und ihren Parteien. Auch der politische Aufbau des Föderalismus von der Gemeinde über das Bundesland zum Bundesstaat führt zu Differenzierungen und Spielräumen. Untersucht man hier die Geschichtsbilder und den Einfluß der Geschichtspolitik, dann wird man zu sehr unterschiedlichen Quellen und Akteuren geführt. Das Bild, das dadurch entsteht, entspricht eher einem pointillistischen Gemälde. Ganz anders verhält es sich mit der DDR.

Im Gegensatz zur Bundesrepublik gab es in der DDR keinen öffentlichen Prozess der konflikthaften Aushandlung von Geschichtsbildern, keine öffentlichen Diskurse um legitime Deutungsmuster. Die Geschichte unterstand dem Deutungsmonopol der Politik, der SED. Und die Abteilung Propaganda und Wissenschaft des ZK der SED hatte seit den 1950er Jahren jede Autonomie von Forschung und Lehre beendet, so dass auch die Geschichtswissenschaft dem Deutungsmonopol des Marxismus-Leninismus unterworfen wurde. Die wichtigen historischen Fragen, zu der die Deutung der deutschen Geschichte in allererster Linie gehörte, wurden durch Beschlüsse des Politbüros entschieden. Es galt der Vorrang der politischen Parteilichkeit „als Voraussetzung von Geschichtsforschung und Geschichtslehre."[8] Ein geschlossenes Geschichtsbild gehörte zu den wichtigen Instrumenten der Herrschaftssicherung und -legitimierung.[9] Die Geschichtspolitik der SED findet sich sowohl in der Politik, der Wissenschaft wie auch in den populärkulturellen und populärhistorischen Aktionen in Presse, Radio, Fernsehen, Film und rituellen Formen wie Festen und Feiern. Schon von Beginn an dienten Partei und Staat verschiedene Feiern als Möglichkeiten zur Erzeugung eines ‚sozialistischen Geschichtsbildes'. Bereits vor der Gründung der DDR, zum Anlass der 100-Jahrfeier der Revolution von 1848 wurden die Symbole, Rituale und Elemente der Symbolpolitik eingesetzt, mit denen die SED versuchte, eine Legitimation ihres deutschen Staates aus historischen Rückbezügen zu begründen.[10] Feiern, Gedenktage und historische Jubiläen dienten bis 1989 zur lebensweltlichen Verankerung dieser Legitimationsansprüche, zum Versuch, der Gesellschaft ein normatives Fundament zu verschaffen.[11] Insofern könnte man sagen, dass die politische Elite die symbolischen Deutungsmittel kontrollierte und sie einsetzte, um einen politischen-moralischen Zusammenhalt zu stiften.

Völkerschlacht und Befreiungskriege im kulturellen Gedächtnis der DDR und der Bundesrepublik Deutschland

Erst heute können wir vielleicht einen klareren und unbefangeneren Blick auf die Freiheitskriege und die Völkerschlacht werfen. Von 1813 bis 1989 blieben die Deutungen und Beurteilungen im Grunde eine Fortsetzung politischer Kämpfe mittels der Geschichtsschreibung. Denn die gesellschaftlichen und politischen Probleme, um die es ging, wiesen schon 1813 weit über das militärische Geschehen hinaus. Der Aufstieg des 3. Standes, des Bürgertums, und dann des Proletariats, der Arbeiterklasse, warfen die Frage auf, ob im Gefolge der Französischen Revolution das politische Handeln durch Reform, Revolution oder Restauration bestimmt werden sollte. Diese Handlungs- und Deutungsalternativen ziehen sich von 1813 über die Revolutionsversuche 1830 und 1848, die Gründung des kleindeutschen Reiches 1870 bis zum Ersten Weltkrieg und der ‚Revolution' von 1918/19, die Weimarer Republik und die deutsche Teilung nach 1945 durch. Zwei große Richtungen können unterschieden werden: die bürgerlich-liberale des 19. Jahrhunderts bejahte die Volkserhebung und deutete sie als Fortwirkung der Französischen Revolution. Das Ergebnis war also eine national-demokratische Version. Auf der anderen Seite stand eine konservative Position, die über Bismarck und die konservativen Parteien und Eliten bis zu den Historikern Ranke und Treitschke reichte. Für sie ist die Volkserhebung 1813 eine demokratische Legende, dahinter stehe eine „(...) Manie der Volksverbesserung und des Vernichtenwollens alles Bestehenden."[12]

Die DDR folgt in ihrer Deutung der national-demokratischen Seite, die bereits Marx und Engels vertraten. Sie gaben mit ihrer Interpretation bis 1989 die Richtung vor. Für sie kommen in den Freiheitskriegen die breiten Volksmassen zu politischem Bewusstsein, gewinnen Vertrauen in die eigene Stärke und erreichen so eine Stufe des revolutionären Aufbegehrens (wie auch bereits in den Bauernkriegen). Der junge Engels meint: „ (...) nicht die errungene ‚Freiheit' war das größte Resultat des Kampfes (...) Daß wir uns über den Verlust der nationalen Heiligtümer besannen, daß wir uns bewaffneten, ohne die allergnädigste Erlaubnis der Fürsten abzuwarten, ja die Machthaber *zwangen*, an unsere Spitze zu treten, kurz, daß wir einen Augenblick als Quelle der Staatsmacht, als souveränes Volk auftraten, das war der höchste Gewinn jener Jahre (...)"[13]. Das Bürgertum sei stark genug gewesen, den Widerstand zu organisieren und die Fürsten auf seine Seite zu ziehen, aber es sei zu schwach gewesen, die Forderungen nach demokratischen Freiheiten und nationaler Einheit selbst durchzusetzen. Für Marx tragen daher „alle gegen Frankreich geführten Unabhängigkeitskriege (...) den gemeinsamen Stempel einer Regeneration, die sich mit Reaktion paart."[14] Das Auftreten des Volkes sehen beide in direkter Nähe der Französischen Revolution, „die Verwandtschaft dieser ungeheuren Volkstat mit der Volkserhebung von 1813."[15] Lenin hat die Freiheitskriege ebenfalls zwiespältig beurteilt. Ihn interessierte vor allem die Frage, warum die Volksbewegung gescheitert und der revolutionäre Volkskrieg in einen reaktionären Kabinettskrieg alter Art umgeschlagen ist. Wie Marx und Engels sieht er die soziale Basis und das politische Bewusstsein noch nicht weit genug entwickelt. „Damals (...) machten ein paar Handvoll Adlige und ein paar Häuflein bürgerliche Intellektuelle Geschichte, während die Massen der Arbeiter und Bauern schlummerten und schliefen."[16] Daraus zog er die Lehre, dass die Massenbewegungen nur dann nicht in den Dienst reaktionärer Kräfte gestellt werden, wenn eine revolutionäre Partei an ihrer Spitze sie organisiert. Als Konsequenz aus der Geschichte der europäischen Freiheitskriege gegen Napoleon entwickelte er daraus die Theorie des Partisanenkampfes. „Der Partisanenkampf ist eine unvermeidliche Kampfform in einer Zeit, wo die Massenbewegung in der Praxis schon an den Aufstand heranreicht (...)"[17] Damit haben wir die ideologische, marxistisch-leninistische Basis der Deutung der DDR skizziert, aber eine weitere wichtige Facette kommt noch hinzu. In den 1940er Jahren vollzog Stalin eine patriotische Wendung in der Deutung der russischen Geschichte. Galt bisher der russische antinapoleonische Kampf als Adelskrieg, so wurde er nun als ‚Vaterländischer Krieg' verstanden, als heldenhafter Befreiungskampf des russischen Volkes. Und in

Ehrenposten der Kasernierten Volkspolizei, der Freien Deutschen Jugend und der Sowjetarmee in der Krypta des Völkerschlachtdenkmals zum 140. Jahrestag der Völkerschlacht 1953
(Foto Bodo Tiedemann)

Anlehnung daran wurde nach dem deutschen Überfall 1941 der ‚Große Vaterländische Krieg' als heldenhafter Abwehrkampf des russischen Volkes und seiner Armee in diese Tradition gestellt. Nach 1945 nun liefen diese Traditionslinien zusammen, indem in der UdSSR und der DDR die Konvention von Tauroggen als Beginn der durch die deutschen und russischen Völker bewirkten Waffenbrüderschaft interpretiert wurde. Ihren Ursprung hatte sie in den Freiheitskriegen, besiegelt wurde sie in der Leipziger Völkerschlacht. „In Wirklichkeit war die deutsch-russische Waffenbrüderschaft im Befreiungskrieg ihrem Wesen nach eine zutiefst volkstümliche Erscheinung, an ihrem Entstehen hatte das Volk, hatten die Bauern, Handwerker, Tagelöhner und Knechte, die von einem zweifachen Joch gepeinigten Massen und die bürgerlich-patriotischen Kräfte den Hauptanteil."[18] In diese Tradition stellt sich die DDR, sie beerbt diese fortschrittliche Epoche, vor allem indem sie die bedeutende Rolle der Volksmassen in ihrem eigenen Staat zur Vollendung, zur gestaltenden und begründenden Realität des sozialistischen Deutschland macht.

Die Volksmassen hätten auf allen Ebenen des Geschehens von 1812/13 bis hin zur Völkerschlacht eine entscheidende Rolle gespielt. Erstens habe das Volk nicht nur in Preußen, sondern auch in Russland die Regierungen unter Druck gesetzt und dadurch deren Bündnis bewirkt. Die „schöpferische Rolle der Volksmassen"[19] führte auch zur Konvention von Tauroggen. „Die Wucht der Ereignisse führte auch im Yorckschen Korps zu grundlegenden Stimmungsveränderungen bei den Soldaten und Offizieren. So wurde es bald nicht nur wegen des Stimmungsumschwungs unmöglich, das Korps gegen die Russen einzusetzen."[20] Und zuletzt sei es nach der Konvention zu einer spontanen Völkerverbrüderung gekommen. „Die russischen Truppen wurden mit Freudentränen begrüßt (...)"[21] Dies habe in den russischen Truppen eine Wandlung zugunsten der Deutschen und ihres Befreiungskampfes bewirkt. Die ersten gemeinsamen Gefechte und insbesondere die gemeinsame geschlagene Völkerschlacht führten zur „Waffenbrüderschaft im Heeresmaßstab."[22]

Zwei Ziele verfolgt diese Interpretation: einmal soll die deutsch-russische Waffenbrüderschaft und Freundschaft historisch gerechtfertigt werden als entscheidendes Element der Geschichtspolitik. Und zudem soll die DDR als legitimer Erbe der Freiheitskämpfer der Freiheitskriege dargestellt werden. Einer der Hauptpropagandisten der DDR, Albert Norden, hat es immer wieder geäußert: „Zum hundertfünfzigsten Male (...) jähren sich nun die Tage, die mit dem Befreiungskrieg Höhepunkte und Lichtblicke der deutschen Geschichte brachten. Es geht dabei um mehr als historische Erinnerung. (...) Unsere Epoche steht im Zeichen der nationalen und sozialen Emanzipation. Es ist das Zeichen, in dem das ganze deutsche Volk siegen wird."[23]

Eingebettet ist die Erinnerung an das Geschehen in die Veränderungen in der Diskussion um ‚Erbe und Tradition' – ein eigenes Thema.[24] Für unseren Zusammenhang wird man vorsichtig formulieren können, dass die Bedeutung der Befreiungskriege und der Völkerschlacht seit Beginn der 1980er Jahre zunehmend in den größeren Kontext der Erbeaneignung der preußischen Geschichte gerückt wurde. Preußen wurde zunehmend als bedeutsamer, wenn auch ambivalenter Teil der eigenen DDR-Geschichte gesehen. Das betraf vor allem die großen Personen Friedrich II. und Bismarck. Demgegenüber war die starke Verbindung der Freiheitskriege mit dem Thema der deutschen nationalen Einheit nicht mehr opportun. Der Bezug auf eine zu erlangende Einheit ging zurück. Stattdessen war nun eine historische Nationalisierung der DDR das Ziel, die DDR sollte als eigener Nationalstaat auch historisch legitimiert werden. Wichtig ist nun, „daß das Erbe des Sozialismus die Gesamtheit der historischen Hinterlassenschaft umfaßt."[25] Völkerschlacht und Befreiungskriege wurden in den 1980er Jahren daher zunehmend auf die übergeordneten Themen Europa und den Frieden bezogen. Ein Zentrum der Erinnerung an Völkerschlacht und Freiheitskriege war und blieb dabei die Traditionspflege der Volksarmee.[26] Der Handreichung „Vom militärischen Beruf" sind Worte von Ernst Moritz Arndt vorangestellt: „Das ist die wahre Soldatenehre, daß der Soldat ein edler Mensch und treuer Bürger seines Vaterlandes ist und alles tut, was diesem Vaterland und seinem geliebten Volke Ehre, Freiheit, Preis und Lob bringt (...)"[27]

Suchen wir in den bundesrepublikanischen Veröffentlichungen von Historikern zu diesem Thema, bleibt es bei dem zu Beginn formulierten Ergebnis. Sowohl konservative Historiker wie auch jene, die sich von der traditionellen Geschichtsschreibung abwendeten und eine modernen Sozialgeschichte betrieben, haben kein positives Verständnis der Freiheitskriege entwickelt und die Völkerschlacht selbst taucht allenfalls in dem Sinne auf, wie in Meyers Lexikon von 1975 – als lokales Ereignis mit begrenzter Bedeutung.

Die ersten eigenständigen Veröffentlichungen zu den Freiheitskriegen entstanden bei dem konservativen Historiker Gerhard Ritter in Freiburg in den frühen 1950er Jahren. Ritter gilt als einer der einflussreichsten Historiker der Bundesrepublik in den 1950er und 60er Jahren.[28] In seinen Arbeiten nach 1945 setzte er sich intensiv mit der Deutung des Nationalsozialismus und seiner Quellen auseinander. Prägend wurde in dieser Zeit für die ‚alten' Eliten sein weiterhin positives Preußenbild. Preußische Traditionen und Werte verteidigte er gegenüber dem Vorwurf, sie hätten beigetragen zum Aufstieg und zur Akzeptanz des Nationalsozialismus.[29] Diese positive Bewertung galt allerdings nicht den Befreiungskriegen und der Völkerschlacht. Das wird in den Dissertationen seiner Schüler deutlich. Sie setzten sich kritisch mit der Behauptung der Volkserhebung von 1813 auseinander und fanden eher bedenkliche und chauvinistische Züge bei den Propagandisten des Volkskriegs bis hin zu einem übersteigerten Nationalismus, der als einer der unheilvollen Traditionen gezählt wurde, die zum Nationalsozialismus und zum Scheitern der deutschen Nation geführt habe. „Ich versuche in diesem Buch die Entstehung des militanten Nationalismus in Deutschland auf breiter Basis freizulegen (...) Unter ‚Nationalismus' verstehe ich (...) alle Entartungserscheinungen eines gesunden und berechtigten Nationalgedankens (...) Es wird sich herausstellen, daß der militante Nationalismus als ein Ergebnis der Französischen Revolution, der deutschen Bewegung und vor allem der Befreiungskriege gegen Napoleon zu betrachten ist. Die politische Geistesgeschichte vor und während der Befreiungskriege ist also der Raum, in dem wir die Entstehung des Nationalismus zu suchen haben."[30] Befreiungskriege und militanter Nationalismus gehören also zusammen. Und in einer zweiten Arbeit heißt es: „Auch die Vorstellung eines radikalen und totalen Volkskrieges mit seinen letzten, vernichtenden Konsequenzen durch Entfesselung politischer Leidenschaften und Aktivierung der Massen wird dem Charakter der Bewegung von 1813 kaum gerecht werden. Allerdings haben schon damals die glühendsten Patrioten in den Ideen eines allgemeinen Volksaufstandes geschwelgt und vom Ausbruch populärer Kräfte geträumt. (...) Später verklärten Nationalstolz und heroische Erinnerung die tatsächlichen Ereignisse mehr und mehr. Um die Freikorps, die freiwilligen Jägerverbände und auch um die Landwehr wob sich ein geradezu legendärer Schimmer, so daß der Eindruck entstehen mußte, es habe der Sturm des freiwilligen Aufgebotes das eigentliche Wesen jenes Krieges ausgemacht."[31] Wie bei den konservativen Autoren und Politikern des 19. Jahrhunderts werden hier die Gefahren massendemokratischer Bewegungen hervorgehoben, die unkontrollierbar seien. Im Zusammenwirken mit den intellektuellen Brandstiftern des militanten Nationalismus entsteht für die Autoren eine Gemengelage, die sie ähnlich auch in der späten Weimarer Republik und in der Durchsetzung des Nationalsozialismus finden. Geschichtspolitisch werden die Freiheitskriege in die Aufarbeitung der NS-Geschichte einbezogen und zu deren Quellen gerechnet. Auch im weit verbreiteten ‚Gebhardt', dem *Handbuch der deutschen Geschichte* aus den 1960er Jahren, neu bearbeitet 1974, finden wir eine abwägende, letztlich skeptische Interpretation: „Diese (aufbrandende nationale) Bewegung hat den zersplitterten und fremder Führung unterworfenen Deutschen Aufgaben und Ziele gewiesen, die jedem Volk gestellt waren. (...) Ihre Schöpfer und Künder haben sich meist von der europäischen oder universalen Gemeinschaft nicht abwenden wollen, viele von ihnen sahen vielmehr in der Erhebung und nationalen Neuordnung Deutschlands gerade eine nationale und weltbürgerliche Pflicht (...) Aber durch die Plötzlichkeit des Durchbruchs des Nationalgefühls, durch die Tatsache, daß die politisch unzureichend gebildeten Deutschen sich jäh vor die Alternative einer Selbstaufgabe oder eines erbitterten Kampfes stellt sahen, lag die Gefahr des Überschwangs, eines über die Befreiung hinaus nach der Vernichtung des Feindes und eigener Machtausdehnung verlangenden Nationalismus vor."[32] In Bezug auf die Völkerschlacht und den Freiheitskrieg hätten die Landwehr- und Jägerformationen, also die ‚Volkserhebung', keinen entscheidenden Anteil am Ausgang des Krieges gehabt, sondern seien nur „wertvolle Hilfe für die aktiven Truppen" gewesen.[33] In den 1970er Jahren bildeten sich gegenüber diesem eher traditionellen, auf die politische Geschichte bezogenen Zugang ein neuer Ansatz, der die sozialgeschichtlichen Aspekte betonte. Geschichte wurde so als Ort von sozialen Konflikten interpretiert. Ein Hauptvertreter dieser Richtung ist Hans-Ulrich Wehler, der 1987 im ersten Band seiner *Deutschen Gesellschaftsgeschichte* auch den Zeitraum der Freiheitskriege behandelt. Wehler verzichtet fast ganz auf die erzählerische Darstellung von historischen Verläufen, stattdessen befasst er sich mit Strukturen und Tendenzen. ‚Die Anfänge des modernen deutschen Nationalismus als Reaktion auf Modernisierungskrisen, Revolution und Fremdherrschaft' ist ein Abschnitt betitelt, in dem unser Zeitraum behandelt wird. Der Tenor ist eindeutig: „Zur politischen Psychologie gehört nun einmal der seit alters bekannte sozialpsychologische Mechanismus, daß die innere Kohärenz und das Zusammengehörigkeitsgefühl einer Großgruppe durch den äußeren Gegensatz (...) zu einem gefährlich erscheinenden Feind gesteigert wird (...) Dennoch ist es erstaunlich, zu welchem ungehemmten Ausbrüchen blanken Hasses und offenen Vernichtungswillens die feinsinnigen deutschen Intellektuellen imstande waren."[34] Nach diesem Urteil über die „deutschen Patrioten", wie sie in der DDR genannt wurden, kommt er auf die ‚Legende' vom Volkskrieg zu sprechen. „Verglichen mit der Xenophobie aufgrund der Besatzungsherrschaft (...) ist die nationale Hoffnungen stimulierende Wirkung der beiden letzten Feldzüge gegen den Kaiser, der sogenannten ‚Befreiungskriege', in den Jahren 1813 bis 1815 häufig maßlos übertrieben worden. Die Legende von der spontanen Erhebung aller rechtschaffenen Deutschen, insbesondere von der Kreuzzugs-Euphorie der akademischen Jugend, hat mit der historischen Wirklichkeit jener Jahre wenig zu tun."[35] Wehler meint, es sei ein „Kranz von übertreibenden, entstellenden, verherrlichenden Legenden" entstanden und diese „Mythenbildung (habe) selber allmählich eine den deutschen Nationalismus fördernde Kraft entwickelt."[36] Für eine positive Würdigung bleibt hier kein Raum. In der von namhaften Historikern geschriebenen Reihe *Die Deutschen und ihre Nation* hieß es 1994 mit Bezug auf die Befreiungskriege und die beginnende nationale Bewegung, dass die „anderen europäischen Nationen (...) alle die französische Lektion gelernt hatten: Sie mobilisierten ihre Völker nach dem gleichen Prinzip. Die Erziehung wurde zur ‚Nationalerziehung', die Kulturnation politisierte sich – mit erheblichen negativen Nachwirkungen für das deutsche Nationalbewußtsein – gegen ein anderes Volk."[37] Auch hier der skeptische Bezug auf die mobilisierten Massen des Volkes und den unheilvollen Weg des Nationalismus. In zwei jüngeren umfangreichen Studien wird die Entmythologisierung der Befreiungskrieg konsequent fortgeführt. Ute Planert und Karen Hagemann wollen in umfangreichen quellengestützten Studien zeigen, dass die ‚Volkserhebung' 1813 ein ‚Mythos' gewesen sei. Planert folgert, dass gerade die ‚einfache' Bevölkerung die Kriege abgelehnt habe.[38] Hagemann analysiert die Militarisierung der Gesellschaft von oben entlang der Kategorien Geschlecht und Männlichkeit.[39]

Durchgängig, so konnten wir sehen, wird das Geschehen von bundesdeutschen Historikern als bedenkliches und bedrohliches Geschehen interpretiert. Die Entstehung des modernen deutschen Nationalismus wird dabei einhellig von konservativen (frühe 1950er Jahre) und kritischen Historikern eher negativ bewertet, insbesondere als Stufe auf dem Weg zu einem deutschen Sonderweg, der zum Nationalsozialismus geführt habe. Im Stichwortverzeichnis des ‚Gebhardt' (1970) und des ‚Wehler' (1987) sucht man vergebens nach ‚Freiheitskriege', ‚Befreiungskriege' oder ‚Völkerschlacht'. Und diese Nichterwähnung lässt sich auch für die geschichtspolitisch so bedeutsamen Erinnerungs- und Gedenktage in der Bundesrepublik feststellen. Eine öffentliche Erinnerung an das Geschehen fand nicht statt. Auch als Ludwig Erhard am 18. Oktober 1963 in Bonn seine erste Regierungserklärung als neugewählter Bundeskanzler abgibt, erwähnt er die deutsche Geschichte nur insoweit, als sie nun in die unverbrüchliche Westbindung eingemündet sei.

Ein entscheidender Schritt zur deutsch-französischen Aussöhnung – Bundeskanzler Konrad Adenauer und Staatspräsident Charles de Gaulle (r.) während der Unterzeichnung des Elysée-Vertrags in Paris, 22. Januar 1963,
ullstein bild – dpa

Die geschlossene Abwehr mag umso leichter gefallen sein, als im Blick auf die DDR eine entgegengesetzte Deutung vorlag. Von ihr konnte man sich daher deutlich abgrenzen. Schon 1953 heißt es: „Gegenwärtig endlich erfährt der Befreiungskampf gegen Napoleon in der Propaganda der sowjetisch besetzten ‚Ostzone' eine ‚volksdemokratische' Deutung. Seltsam genug vermischen sich hier nationale Züge mit klassenkämpferisch-sozialistischen Ideen, und der Stockpreuße Yorck erscheint als populärer Held im gemeinsamen Kampf des russischen und deutschen Volkes gegen westlichen Imperialismus. Ein Bild grotesker Verzerrung!"[40]

Schluss

Was Historiker und Politiker zu unserem Thema zu sagen haben, hat gute Chancen gehört zu werden und auch in schulische Lehrpläne einzugehen. Allerdings macht es einen wichtigen Unterschied, ob das Gedächtnis an die Ereignisse auch in Form von Gedenkveranstaltungen, Jubiläen, Festen und Feiern begangen wird. Nicht nur die Tatsache, dass Leipzig nach 1945 auf dem Territorium der DDR lag und mit dem kolossalen Völkerschlachtdenkmal eine bauliche Vergegenwärtigung der Schlacht besaß, hatte die DDR zur Identifikation veranlasst. Wie wir sahen, identifizierte sich die DDR in erster Linie mit der speziellen Deutung des Geschehens. Und diese Deutung wurde in einer Reihe von groß inszenierten Veranstaltungen zu runden Jubiläen im kulturellen Gedächtnis zu verankern versucht. 1953, 1963, 1973 und 1988 zum 175. Jahrestag der Schlacht letztmals, wurden mehrtägige und aufwändige Feiern organisiert. Auch wenn unter Honecker zunehmend die Zwei-Nationen-Theorie vertreten wurde und die Schlacht und die Befreiungskriege daher nicht mehr in erster Linie auf die zu vollendende deutsche Einheit hin ausgelegt wurden, behielt doch die kulturelle Erinnerung daran mit Blick auf die deutsch-sowjetische Waffenbrüderschaft und Völkerfreundschaft weiterhin ihre zentrale Rolle, 1988 noch einmal mit 100 000 Teilnehmern. Ein Einblick in den immensen Aufwand dieser Jubiläen gewähren Auszüge aus den Programmheften von 1953 und 1988. Wie wir es für die DDR-Historiker zeigen konnten, so zeigen auch die populären Feiern die durchgängige Konstanz der Deutung des Geschehens. In der begleitenden Festschrift von 1953 steht am Beginn ein Ulbricht-Zitat: „Das Studium der Befreiungskriege wird uns die interessantesten Tatsachen ans Licht bringen; solche Helden wie Lützow, Theodor Körner, Marschall Blücher verdienen eine größere Würdigung, als sie von der monarchisti-

Harald Homann

schen oder weimarischen Geschichtsschreibung erhielten." Und 1988 hieß es in der Begleitbroschüre: „Im Jahre 1988 begehen wir den 175. Jahrestag der Befreiungskriege 1813/14 mit ihrem Höhepunkt, der Völkerschlacht bei Leipzig. Mit der Würdigung dieses Ereignisses setzt die Deutsche Demokratische Republik ihre kontinuierliche Pflege der revolutionären demokratischen und humanistischen Traditionen (...) fort (...) und leistet damit zugleich einen auf Frieden und Völkerverständigung gerichteten Beitrag zur weiteren Ausprägung von sozialistischem Patriotismus und Internationalismus."[41]

Großer Zapfenstreich der Nationalen Volksarmee vor dem Völkerschlachtdenkmal zum VIII. Turn- und Sportfest in Leipzig, 31. Juli 1987
(Foto Uwe Pullwitt)

Der deutsch-deutsche Systemkonflikt nach 1945 wirkte sich massiv auch auf die Geschichtspolitik aus. Angesichts der Teilung wurde die nationale Geschichte zu einem zentralen politischen Handlungsfeld. Einheit, Nation und Staatlichkeit waren im Laufe der vierzig Jahre der Existenz zweier deutscher Staaten stets umstritten. Es entstanden unterschiedliche geschichtspolitische Deutungen des belastenden Erbes des Nationalsozialismus und des Umgangs mit dem ‚deutschen Erbe' im allgemeinen. Deutlicher als für die Bundesrepublik konnten wir im Falle der DDR sehen, wie sich beide deutsche Teilstaaten unter den Bedingungen begrenzter staatlicher Souveränität auf ihre jeweilige Hegemonialmacht und aufeinander bezogen.[42] Das Verhältnis der deutschen Teilstaaten war dabei zunehmend von einer Asymmetrie geprägt. Für die politische Elite und die geschichtspolitische Propaganda der DDR bedeutete die Existenz der Bundesrepublik eine Quelle beständiger Infragestellung – bis hin zur Delegitimierung und Destabilisierung, wie die verschiedenen Ausreise- und Ausbürgerungswellen zeigen.

Die Erinnerung an die Völkerschlacht, die Freiheitskriege und die nationale Geschichte hatte für die DDR eine wichtigere Funktion als für die demokratische Bundesrepublik. Wirtschaftlicher Aufstieg und Erfolg, der Ausbau des Rechts- und Sozialstaates und die pluralistisch organisierten Diskurse um die gesamte deutsche Geschichte ließen hier den historischen Legitimationsbedarf zurücktreten.

Wie wir sahen, versuchte die DDR von Beginn an ein spezifisches deutsches Erbe für sich zu reklamieren. Anfangs verbunden mit den Bestrebungen um nationale Einheit diente es zunehmend dazu, nach der politischen und wirtschaftlichen Teilung auch eine kulturelle zu verankern. Im Zeichen eines ‚besseren Deutschlands' zählten dazu die ‚nationale Befreiungsbewegung', wie sie in der Völkerschlacht bei Leipzig durch den Schulterschluss mit den russischen Soldaten und später mit den ‚Befreiern' des Sowjetvolkes besiegelt wurde.

Nach dem Untergang der DDR entfällt die geschichtspolitische Dringlichkeit dieser Erinnerung. Wir werden erleben, welche Gestalt sie heute und in Zukunft annehmen wird.

Anmerkungen

1 Zum Thema Völkerschlacht und kulturelles Gedächtnis: Puschner, Uwe: *18. Oktober 1813. „Möchten die Deutschen nur alle und immer dieses Tages gedenken!" - die Leipziger Völkerschlacht*, in: François, Etienne/Puschner, Uwe (Hrsg.): Erinnerungstage. Wendepunkte der Geschichte von der Antike bis zur Gegenwart, München 2010, S. 145-162. Schäfer, Kirstin Anne: *Die Völkerschlacht*, in: François, Etienne/Schulze, Hagen (Hrsg.): Deutsche Erinnerungsorte. Band II, München 2002, S. 187-201.
2 *Meyers Enzyklopädisches Lexikon. In 25 Bänden*, 9. völlig neu bearb. Aufl., Mannheim u. a., Bd. 10, S. 784 (1975), Bd. 24, S. 668 (1979).
3 *Meyers Neues Lexikon. Band 14*, 2., völlig neu bearb. Aufl., Leipzig 1976, S. 579.
4 Das hat dazu geführt, dass die DDR-Historiographie sich intensiv mit dem Thema der Freiheitskriege beschäftigt hat. Eine Reihe von Forschungsarbeiten, Darstellungen, Spezialstudien und Quellensammlungen wurden verfasst, die auch den aktuelleren Darstellungen oft und weitgehend zugrunde liegen. Das gilt besonders für Thamer, Hans-Ulrich: *Die Völkerschlacht bei Leipzig. Europas Kampf gegen Napoleon* (Beck'sche Reihe 2774), München 2013.
5 Keller, Kathrin/Schmidt, Hans Dieter (Hrsg.): *Vom Kult zur Kulisse. Das Völkerschlachtdenkmal als Gegenstand der Geschichtskultur*, Leipzig 1995. Darin: Poser, Steffen: *Zur Rezeptionsgeschichte des Völkerschlachtdenkmals zwischen 1914–1989*, S. 78-104.
6 Sabrow, Martin (Hrsg.): *Verwaltete Vergangenheit. Geschichtskultur und Herrschaftslegitimation in der DDR* (Geschichtswissenschaft und Geschichtskultur im 20. Jahrhundert 1), Leipzig 1997.
7 Wolfrum, Edgar: *Geschichtspolitik in der Bundesrepublik Deutschland. Der Weg zur bundesrepublikanischen Erinnerung 1948-1990*, Darmstadt 1999.
8 Eckermann, Walther/Mohr, Hubert (Hrsg.): *Einführung in das Studium der Geschichte*, Berlin 1966, S. 34.
9 Meuschel, Sigrid: *Legitimation und Parteiherrschaft. Zum Paradox von Stabilität und Revolution in der DDR 1945-1989* (Edition Suhrkamp 1688), Frankfurt am Main 1992, S. 273 ff.
10 Fiedler, Helene: *Der 100. Jahrestag der Märzrevolution von 1848 im ideologischen Kampf der SED*, in: 125 Jahre Kommunistisches Manifest und bürgerlich-demokratische Revolution 1848/49. Referate und Diskussionsbeiträge. XXI. Tagung der Kommission der Historiker der DDR und der UdSSR, 21.-22. Mai 1973 in Berlin (Internationale Reihe des Zentralinstitut für Geschichte der Akademie der Wissenschaften der DDR), Berlin 1975, S. 305-310.
11 Meuschel, Sigrid: *Überlegungen zu einer Herrschafts- und Gesellschaftsgeschichte der DDR*, in: Geschichte und Gesellschaft. Sonderheft 19 (1993), S. 5-14, S. 8.
12 Ranke, Leopold von: *Weltgeschichte. Theil. 9, Abt. 2: Ueber die Epochen der neueren Geschichte. Vorträge dem Könige Maximilian II. von Bayern gehalten*, Leipzig 1888, S. 228.
13 Engels, Friedrich: *Ernst Moritz Arndt*, in: Marx Engels Werke. Band 41, Berlin 1967, S. 120f.
14 Marx, Karl: *Das revolutionäre Spanien*, in: Marx Engels Werke. Band 10, Berlin 1962, S. 444.
15 Engels, wie Anm. 13, S. 122.
16 Lenin, Wladimir Iljitsch: *Werke. Band 27*, Berlin 1960, S. 147 f.
17 Lenin, Wladimir Iljitsch: *Werke. Band 11*, Berlin 1958, S. 208.
18 *Der Befreiungskrieg 1813* (Schriften der Deutschen Sektion der Kommission der Historiker der DDR und der UdSSR 4), Berlin 1967, S. 187.
19 Ebd., S. 197.
20 Ebd., S. 197 f.
21 Ebd., S. 65.
22 Straube, Fritz: *Russische Armee und deutsches Volk im Frühjahr 1813*, in: Zeitschrift für Geschichtswissenschaft 10 (1962), S. 1124-1141, hier S. 1136, vgl. auch ders.: *Die Rolle der russischen Truppen bei der Befreiung Deutschlands vom napoleonischen Joch*, Diss. Berlin 1961.
23 Norden, Albert: *Das Banner von 1813*, überarb. Ausg., Berlin 1962, S. 8.
24 Meier, Helmut / Schmidt, Walter (Hrsg.): *Erbe und Tradition in der DDR. Die Diskussion der Historiker*, Berlin 1988. Darin eine Fülle von Artikeln zu dem Thema.
25 Ebd., S. 11.
26 Kuhrt, Eberhard/Löwis, Henning von: *Griff nach der deutschen Geschichte. Erbeaneignung und Traditionspflege in der DDR* (Studien zur Politik 11), Paderborn u. a. 1988, S. 241 ff.
27 *Vom militärischen Beruf*, hrsg. von der Politischen Hauptverwaltung der Nationalen Volksarmee, 3. Aufl., Berlin 1979, S. 5.
28 Cornelissen, Christoph: *Gerhard Ritter. Geschichtswissenschaft und Politik im 20. Jahrhundert* (Schriften des Bundesarchivs 58), Düsseldorf 2001.
29 Ritter, Gerhard: *Europa und die deutsche Frage. Betrachtungen über die geschichtliche Eigenart des deutschen Staatsdenkens*, München 1948.
30 Kindler, Karl: *Die Entstehung des neudeutschen Nationalismus in den Befreiungskriegen. Studien zur Geschichte und den Formen des Nationalismus in Europa*, Diss. Freiburg i. Br. 1950, S.I f.
31 Meurer, Karl Ulrich: *Die Rolle nationaler Leidenschaft der Massen in der Erhebung von 1813 gegen Napoleon*, Diss. Freiburg i. Br. 1953, S. 1 f.
32 Braubach, Max: *Von der Französischen Revolution bis zum Wiener Kongreß* (Handbuch der deutschen Geschichte 14. dtv 4214), München 1974, S. 101.
33 Ebd., S. 138.
34 Wehler, Hans Ulrich: *Deutsche Gesellschaftsgeschichte. Band 1: Vom Feudalismus des Alten Reiches bis zur defensiven Modernisierung der Reformära 1700-1815*, München 1987, S. 506-530, hier S. 522.
35 Ebd., S. 525.
36 Ebd., S. 526 f.
37 Möller, Horst: *Fürstenstaat oder Bürgernation. Deutschland 1763-1815* (Siedler deutsche Geschichte Abt. 2. Die Deutschen und ihre Nation 1) , Berlin 1994, S. 636. Mir ist nur eine Ausnahme bekannt: Der Exiliraner Habibollah Torabi sieht die Freiheitskriege als Fanal antiimperialistischen Kampfes, den er mit der durch die Volksmassen getragenen iranischen Revolution des Ayatollah Khomenei parallelisiert. ‚Das Jahr 1813 im Spiegel bürgerlich-revolutionärer zeitgenössischer Presse. Zur nationalen und sozialen Frage der deutschen Befreiungskriege, Frankfurt a. M., u. a., 1984. Wehler nennt des Werk in einer Anmerkung: „dogmatisch-dilettantisch.", wie Anm. 34, S. 662, Anm. 12. Torabi bezieht sich positiv auf Marx, Engels und Lenin.
38 Planert, Ute: *Der Mythos vom Befreiungskrieg. Frankreichs Kriege und der deutsche Süden. Alltag - Wahrnehmung - Deutung 1792-1841* (Krieg in der Geschichte 33), Paderborn u. a. 2007.
39 Hagemann, Karen: *„Männlicher Muth und Teutsche Ehre". Nation, Militär und Geschlecht zur Zeit der antinapoleonischen Kriege Preußens* (Krieg in der Geschichte 8), Paderborn u. a. 2002.
40 Maurer, wie Anm. 31, S. 2.
41 *Leipzig zum 175. Jahrestag der Befreiungskriege 1813/14 mit dem Höhepunkt der Völkerschlacht bei Leipzig (16.-19. Oktober 1813)*, hrsg. vom Rat der Stadt Leipzig, Abteilung Kultur, Leipzig 1988, S. 1.
42 Klessmann, Christoph, *Zwei Staaten, eine Nation. Deutsche Geschichte 1955-1970* (Bundeszentrale für Politische Bildung. Schriftenreihe 343), 2., überarb. u. erw. Aufl., Bonn 1997.

PROLOG

Im Brennpunkt: Sieg über Napoleon
Michael Heinz, Maria Scholz
2013

Auf der Fährte

Auch für talentlose Karikaturisten reicht es bis heute, eine Figur zu zeichnen, die die rechte Hand in Brusthöhe in der Knopfleiste verschwinden lässt, um die Erkenntnis „Napoleon" zu provozieren. Wer ganz sicher gehen will, ergänzt das Ensemble durch einen quer aufgesetzten Zeitungspapierhut. Mehr ist definitiv nicht notwendig. Jedermann kennt den Mann. Kaum ein Städtchen, das nicht mit mehr oder minder protzigen Gedenktafeln darauf verweist, dass ER hier angehalten, gegessen, geschlafen oder geplant hat. So ist der Zipfel vom Mantel der Geschichte gepackt und verleiht auch der bescheidensten Ansammlung windschiefer Häuser einen Hauch von Weltläufigkeit.

Gedenktafeln sind heute nicht mehr en vogue. An ihre Stelle ist das Internet getreten. Verfolgt man die unzähligen Seiten und Diskussionsforen, gewinnt man den Eindruck, dass der erste Kaiser der Franzosen bis heute nichts von jener Popularität eingebüßt hat, die einst Zehntausende bewog, ihm begeistert auf die Schlachtfelder Europas zu folgen. Von ernsthaften Forschungsarbeiten und intelligenten Analysen bis zur kurios anmutenden Diskussion, ob das Seidenfutter einer Feldmütze (Offiziersvariante!) gesteppt oder geknöpft gewesen sein mag, ist alles drin. Ob mit dem methodischen Instrumentarium des Historikers oder dem Aufeinanderhäufen noch so kleiner Details durch geschichtsbegeisterte Amateure, jeder Winkel der Vergangenheit wird ausgeleuchtet, und sie alle eint die Faszination einer Epoche, die durch den Mann mit dem charakteristischen Hut symbolisiert wird.

Die Karriere vom Sohn eines kleinen Landadligen zum Kaiser der Franzosen und Herrscher über den europäischen Kontinent, der die eingesessenen Monarchien mit Talent und Unverschämtheit das Fürchten lehrt, der den Sohn eines Gastwirts zum König und den Spross eines Böttchers zum Marschall macht, sie ist heute noch genauso faszinierend wie vor 200 Jahren.

Leipzig war aufs engste mit dem Schicksal jenes Mannes verbunden, der im Scheitern genauso spektakulär agierte wie im Triumph. Am Anfang vom Ende der imperialen Erfolgsgeschichte stand die alte sächsische Handelsstadt. Und wieder war es das Unerhörte und nie Dagewesene, das mit dem Kaiser der Franzosen an die Pleiße gelangte. Nur dieses Mal war es das Grauen in einer nie gekannten Dimension. 500 000 Soldaten rangen um eine Stadt, die gerade einmal 30 000 Einwohner zählte, deren Eroberung aber das politische Schicksal eines ganzen Kontinents auf Jahre entscheiden sollte. Bei der Auswahl des rechten Mannes für wichtige Posten pflegte sich Napoleon nicht nach den Fähigkeiten des Kandidaten zu erkundigen. Ob der Betreffende „Fortune" hatte, war ihm viel wichtiger. Mehr als 20 Jahre besaß er sie selbst im überreichen Maß, die Fortune, das Glück. Jetzt ließ sie ihn im Stich. Zehntausende Menschen starben, ehe er seinen Misserfolg akzeptierte und mit dem Rest seiner Truppen Leipzig verließ. Für die verbündeten Armeen Russlands, Preußens, Österreichs und Schwedens war es trotz des hohen Blutzolls ein grandioser Sieg, für die Zeitzeugen ein miterlebtes Stück Weltgeschichte, für eine wachsende Zahl von Historiographen des 19. Jahrhunderts die Geburtsstunde des Deutschen Kaiserreiches.

Wer meint, an weltbewegenden Ereignissen teil gehabt zu haben, versucht in der Regel, Dinge zu bewahren, die einst die Erzählung von der Vergangenheit illustrieren, ihren Wahrheitsgehalt belegen sollen. Im optimistischsten Falle dominiert der Glaube, die Dinge würden von selbst sprechen. In der Regel tun sie es nicht. Bestenfalls kolorieren sie unser Bild von der Vergangenheit. Und sie tun es ganz genau so, wie konkret die Fragen formuliert sind, die wir an sie richten. Wissen zu wollen, wer dieser alte Blücher war oder jener grimmige Herr Jahn, was das Brandenburger Tor mit Napoleon und ein eiserner Ring mit Kriegsbegeisterung zu tun haben, offenbart Antworten, die in Lagen aufeinander folgen wie die Siedlungsschichten einer archäologischen Grabung. Es ist eine Reise durch Imagination, die in den vergangenen zweihundert Jahren von jenem Geschehen geschaffen wurde, das als Deutsche Befreiungskriege in Geschichtsbücher und Enzyklopädien eingegangen ist. Die Ausstellungsobjekte fungieren als Bedeutungsträger. Detektivisches Heranpirschen, Freude am Dechiffrieren, gleichsam die „Erleichterung" von Geschichte beim Entwirren traditioneller Geschichtsbilder ist gewünscht.

Prolog *Auf der Fährte*

Was bleibt

Die meisten historischen Artefakte werden aufbewahrt, um späteren Generationen von längst vergangenen Ereignissen zu erzählen und sie fassbar zu machen. Besonders beliebt sind dabei Objekte, die sich durch Einzigartigkeit auszeichnen. Stehen sie auch noch in unmittelbarer Beziehung zu einem der großen Namen der Vergangenheit, übernehmen sie einen Teil der Aura der Protagonisten. Das Brötchen aus der Völkerschlacht, die Grashalme vom fürstlichen Totenbett und der kaiserliche Nachttopf – sie sind solch einzigartige Stücke. Sie sind Highlights einer Ausstellung zur Leipziger Schlacht von 1813 und sie erzählen: nichts. Demgegenüber stehen selbstverständliche Errungenschaften unserer heutigen Welt, die ihre Wurzeln in längst vergangenen Epochen haben, ohne dass es uns im Alltag noch bewusst ist. So wenig ihnen auf den ersten Blick vom Ruhm der Hauptdarsteller anhaftet, sie verbinden das Heute mit dem Geschehen einer längst vergangenen Ära, deren Fragmente sie aufleuchten lassen.

Brötchen
Leipzig, 19.10.1813
L 7 cm
Inv.-Nr. V/874/2006

Eines der kuriosesten „Souvenirs" der Völkerschlacht dürften die diversen Brötchen sein, die der Legende nach in der Nacht vom 18. auf den 19. Oktober 1813 in Leipzig gebacken und zum Andenken an die Ereignisse dieser Tage aufbewahrt wurden. In verschiedenen Auktionen des 19. und frühen 20. Jahrhunderts war derartiges Backwerk immer vertreten. Das Stadtgeschichtliche Museum besitzt zwei dieser Exemplare. Zivilbevölkerung wie Militär machte in den Tagen der Völkerschlacht der Mangel an Brot in Leipzig schwer zu schaffen. Wegen der Kriegshandlungen war seit geraumer Zeit kaum mehr Getreide in die Stadt gelangt. Vorrang hatte die Versorgung der Soldaten, was aber wenig hieß. Ein sächsischer Soldat berichtet für den Abend des 17. Oktober von einer Brotzuteilung im Wert von etwa acht Groschen, allenfalls drei oder vier Pfund, die unter 84 Mann aufgeteilt werden musste.[1]

1 *Tagebuch des Friedrich August Wilhelm Böhme, in: Naumann, Robert, Die Völkerschlacht bei Leipzig., Leipzig 1863, S. 321 f.*

**Nachtgeschirr aus der
ehemaligen Posthalterei zu Naumburg**
1774/1817
Porzellan Manufaktur Meißen,
Porzellan
H 9,7 cm; D 15 cm
gemarkt am Boden: Schwertermarke mit Stern in Unterglasurblau
Inv.-Nr. Po 160

Der mit farbiger Rosenmalerei verzierte Nachttopf eines Leibstuhls stammt aus der ehemaligen Posthalterei zu Naumburg. Der Überlieferung nach wurde er sowohl von Napoleon als auch von Friedrich Wilhelm III. von Preußen und Prinz Friedrich Wilhelm, dem späteren Kaiser Wilhelm, benutzt, als sie sich in der Posthalterei aufhielten.

Lit.: JOST, Ferdinand (Hrsg.): F. F. Jost's Historische Sammlung auf die Zeit Napoleon I. speciell der Freiheitskriege 1790–1821, Leipzig 1900, S. 85, No 196.

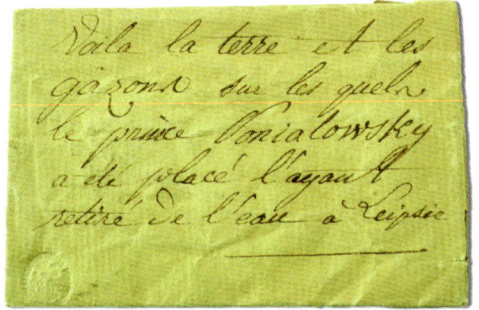

Umschlag mit Grashalmen und Erdresten
Leipzig, 24.10.1813
5,3 x 7,7 cm (Umschlag)
beschriftet: Voila la terre et les gazons sur les quels le prince Poniatowsky a été placé l'ayant retiré de l'eau à Leipsic
Inv.-Nr. A/230/2004

In der Völkerschlacht kommandierte der Kriegsminister des Herzogtums Warschau, Fürst Józef Antoni Poniatowski an der Seite Napoleons rund 14 000 seiner Landsleute. Es waren vor allem die Niederungen der Pleiße, die der Fürst so erfolgreich verteidigte, dass ihn Napoleon noch auf dem Schlachtfeld zum Marschall von Frankreich ernannte. Die Niederlage abwenden konnte der Neffe des letzten polnischen Königs jedoch nicht. Am 19. Oktober gehörte er mit seinem Korps zu den letzten Soldaten, die Leipzig gegen die Angriffe der Verbündeten verteidigten. Kurz vor dem Ende der Kämpfe wandte sich der schon verwundete Poniatowski ebenfalls zum Rückzug und ertrank im Elstermühlgraben. Am 24. Oktober fanden zur Suche ausgeschickte Fischer seinen Leichnam und bargen den prominentesten Gefallenen der Völkerschlacht. Die Grashalme, auf denen das Haupt des Ertrunkenen gelegen haben soll, fanden den Weg in die Sammlung des Leipzigers Wilhelm Gerhard, der sie bereits um 1830 in seinem Poniatowski-Gedenkpavillon ausstellte.

Verkehrsschild „Keep Left"
Nachbildung 2013

Zur Entstehung des heute herrschenden Links- bzw. Rechtsverkehrs auf den Straßen Europas existieren vielfältige Theorien. Eine von ihnen weist Napoleon eine wichtige Rolle zu.
Im Frankreich der Revolution soll es Maximilien Robespierre gewesen sein, der per Gesetz den Rechtsverkehr in Paris einführte. Napoleon weitete die Vorschrift für Militärfahrzeuge auf ganz Frankreich aus. Mit der Vormachtstellung Frankreichs in Europa schlossen sich die meisten Verbündeten Napoleons dieser Regelung an und blieben mehrheitlich auch nach dessen Sturz dabei. Da Napoleon zeitlebens erfolglos die Eroberung Englands betrieb, scheint die Theorie auch den bis heute üblichen Linksverkehr auf der Insel zu erklären.

Konservendose
2013

Auf der Suche nach stabilen Versorgungsmöglichkeiten für seine Armee setzte Napoleon im Jahr 1795, andere Quellen sprechen vom Jahr 1801, einen Preis von 12 000 Francs für denjenigen aus, der eine Methode zur dauerhaften Konservierung von Lebensmitteln erfand. Der französische Zuckerbäcker Nicolas Appert entwickelte daraufhin tatsächlich ein Verfahren, Lebensmittel in luftdichten Behältern zu konservieren. Zunächst verwendete Appert als Behälter Champagnerflaschen. Probehalber führte die französische Marine Appertsche Konserven auf einer dreimonatigen Reise mit, um sie anschließend zu testen. Das Ergebnis überzeugte, Appert bekam den Geldpreis für die Erfindung der Dauerkonserve zugesprochen.
Am 25. August 1810 ließ sich der nach England ausgewanderte französische Kaufmann Peter Durand ein Konservierungsverfahren patentieren, bei dem er anstelle der Glasflaschen Metalldosen benutzte. 1855 erfand der Amerikaner Robert Yeates den Dosenöffner. Das Hantieren mit Hammer und Meißel entfiel.
Lit.: APPERT, Nicolas: Die Kunst alle thierischen und vegetabilischen Nahrungsmittel mehrere Jahre vollkommen geniessbar zu erhalten, Koblenz 1810

Código Civil Argentino
Buenos Aires, Argentinien, 2006
Reproduktion

In Frankreich und den von Napoleon annektierten Gebieten wurde der Code cilvil ebenso eingeführt, wie, zumindest in Teilen, in zahlreichen verbündeten Staaten. Unter anderem als Rheinisches Recht behielten wesentliche Bestimmungen des Gesetzeswerkes in Deutschland bis 1900 Gültigkeit. In Frankreich und Teilen der Schweiz basiert das Zivilrecht bis heute auf der Rechtsordnung. Nicht nur in Europa, auch in Übersee fand sie weite Verbreitung.

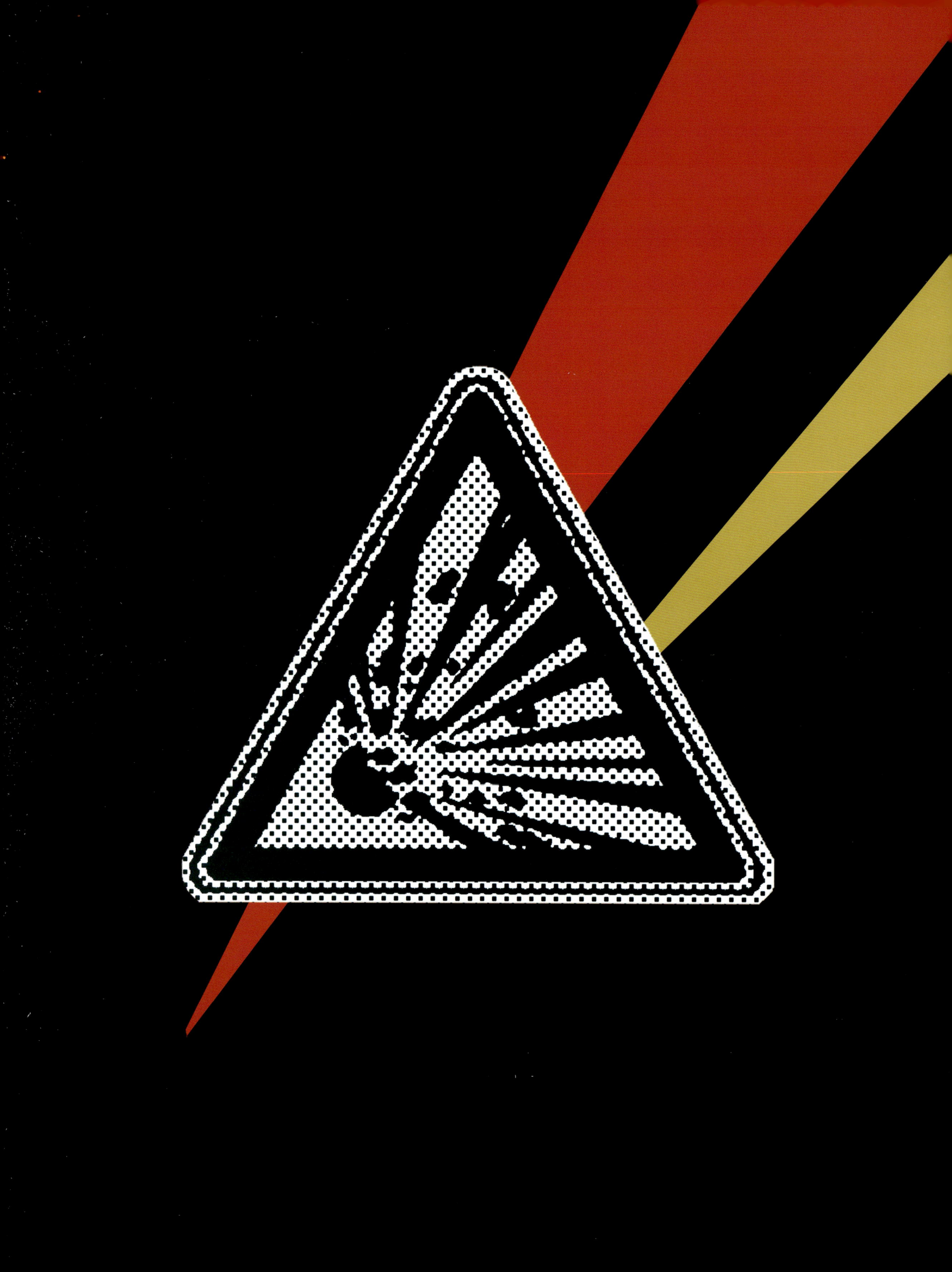

Geistige Brandstifter

Es war die Herrschaft Napoleons, die das klassisch-romantische Nationalgefühl der Deutschen erst politisch werden ließ. Der Widerstand gegen Napoleon wurde zum patriotischen Widerstand, die Jahre zwischen 1806 und 1813 sind die Geburtsjahre der nationalen Bewegung, zuerst bei der intellektuellen Elite, bei Philosophen, Schriftstellern und bildenden Künstlern. Die Reformer um den Freiherrn vom Stein und Militärtheoretiker wie Gneisenau nutzten deren publizistische Wirkung, um den Funken des Widerstands zur Feuersbrunst zu entfachen. Nationale Begeisterung sollte in die unbedingte Bereitwilligkeit zum Einsatz von Eigentum, von Leib und Leben für das Ideal einer neu zu schaffenden Gesellschaft münden. Mit Ernst Moritz Arndt und Friedrich Ludwig Jahn werden zwei prominente Vertreter aus einem großen Kreis vorgestellt. Bei beiden wird der schmale Grat zwischen Nationalstolz und nationaler Engherzigkeit deutlich. Weil es besonders diese beiden Protagonisten waren, deren Gedanken über Generationen hin zeitgemäß erschienen, erhalten sie hier besondere Aufmerksamkeit.

Geistige Brandstifter *Ernst Moritz Arndt*

„Haß glühe als Religion des deutschen Volkes"

Ernst Moritz Arndt (1769–1860)

Als Franzosenhasser und Antisemit, aber auch als Kämpfer gegen Tyrannei und Leibeigenschaft ist der Dichter Ernst Moritz Arndt eine besonders schillernde Figur der Zeit der Befreiungskriege: Nationalsozialisten wie Widerständler, die Nationale Front der DDR wie der bundesrepublikanische Bund der Vertriebenen reklamierten (und reklamieren) ihn für sich. Der Sohn eines ehemaligen Leibeigenen besuchte die Universität Greifswald, wo er später Professor wurde. 1803 veröffentlichte er eine Darstellung der Leibeigenschaft in Pommern und Rügen, die zum Anstoß für die Aufhebung der Leibeigenschaft in Schwedisch-Pommern wurde. Nach dem Erscheinen seiner antifranzösischen Schrift „Geist der Zeit" 1806 musste er aus Greifswald fliehen, lebte eine Zeit in Stockholm, ab 1809 illegal in Berlin. Hier pflegte er enge Kontakte zu den Patrioten um Gneisenau und wurde 1812 Privatsekretär des Freiherrn vom Stein in St. Petersburg. Mit Flugblättern und Liedern kämpfte er leidenschaftlich für die Erhebung gegen Napoleon, besonders bekannt wurden „Was ist des Deutschen Vaterland?" und „Der Gott, der Eisen wachsen ließ".

Nach 1815 trat Arndt weiter vehement für die nationalstaatliche Einheit Deutschlands ein, weswegen er zeitweise sein Amt als Professor in Bonn verlor.

Ernst Moritz Arndt
nach Wilhelm Kray (1828–1889)
deutsch, 1859
Xylographie
39,5 x 27,7 cm
Inv.-Nr. VS 1019

Der populäre Holzstich entstand nach einem Gemälde von Wilhelm Kray (Verbleib unbekannt). Er zeigt Arndt ein Jahr vor seinem Tod im Alter von 90 Jahren im Siebengebirge auf einer Anhöhe über dem Rheintal. Arndt lebte lange Zeit als Professor in Bonn, 1841 bis 1854 war er Rektor der Universität. Zahlreiche Wanderungen führten ihn in die Umgebung, 1844 erschien sein Buch „Wanderungen aus und um Bad Godesberg".

Karl-Eduard von Schnitzler
Klaus Winkler,
Berlin, 1.1.1980
Fotografie
ddp images/dapd/Berliner Verlag

1955 erhielt der Chefkommentator des DDR-Fernsehens, Karl-Eduard von Schnitzler, die Ernst-Moritz-Arndt-Medaille. Schnitzler, berühmt u. a. für die polemisch-antiwestliche Agitationssendung „Der schwarze Kanal", galt bis zum Ende der DDR als ideologischer Hardliner, seine Absetzung wurde gar bei den Montagsdemonstrationen von 1989 gefordert.

Ernst-Moritz-Arndt-Medaille
der Nationalen Front der DDR (o. Abb.)
DDR, 1955/1959
Silber, lackiert
4,4 x 3,9 cm
Inv.-Nr. AZ 1145

Die Ernst-Moritz-Arndt-Medaille war eine Auszeichnung der Nationalen Front der DDR für patriotische Leistungen und wurde von 1955 bis 1975 etwa 10 000 Mal vor allem an im kulturellen Bereich Tätige verliehen. Bekannter Empfänger der Medaille war neben Karl-Eduard von Schnitzler auch Johannes R. Becher, Dichter und einige Jahre Minister für Kultur der DDR. Die Medaille zeigt Arndts Porträt und die Unterschrift „Das ganze Deutschland soll es sein", ein berühmt gewordenes Zitat aus Arndts Lied „Des Deutschen Vaterland" von 1813.
Lit.: BARTEL, Frank: Auszeichnungen der DDR von den Anfängen bis zur Gegenwart, Berlin 1979, S. 79, 191.

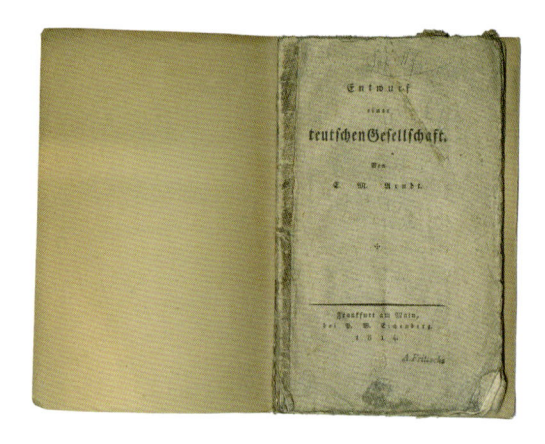

Entwurf einer teutschen Gesellschaft
Ernst Moritz Arndt
Frankfurt/Main, 1814
Buchdruck
19 x 24 cm (aufgeschlagen)
Bibl.-Sign. II R 169

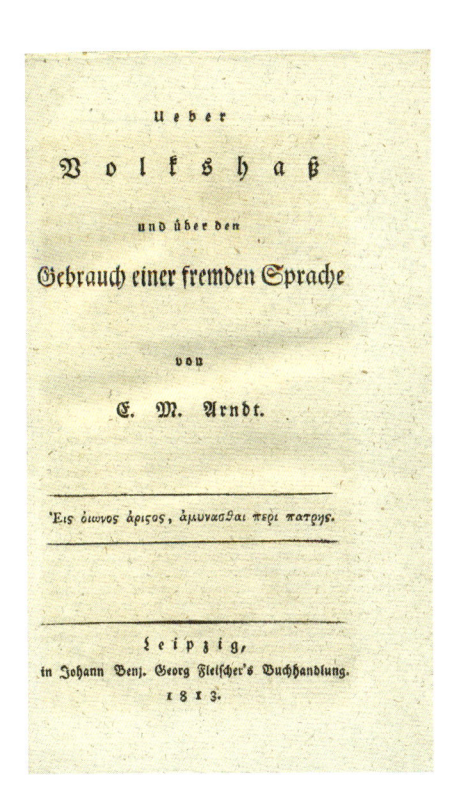

Über Volkshaß und über den Gebrauch einer fremden Sprache
Ernst Moritz Arndt
Leipzig, 1813
Buchdruck
17,5 x 12 cm
Bibl.-Sign. R 166

Ernst Moritz Arndt sah alles „Fremde" als Gefahr für den unverdorbenen Volkscharakter der Deutschen. Zu dessen Schutz wollte er einen Staat in den vornehmlich durch die Sprache definierten Grenzen schaffen. Arndts germanophile Anschauungen verbanden sich mit christlichen Elementen zu einer Haltung, die Napoleon zum Antichristen und mit ihm alle Franzosen zu natürlichen Antipoden des deutschen Volkes deklarierte. Das Ringen um die deutsche Nation wurde Arndt zur Religion. In strikter Ablehnung des Fremdwortes Nation kreierte er das Substantiv Volkstum. Vorderhand als geistiges Rüstzeug für potentielle Kämpfer gegen Napoleon propagiert, glaubte der Dichter fest an die Notwendigkeit, die „Eigenart des Volkscharakters" der Deutschen dauerhaft vor Fremdeinflüssen bewahren zu müssen.
In seinem Werk „Über Volkshaß und über den Gebrauch einer fremden Sprache" legt Arndt dies sehr nachdrücklich dar: „Ich will den Haß, festen und bleibenden Haß der Teutschen gegen die Wälschen und gegen ihr Wesen ... ich will den Haß, brennenden und blutigen Haß, ... Laß die Franzosen in Frankreich Franzosen seyn, in Deutschland sollen sie es nicht seyn ... Ich will den Haß gegen die Franzosen, nicht bloß für diesen Krieg, ich will ihn für lange Zeit, ich will ihn für immer. ... Dieser Haß glühe als die Religion des teutschen Volkes, als ein heiliger Wahn in allen Herzen ..." (S. 18 f.)

Zahn und Holzstück vom Sarg sowie Locke und getrocknete Pflanze vom Grab des Karl Ludwig Sand
Pappe, Holz, Zahn, Glas
deutsch, um 1830
9,5 x 9,5 x 2 cm bzw. 14 x 19 x 0,7 cm
Fichtelgebirgsmuseum Wunsiedel, Inv.-Nr. 180 und 178

Am Nachmittag des 23. März 1819 erstach der Burschenschafter Karl Ludwig Sand den Schriftsteller August von Kotzebue. Wegen dessen kritischer Haltung gegenüber den Burschenschaften sah Sand in dem als russischer Generalkonsul tätigen Kotzebue einen Erzfeind der Einheit und Freiheit Deutschlands.
Der 1795 geborene Sand erlebte als Kind und Jugendlicher die wechselvolle Geschichte der napoleonischen Epoche unmittelbar. Früh begeisterte er sich für die Schriften Ernst Moritz Arndts und dessen deutschnationale Leitbilder. 1814 trat Sand seiner ersten burschenschaftlichen Verbindung bei, weitere folgten. Im Festausschuss engagierte er sich 1817 aktiv für die Vorbereitung und Durchführung des Wartburgfestes, bei welchem auch die Schriften Kotzebues als eines angeblichen russischen Spions symbolisch verbrannt wurden. Bald gehörte Sand zum innersten Zirkel der Jenaer Urburschenschaft.
Sands Auffassungen von den notwendigen gesellschaftlichen Veränderungen in Deutschland nahmen immer unbedingtere Züge an, bis er den „Landesverräter" Kotzebue zu seinem Ziel erkor. 1820 verurteilte ihn das Hofgericht in Mannheim zum Tod. Unmittelbar nach der Hinrichtung wurde der Mörder zum Märtyrer von Einheit und Freiheit stilisiert, Souvenirs und „Reliquien" von seinem Schafott, seinem Sarg und seiner Leiche fanden weite Verbreitung.

Eigenhändige Abschrift des Bundesliedes der Jenaer Burschenschaft von Karl Ludwig Sand (o. Abb.)
deutsch, nach 1815
Handschrift auf Papier
13,8 x 10,8 cm
Faksimile (Original: Stiftung Deutsches Historisches Museum Berlin)

Neben einer Reihe weiterer Wegbereiter standen auch Ernst Moritz Arndt und Friedrich Ludwig Jahn Pate, als im Jahr 1815 im thüringischen Jena eine neuartige Studentenverbindung gegründet wurde. Die später sogenannte Urburschenschaft brach konsequent mit den Traditionen landsmannschaftlicher Absonderung der Studenten einer Universität und stand allen deutschen Studierenden offen, die das Ziel „Freiheit und Selbstständigkeit des deutschen Vaterlandes" erreichen wollten. Der Gründungsakt stand am Ende eines Prozesses, der bereits einige Jahre zuvor begonnen hatte. Im studentischen Milieu sollten die von Jahn, Arndt, aber auch Karl Friedrich Friesen oder Johann Gottlieb Fichte verbreiteten Ideen einer deutschen Nationalerziehung einem Entscheidungskampf mit Napoleon den Boden bereiten. Mehr als 50 Prozent aller in Jena Studierenden schlossen sich dem Bund an. Die Begeisterung für die vaterländischen Ideen fand im Wartburgfest von 1817 einen ersten Höhepunkt, offenbarte aber mit ihrer exzessiven Deutschtumsbegeisterung und der Ausgrenzung alles Nichtdeutschen auch bereits ihre Schattenseiten. Wenig später gab Heinrich Heine über das geistige Klima unter Göttinger Studenten zu Protokoll: „Im Bierkeller zu Göttingen musste ich einst bewundern, mit welcher Gründlichkeit meine altdeutschen Freunde die Proskriptionslisten anfertigten, für den Tag, wo sie zur Herrschaft gelangen würden. Wer nur im siebenten Glied von einem Franzosen, Juden oder Slawen abstammte, ward zum Exil verurteilt. Wer nur im mindesten etwas gegen Jahn oder überhaupt gegen altdeutsche Lächerlichkeiten geschrieben hatte, konnte sich auf den Tod gefasst machen, und zwar auf den Tod durchs Beil, nicht durch die Guillotine ..."
Ein radikaler Flügel der Jenaer Burschenschaft waren die vom Rechtsgelehrten Karl Follen geführten Unbedingten, die Gewalt als legitimes Mittel zur Erlangung der nationalen Einheit propagierten. 1818 schloss sich ihnen auch Karl Ludwig Sand an.
Für das Bundeslied der Jenaer Burschenschaft reimte Arndt die Verse „Sind wir vereint zur guten Stunde", die vom Theologiestudenten Georg Friedrich Hanitsch (1790–1865) vertont wurden.
Lit.: Verfassungsurkunde der Jenaischen Burschenschaft., in: HAUPT, Herman (Hrsg.), Die Verfassungsurkunde der Jenaischen Burschenschaft vom 12. Juni 1815 (Quellen und Darstellungen zur Geschichte der Burschenschaft und der deutschen Einheitsbewegung, Bd. 1), 2. Aufl., Heidelberg 1966, S. 114–161; Heinrich Heine's sämmtliche Werke. Heinrich Heine über Ludwig Börne, Bd. 12, Hamburg 1862, S. 165.

Geistige Brandstifter *Ernst Moritz Arndt/Friedrich Ludwig Jahn*

Ernst-Moritz-Arndt-Plakette
deutsch, 2012
Bronze, geprägt
D 3,8 cm
Inv.-Nr. MS/2012/1

Die Ernst-Moritz-Arndt-Plakette ist eine Auszeichnung des Bundes der Vertriebenen Landesverband Nordrhein-Westfalen e. V.

Katechismus für den deutschen Kriegs- und Wehrmann, Feldpostausgabe (o. Abb.)
Ernst Moritz Arndt
Leipzig: Insel Verlag, 1942
Buchdruck
18 x 11,5 cm
Privatsammlung

1812 entstand Arndts „Katechismus für den deutschen Kriegs- und Wehrmann". In einer an alttestamentarische Schriften erinnernden Diktion suchte Arndt seinen Leser in mehreren Kapiteln deutlich zu machen, „wie ein christlicher Wehrmann seyn und mit Gott in den Streit gehen soll". Arndt wandte sich direkt an den für das Vaterland streitenden Soldaten und bestärkte ihn darin, für das Wohl des Vaterlandes zum Schwert zu greifen. Zugleich stellte er aber auch moralische Grundsätze auf, die die Soldaten befähigen, die Rechtmäßigkeit des Handelns ihrer Anführer zu überprüfen. Ausdrücklich bestärkte er die Soldaten, die Gefolgschaft aufzukündigen, wenn diese Grundsätze verletzt würden: „Denn wer Tyrannen bekämpft, ist ein heiliger Mann, und wer Uebermuth steuert, thut Gottes Dienst. ... Wer aber unter dem Tyrannen ficht und gegen die Gerechtigkeit das mordische Schwerdt zieht, deß Name ist verflucht bey seinem Volke und sein Gedächtniß blüht nimmer unter den Menschen." (S. 22) Ungeachtet dessen zählte der Katechismus in etlichen deutschen Armeen zur empfohlenen Marschgepäcklektüre.

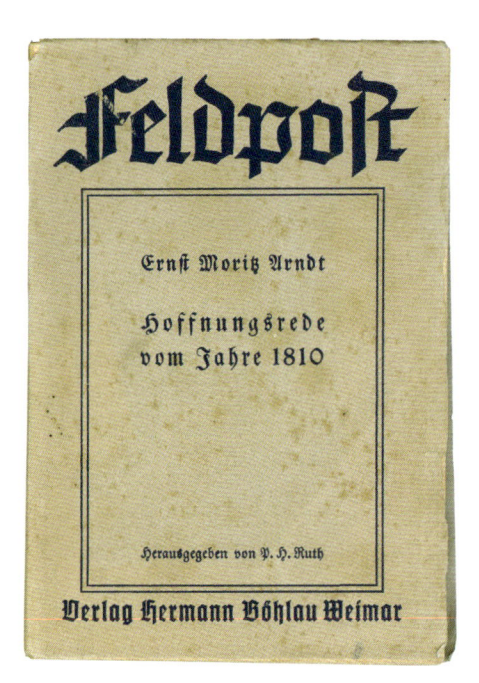

Hoffnungsrede vom Jahre 1810, Feldpostausgabe
Ernst Moritz Arndt
Weimar: Hermann Böhlau, 1939/1945
Buchdruck
15 x 10,5 cm
Inv.-Nr. 2013/106

1810 entwarf Ernst Moritz Arndt für die Geburtstagsfeier des schwedischen Königs an der Universität zu Greifswald eine Rede, die er wegen ihrer politischen Brisanz dann doch nicht halten durfte. Erst 1847 veröffentlichte Arndt sie unter dem Titel „Hoffnungsrede von 1810". Arndt hatte die Rede als Aufforderung an seine Landsleute, sich auch unter schwedischer Herrschaft als Teil der deutschen Nation zu fühlen, konzipiert. Ohne die schwedische Herrschaft, unter der sich im sogenannten Schwedisch-Pommern auch Greifswald befand, direkt anzugreifen, gibt er seiner Überzeugung Ausdruck, die deutsche Nation habe ihre Blütezeit noch vor sich. Wenn ein Soldat der Deutschen Wehrmacht im Schützengraben Arndts Worte las: „Wann wir, was mit Recht unser deutscher Stolz ist, erst als eine Flamme errungen habe, die nimmermehr verglüht; ... welche Welt wird sich dann um uns gestalten! Wann diese Höhe erreicht ist, wann die Idee Himmel und Erde zu süßer Gemeinschaft verbunden hat, dann wird auch des Volkes Tugend wiederaufblühen, und erstaunt werden wir ausrufen: Seht! da ist das Deutsche wieder! Da ist der deutsche Mann wieder erstanden!" (S. 61), mochte ihm der Nationalist des beginnenden 19. Jahrhundert wie ein Prophet seiner Gegenwart vorgekommen sein. Das dürfte auch der Grund für die Neuauflage der mehr als einhundert Jahre alten Rede zum Gebrauch im Feld gewesen sein.

Hört die Rundfunksendungen des Nationalkomitees Freies Deutschland
Sowjetunion, 1944
Reproduktion (Original: Stiftung Deutsches Historisches Museum Berlin)

Wie vielschichtig Arndts Schriften wirkten, zeigt sich u. a. auch daran, dass sich nicht nur die Nationalsozialisten auf ihn berufen konnten. Arndts Postulat vom gerechten Krieg gegen den Tyrannen diente dem Nationalkomitee Freies Deutschland (NKFD) als Aufruf zum Widerstand. Das NKFD war ein Zusammenschluss von Exilkommunisten und Kriegsgefangenen in der Sowjetunion. Hauptaufgaben waren die Unterstützung des Widerstands, Propaganda mit Flugblättern und Lautsprecherwagen unter den deutschen Frontsoldaten, aber auch die ideologische Vorbereitung einer Deutschlandpolitik nach Beendigung des Krieges. Die Erkennungsmelodie der Rundfunksendungen des NKFD bestand aus den ersten Takten des Ernst-Moritz-Arndt-Gedichtes „Der Gott, der Eisen wachsen ließ, der wollte keine Knechte", 1818 vertont von Albert Methfessel.

Der „Turnwüterich"[1]
Friedrich Ludwig Jahn (1778–1852)

Friedrich Ludwig Jahn, der als „Turnvater" in die Geschichte einging, studierte an verschiedenen Universitäten Theologie, jedoch ohne Abschluss. Seine patriotischen Schriften brachten ihm eine Anklage und Zugangsverbot zu allen deutschen Universitäten ein. Im Kontakt zu Ernst Moritz Arndt entwickelte sich sein Engagement für einen vereinigten deutschen Nationalstaat immer leidenschaftlicher. 1810 erschien seine Schrift „Deutsches Volksthum", die sich auf der Basis eines völkischen Nationalismus gegen die „Verwelschung" der Deutschen wandte. Gemeinsam mit Friedrich Friesen gründete Jahn 1810 insgeheim den Deutschen Bund, eine Art Vorläufer der Burschenschaften, zur Befreiung Deutschlands. Ab 1811 begann er bei den Treffen des Bundes mit dem öffentlichen Turnen als körperliche Vorbereitung auf den bevorstehenden Kampf. Nach der Gründung des Lützower Freikorps trat er mit einer großen Anhängerschar der Einheit bei. Nach der Völkerschlacht widmete sich Jahn verstärkt der Turnbewegung und der ersehnten staatlichen Einigung Deutschlands. Enttäuscht vom Wiener Kongress geriet der schroffe Agitator in zunehmenden Widerspruch zu den restaurativen politischen Kräften. Das von ihm inszenierte Wartburgfest 1817 stellte den vorläufigen Höhepunkt der angestrebten engen Verbindung zwischen Burschenschaften und Turnbewegung dar. Die „Demagogenverfolgung" in Preußen traf Jahn mit mehrjähriger Haft, Polizeiaufsicht und dem Verbot des öffentlichen Turnens. Nach seiner Rehabilitation wurde Jahn 1848 Mitglied der Frankfurter Nationalversammlung, wo er für ein preußisches Erbkaisertum eintrat.

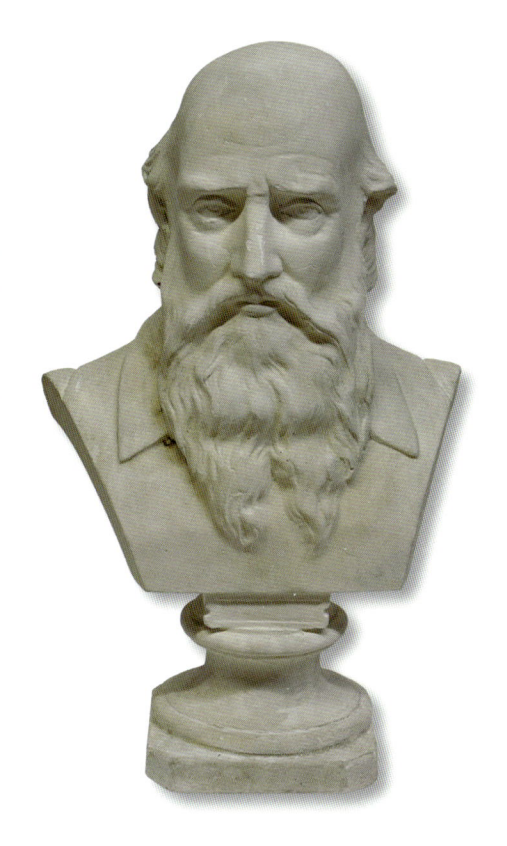

1 Charakterisierung Friedrich Ludwig Jahns durch Friedrich Engels, siehe ENGELS, Friedrich: *Immermanns Memorabilien*, in: Telegraph für Deutschland, Nr. 54, April 1841.

Friedrich Ludwig Jahn
unbekannter Künstler
deutsch, um 1900
Gips
47 x 30 x 20 cm
Inv.-Nr. Ku 109

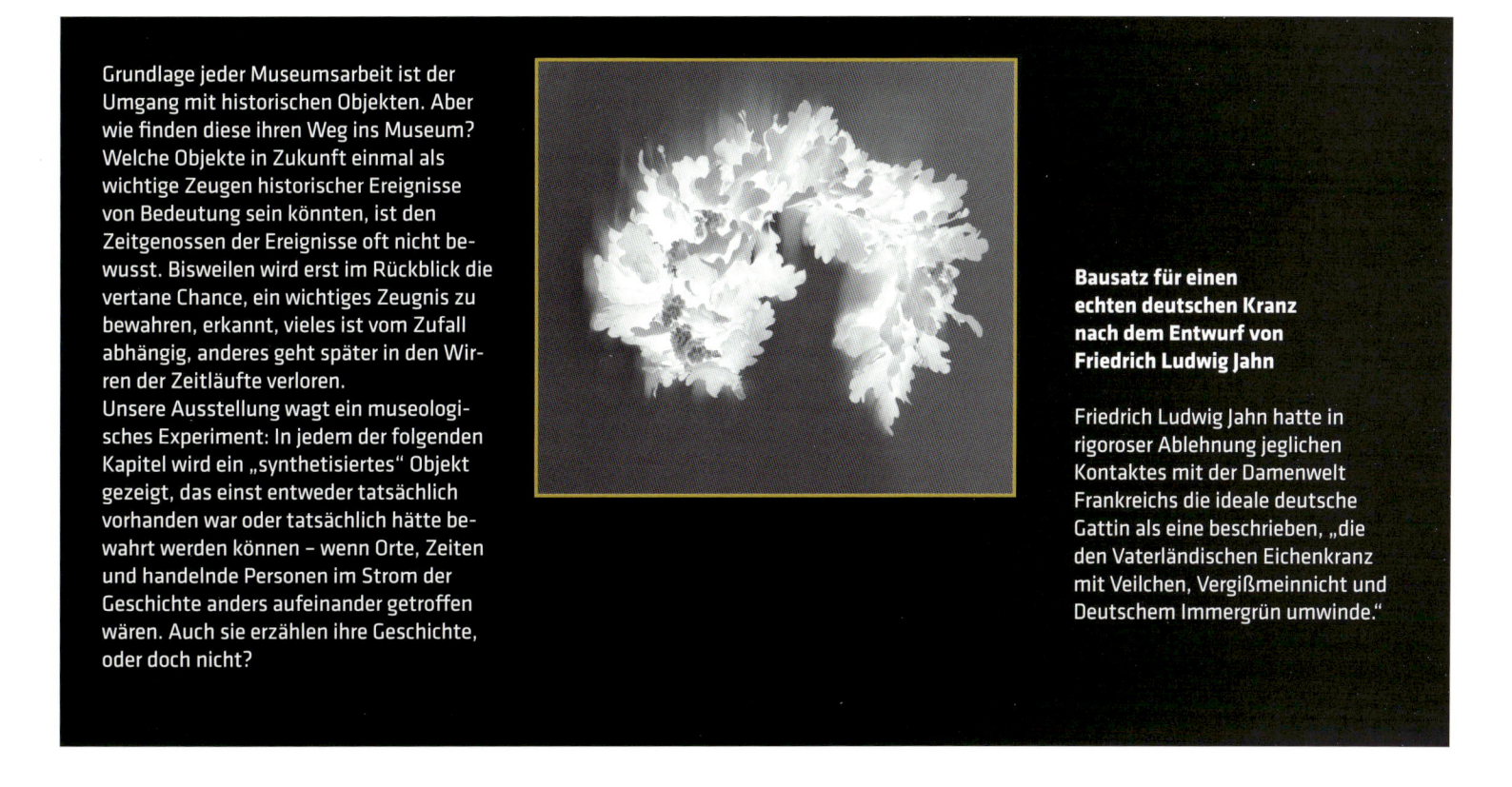

Grundlage jeder Museumsarbeit ist der Umgang mit historischen Objekten. Aber wie finden diese ihren Weg ins Museum? Welche Objekte in Zukunft einmal als wichtige Zeugen historischer Ereignisse von Bedeutung sein könnten, ist den Zeitgenossen der Ereignisse oft nicht bewusst. Bisweilen wird erst im Rückblick die vertane Chance, ein wichtiges Zeugnis zu bewahren, erkannt, vieles ist vom Zufall abhängig, anderes geht später in den Wirren der Zeitläufte verloren.

Unsere Ausstellung wagt ein museologisches Experiment: In jedem der folgenden Kapitel wird ein „synthetisiertes" Objekt gezeigt, das einst entweder tatsächlich vorhanden war oder tatsächlich hätte bewahrt werden können – wenn Orte, Zeiten und handelnde Personen im Strom der Geschichte anders aufeinander getroffen wären. Auch sie erzählen ihre Geschichte, oder doch nicht?

Bausatz für einen echten deutschen Kranz nach dem Entwurf von Friedrich Ludwig Jahn

Friedrich Ludwig Jahn hatte in rigoroser Ablehnung jeglichen Kontaktes mit der Damenwelt Frankreichs die ideale deutsche Gattin als eine beschrieben, „die den Vaterländischen Eichenkranz mit Veilchen, Vergißmeinnicht und Deutschem Immergrün umwinde."

Geistige Brandstifter *Friedrich Ludwig Jahn*

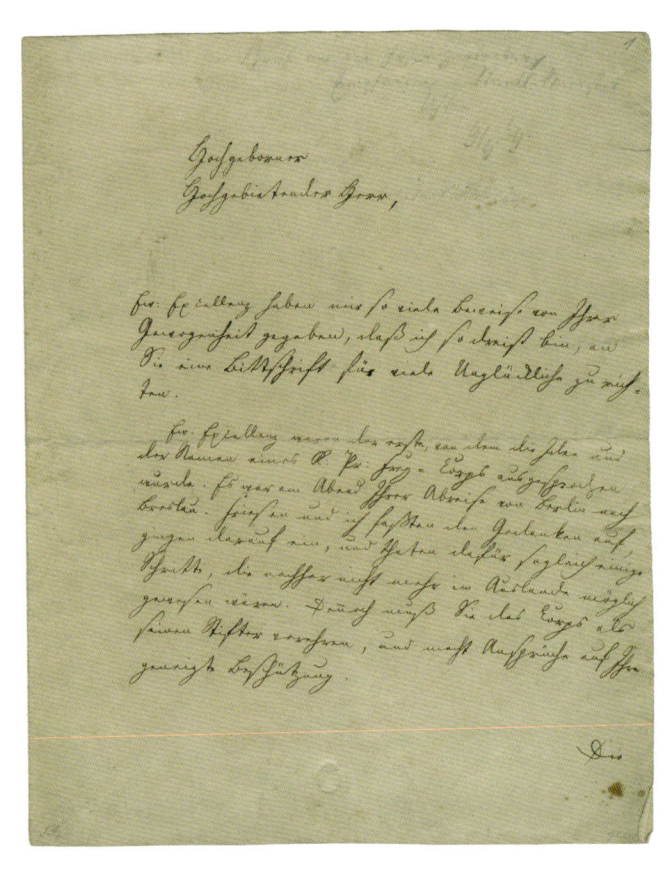

Schreiben Friedrich Ludwig Jahns an den preußischen Staatskanzler Karl August von Hardenberg
Lenzen, 14.11.1813
Handschrift auf Papier
26,7 x 42,3 cm
Inv.-Nr. A/2819/2009

Am 14. November 1813 wendete sich der Lützower Friedrich Ludwig Jahn an den preußischen Staatskanzler Karl August von Hardenberg und bat diesen, die bei Kitzen im Juni 1813 in französische Kriegsgefangenschaft geratenen Mitglieder des Lützower Freikorps bei anstehenden Gefangenenaustauschen mit den Franzosen zu bevorzugen. Jahn gehörte zu den geistigen Vätern des Lützower Korps, dem er zeitweise auch angehörte. Das reale Leben einer militärischen Einheit schien ihn zu ernüchtern. Zu sehr unterschied es sich vom erträumten Männerbund. Bereits im Juli 1813 bat er um seine Entlassung. Dennoch war für ihn im Kern des Lützower Freikorps bereits jene Elite der deutschen Nation versammelt, die im Kleinen das verkörperte, was er als Preis des Sieges über Napoleon für die Nation erhoffte.

Siegeskranz des Jahnwettturnens
deutsch, 1934
Seide, Kunststoff, Draht
D 28 cm (Kranz)
Inv.-Nr. Sieschl. 114

Die Leipziger Turnerin Charlotte Bachmann erhielt diesen Kranz als 1. Siegerin in der Klasse I der Frauen beim Jahnwettturnen 1934. Das 1901 in Freyburg/Unstrut begründete Jahnwettturnen findet bis heute alljährlich im Freien statt.

Deutsches Volksthum (o. Abb.)
Friedrich Ludwig Jahn
Lübeck, 1810
Buchdruck
20 x 24 cm (aufgeschlagen)
Bibl.-Sign. II R 189

Es war Friedrich Ludwig Jahn, der schon mit dem Titel seines 1810 erschienenen Werkes den Begriff des Volkstums salonfähig machte und den völkischen Nationalismus in den deutschen Staaten begründete. Der spätere „Turnvater" führte hier das Wesen der deutschen Nation auf „das Gemeinsame des Volks, sein innewohnendes Wesen, sein Regen und Leben, seine Wiederzeugungskraft, seine Fortpflanzungsfähigkeit" zurück. Sein Ziel war die Schaffung eines Nationalstaates der Deutschen, die mit einer rigorosen Abgrenzung gegen vor allem alles „Welsche" einherging. Jahns Zukunftsvisionen gipfelten in der Bildung eines Großdeutschlands unter Einbeziehung der Schweiz, Hollands und Dänemarks.

Turnpferd Jahns aus dem Jahre 1812 (Nachbildung)
deutsch, 1994
L 190 cm; H max. 102 cm
Friedrich-Ludwig-Jahn-Museum, Freyburg/Unstrut

Der Schwingel, 1812 von Friedrich Ludwig Jahn erfunden, zählte im 19. Jahrhundert zu den pferdeähnlichen Turngeräten. Die äußere Form und die Polsterung des Originals mit Pferdehaut ließen den Schwingel aussehen wie ein Pferd. Den Bau des Originals mit schmiedeeisernen Stellfüßen gaben Jahns Schüler für 90 Taler in Auftrag und schenkten es ihm 1812 zu Weihnachten. Nach mehreren Standortwechseln kam das Turnpferd 1898 in das Jahn-Museum nach Freyburg a. d. Unstrut, wo es sich heute noch befindet.
Ilona Kohlberg

Lampion
mit dem Porträt Friedrich Ludwig Jahns
deutsch, um 1920
Pappe, Papier, Draht
D 16,3 cm
Inv.-Nr. V/2679/2007

**Urkunde über die Verleihung
der Friedrich-Ludwig-Jahn-Medaille
des Deutschen Turn- und Sportbundes der DDR
an Walter Ulbricht** (o. Abb.)
DDR, 28.5.1961
Karton; bedruckt; Handschrift Tusche/Kugel-
schreiber; gestempelt (Urkunde)
30 x 42 cm (Urkunde, geöffnet)
Stiftung Deutsches Historisches Museum Berlin

1961 wurde die Friedrich-Ludwig-Jahn-Medaille als höchste Auszeichnung des Deutschen Turn- und Sportbundes der DDR gestiftet. Erster Preisträger wurde am 28. Mai der Staatsratsvorsitzende der DDR, Walter Ulbricht.

**Friedrich-Ludwig-Jahn-Medaille
des Deutschen Turn- und Sportbundes**
DDR, 1961/1965
Messing, Aluminium, eloxiert, emailliert
D 3,0 cm
Inv.-Nr. Med 473

**Plakat zum
Nationalen Turnfest im Oktober 1952**
B. Petersen
VEB Industriedruck Berlin, 1952
Offsetdruck
84,1 x 59, 4 cm
Inv.-Nr. 54/1952

Für die DDR war Friedrich Ludwig Jahn vor allem Erfinder des Breitensports und glühender Vorkämpfer der nationalen Einheit Deutschlands. Die problematischen Seiten Jahns, seine nationalistischen Entgleisungen, den exzessiven Franzosenhass und die antisemitischen Neigungen, ließ man außen vor.
Die DDR suchte den 100. Todestag Jahns im Sinne ihres Konzeptes einer hypothetischen Wiedervereinigung propagandistisch zu nutzen. Die Idee, sich über populäre Sportwettkämpfe als verlässlichen Motor der Wiedervereinigung darzustellen, sah dabei gemeinsame Festaktivitäten über die innerdeutsche Grenze hinweg vor. Ein massenwirksames Ereignis wurde daraus dennoch nicht. Im Rahmen der zentralen Jahn-Feierlichkeiten in der DDR vom 14. bis 18. Oktober 1952 fanden als Auftakt "Kreismeisterschaften unserer Turnerinnen und Turner" in Leipzig statt; den Abschluss bildete in Berlin in der Deutschen Sporthalle in der Stalinallee ein großes Turnfest; die Hauptveranstaltungen der Jahn-Ehrung wurden in Freyburg/Unstrut organisiert.

**Walter Ulbricht bei einer Massenturnübung
in Leipzig**
PGH Fotostudio Leipzig
Leipzig, 15.8.1959
Fotografie
Inv.-Nr. F 6368 (Museum für Geschichte der Arbeiterbewegung)

Sektflasche „Turnvater Jahn"
Rotkäppchen Sektkellerei GmbH
Freyburg/Unstrut, 1990/1995
Glas mit Etikett im Akzidenzdruck
H 31,5 cm, D 8,0 cm
Inv.-Nr. Souv 1023

SNOWDEN IS A HERO!

WORLD CAN't Wait.org for Truth

Glorreiche Hasardeure

Der Typ des Helden ist vielgestaltig. Es ist wohl vor allem der Kinofilm, der den heißblütigen Draufgänger zum Ideal stilisiert hat. Jenseits von Hollywoodbildern gab es ihn natürlich tatsächlich, den Teufelskerl, der mit Anlauf zum Sprung durch die Wand ansetzte, den Kopf voran. Manchmal gelang das Wagnis, mitunter schlug es fehl. Ob strahlende Sieger oder dramatisch Unterlegene, die Sympathie der Nachwelt war ihnen in der Regel immer sicher. Sie waren jung und brauchten das Abenteuer und scheiterten sie, so scheiterten sie für eine gerechte Sache. Als zu zitierendes Vorbild taugten sie in jedem Fall.

Glorreiche Hasardeure *Theodor Körner*

„Die Wunde brennt, die bleichen Lippen beben"
Theodor Körner (1791–1813)

Theodor Körner, Sohn des Oberappellationsgerichtsrates aus Dresden, gilt als der deutsche Heros der Befreiungskriege schlechthin. Seine Familie pflegte regen Kontakt zu verschiedenen intellektuellen Größen ihrer Zeit wie Schiller, Goethe, den Gebrüdern Humboldt, Schlegel oder Novalis. Früh zeigten sich bei Theodor Neigungen zu Musik und Dichtkunst. 1812 erhielt er eine Anstellung am Wiener Burgtheater als Hoftheaterdichter, die er allerdings im März 1813 aufgab, um sich dem Lützower Freikorps im Kampf gegen Napoleon anzuschließen. Hier formulierte er verschiedene patriotische Aufrufe und dichtete eine Reihe sehr populärer Lieder für die Freiwilligen. Am 26. August 1813 fiel Theodor Körner bei einem Überfall auf einen französischen Verpflegungstransport bei Gadebusch. Körners gefühlvolle, dramatische Dichtung, seine kompromisslose Haltung gegenüber den Franzosen, sein hoher persönlicher Einsatz im Sinne seiner politischen Überzeugung und der frühe Soldatentod boten ausreichend Stoff für die Konstruktion eines Körner-Mythos.

Theodor Körner in der Uniform eines Lützower Freiwilligen Jägers
Emma Sophie Körner (1788–1815)
Dresden, 1813/14
Öl auf Leinwand
110 x 80 cm
Inv.-Nr. XX/66

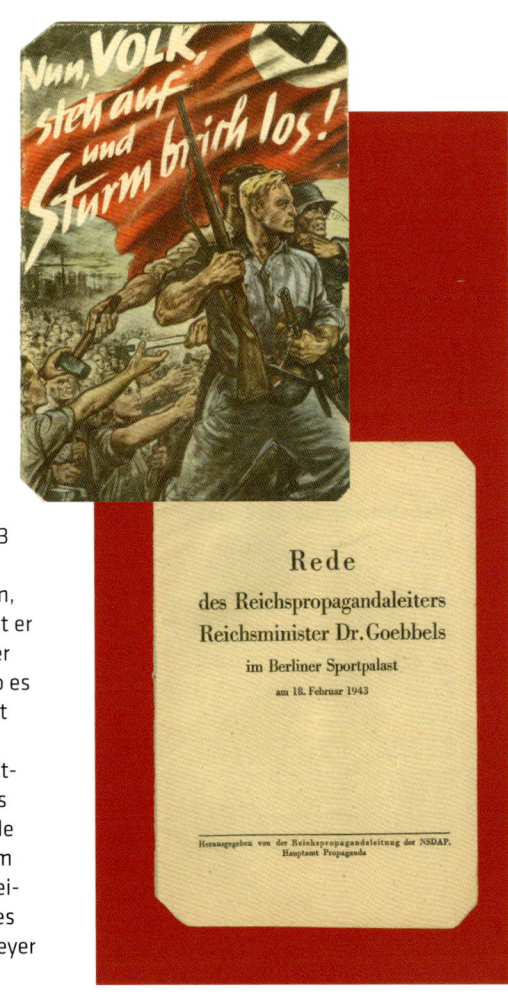

Sportpalast-Rede von Josef Goebbels
Reichspropagandaleitung der NSDAP
deutsch, 1943
Akzidenzdruck
20,2 x 14,2 cm
Inv.-Nr. A/2118/2010

Joseph Goebbels beendete im Februar 1943 seine berüchtigte Rede zum Totalen Krieg im Berliner Sportpalast mit dem Vers „Nun, Volk, steh auf und Sturm brich los!", womit er den Anfang des Körner-Gedichtes „Männer und Buben" von 1813 leicht veränderte, wo es heißt „Das Volk steht auf, der Sturm bricht los".
Ebenso selbstverständlich griffen auch Mitglieder der Weißen Rose auf Verse Körners zurück, deren am Tag der Sportpalast-Rede in München verbreitetes Flugblatt mit dem Vers „Frischauf mein Volk, die Flammenzeichen rauchen" endete, dem ersten Vers des Gedichtes „Aufruf" aus der Sammlung „Leyer und Schwerdt".

Auch Körners Schwester, Emma Sophie, wandte sich wie ihr Bruder den Musen zu. Sie wurde Malerin. Sowohl ihre Tante, die Malerin Dora Stock, als auch der der Familie verbundene Maler Anton Graff förderten das Talent der begabten jungen Frau. Mehrfach porträtierte sie ihren Bruder Theodor. Im April 1813 stand er ihr in der Uniform des Lützower Freikorps Modell. Körners Eltern schenkten das Gemälde dem Leipziger Arzt Wendler als Dank für die Pflege des verwundeten Körner im Juni 1813. Aus dessen Nachlass gelangte es ins Museum. Eine weitere Fassung des Gemäldes befindet sich in der Berliner Nationalgalerie.
Der Freund der Familie und spätere Hofrat Friedrich Förster, der gemeinsam mit Theodor den Lützowern beigetreten war, verleiht in einem Brief an seine Schwester dem Porträtieren Emmas eine dramatische Seite: Am Tag vor Körners letztem Abschied aus dem Elternhaus in Dresden, am 13. April 1813, habe er dabeigesessen, wie Emma an Körners Porträt arbeitete. Plötzlich habe sie erschrocken den Pinsel fallen gelassen, weil sie in einer Vision den Bruder blutend gesehen habe.
Die Pose, in der Körner hier dargestellt ist, spielt auf den Typus zeitgenössischer Feldherrenbildnisse an, die ganz selbstbewusst mehrfach auch auf Freiwillige der Befreiungskriege übertragen wurde.
Lit.: MANGNER, Eduard, Die Familien Kunze, Körner und Tischbein, in: Schriften des Vereins für die Geschichte Leipzigs, Bd.5, 1896, S. 101–187, hier bes. S. 135; Wesenberg, Angelika, in: Marianne & Germania 1789–1889, Ausstellungskatalog Berlin 1996; S. 218; RODEKAMP 2008, S. 99.

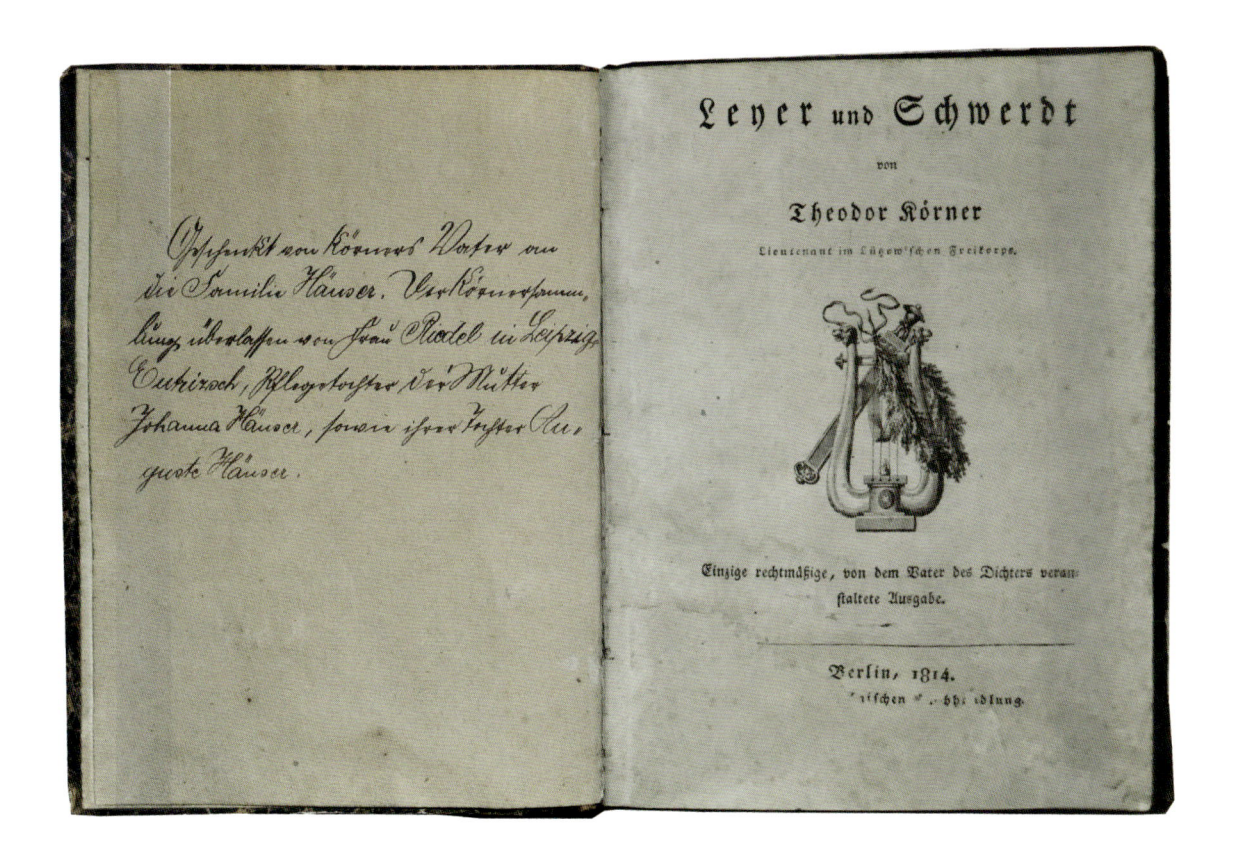

Leyer und Schwerdt
Theodor Körner
Berlin, 1814
Buchdruck mit handschriftlicher Eintragung
16 x 21 cm (aufgeschlagen)
beschriftet auf dem Schmutztitel: Geschenkt von Körners Vater an die Familie Häuser. Der Körnersammlung überlassen von Frau Riedel in Leipzig Eutritzsch, Pflegetochter der Mutter Johanna Häuser, sowie ihrer Tochter Auguste Häuser.
Bibl.-Sign. II R 381

Der Vater Theodor Körners gab diese Gedichtsammlung ein Jahr nach dessen Tod heraus. Sie enthält die bekanntesten Gedichte Körners, zu deren Verbreitung besonders auch die Vertonungen durch Carl Maria von Weber und Franz Schubert beitrugen.
Erst gegen Ende des 19. Jahrhunderts fand Körners schon 1806 entstandenes Lied von der Rache Eingang in eine Gesamtausgabe. Möglicherweise waren dem Vater Verse wie „Ha, welche Lust, wenn an dem Lanzenkopfe ein Schurkenherz zerbebt / Und das Gehirn aus dem gespalt'nen Kopfe am blut'gen Schwerte klebt!" zu drastisch.
Enthalten hingegen ist das wohl bekannteste Gedicht Körners: Im April 1813 hielt sich Theodor Körner mit dem Lützower Freikorps während des sogenannten Frühjahrsfeldzuges in Leipzig auf. Hier dichtete er auf dem Schneckenberg, einer Erhebung hinter der heutigen Oper, „Lützows wilde Jagd". Mit der Vertonung Karl Maria von Webers wurde es zum populärsten Lied der Befreiungskriege und Zugnummer deutscher Männerchöre des 19. und 20. Jahrhunderts.

Haarlocke Theodor Körners
deutsch, 2. Hälfte 19. Jh.
Haar, Karton
6 x 9,5 cm (Karte), D 1,7 cm (Locke)
Inv.-Nr. Div. 275

Die wenigen Haare Körners sind ihrerseits wieder Teil einer Locke aus dem Besitz des ehemaligen Museums auf der Burg Oybin, dessen Gründer Alfred Moschkau ein bekannter Sammler von Handschriften Goethes, Schillers und Körners war.
Die Locke war bis 1943 im Museum der Leipziger Gaststätte Napoleonstein zu sehen, das aufgrund der Schäden durch die Bombardierungen geschlossen wurde.

Glorreiche Hasardeure *Theodor Körner*

**Partitur-Reinschrift
zum Schwertlied Theodor Körners**
*Carl Maria von Weber
deutsch, 13.9.1814
Handschrift auf Papier
26 x 33 cm
Faksimile (Original: Staatsbibliothek zu Berlin –
Preußischer Kulturbesitz, Musikabteilung mit
Mendelssohn-Archiv)*

Carl Maria von Weber vertonte die patriotischen Gedichte aus „Leyer und Schwert" von Theodor Körner im Jahr 1814, nachdem er in Berlin die Tradition der Zelterschen Liedertafel kennen gelernt hatte.
Das „Schwertlied" für vierstimmigen Männerchor schrieb er am 13. September 1814 während seines Aufenthaltes auf Schloss Tonna im Landkreis Gotha nieder. Es besteht aus acht Takten, wobei die Melodie einen stark deklamatorischen Charakter besitzt und am Ende einer jeder Strophe in den „Hurra"-Refrain mündet. Das Schwert wird als „Braut" des Soldaten dargestellt.
Bei dem vorliegenden Autograph handelt es sich um die Partitur-Reinschrift mit unterlegtem Text und 15 weiteren Textstrophen. Einen Hinweis auf die Klavierbegleitung gibt es nicht, sie wurde vermutlich später ad libitum hinzugefügt.
Der Berliner Musikdirektor Friedrich Wilhelm Jähns (1809–1888) hatte die Partitur am 25. Februar 1836 von der Witwe Webers, Caroline von Weber, zum Geschenk erhalten. Im Zusammenhang mit seinen Weber-Forschungen war es ihm gelungen, eine beachtliche Autographensammlung zusammenzutragen. Die „Weberiana"-Sammlung der Staatsbibliothek zu Berlin gilt als weltweit größte Sammlung zu Carl Maria von Weber.
Marina Schieke-Gordienko

Blatt von der Eiche am Grabe Theodor Körners
*deutsch, 2. Hälfte 19. Jh.
Eichenblatt, Karton
12 x 18 cm
beschriftet: Von der heiligen Eiche am Grabe
Theodor Körners in Wöbbelin
Inv.-Nr. MI/1/2001*

Im August 1813 stieß Körner, nachdem er eine Verletzung ausgeheilt hatte, wieder zu seinem Freikorps, das inzwischen in Norddeutschland eingesetzt war. Im Wald bei Rosenow fiel er am 26. August in einem Scharmützel mit französischen Soldaten. Er wurde in Wöbbelin unter einer Eiche beigesetzt, sein Grab wurde bald zu einer Gedenk- und Pilgerstätte, 1938 zu einer „nationalsozialistischen Weihestätte". Auch dieses Erinnerungsstück an Theodor Körner stammt aus dem Besitz des Sammlers Alfred Moschkau aus Oybin und befand sich im Besitz der Gaststätte Napoleonstein in Leipzig.

**Bewilligung einer Leibrente
für Therese Haubenreisser**
*Civilkabinett des Deutschen Kaisers
Karl von Wilmowski (Unterschrift)
Berlin, 9.6.1883
Handschrift auf Papier mit beigefügter Fotografie
Brief: 35,3 x 26,5 cm, Foto: 17,4 x 14,4 cm
Bibl.-Sign. II R 549*

Am 18. Juni 1813 wurde Theodor Körner in einem Gefecht bei Kitzen schwer verwundet. Sein Pferd trug ihn noch in einen Wald bei Großzschocher, wo er ohnmächtig unter einem Baum liegen blieb. Die 10-jährige Therese Haubenreißer entdeckte ihn und informierte ihre Familie. Nicht ohne Gefahr für sich selbst nahm diese den Verwundeten für eine Nacht auf, bevor er von Freunden in ärztliche Obhut gebracht wurde. Für die Rettung Körners bewilligte Kaiser Wilhelm II. der 80-jährigen Therese Haubenreißer 1883 eine monatliche Unterstützung auf Lebenszeit.

Theodor-Körner-Preis
*DDR, um 1970
Buntmetall, Silber, Stoff
3,4 x 4,6 cm (Spange), D 3 cm (Medaille)
Stiftung Deutsches Historisches Museum Berlin
Inv.-Nr. O 75/139*

Der 1970 in der DDR gestiftete Theodor-Körner-Preis wurde verliehen für hervorragende Leistungen bei der Schaffung oder Interpretation von Kunstwerken, die zur Stärkung der Verteidigungskraft der DDR beitrugen, und für besondere Verdienste bei der Förderung und Entwicklung des künstlerischen Schaffens und der kulturellen Tätigkeit in der Nationalen Volksarmee, in den Grenztruppen und den anderen bewaffneten Organen der DDR.

Sonderpostwertzeichen-Block Theodor Körner
*Ralf-Jürgen Lehmann (Grafiker)
Deutsche Bundespost
Berlin, 1991
Papier
21 x 14,7 cm
Inv.-Nr. A/2013/12*

**Armin Mueller-Stahl in
„Das unsichtbare Visier"**
*unbekannter Fotograf
Berlin, 1976
Fotografie
Deutsches Rundfunkarchiv Potsdam-Babelsberg*

1975 erhielt der Schauspieler Armin Mueller-Stahl mitsamt der Filmcrew für seine Rolle des Agenten des Ministeriums für Staatssicherheit Werner Bredebusch in der Serie des DDR-Fernsehens „Das unsichtbare Visier" den Theodor-Körner-Preis. Mueller-Stahls Rolle als Antwort der DDR auf James Bond wurde offensichtlich als wichtiger Beitrag zur Stärkung der Verteidigungskraft der DDR eingestuft.

Glorreiche Hasardeure *Ferdinand von Schill*

Überstürzter Rebell
Ferdinand von Schill (1776–1809)

Die pommersche Stadt Kolberg, heute Kolobrzeg, wurde im Krieg gegen Frankreich 1806/1807 zum Symbol des erfolgreichen Widerstandes gegen Napoleon. Die preußische Festung unter dem Kommando von Gneisenau wurde von Soldaten und Bürgern unter ihrem Repräsentanten Nettelbeck erfolgreich bis zum Friedensschluss von Tilsit im Juli 1807 verteidigt, auch mit Unterstützung des wenig später zum Volkshelden avancierten Major von Schill und dessen Freikorps. Unter dem Eindruck sich reihenweise ergebender Festungen und Städte und kampflos kapitulierender Armeekorps war der Kampf der Kolberger eine Ausnahme und Beispiel für erfolgreichen Widerstand durch entschlossene Offiziere und Bevölkerung gleichermaßen.

Major Ferdinand von Schill begann, durch seine Erfolge in Kolberg bestärkt, 1809 mit eigenmächtigen militärischen Aktionen gegen die Besatzung. Sein Regiment ließ er im Glauben, auf höheren Befehl zu handeln. Seinem „Rebellenzug" schlossen sich nur wenige Freiwillige an. Nach der militärischen Niederlage Österreichs stand Schill isoliert da, er schlug sich nach Stralsund durch, wo er im Kampf gegen eine Übermacht fiel. Viele seiner Soldaten gerieten in Gefangenschaft, 28 seiner Offiziere wurden standrechtlich erschossen.

Büste des Majors Ferdinand von Schill
unbekannter Künstler
deutsch, 1815/1825
Marmor
H 30 cm
Museumslandschaft Hessen Kassel

Stammstück einer Eiche

Jene Eiche stand einst an der Heerstraße in Damgarten. An ihr sollen mecklenburgische Soldaten ihre Gewehre aus Scham darüber, dass sie gegen Schill gekämpft hatten, zerschlagen haben. Der Baum stand bis zu seiner altersbedingten Fällung 1898 an der Straße, wo Schill einst Rast machte und von mecklenburgischen Truppen angegriffen worden war. Die Heerstraße wurde 1945 in Schillstraße umbenannt.

Medaille auf Ferdinand von Schill
unbekannter Künstler
deutsch, 1913
Bronze
D 59 mm
Inv.-Nr. MS/375/2004

Schills Tod in Stralsund
nach Georg Bleibtreu (1828–1892)
deutsch, um 1850
Lithographie
25,5 x 31,5 cm
Inv.-Nr. VS 431

Auf seinem sogenannten Rebellenzug traf Schill am 25. Mai 1809 mit seinem Regiment in Stralsund ein. Rasch wurde die französische Besatzung vertrieben. Trotz der mittlerweile geschleiften Festungsanlagen hoffte er, die Hansestadt „als Stützpunkt für den Kleinkrieg" nutzen zu können. Immer noch glaubte er an die Signalwirkung seiner Aktion zum Aufstand der Bevölkerung gegen die Franzosen. Allein schon die Stralsunder selbst ließen die erhoffte Begeisterung vermissen und sahen den zu erwartenden militärischen Auseinandersetzungen mit Sorge entgegen. Am 31. Mai griffen die mit Frankreich verbündeten dänischen und holländischen Truppen Stralsund erwartungsgemäß mit deutlich überlegenen Kräften an. Im folgenden Straßenkampf fielen die meisten Soldaten Schills. Auch er selbst fand, mehrfach verwundet, den Tod. Das Haupt des Aufrührers wurde König Jerôme von Westphalen als Trophäe geschickt, sein Körper verscharrt.

Totenmaske Ferdinand von Schills
Stralsund, 1809
Gips
23 x 15 cm
Kulturhistorisches Museum Stralsund

Im Zusammenhang mit einer 2009 in Stralsund gezeigten Ausstellung tauchte nach 200 Jahren tatsächlich eine Totenmaske Schills auf, die aus dem Besitz des Apothekerlehrlings Johann Arnold Haltermann stammt. Der 14-jährige Haltermann hatte nach dem gewaltsamen Tod des berühmten Napoleongegners am 31. Mai 1809 in Stralsund einen Gipsabdruck vom Gesicht des Toten genommen. Ein Nachfahre hatte in der Zeitung von der Stralsunder Ausstellung zum 200. Todestag Schills gelesen und schenkte die Totenmaske dem Museum. Das gipserne Gesicht zeigt auch die während des Kampfes in den Straßen Stralsunds erhaltene Kopfwunde.

Glorreiche Hasardeure *Ferdinand von Schill*

Sogenannter Stralsundsäbel
deutsch, um 1800
Messing, Eisen, Holz, Leder
L 76 cm (gesamt), L 62 cm (Klinge)
Inv.-Nr. VD III/03/95

Auf seinem Zug Richtung Norddeutschland musste Schill zur Ausrüstung der ihm zuströmenden rund 1 300 Freiwilligen auch für deren Bewaffnung sorgen. Wahrscheinlich beschlagnahmte er die Depotbestände eines deutschen Kleinstaates, unter denen sich diese Säbel befanden. Die dänischen Truppen erhielten nach ihrem Sieg über Schill in Stralsund aus der Kriegsbeute die Säbel zugesprochen. Da sich die ursprüngliche Herkunft der Säbel nie klären ließ, werden sie seither als Stralsundsäbel bezeichnet.
Lit.: RODEKAMP 2008, S. 74.

5-Mark-Stück
auf den 200. Geburtstag Ferdinand von Schills
DDR, 1976
Neusilber
D 2,8 cm
Inv.-Nr. MS/2012/2

Fotoalbum der „Freischar Schill" (o. Abb.)
deutsch, 1928/1931
Fotografien auf Pappe
28 x 50 cm (aufgeschlagen)
Stiftung Deutsches Historisches Museum Berlin
Inv.-Nr. Do2 2003/2218

Nach dem 1923 verhängten Verbot des Wikingbundes, eines rechtsnationalistischen Wehrverbades zur Beseitigung der Weimarer Republik, wurde dessen Jugendgruppe in „Freischar Schill" umbenannt. 1927 trat die Freischar geschlossen der NSDAP bei. Vorliegendes Erinnerungsalbum wird mit den Versen eingeleitet:

Wir haben unsere Speere
Wir tragen die alte Ehre
Und unser altes Recht.
Wir schaffen den Tag, da die Klingen
Für Deutschland wieder singen
Und für ein frei Geschlecht

Gutschein über 18,09 zu den Festlichkeiten der 775-Jahr-Feier der Hansestadt Stralsund
Stralsund, 2009
Akzidenzdruck
Papier
10 x 21 cm
Privatsammlung

Filmprogramm „Der Feuerteufel"
Berlin: Filmschriftenverlag GmbH, 1939
Akzidenzdruck
22 x 20 cm
Inv.-Nr. A/2012/996

Der Film „Der Feuerteufel" von und mit Luis Trenker von 1940 verklärt den verzweifelten Freiheitskampf Kärntner Bauern gegen Napoleon. Auslöser der Rebellion des Valentin Sturmegger ist der Rebellenzug Ferdinand von Schills im Jahr 1809. Der Streifen erzählt die sentimentale Geschichte vom zunächst gescheiterten Versuch, die Flamme des Aufstandes gegen Napoleon in den Alpen zu entzünden.

Illustrierter Filmkurier: Kolberg
Berlin: Verlag Vereinigte Verlagsgesellschaften Franke & Co. KG, 1945
Akzidenzdruck
20 x 14,5 cm
Inv.-Nr. A/2012/995

Kolberg (Ausschnitt)
Veit Harlan (Regie)
© Universum Film AG 1945/ Murnau Stiftung Wiesbaden

Bereits am 1. Juni 1943 beauftragte Reichspropagandaminister Joseph Goebbels den Regisseur Veit Harlan mit der Produktion eines Films über die Belagerung von Kolberg im Jahr 1807. Detailliert befahl er: „Aufgabe dieses Films soll es sein, am Beispiel der Stadt, die dem Film den Titel gibt, zu zeigen, daß ein in Heimat und Front geeintes Volk jeden Gegner überwindet. Ich ermächtige Sie, alle Dienststellen von Wehrmacht, Staat und Partei, soweit erforderlich, um ihre Hilfe und Unterstützung zu bitten und sich dabei darauf zu berufen, daß der hiermit von mir angeordnete Film im Dienste unserer geistigen Kriegführung steht." *(zitiert nach: Harlan, Veit, Im Schatten meiner Filme, Gütersloh 1966, S. 183).*
Ende 1944 war der mit 8,8 Millionen Reichmark bis dahin teuerste deutsche Farbfilm fertiggestellt. Tausende deutsche Soldaten hatten als Statisten mitgewirkt.

Auslaufen deutscher U-Boote von der französischen Atlantikküste
Deutsche Wochenschauen 1942/44 (Ausschnitte)
© Transit Film

Der 1981 nach einem Roman von Lothar-Günter Buchheim entstandene Film „Das Boot" des Regisseurs Wolfgang Petersen um das deutsche Unterseeboot U 96 und seine Besatzung spielt zum Teil im während des Zweiten Weltkrieges deutschen U-Boot-Stützpunkt La Rochelle. Der Kommandant des Bootes, der authentische Kapitänleutnant Heinrich Lehmann-Willenbrock, war zudem ab März 1942 Kommandant der 9. U-Boot-Flottille in Brest. Der international erfolgreiche Film zeichnet ein zutreffendes Bild vom Irrsinn des U-Bootkrieges und gibt zugleich einen Einblick in jenen Mikrokosmos, in dem Harlans Kolberg-Film noch wenige Wochen vor Kriegsende Durchhaltewunder wirken sollte. Die Uraufführung von „Kolberg" fand am 30. Januar zugleich in Berlin und im von den Alliierten eingeschlossenen U-Boothafen La Rochelle statt. Dazu wurden die Filmrollen durch die deutsche Luftwaffe über der belagerten Stadt an der Atlantikküste abgeworfen.

Glorreiche Hasardeure *Adolf Wilhelm Freiherr von Lützow*

„Wilde verwegene Jagd"
Adolf Wilhelm Freiherr von Lützow (1782–1834)

Adolf Wilhelm Freiherr von Lützow trat 1795 als Dreizehnjähriger in die preußische Armee ein. Der passionierte Reiter wurde 1804 auf eigenen Wunsch in ein Kürassierregiment versetzt, mit dem er 1806 bei Jena und Auerstedt kämpfte. Im Verlauf der Ereignisse schlug sich Lützow ins besetzte Kolberg durch und stellte sich Ferdinand von Schill bei der Verteidigung der besetzten Festung zur Verfügung. Nach kurzem Abschied aus der Armee aus gesundheitlichen Gründen schloss er sich 1809 dem Zug Schills an. Ab 1811 wieder in preußischen Diensten, erhielt er Anfang 1813 vom preußischen König die Genehmigung zur Aufstellung eines Freikorps. Das hauptsächlich aus nichtpreußischen Staatsbürgern bestehende, rund 3 000 Mann umfassende Korps, dem viele Studenten und Akademiker angehörten, agierte vornehmlich im Rücken des Gegners und störte dessen Versorgungslinien. Der militärische Wert der Einheit war gering. Zu ihren prominentesten Mitgliedern gehörten Theodor Körner und Joseph Freiherr von Eichendorff. Obwohl weder Lützow noch sein Korps direkt an den Kämpfen der Völkerschlacht beteiligt waren, wurden sie zu Symbolgestalten der Befreiungskriege.

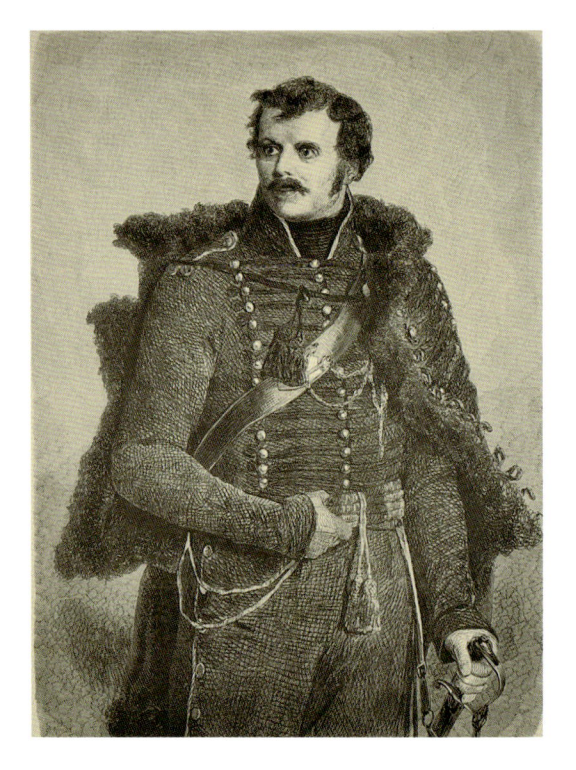

Adolf Wilhelm Freiherr von Lützow
nach Hermann Scherenberg (1826–1897)
deutsch, um 1880
Xylographie
40,3 x 28,6
Inv.-Nr. VS 1069

Freikorps Lützow 1813 1919. Denkschrift (o. Abb.)
Berlin, 1919
Druck
Karton, Papier
24 x 64 cm (aufgeschlagen)
Stiftung Deutsches Historisches Museum Berlin
Inv.-Nr. Do2 89/1288.4

Infolge der Novemberrevolution 1918 wurde im Januar 1919 in Berlin das rund 1 300 Mann starke Freikorps Lützow gebildet. Die gegen revolutionäre Bewegungen eingesetzte Truppe stand unter dem Befehl des Majors Hans von Lützow und agierte mit großer Härte vor allem in Berlin und Braunschweig, bei München und an der Ruhr.

Helm für Helikopterpiloten Modell THL-5CN
Polen, 1980/1985
Kunststoff, Leder, Metall
H 25 cm, D 22,5 cm
Inv.-Nr. MI/7/2010

1975 wurde das Kampfhubschraubergeschwader 5 der Nationalen Volksarmee der DDR gegründet. 1980 erhielt es den Ehrennamen „Adolf von Lützow".

Medaille auf das Kampfhubschraubergeschwader „Adolf von Lützow"
DDR, nach dem 1.3.1980
Neusilber
D 3,5 cm
Privatsammlung

Uniformhose des Lützower Freikorps
deutsch, um 1813
Tuch, Leinen, Metall, Leder
L 120 cm
Inv.-Nr. MI/19/2008

Nach dem Einmarsch der Verbündeten in Paris 1814 wurden die nichtpreußischen Mitglieder des Freikorps entlassen und dieses in ein preußisches Linienregiment umgewandelt. 1815 ersetzte man die schwarzen Uniformen durch blaue. Die unauffällige schwarze Uniform trugen die Entlassenen vielfach im Zivilleben weiter. Heute ist kein Originalexemplar einer vollständigen Uniform des Korps mehr bekannt. Vermutlich handelt es sich bei dieser Hose um das einzige noch vorhandene authentische Stück.

Illustrierter Film-Kurier: Kampfgeschwader Lützow
Berlin: Verlag Neue Film-Kurier Verlagsgesellschaft m.b.H., 1941
Akzidenzdruck
22,1 x 29,4 cm
Inv.-Nr. A/2095/2010

„Kampfgeschwader Lützow" ist ein 1941 entstandener nationalsozialistischer Kriegs- und Propagandafilm. Der Titel wurde nicht nach dem zu dieser Zeit noch wenig bekannten Jagdflieger Günther Lützow gewählt, sondern nach dem General Ludwig Adolf Wilhelm von Lützow. Uraufführung war im Februar 1941. Der Film stellt die deutschen Bomber- und Jagdflieger als edle Ritter der Lüfte dar, den Bombenkrieg als amüsantes Abenteuer.

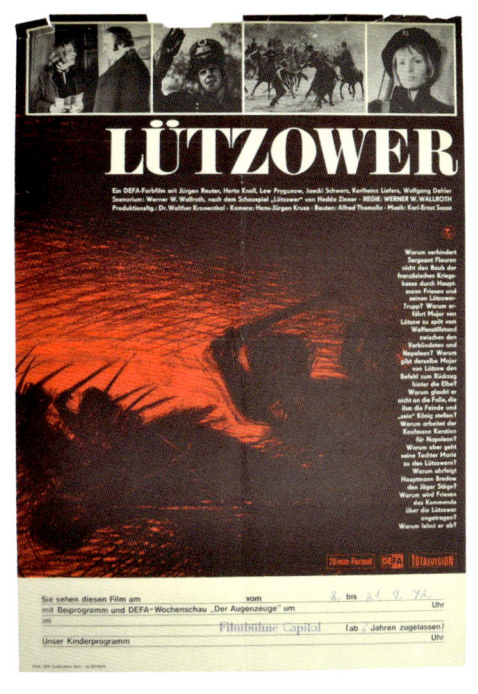

Plakat zum Film „Lützower"
Druckkombinat Berlin
Berlin, 1972
Offsetdruck
57 x 41 cm
Inv.-Nr. PL 72/203

Der 1972 entstandene, vier Millionen Mark teure DEFA-Film „Lützower" von Werner W. Wallroth spiegelt das Preußenbild der DDR jener Jahre. Das einfache Volk, voller nationalem Verantwortungsgefühl und mit patriotischer Begeisterung, ist bereit, Leib und Leben für die richtige Sache zu wagen und wird mit Verrat und Eigennutz des Adels konfrontiert.

Glorreiche Hasardeure *Eleonore Prochaska und andere Weibsbilder*

Eleonore Prochaska und andere Weibsbilder

In der patriarchalisch geprägten Gesellschaft des frühen 19. Jahrhunderts waren Frauen in der Regel an die Rolle der treusorgenden Ehefrau, Hausfrau und Mutter gebunden. Dennoch gelang es einigen, in die männliche Domäne des bewaffneten Kampfes einzubrechen. Insgesamt elf Frauen sind namentlich bekannt, die wie Eleonore Prochaska, die Jeanne d'Arc von Potsdam, mit der Waffe in der Hand in den Kampf gegen Napoleon zogen. Alle jedoch tarnten sich mit Männerkleidung. Ihr gesellschaftlich inakzeptables Verhalten wurde im Nachhinein gerechtfertigt mit einem Überschwang an patriotischem Eifer, der den gesellschaftlichen Fauxpas legitimierte. An der traditionellen Rollenverteilung änderte er vorläufig nichts und blieb Kuriosum der Geschichte.

Illustrierter Film-Kurier:
Schwarzer Jäger Johanna
Berlin: Verlag Neue Film-Kurier Verlagsgesellschaft m.b.H., 1934
Akzidenzdruck
29 x 22 cm
Inv.-Nr. A/2012/997

Der Historienfilm des Regisseurs Johannes Meyer von 1934 beruht auf der gleichnamigen Romanvorlage von Georg von de Vring und schildert das Leben der Johanna Luerssen, die, wie ihr reales Vorbild Eleonore Prochaska, als Mann verkleidet in die Kämpfe gegen Napoleon zieht. Die Hauptdarstellerin war Marianne Hoppe. Wegen seiner Anlehnung an die nationalsozialistische Propaganda wurde der Film nach 1945 von den alliierten Behörden verboten.

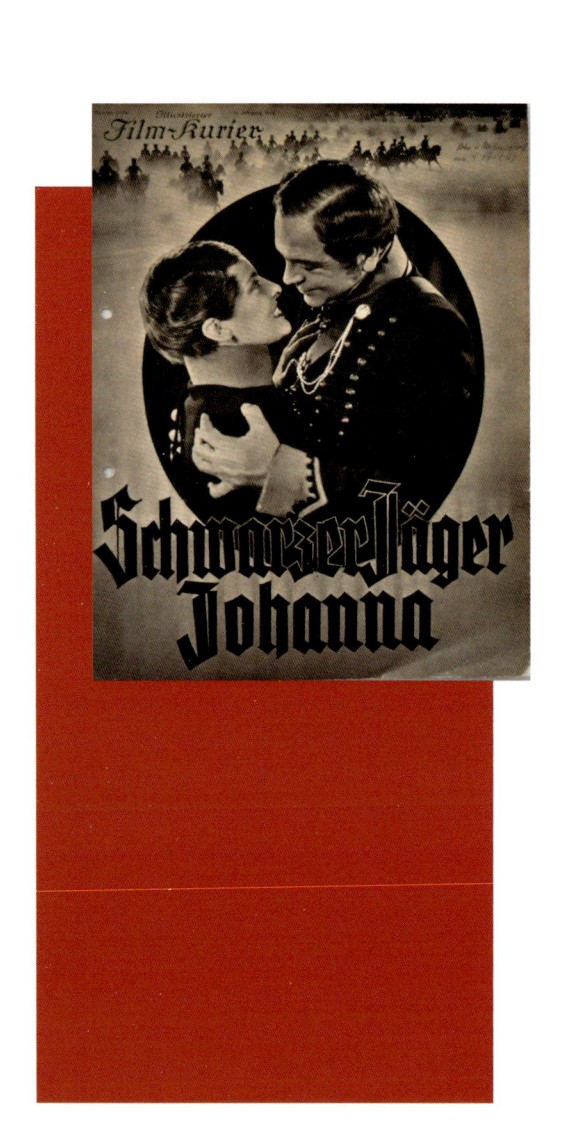

Pirelli-Kalender 1991
Pirelli & C. SpA
Mailand, 1991
Offsetdruck
59,6 x 42 cm
Inv.-Nr. K/129/2010

Seit dem Jahr 1964 gibt der Reifenkonzern Pirelli einen jährlich in einer begrenzten Auflage erscheinenden Kalender in Auftrag, der aufgrund seiner geringen Stückzahl nicht käuflich zu erwerben ist, sondern nur an ausgesuchte Freunde und Kunden des Unternehmens weitergegeben wird. 1991 stellten diverse Modelle historische Frauengestalten dar. Hier posiert Lynne Koester als Eleonore Prochaska.

Glasharmonika
deutsch, um 1830/40
Tonhöhe c – gis2
Kirschbaum, Eisen, Holz, Glas
Gehäuse: L 125,5 cm, B 41,7 cm, H 98,2 cm
GRASSI Musikinstrumenten-Museum der Universität Leipzig, Inv.-Nr. 354

Die aus einfachen Verhältnissen stammende Eleonore Prochaska begeisterte sich für den Freiheitskampf gegen Napoleon und trat 1813 als Mann verkleidet unter dem Namen August Renz dem Lützowschen Freikorps bei. In der Schlacht an der Göhrde wurde sie schwer verwundet und erlag wenige Wochen später ihren Verletzungen. In der Folgezeit erfuhr sie als Potsdamer Jeanne d'Arc fast kultische Verehrung als glühende Patriotin der deutschen Befreiungskriege. Ludwig van Beethoven begann eine auf der Lebensgeschichte der Prochaska und einem Melodram des königlich preußischen Geheimsekretärs Friedrich Duncker basierende Oper (WoO 96), die er nicht vollendete.
Auf einem vergleichbaren Instrument wurde Beethovens Bühnenmusik uraufgeführt.
Lit.: HEISE, Birgit: Membranophone und Idiophone. Europäische Schlag- und Friktionsinstrumente, Halle an der Saale 2002.

Büchse eines freiwilligen Jägers im Füsilier-Bataillon des 1. Pommerschen Infanterie-Regiments
deutsch, Anfang 19. Jh.
Holz, Eisen, Messing, Horn
L 76 cm (Lauf)
L 115 cm (gesamt)
auf dem Lauf graviert: 1813 u. 1814
Inv.-Nr. W/G 76

Die Objektgeschichte weist die Büchse als Eigentum des Freiwilligen Jägers Friedrich Wilhelm Schünemann aus. Schünemann diente in den Jahren 1813 und 1814 im Freiwilligen Jäger-Detachement im Füsilierbataillon des 1. Pommerschen Infanterie-Regiments. Dies war jene Einheit, die Johanna Stegen während des Gefechts bei Lüneburg am 2. April 1813 unter Lebensgefahr mit Munition versorgte. Das ursprüngliche Steinschloss wurde später auf die modernere Perkussionszündung umgerüstet.
Lit.: Tagesgeschichte des freiwilligen Jäger-Detachements des Füsilier-Bataillons 1sten Pommerschen, jetzigen 2ten Infanterie-Regiments während des Feldzuges von 1813 und 1814, Stettin 1845; RODEKAMP 2008, S. 93.

Johanna Stegen, die Heldin von Lüneburg
nach Ludwig Herterich (1856–1932)
deutsch, 1887
Druck nach Photgravure
21,5 x 28,5 cm
Privatsammlung

Am 2. April 1813 kam es bei Lüneburg zwischen Angehörigen des 1. Pommerschen Infanterie-Regiments und napoleonischen Truppen zu einem Gefecht. Als den Preußen die Munition auszugehen drohte, transportierte die zwanzigjährige Lüneburgerin Johanna Stegen unter dem Kugelhagel der Franzosen in ihrer Schürze Patronen von einem auf dem Schlachtfeld verlassenen Munitionswagen zu den Schützen. Mit ihrer Tat soll Johanna Stegen maßgeblich zum Sieg der Preußen beigetragen haben.

Glorreiche Hasardeure *Eleonore Prochaska und andere Weibsbilder*

Sammelbild mit Darstellung der Johanna Stegen
Seifenfabrik M. Kappus GmbH & Co
Offenbach/Main, um 1910
Akzidenzdruck auf Papier
7,3 x 10,8 cm
Privatsammlung

Plakat: Hilf auch Du mit!
Dr. Güntz-Druck
Dresden, um 1940
Offsetdruck
118 x 83 cm
Inv.-Nr. PLA 88a

„Die Welt der Frau ist ... die Familie, ihr Mann, ihr Heim. Von hier aus öffnet sich dann ihr Blick für das Gesamte." 1936 fasste Adolf Hitler auf dem Reichsparteitag der NSDAP das nationalsozialistische Frauenbild so zusammen.[1]

Es wies den weiblichen Mitgliedern der Volksgemeinschaft einen festen Platz zu, der kaum weiter vom Kampfeinsatz des Soldaten entfernt sein konnte. Frauen wie Eleonore Prochaska oder Johanna Stegen mochten als Vorbild einer aufopfernden Vaterlandsliebe gelten, als unmittelbar nachzueifernden Leitfiguren der kämpfenden Frau taugten sie nicht. Dass die Nationalsozialisten durch den von ihnen entfachten Weltkrieg gezwungen wurden, ihr konservatives Frauenbild um Kinder, Küche und Gemahl zugunsten des umfassenden Einsatzes von Frauen in der Kriegsproduktion und zahlreichen weiteren Männerdomänen zu modifizieren, war lediglich den Umständen geschuldet und hatte nichts mit einer gewollten Auflösung traditioneller Geschlechterrollen zu tun.

1 KADE, Franz, Die Wende in der Mädchenerziehung, Dortmund, Breslau 1937, S. 5

Preußische Kriegsdenkmünze auf den Feldzug 1813–1814
Preußen, um 1815
Bronze, Seidenrips
D 2,8 cm
FLOHBURG – Das Nordhausen Museum

Die Preußische Kriegsdenkmünze für den Feldzug 1813–1814 soll Johanna Stegen für ihren gefährlichen Einsatz im Gefecht vom April 1813 verliehen worden sein. Durch familiäre Verbindungen gelangte die Auszeichnung des „Mädchens von Lüneburg" nach Nordhausen.

Kittelschürze der Frida Hockauf
DDR, um 1965
Polyamid, bedruckt
L 102 cm
Stiftung Deutsches Historisches Museum Berlin
Inv.-Nr. Kte 75/171

Das Frauenbild in der DDR war deutlich von emanzipatorischen Gesichtspunkten bestimmt. Gerade im Berufsleben sollten Frauen ihren männlichen Kollegen gleichgestellt sein. Dass der starke Einsatz weiblicher Arbeitskräfte in der Industrie in der notorisch an Arbeitskräftemangel leidenden DDR-Wirtschaft auch stark ökonomisch motiviert war, tat dem neuartigen Frauenbild im deutschen Teilstaat kaum Abbruch. Zugleich unternahm die Regierung der DDR vielfältige Anstrengungen, um berufstätigen Frauen die Mutterschaft möglich zu machen. Die Vereinbarkeit von Familie und Beruf bildete das Credo der DDR-Frauenpolitik, ihr Ideal – die berufstätige, möglichst mehrfache Mutter.

In der Nationalen Volksarmee konnten Frauen vor allem in der Verwaltung, im medizinischen Bereich oder der Waffengattung „Nachrichten" Dienst tun. Ein Dienst an der Waffe war nicht möglich.

Zur Ikone der berufstätigen Frau im Sozialismus wurde Frida Hockauf (1903–1974) in der DDR stilisiert. Nach dem Aufstand vom 17. Juni 1953, der sich auch gegen die Erhöhung der Arbeitsnormen gerichtet hatte, war die SED auf der Suche nach geeigneten Motivationen zur Steigerung der Industrieproduktion. Im September 1953 startete eine entsprechende Propagandakampagne. Als Weberin im VEB Mechanische Weberei Zittau übererfüllte Hockauf medienwirksam in Szene gesetzt die Planvorgaben und galt fortan als beispielhafte „Heldin der Arbeit", die zwischen 1954 und 1963 gar Volkskammerabgeordnete war. Die vielzitierte Losung „So wie wir heute arbeiten, werden wir morgen leben" wird ihr zugeschrieben.

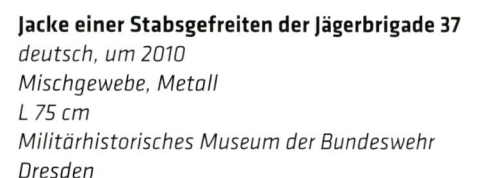

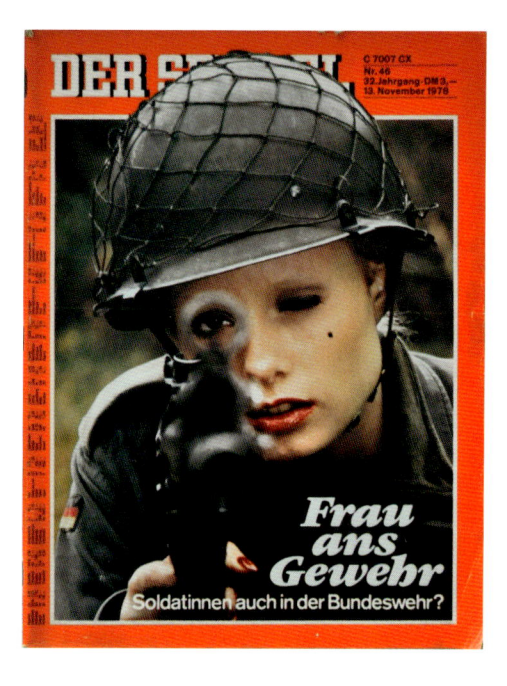

Jacke einer Stabsgefreiten der Jägerbrigade 37
deutsch, um 2010
Mischgewebe, Metall
L 75 cm
Militärhistorisches Museum der Bundeswehr Dresden

Frauen ans Gewehr. Soldatinnen auch in der Bundeswehr?
Der Spiegel, Nr. 46, 32. Jg., 13. November 1978
Spiegel-Verlag Hamburg, 1978
28 x 21,5 cm
Privatsammlung

1996 bewarb sich die Elektronikerin Tanja Kreil bei der Bundeswehr um eine Stelle als Waffenelektronikerin. Ihre Bewerbung wurde mit dem Verweis auf die im Grundgesetz fixierte Bestimmung, dass Frauen keinen Dienst an der Waffe leisten dürfen, abgelehnt. Infolge einer Klage von Tanja Kreil beim Verwaltungsgericht Hannover legte dieses den Sachverhalt dem Europäischen Gerichtshof vor. Dieser entschied am 11. Januar 2000, dass im Sinne der beruflichen Gleichstellung von Mann und Frau, Frauen in der Bundeswehr auch zum Dienst an der Waffe zuzulassen seien. Im Januar 2001 traten die ersten 244 Frauen den Truppendienst an. Tanja Kreil entschied sich dann doch für eine berufliche Tätigkeit im Zivilleben.

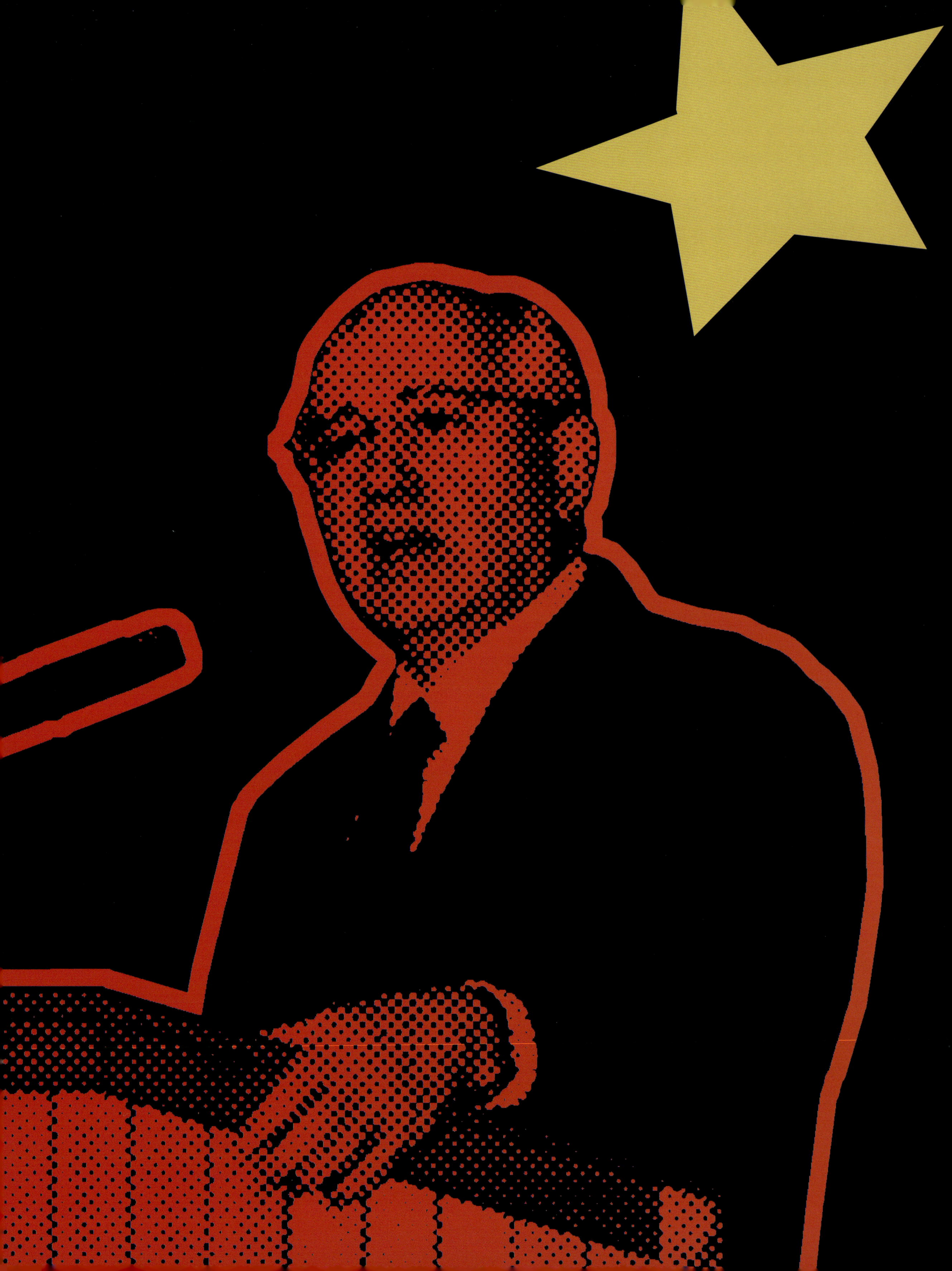

Generäle mit Rückgrat

Von den 143 Generälen, die im Jahr 1806, dem Jahr der Katastrophe von Jena und Auerstedt, im preußischen Heer befahlen, taten 1813 nur noch zwei Dienst. Die übrigen waren wegen Feigheit, Verrat, Überalterung oder wegen Unfähigkeit entlassen und ersetzt worden. Die preußische Armee das Jahres 1813 war eine vollkommen andere als sieben Jahre zuvor. Viele, die ihr Berufsstand zum Helden im Wartestand bestimmte, haben in den Befreiungskriegen tatsächlich Erstaunliches vollbracht, nicht nur mit Waffengewalt. Unsere Auswahl stellt den Konservativen und den Theoretiker, den Reformer und den Haudegen vor.

Generäle mit Rückgrat *Graf Yorck von Wartenburg*

Hochverrat oder Patriotismus
Johann David Ludwig Graf Yorck von Wartenburg (1729–1817)

Ab 1787 machte der aus Pommern stammende Yorck eine steile Karriere in der preußischen Armee. 1810 wurde er Generalinspekteur der leichten Truppen. 1812 erhielt Yorck als Generalleutnant den Befehl über das preußische Hilfskorps, das an der Seite Napoleons am Russlandfeldzug teilnahm. Beim Rückzug der Franzosen übernahm Yorck die Nachhut und verlor dabei die Verbindung mit den französischen Einheiten. Auf Drängen seiner Offiziere neutralisierte er am 30. Dezember 1812 in der Konvention von Tauroggen mit dem russischen General Diebitsch sein Korps, ohne die erbetene Zustimmung König Friedrich Wilhelms III., zu diesem Zeitpunkt noch Verbündeter Frankreichs, erhalten zu haben. Yorck riskierte damit seinen Kopf und wurde seines Kommandos enthoben, was er bis zum Politikwechsel seines Souveräns jedoch nie offiziell zur Kenntnis erhielt. Das Handeln Yorcks ist in der bisherigen Geschichte Preußens ohne Beispiel. Ohne von seinem Souverän dazu autorisiert zu sein, entschied sich ein General angesichts der zwingenden Umstände und seines eigenen Gewissens gegen die Politik seines Königs und riskierte damit die Anklage als Hochverräter. Erhobenen Hauptes wandte sich der General an seinen obersten Dienstherrn: „Ew. Königl. Majestät kennen mich als einen ruhigen, kalten, sich in die Politik nicht mischenden Mann. ... Die Zeitumstände aber haben ein ganz anderes Verhältnis herbeigeführt, und es ist ebenfalls Pflicht, diese nie wieder zurückkehrenden Verhältnisse zu nutzen. ... Ich erwarte nun sehnsuchtsvoll den Ausspruch Ew. Majestät, ob ich gegen den wirklichen Feind vorrücke, oder ob es die politischen Verhältnisse erheischen, dass Ew. Majestät mich verurteilen. Beides werde ich mit treuer Hingebung erwarten, und ich schwöre meiner Ew. Majestät, dass ich auf dem Sandhaufen ebenso ruhig wie auf dem Schlachtfelde, auf dem ich grau geworden bin, die Kugel erwarten werde."[1] Die Nachricht vom Waffenstillstand zwischen Preußen und Russland löste, beginnend in Ostpreußen, eine offene Erhebung gegen die französische Herrschaft in Norddeutschland aus. Yorck selbst setzte die eigenverantwortliche Aufstellung der Landwehr in Königsberg durch die ostpreußischen Stände durch. Im Verlaufe des Krieges kämpfte Yorck in etlichen entscheidenden Schlachten, erzwang u. a. den berühmten Elbübergang der Schlesischen Armee gegen den Widerstand des französischen Generals Bertrand. Bei Leipzig befehligte Yorck sehr erfolgreich ein preußisches Korps in der Schlacht bei Möckern. Seine letzte Schlacht schlug der zum Grafen von Wartenburg Beförderte im März 1814 bei Paris. Der stockkonservative Yorck war alles andere als ein Reformer, doch hasste er Napoleon, wie Scharnhorst meinte, noch viel mehr als dieser und war so im Dezember 1812 der rechte Mann am rechten Ort.

1 zitiert nach: VEHSE, Eduard, Geschichte der deutschen Höfe seit der Reformation., Bd. 6, Hamburg 1851, S 122 f.

General York von Wartenburg
unbekannter Künstler
deutsch, um 1860
Xylographie
39,4 x 28,2 cm
Militärhistorisches Museum der Bundeswehr Dresden

Ausschnitte aus:
Großer Zapfenstreich der Bundesrepublik Deutschland zur Verabschiedung des Verteidigungsministers Karl Theodor zu Guttenberg am 10. März 2011
Großer Zapfenstreich der Nationalen Volksarmee der DDR, anlässlich des 175. Jahrestages der Völkerschlacht 1988
Yorckscher Marsch, Stabsmusikkorps Berlin, Oberstleutnant Volker Wörrlein
© Deutsches Rundfunkarchiv Potsdam-Babelsberg/NDR Hamburg

1808 komponierte Beethoven für die böhmische Landwehr den Marsch Nr. 1, der 1813 dem General Yorck zugeeignet und seither nach diesem benannt wurde. Der überaus beliebte Marsch avancierte später zum Parademarsch des 1. Garde-Regiments zu Fuß und zum festen Bestandteil des Großen Zapfenstreiches von Nationaler Volksarmee der DDR und Bundeswehr gleichermaßen.

Convention von Tauroggen
nach Ludwig Pietsch (1824–1911)
Berlin, um 1880
Xylographie
28,5 x 31,4 cm
Inv.-Nr. VS 886

Konvention von Tauroggen
Tauroggen, 30.12.1812
Handschrift auf Papier, gesiegelt
78 x 47 cm
Faksimile (Original: Privatbesitz)
Inv.-Nr. Völk. 15

Am 30. Dezember 1812 trafen sich der preußische General Yorck und der in russischen Diensten stehende General Johann Karl Friedrich Anton Graf von Diebitsch in der Mühle von Poscherun (Litauen) zum Abschluss einer Vereinbarung über das Schicksal der von Yorck geführten preußischen Hilfstruppen für Napoleons Russlandfeldzug. Der mittlerweile ebenfalls in der russischen Armee dienende Reformer der preußischen Armee und Militärtheoretiker Carl Philipp Gottlieb von Clausewitz hatte die Vermittlerrolle übernommen. Während des Rückzugs der napoleonischen Armee und ihrer Verbündeten aus dem desaströs verlaufenen Russlandfeldzug war die Verbindung zwischen den von Yorck gehassten französischen Truppen und dem preußischen Hilfskontingent abgerissen, bewusst hatten sich russische Einheiten zwischen beide Truppenkörper geschoben. Yorck stand einem zahlenmäßig deutlich überlegenen Gegner gegenüber, der jedoch wenig an einem Kampf mit den Preußen interessiert war. Persönlich war Yorck mit der Verbindung seines Monarchen zu Napoleon zwar nicht einverstanden, folgte aber dessen Befehlen. Mit verschiedenen russischen Offizieren unterhielt Yorck bereits seit längerem Korrespondenzen, die ihm deutlich machten, dass man jetzt von ihm ein entscheidendes Signal erwartete. Seine eigenen Offiziere drängten den General ebenfalls immer wieder, das Bündnis für die von ihm befehligten Truppen aufzukündigen. Angesichts der militärisch ausweglosen Situation glaubte Yorck, sein Tun rechtfertigen zu können und gab seiner persönlichen Überzeugung und dem Drängen seiner Offiziere nach.

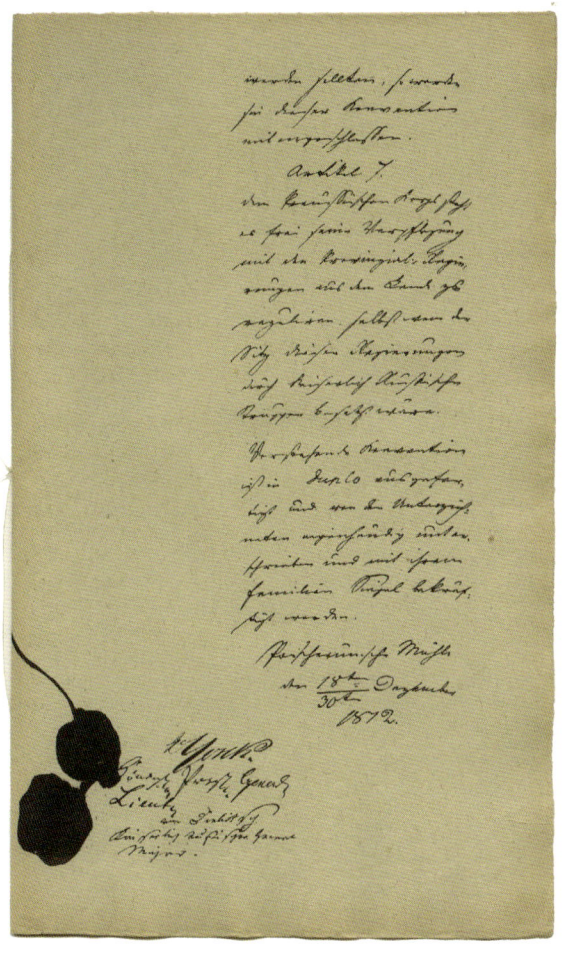

In der sogenannten Konvention von Tauroggen schloss er einen Waffenstillstand zwischen den von ihm befehligten preußischen Truppen und der russischen Armee ab. Die letzte Entscheidung überließ Yorck dennoch seinem König. Die Neutralität sollte solange Bestand haben, bis eine Entscheidung Friedrich Wilhelms III. gefallen sei. Dass dieser seinen General aus taktischen Erwägungen seines Kommandos enthob, sollte der offiziell nie zur Kenntnis nehmen. Die russischen Truppen ließen den Boten des preußischen Königs, der Yorck die Nachricht von seiner Entlassung bringen sollte, nicht passieren.

Das Original dieses für die deutsche Militärgeschichte so beispiellosen Vertrages befindet sich in Privatbesitz.

Generäle mit Rückgrat *Graf Yorck von Wartenburg*

Ansprache General York's an die preußischen Stände - 5. Februar 1813.

Ansprache General York's an die preußischen Stände
nach Otto Brausewetter (1835–1904)
deutsch, 1888
Farbdruck
47 x 64,5 cm
Inv.-Nr. VS 30

Für einen beachtlichen Teil der Bevölkerung Ostpreußens war der Abschluss der Konvention von Tauroggen mit einer preußischen Kriegserklärung an Frankreich gleichzusetzen. Spontan meldeten sich Bürger freiwillig zu den Waffen. Am 5. Februar 1813 traten in Königsberg die ostpreußische Landstände zusammen. Yorck appellierte in einer leidenschaftlichen Ansprache an die Abgeordneten, bewaffnete Kräfte aufzustellen. Die Landstände beschlossen die Aufstellung einer 20 000 Mann zählenden Landwehr und 10 000 Mann Reserve in Ostpreußen.
Der Berliner Maler Otto Brausewetter stellte diese Szene in einem großformatigen Gemälde 1888 für den Sitzungssaal des Provinziallandtags in Königsberg dar, seinem Studien- und auch zeitweiligen Wirkungsort. Das als Hauptwerk Brausewetters eingeschätzte Kunstwerk wurde im Zweiten Weltkrieg zerstört.

Zigarettenschachtel der Marke „Yorck von Wartenburg"
Zigarettenfabrik Josef Garbáty-Rosenthal
Berlin-Pankow, 1900/1930
Blech, lithographiert
11,5 x 14,5 x 3 cm
Inv.-Nr. V/2012/1359

Color-Tonpostkarte Völkerschlachtdenkmal mit aufgepresster Aufnahme des Yorckschen Marsches
VEB deutsche Schallplatten Berlin
Berlin, 1970er Jahre
Kunststoff
20 x 13 cm
Privatsammlung

Der gelehrte General
Gerhard von Scharnhorst
(1755 – 1813)

Der Spross eines wenig bemittelten hannoverschen Gutsbesitzers besuchte ab 1773 eine Militärschule und trat 1778 in ein Infanterieregiment ein. 1782 wurde er Leutnant, 1792 Stabskapitän. 1801 trat der zum Oberstleutnant beförderte Scharnhorst in preußische Dienste über und wurde Direktor einer Offiziersschule. Intensiv diskutierte er mit gleichgesinnten Militärs Preußens die Notwendigkeit einer umfassenden Heeresreform. Nach dem Frieden von Tilsit 1807 wurde Scharnhorst zum Chef des Kriegsministeriums und des Generalstabes sowie zum Vorsitzenden der Kommission zur Reorganisation des Heeres ernannt. Er führte neue Qualifikationsvoraussetzungen für Offiziere ein, beseitigte das Werbesystem, verbesserte die Ausbildung der Rekruten und betrieb die Umwandlung des Söldnerheers in ein stehendes Volksheer. Scharnhorsts Credo lautete „Alle Bewohner des Staates sind geborene Verteidiger desselben."[1] Zugleich erkannte er an, dass nur zu Opfern bereit ist, wer das zu Verteidigende wirklich schätzt. Nur ein Staat, der dem Wohl seiner Bürger verpflichtet ist, kann Anspruch auf deren letztes Engagement erheben. Besonderes Augenmerk richtete Scharnhorst auf eine hohe Bildung der Offiziere, die zur Freiheit des Denkens führen sollte. Scharnhorst gilt als intellektueller Vordenker und treibende Kraft der preußischen Heeresreform, die für ihn weit mehr als verwaltungstechnische Akte darstellte. Die Reorganisation der preußischen Armee war für ihn ohne tiefgreifende Umwälzungen der Gesellschaft nicht denkbar. Im Juni 1810 musste er auf französischen Druck vom Amt des preußischen Kriegsministers zurücktreten, blieb jedoch Chef des Generalstabes. Als die Russen Anfang 1813 an der Grenze Schlesiens standen, betrieb Scharnhorst die Erhebung Preußens und den Abschluss des Bündnisses mit Russland. Beim Ausbruch des Kampfes wurde er als Chef des Generalstabs Blücher zugeteilt, mit dem gemeinsam er vergeblich eine energischere Kriegsführung empfahl. In der Schlacht bei Großgörschen im Mai 1813 erlitt er eine Schussverletzung am Knie, an der er wegen unzureichender Behandlung wenige Wochen später in Prag starb. Blücher gedachte des Toten in einer hochemotionalen Ansprache: „Bist Du gegenwärtig, Geist meines Freundes, mein Scharnhorst, dann sei Du selbst Zeuge, daß ich ohne Dich nichts würde vollbracht haben."[2]

[1] USCZECK, Hansjürgen, Gudzent, Crista (Hrsg.), Gerhard von Scharnhorst, Ausgewählte Schriften, Berlin 1986, S. 236.
[2] GLASER, J.C., Jahrbücher für Gesellschafts- und Staatswissenschaften 2. Jg. 3. Bd. Berlin 1865, S. 534.

Gerhard von Scharnhorst
nach Ludwig Burger (1825-1884)
deutsch, 1863
Holzstich
39,4 x 28,2 cm
Militärhistorisches Museum
der Bundeswehr Dresden

Sitzung der Reorganisations-Kommission in Königsberg
nach Carl Röchling (1855-1920)
Historischer Verlag Paul Kittel
Berlin, um 1900
Farbdruck
16,7 x 23,6 cm
Inv.-Nr. VS 31

Im Juli 1807 wurde Scharnhorst zum Vorsitzenden der neu gegründeten preußischen Militär-Reorganisationskommission ernannt. Der völlige Zusammenbruch des preußischen Militärs im gerade beendeten Krieg hatte die Notwendigkeit tiefgreifender Reformen des gesamten Militärapparates aufgezeigt. Neben Scharnhorst selbst zeigt die um 1900 entstandene Darstellung Carl Röchlings auch Friedrich Wilhelm III., August Wilhelm Anton Graf Neidhardt von Gneisenau, Karl Wilhelm Georg von Grollmann und den Reichsfreiherrn Heinrich Friedrich Karl vom und zum Stein.

Generäle mit Rückgrat *Gerhard von Scharnhorst*

Verleihung des Scharnhorst-Ordens an den polnischen General Jaruzelski
unbekannter Fotograf
Berlin, 14.3.1975
Fotografie
Original: Stiftung Deutsches Historisches Museum Berlin

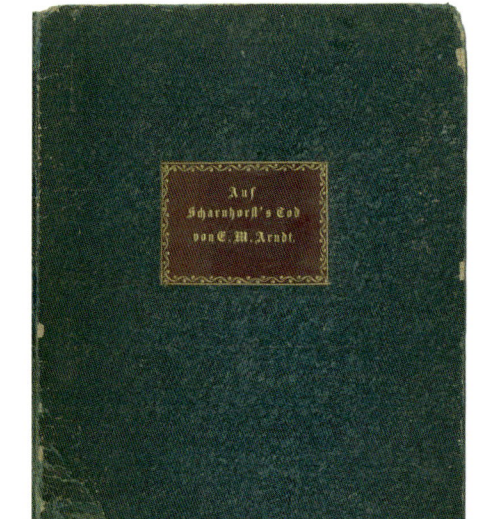

Ärmelabzeichen des Scharnhorstbundes-Deutscher-Jungmannen
deutsch, um 1925
Tuch, gestickt
4,5 x 3,5 cm
Inv.-Nr. MI/2012/4

Der Scharnhorstbund war die Jugendorganisation des „Stahlhelm, Bund der Frontsoldaten", der bereits im Dezember 1918 gegründet wurde und als paramilitärische Organisation der Deutschnationalen Volkspartei galt. Der Stahlhelm schrieb sich auf die Fahnen, all jenen Frontsoldaten des Weltkrieges eine politische Heimat zu geben, die sich durch die Repräsentanten der Weimarer Republik um den Lohn für die Jahre im Schützengraben betrogen glaubten. 1923 wurde der „Scharnhorstbund-Deutscher-Jungmannen" als eigene Jugendorganisation des Stahlhelms ins Leben gerufen. Sie stellte sicher, dass die antidemokratische Weltsicht des Stahlhelms nicht nur im Kreise ehemaliger Frontsoldaten, sondern auch in der jungen Generation Verbreitung fand.

Scharnhorst-Orden der DDR
DDR, 1966/1989
Messing, geprägt und emailliert, Seidenrips
8,5 x 6 cm (Orden mit Spange)
Inv.-Nr. MI/222/2004

Der Scharnhorst-Orden, 1966 vom Ministerrat der DDR gestiftet und bis zum Ende der DDR verliehen, war eine der höchsten Auszeichnungen, die für militärische Verdienste, Verdienste um den Schutz und die Stärkung der Landesverteidigung in der DDR verliehen wurden. Am 14. März 1975 heftete der Staatsratsvorsitzende der DDR, Erich Honecker, dem General und späteren polnischen Staatsoberhaupt Wojciech Witold Jaruzelski die Auszeichnung an.

Auf Scharnhorst's Tod
Ernst Moritz Arndt
o.O., 1813
Buchdruck
21 x 16,5 cm
Leihgabe Stiftung Völkerschlachtdenkmal

Mützenabzeichen des Scharnhorstbundes
deutsch, 1920/1930
Messing
4,5 x 4,5 cm
Inv.-Nr. K/2013/4

Jakobiner in preußischer Uniform
August Neidhardt von Gneisenau (1760 – 1831)

Der Sohn eines sächsischen Artillerieoffiziers studierte zunächst Mathematik, Artilleriewesen, Fortifikationskunst und Kartografie. Er brach das Studium ab, um in ein österreichisches Regiment einzutreten. Als junger Offizier eines ansbachischen Regiments nahm Gneisenau auf britischer Seite am amerikanischen Unabhängigkeitskrieg teil, ab 1785 diente er im preußischen Heer. Sein Studium fortsetzend beschäftigte sich Gneisenau intensiv mit Fragen der Militärorganisation und der Ingenieurskunde. Mit Denkschriften engagierte er sich für eine umfassende Reform des preußischen Heeres. Bekannt wurde er, als er 1807 an der Seite Joachim Nettelbecks die Festung Kolberg bis zum Frieden von Tilsit erfolgreich verteidigte. Inzwischen zum Oberstleutnant befördert, wurde Gneisenau eines der wichtigsten Mitglieder der preußischen Militär-Reorganisationskommission. 1808 veröffentlichte er in einer Königsberger Zeitung unter dem berühmt gewordenen Titel „Freiheit des Rückens" anonym sein Plädoyer gegen die Prügelstrafe und für die Würde des als Bürger verstandenen Soldaten. Es war zugleich sein Werben um die allgemeine Wehrpflicht, ein ganzes Volk auf das Schicksal seines Gemeinwesens zu verpflichten. Er arbeitete eine „Konstitution für die allgemeine Waffenerhebung des nördlichen Deutschlands gegen Frankreich" aus. Konservative Kräfte am preußischen Hof verunglimpften ihn deswegen als „Jakobiner". Zu sehr erinnerte Gneisenaus Vision an die Levée en masse der verhassten Französischen Revolution. Ab 1809 zog sich der argwöhnisch von den Franzosen beobachtete Gneisenau formal ins Privatleben zurück, behielt jedoch engen Kontakt zur Gruppe der Reformpartei und arbeitete intensiv an seinen Plänen eines Volksaufstandes gegen Napoleon. Gneisenau sah in der Volksbewaffnung die erfolgversprechendste Chance Preußens, Napoleon die Stirn zu bieten. 1811 erarbeitete er mit anderen prominenten Heeresreformern erneut einen Plan für eine Volkserhebung. Seine Denkschrift für den König leitete er Hardenberg mit Versen Friedrich von Matthissons zu:

> „Plötzlich kann sich's umgestalten!
> Mag das dunkle Schicksal walten!
> Mutig auf der steilsten Bahn!
> Trau dem Glücke! Trau den Göttern!
> Steig trotz Wogendrang und Wettern
> Kühn wie Cäsar in den Kahn!
> Laß den Schwächling angstvoll zagen!
> Wer um Hohes kämpft, muß wagen;
> Leben gilt es oder Tod!
> Laß die Woge donnernd branden,
> Nur bleib immer, magst du landen
> Oder scheitern, selbst Pilot!"[1]

Friedrich Wilhelm III. kommentierte Gneisenaus Volksaufstandspläne mit den zweifelnden Worten: „Als Poesie gut." Zur Poesie des Königtums führte Gneisenau wenig später aus: „Religion, Gebet, Liebe zum Regenten, zum Vaterland, zur Tugend sind nichts anderes als Poesie, keine Herzenserhebung ohne poetische Stimmung. Wer nur nach kalter Berechnung handelt, wird ein starrer Egoist. Auf Poesie ist die Sicherheit der Throne gegründet."[2]
Nach der Kriegserklärung Preußens an Frankreich wurde der zum Generalmajor Beförderte Generalquartiermeister im Stab Blüchers und hatte entscheidenden Anteil an den Operationen der Schlesischen Armee, besonders bei der Vorbereitung der Völkerschlacht. Gemeinsam mit Blücher zog er mit seinen Truppen als Erster in Leipzig ein. Er gilt als bedeutendster militärischer Gegenspieler Napoleons. Im Feldzug von 1815 war Gneisenau durch seinen Einfluss auf die Führung in der Schlacht bei Waterloo maßgeblich an dessen endgültiger Niederwerfung beteiligt. Obwohl 1825 zum Generalfeldmarschall ernannt, blieb ihm ein eigenes Kommando versagt, da ihm in konservativen höfischen Kreisen fortgesetzt tief misstraut wurde.

1 Morgenblatt für gebildete Stände, 5. Februar 1811.
2 PERTZ, Hans Georg Heinrich, Das Leben des Feldmarschalls Grafen Neithardt von Gneisenau., Bd. 2, Berlin 1865, S. 137.

Generäle mit Rückgrat *August Neidhardt Graf von Gneisenau*

August Neidhardt Graf von Gneisenau
unbekannter Künstler
deutsch, um 1850
Xylographie
40 x 28,5 cm
Inv.-Nr. VS 1684

Haarlocken des Grafen von Gneisenau und des Fürsten Blücher
deutsch, um 1815
Haar, Papier
10,2 x 12,5 cm mit Rahmen
Inv.-Nr. Div 276

Auch die führenden Generäle der Befreiungskriege wurden so verehrt, dass sich eine Art Kult um authentische Erinnerungsstücke an sie entwickelte.

Das Gneisenau-Denkmal in Posen
Heinrich Papin (1786–1839) nach A. O. Etzel (Lebensdaten unbekannt)
deutsch, 1832
Lithographie
36,3 x 26 cm
Inv.-Nr. VS 608

Nach dem polnischen Novemberaufstand 1830 im russischen Teilungsgebiet unterstützte ein preußisches Observationskorps unter dem Kommando von Gneisenaus die russischen Bemühungen zur Niederschlagung des Aufstands. Infolge dieses Einsatzes hielt sich Gneisenau in Posen auf, wo er im August 1831 starb, wahrscheinlich an der dort wütenden Cholera. Er erhielt ein Grabmal in den ehemaligen Befestigungsanlagen der Stadt. Am 19. Oktober 1913 wurde an der Stelle des Grabes ein Denkmal für Gneisenau, gestaltet von Wilhelm Gross, eingeweiht. Die Provinz Posen stand zu dieser Zeit unter preußischer Souveränität. Deutsche Historiker suchten dringend nach vorbildlichen Persönlichkeiten, die Posen als Teil der deutschen Geschichte erscheinen ließen. Das Denkmal wurde bereits 1919 von polnischen Nationalisten zerstört.
Lit.: SERRIER, Thomas, Das Posener Gneisenau-Denkmal 1913. Antinapoleonische Variation im deutschpolnischen Nationalitätenkampf, in: Jaworski, Rudolf/ Molik, Witold (Hrsg.), Denkmäler in Kiel und Posen, Kiel 2002, S. 126–138.

**Ansichtskarte des
Nettelbeck-Gneisenau-Denkmals in Kolberg**
M. Bohre
Kolberg, 1920er Jahre
Offsetdruck
13,8 x 9 cm
Privatsammlung

Das von dem deutschen Bildhauer Georg Renatus Meyer-Steglitz geschaffene Denkmal für Nettelbeck und Gneisenau wurde am 2. Juli 1903 in Kolberg eingeweiht und in den Kämpfen des Zweiten Weltkrieges 1945 zerstört. Joachim Christian Nettelbeck war als Bürgerrepräsentant Kolbergs maßgeblich am erfolgreichen Widerstand der Festung beteiligt, Gneisenau hatte im April 1807 den zögerlichen bisherigen Festungskommandanten abgelöst.

Modell des Schlachtschiffes Gneisenau
Wiking-Modellbau GmbH & Co. KG
deutsch, um 1940
Zinn, gegossen, lackiert
18,9 cm x 2,2 cm (Schiff) Maßstab 1 : 1250
Inv.-Nr. V/459/2010

Die im Jahr 1936 gegründete Fa. Wiking begann ihre Tätigkeit mit der Herstellung von Wasserlinienmodellen von Schiffen, die vom Militär zum Erkennungstraining und für Planspiele geordert wurden. Erst später bot man die Modelle auch als Spielzeug an.
Das deutsche Schlachtschiff „Gneisenau" wurde 1938 in Dienst gestellt, 1942 durch Bombentreffer schwer beschädigt, außer Dienst genommen und im März 1945 im Hafen von Gdingen zur Blockade der Einfahrt versenkt.

**Teller zur Erinnerung an das Grenzregiment
Neidhardt von Gneisenau der NVA**
DDR, 1976
Keramik, braun glasiert
D 25 cm
Inv.-Nr. V/2011/61

Dieser Teller entstand anlässlich des 20. Jahrestages der Gründung des Grenzregiments 25 „Neidhardt von Gneisenau" der DDR in Oschersleben. Es dürfte sich um eines der typischen Gastgeschenke der NVA handeln. Das Grenzregiment wurde nach dem preußischen Heeresreformer, der in der DDR hohen Respekt als „fortschrittlicher" Militär genoss, benannt, weil sich dessen ehemaliges Schloss (Sommereschenburg) und seine Gruft im dem Regiment zugewiesenen Aktionsbereich befanden.

Generäle mit Rückgrat *Fürst Blücher von Wahlstatt*

Marschall Vorwärts[1]
Gebhard Leberecht Fürst Blücher von Wahlstatt (1742 – 1819)

Blücher gilt als der volkstümlichste Feldherr der Befreiungskriege, mit seinem von den russischen Verbündeten verliehenen Beinamen „Marschall Vorwärts" wurde er zur Legende. 1757 trat der Sohn eines mecklenburgischen Gutsbesitzers in ein schwedisches Husarenregiment ein, drei Jahre später wechselte er in preußische Dienste. 1771 wurde er wegen renitenten Verhaltens aus der Armee entlassen. Erst 1787 trat er erneut in die Armee ein. 1794 wurde der energische Mann, der seinen Hass auf die Franzosen nie verhehlte, Generalleutnant. 1805 forderte er die Einführung der allgemeinen Wehrpflicht in Preußen, konnte sich aber nicht durchsetzen. Blücher engagierte sich im Kreis der preußischen Reformer für die umfassende Reorganisation des Heeres. Hinter dem Rücken der Franzosen organisierte er die Ausbildung einer heimlichen Armeereserve. 1812 wurde er deswegen auf französischen Druck aus dem Generalkommando entfernt und in den Ruhestand versetzt. 1813 erhielt der 71-Jährige den Oberbefehl über die Schlesische Armee. Nach zahlreichen Erfolgen hatte er entscheidenden Anteil am Sieg in der Völkerschlacht. Blücher war einer der aktivsten, vorwärtsdrängendsten Anführer der Verbündeten. Bei Leipzig griff er am 16. Oktober eigenmächtig die französischen Kräfte des Marschalls Ney im Norden an. In der sich daraufhin entwickelnden Schlacht bei Möckern konnte Blücher nicht nur den einzigen Sieg der Verbündeten an jenem Tage erringen, sondern band durch seinen Angriff auch jene Truppenteile, die Napoleon für einen Sieg im Süden Leipzigs in der Schlacht von Wachau benötigte. Nach der Völkerschlacht verfolgte Blücher unverzüglich die sich zurückziehende französische Armee. Auch im Frankreichfeldzug war er einer der herausragenden militärischen Führer. Bei Waterloo gab er mit seinem rechzeitigen Eintreffen auf dem Schlachtfeld den Ausschlag für den Sieg über Napoleon. Wenige Wochen vor der bis dahin blutigsten Schlacht der Menschheitsgeschichte bekannte der als bärbeißiger Haudegen populäre General: „Ich habe von Jugend auf die Waffen für mein Vaterland geführt und bin darin grau geworden; ich habe den Tod in seiner fürchterlichsten Gestalt gesehen und sehe ihn noch täglich vor Augen; ich habe Hütten rauchen und ihre Bewohner nackt und bloß davongehen sehen, und ich konnte nicht helfen. So bringt es das Treiben und Toben der Menschen in ihrem leidenschaftlichen Zustand mit sich. Aber gerne sehnt sich der bessere Mensch aus diesem wilden Gedränge heraus, und segnend grüße ich die Stunde, wo ich mich im Geiste mit guten, treuen Brüdern in jene höhere Regionen versetzen kann, wo reines, helles Licht uns entgegenstrahlt."[2]

1 Der Überlieferung zufolge hat der ungestüme General Gebhard Leberecht von Blücher seine Soldaten so oft mit den Worten „Vorwärts, Vorwärts" angefeuert, dass diese ihn als Marschall Vorwärts bezeichneten.
2 Rede Blüchers vom 18.9.1813 in der Bautzner Loge „Zur goldenen Mauer" zitiert nach: DUTHEL, Heinz: *Die grosse Geschichte der Freimaurerei – Freimaurerei Rituale und Grade.*, o.O. 2012, S. 519.

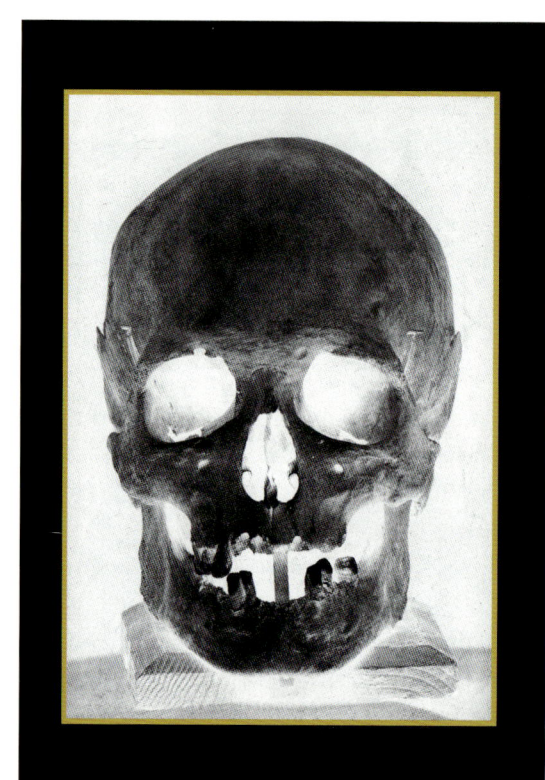

Schädel des Marschalls Blücher

Am 9. Februar 1945 traf die Rote Armee in Blüchersruh ein. Der Überlieferung zufolge wurde die Grabstätte des Feldmarschalls von Soldaten der 3. Garde-Panzer-Armee geplündert. Sie zerrissen Schleifen und Kränze, erbrachen den Sarkophag, plünderten den Leichnam, warfen ihn auf die Straße und spielten mit dem abgetrennten Schädel Fußball. Bei einem letzten, verzweifelten Gegenstoß der 19. deutschen Panzerdivision zur Befreiung des eingekesselten Breslau erreichten deren Spitzen Blüchersruh und sahen den Kopf des Marschalls noch auf der Straße. Anfang der 1990er Jahre wollten deutsche Besucher zudem Knochenreste in der unmittelbaren Umgebung der Begräbnisstätte gefunden haben.

**Dose mit dem Porträt
Gebhard Leberecht von Blüchers**
*H. Müller (Lebensdaten unbekannt)
deutsch, um 1815
Holz, lackiert und bemalt
D 10 cm
Inv.-Nr. Div. 246*

Blüchers Grabmal zu Krieblowitz
*Krauße & Eltzner
deutsch, um 1850
Stahlstich
13,8 x 17,8 cm (Blatt)
Inv.-Nr. Porträt T 4*

Das Dorf Krieblowitz im Landkreis Breslau hieß von 1937–1945 Blüchersruh, heute Krobielowice. 1814 schenkte der preußische König das Dorf dem verdienten Feldherrn Blücher, der im dortigen Barockschloss seine letzten Lebensjahre verbrachte.
Nach seinem Tod 1819 wurde Blücher zunächst in der Kirche des Nachbarortes, 1820 dann in einem eigens erbauten steinernen Mausoleum in Krieblowitz beigesetzt.

Feldmarschall Blücher
*Christian Daniel Rauch (1777–1857)
deutsch, nach 1815
Eisenkunstguss
36 X 22 x 46 cm
Inv.-Nr. K/45/2004*

Im April 1815 modellierte Christian Daniel Rauch während eines Essens in Berlin den 72-jährigen Feldherrn. Kurz darauf fand die Büste in zahlreichen Gipsabgüssen sowie in Bronze und Eisen große Verbreitung. Rauch nutzte den Kopf als Grundlage für seine monumentalen Blücher-Statuen in Breslau und Berlin, auch der Bildhauer Gottfried Schadow griff für sein Rostocker Blücher-Denkmal darauf zurück.
Lit.: SIMSON, Jutta von, Christian Daniel Rauch: Oeuvre-Katalog, Berlin 1996; RODEKAMP 2008, S. 102.

Topographisch-militairischer Atlas von dem souverainen Herzogthume Schlesien mit Oesterreich Schlesien und dem dermahlen zum Herzogthum Warschau gehörigen Neu Schlesien
*Geographisches Institut Weimar, 1809
Papier, auf Leinwand aufgezogen
17 x 9,5 x 12 cm (Schuber)
Schuber beschriftet: General-Stabs-Karten 26. Blatt auf Leinwand der Blücher'schen Armee über Schlesien angefertigt 1809.
Bibl.-Sign. II R 565b*

Der Objektgeschichte folgend, handelt es sich bei diesen Karten um Exemplare, die unmittelbar im Generalstab der von Blücher in den Feldzügen 1813/14 kommandierten Schlesischen Armee Verwendung fanden. Auch wenn sich Blücher bei der theoretischen Planung der Züge seiner Armee vollkommen auf seinen zweiten Generalquartiermeister Gneisenau verlassen konnte, darf man davon ausgehen, dass auch der populäre Reitergeneral die hier gezeigten Blätter selbst genutzt hat.

Generäle mit Rückgrat *Fürst Blücher von Wahlstatt*

Erinnerung an den 6. Mai 1815
Walther
deutsch, nach 1815
aquarellierte Zeichnung
53 x 65 cm
beschr. u. M.: Erinnerung an den 6. Mai 1815 wo mein Nebenmann Born II (Kanitz. Uhde. Noacknick) bei den Dörfern Bierzet und Loncent ohnweit Lüttich erschossen wurde;
u.r.: Walther ehemals bei dem 2. Grenadier-Bataillon
Inv.-Nr. C 78

Im Zuge der Abtretung sächsischer Gebiete an Preußen infolge des Wiener Kongresses wollte Preußen auch die im Felde befindliche sächsische Armee teilen und jene Soldaten, deren Heimat nun auf preußischem Gebiet lag, der preußischen Armee zuschlagen. Das geschah im Mai 1815, als sich die sächsische Armee bei Lüttich aufhielt und dort das preußische Hauptquartier unter Blücher bewachte. Die sächsischen Soldaten lehnten das preußische Ansinnen mit Verweis auf ihren auf den sächsischen König geleisteten Eid ab, aus dem sie nicht entlassen worden waren. Die Situation eskalierte, die sächsischen Soldaten umlagerten das Haus Blüchers in Lüttich, bedrohten diesen und warfen die Fenster ein, sodass der greise Feldmarschall durch die Hintertür seiner eigenen Wache entfliehen musste. Bei der daraufhin angeordneten Untersuchung drohte Blücher, jeden zehnten Mann der beteiligten Einheiten zu erschießen, würden die Aufrührer nicht angezeigt. Am Ende wurden mehrere sächsische Soldaten standrechtlich erschossen.
Leider ist über den Urheber der Zeichnung Walther nichts weiter bekannt. Bei seinem erschossenen „Nebenmann" handelt es sich um den 21-jährigen Grenadier Johann Gottlob Born (von der 2. Compagnie), bei den erwähnten Dörfern um Bierzet und Lozent.
Lit.: KUNZE, Gerhard: „Die Saxen sind Besien". Die Erschießung von sieben sächsischen Grenadieren bei Lüttich am 6. Mai 1815, Berlin 2004.

Tasse mit einem Biskuitrelief Blüchers
Königliche Porzellanmanufaktur
Berlin, 1800/1830
Porzellan
H 9,5 cm
D 7,6 cm (Tasse)
D 13,5 cm (Untertasse)
beschriftet auf der Untertasse: Dir Preußens edler Held, Dir Dank!
gemarkt am Boden mit Szeptermarke in Unterglasurblau
Inv.-Nr. Po 53

Die Verehrung, die der greise General Blücher genoss, betraf bei weitem nicht nur deutsche Staaten. Als der weit über 70-Jährige England besuchte, sollen die Londoner Damen regelrecht Jagd auf Fetzen seiner Uniform und Locken seines Haares gemacht haben. In Preußen fand die Begeisterung einen weniger ungebärdigen Ausdruck. Die Königliche Porzellanmanufaktur fertigte für den vermögenden Käufer derartige Prunktassen mit dem Abbild des Verehrten.

Koppelschloss des Blücherbundes
deutsch, um 1922
Messing, graviert
5 x 8 cm
Inv.-Nr. MI/2012/5

Der im September 1922 gegründete Blücherbund war eine paramilitärische Vereinigung mit rechtsnationalem völkischen Weltbild im Bayern der 1920er Jahre. 1923 erhielt der Blücherbund aus zunächst unbekannter Quelle umfangreiche Finanzmittel. Sie sollten zur Finanzierung eines Umsturzes in Bayern dienen, der auf eine Loslösung vom Deutschen Reich abzielte. Die Verschwörung wurde durch Karl Mayr und Ernst Röhm am 28. Februar 1923 aufgedeckt. Große Breitenwirkung konnte der Bund, der 1932 im Deutschen Pfadfinderbund aufging, nie erlangen.

**Kavalleriesäbel M 1811,
sogenannter Blüchersäbel**
*Preußen, nach 1812
Eisen, Stahl, Leder
L 81 cm (Klinge), L 94 cm (gesamt)
Inv.-Nr. W/S 2*

Aus englischen Waffenlieferungen kannte man in der preußischen Armee den Kavalleriesäbel Modell 1796. Später nahmen preußische Fabriken die Fertigung eines nahezu identischen Nachbaus auf, der in den Jahren der Befreiungskriege legendäre Berühmtheit gewann. Ursprünglich als „Kavalleriesäbel M 1811" eingeführt, wurde er bald nur noch als „Blüchersäbel" bezeichnet und bis 1857 tausendfach gefertigt. Er galt als Standardblankwaffe der preußischen Armee der Befreiungskriege und wurde u. a. bei den Husaren, Ulanen, Dragonern, der reitenden Artillerie und dem berittenen Train getragen.

Modell des Schweren Kreuzers Blücher
*deutsch, um 1940
Holz, Draht
L 80 cm
Inv.-Nr. MI/2011/1*

1939 wurde der Schwere Kreuzer Blücher in Dienst gestellt. 1940 sollte die Blücher als Führungsschiff eines Verbandes Soldaten und Verwaltungsangestellte in das zu besetzende Oslo bringen. Mitten im Oslofjord geriet das Schiff ins Feuer der norwegischen Küstenbatterien. Mehrere ihrer Granaten, wenig später kamen noch zwei Torpedotreffer hinzu, setzten den Stolz der Deutschen Kriegsmarine in Brand. Das Schiff kenterte und versank im Fjord.

**Blücherorden „Für Tapferkeit" in Bronze,
2. Variante**
*DDR, 1966/1989
Buntmetall emailliert, Mischgewebe
L mit Band 8,9 cm
Militärhistorisches Museum der Bundeswehr
Dresden*

Der Blücher-Orden (Blücher-Medaille) ist ein nie vergebener Kriegsorden der DDR. Er sollte für "Tapferkeit im Kriege" als Orden und Medaille jeweils in Gold, Silber und Bronze verliehen werden. Der Blücher-Orden wurde 1965 vom damaligen Staatsratsvorsitzenden Walter Ulbricht gstiftet und erlosch mit dem Ende der DDR 1990. Inwieweit in Anlehnung an die Rheinüberschreitung Blüchers in der Neujahrsnacht 1814 der Orden die Stoßrichtung der NVA Richtung Westen verdeutlichen sollte, sei dahingestellt.

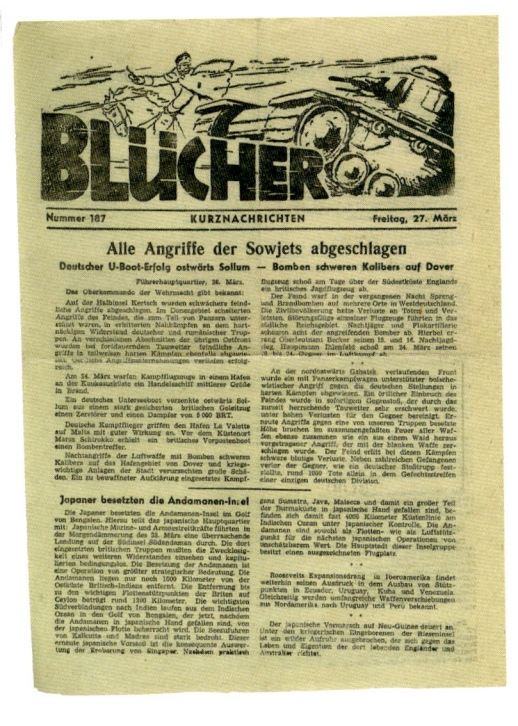

**Frontnachrichtenblatt „Blücher"
der Deutschen Wehrmacht, Nummer 187**
*deutsch, 27.3.1942
Akzidenzdruck
19, 5 x 28 cm
Inv.-Nr. A/2012/831*

**Bulle „Blücher" auf der
Landwirtschaftsausstellung in Leipzig**
*Leipzig, 1928
Fotografie
17,5 x 23 cm
Inv.-Nr. F/2011/125*

PRINZESS DIANA 1961 – 19

Zu Helden erkoren

Was macht den Einzelnen zum Helden? Ist er sich dessen bewusst, dass er zum Vorbild wird oder ist es eher die Nachwelt, die ihn zum Idol erklärt? Es muss bei weitem nicht immer das althergebrachte Schlachtfeld mit dem Säbel in der Hand gewonnen werden. Am Ausspruch, dass derjenige ein Held wird, der fünf Minuten länger tapfer sei als andere, ist wohl einiges dran. Beispielhaften Mut bewies der Buchhändler Johann Philipp Palm, als es galt, zur Überzeugung von der Freiheit des Wortes zu stehen, als die Heerscharen der Opportunisten längst den Standpunkt gewechselt hatten.

Eine ganz andere Variante von Heldentum ist es, als Königin durch Lebensart und Geisteshaltung zum Kristallisationspunkt der Sehnsüchte Vieler zu werden. Und besteht die heroische Tat auch zu einem Teil nur in der Vorstellung, was die Hochverehrte noch alles hätte bewegen können, wenn ihr denn mehr Zeit vergönnt gewesen wäre.

Zu Helden erkoren *Luise*

Königin der Herzen
Luise (1776–1810)

Luise Auguste Wilhelmine Amalie Herzogin zu Mecklenburg heiratete 1793 den preußischen Kronprinz Friedrich Wilhelm und wurde an dessen Seite 1797 Königin von Preußen. Zeitgenossen beschrieben sie als schön und anmutig, ihre ungezwungenen Umgangsformen erschienen eher bürgerlich als aristokratisch. Ihr Leben war eng verknüpft mit den dramatischen Ereignissen im Kampf Preußens gegen Napoleon Bonaparte. Da sie früh starb, blieb sie in der Vorstellung auch der nachfolgenden Generationen jung und schön. Ihren frühen Tod führte man auf die Leiden zurück, die ihr das Schicksal ihres Landes bereiteten, sie galt als Dulderin und Märtyrerin. Blücher soll bei der Kapitulation von Paris 1814 ausgerufen haben: „Luise ist gerächt". War sie schon zu Lebzeiten Gegenstand beinahe kultischer Verehrung, setzte sich diese Tendenz nach ihrem Tod verstärkt fort.

Königin Luise
nach Johann Gottfried Schadow (1764–1850)
Berlin, um 1850
Biskuitporzellan
H 21,5 cm, D Sockel am Fuß 7,4 cm
Inv.-Nr. Pl. 1159
Lit.: KRENZLIN, *Ulrike: Johann Gottfried Schadow, Berlin 1990, S. 138/139, Abb. 199.*

Obsttafel Nr. 50:
Erdbeere Königin Luise (Fragaria x ananassa)
deutsch, um 1900
Farblithografie „Nach der Arbeit"
15 x 22,5 cm
Privatsammlung

Herbariumsblatt mit Erdbeerpflanze
Weckglas mit Erdbeeren der Sorte Königin Luise
Leipzig, 2012
Glas: H 13 cm, D 10,5 cm
Privatsammlung

1905 züchtete der Direktor der Lehr und Versuchsanstalt für Gartenbau in Proskau, Franz Göscke, diese unter Kleingärtnern bald als ‚Duftkönigin' bekannte Erdbeere, die er nach der preußischen Monarchin benannte.

Mieder der Königin Luise
deutsch, um 1800
Seide
H (max.) 22 cm; B 38 cm
Staatliche Schlösser, Burgen und Gärten
Sachsen gGmbH, Burg Mildenstein, Leisnig

Tasse mit Biskuitrelief der Königin Luise
Königliche Porzellanmanufaktur
Berlin, um 1800
Porzellan
D 7,5 cm, H mit Henkel 11 cm
gemarkt am Boden mit Szeptermarke in
Unterglasurblau
Inv.-Nr. Po 211/2

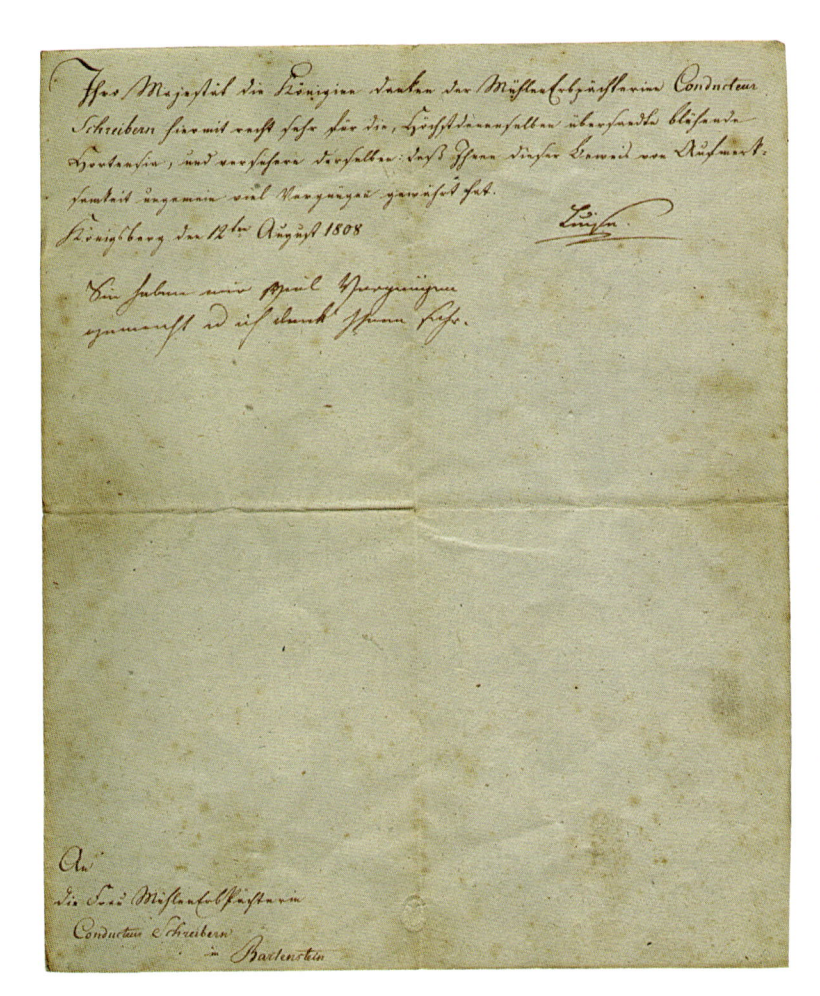

**Brief der Königin Luise
an eine Mühlenerbpächterin**
Königsberg, 8.12.1808
Handschrift auf Papier
25 x 21 cm
Inv.-Nr. A/2012/416

Haarlocke der Königin Luise
Königsberg, 8.12.1808
Haar
5 x 2 cm
Inv.-Nr. A/2012/417

Luise von Preußen bedankte sich im von Sekretärshand geschriebenen Teil des Briefes für die Übersendung einer blühenden Hortensie. Mit eigener Hand fügte sie hinzu: „Sie haben mir viel Vergnügen gemacht und ich danke Ihnen sehr. Luise" Als Zeichen der Gunst ist dem Schreiben eine Haarlocke Luises beigefügt.

Zu Helden erkoren *Luise*

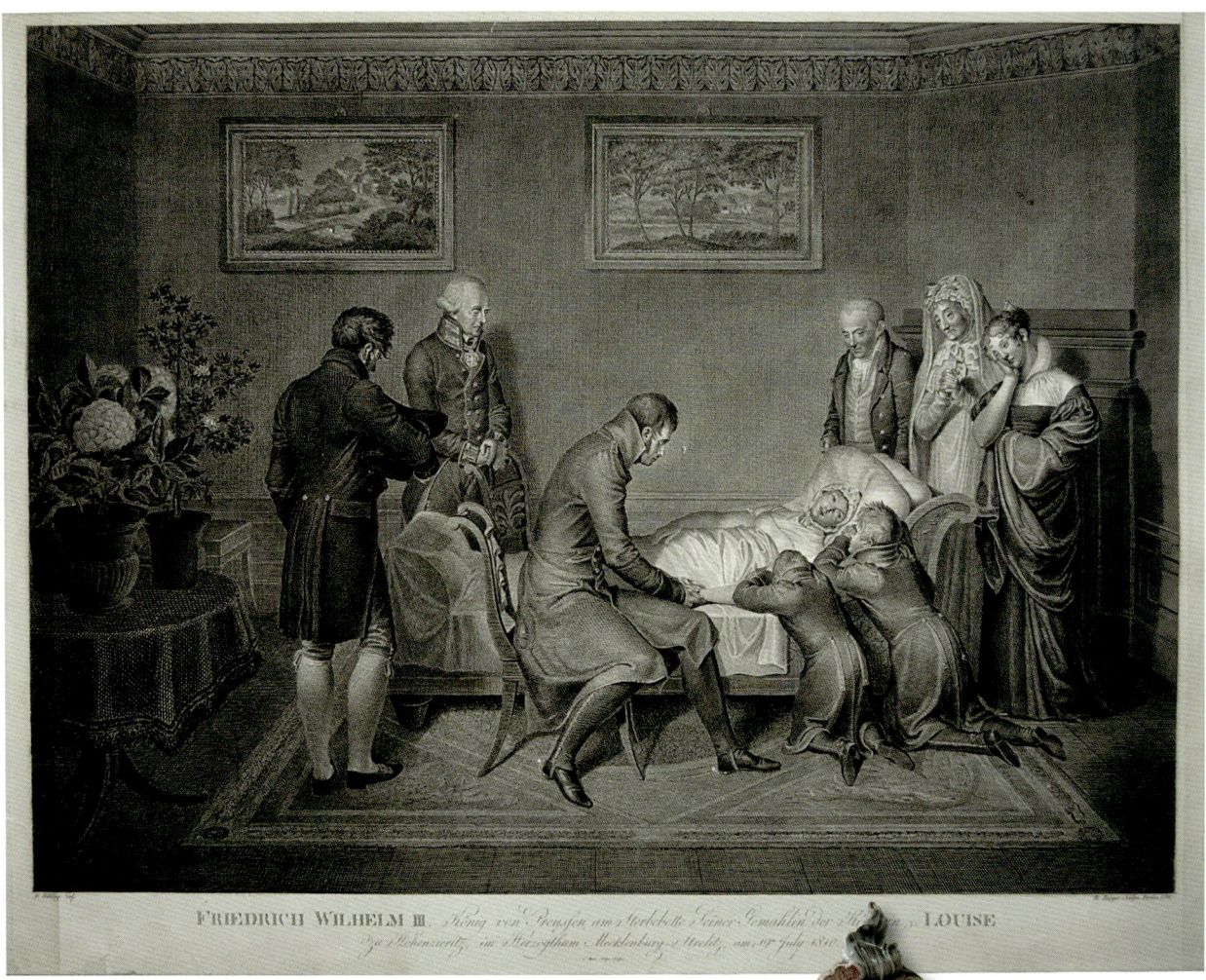

Friedrich Wilhelm III. am Sterbebett seiner Gemahlin Luise
Daniel Berger (1744–1824)
nach Heinrich Anton Dähling (1773–1850)
Berlin, 1812
Kupferstich
47,5 x 62 cm
beschr.: FRIEDRICH WILHELM III. König von Preussen, am Sterbebette seiner Gemahlin der Königin LOUISE / zu Hohenzieritz, im Herzogthum Mecklenburg-Strelitz, am 19ten July 1810.
Inv.-Nr. VS 936

Am Vormittag des 19. Juli 1810 verstarb die vierunddreißigjährige preußische Königin an einem Lungen- und Herzleiden. Die Darstellung zeigt ihren Ehemann kniend an ihrem Sterbebett, außerdem ihre beiden Söhne, Kronprinz Friedrich Wilhelm und Prinz Wilhelm, der spätere Kaiser Wilhelm I., eine ihrer Schwestern und ihre Vertraute, die Oberhofmeisterin Voss. Der Künstler Heinrich Anton Dähling stand in enger Beziehung zum Königshaus. Durch seine Porträts und Szenen aus dem Leben der Königin Luise, die er persönlich verehrte, trug er erheblich zu ihrem Mythos bei.

Die Begegnung Königin Luises mit Napoleon 1807
Majolika- und Steingutfabrik R.M. Krause
Schweidnitz, um 1900
Steinzeug
39 x 37 x 8 cm
Inv.-Nr. V/2012/789

**Das Denkmal für Königin Luise im Garten
der Königlichen Eisengießerei bei Berlin**
*Friedrich A. Calau (tätig um 1790–1830)
deutsch, 1811/1830
Radierung, aquarelliert
23 x 29,5 cm
beschr.: Die Monumente der verewigten
Königin Louise von Preussen, von welchen
das grosse in Gransee und das kleine auf der
Mecklenburger Gränze erricht=tet, und das,
dem Vertheidiger Cosels, sind in der Königl:
Eisengiesserey bei Berlin gegossen, und waren
im Garten derselben aufgestellt zu sehen.
Inv.-Nr. VS 611*

Die reformerische Partei der strikten Napoleongegner verlor mit Luise die wichtigste Fürsprecherin am preußischen Hof. Der Tod der äußerst beliebten Monarchin wurde in der Bevölkerung lebhaft beklagt. Auch König Friedrich Wilhelm III. betrauerte den Verlust seiner lebensfrohen Gattin zutiefst. Bereits zehn Tage nach dem Hinscheiden Luises stellten die Bürger Gransees den Antrag, in ihrer Stadt an jener Stelle, wo der Leichenzug auf dem Weg nach Berlin für eine Nacht gehalten habe, ein Denkmal zu errichten. Rund ein Jahr später wurde das von der Königlich Preußischen Eisengießerei nach dem Entwurf von Karl Friedrich Schinkel gefertigte und ausschließlich aus Spenden bezahlte Monument eingeweiht.

Totenmaske der Königin Luise von Preußen
*Christian Philipp Wolff (1772–1820)
deutsch, 1810
Gips, hellgrau gefasst
H 20,5 cm
B 15 cm
T 9,1 cm
bez. auf der Rückseite: 233.13.
Inv.-Nr. Pl. 1082*

Am Tag nach Luises Tod nahm der Bildhauer und Architekt Christian Philipp Wolff eine Totenmaske ab. Sie wurde zur Vorlage für zahlreiche Büsten und Denkmale der verstorbenen Königin.

Zu Helden erkoren *Luise*

**Deutscher Arbeiterfreund.
Wochenblatt für Stadt und Land**
*Schriftenvertriebsanstalt GmbH
Berlin, 17.7.1910
Buchdruck
21 x 29 cm
Inv.-Nr. Gr.K.1/106.8*

Zum 100. Todestag der Königin Luise veröffentlichte das Wochenblatt „Deutscher Arbeiterfreund" ein Lobgedicht der ostpreußischen Heimatdichterin Frieda Jung auf die Monarchin. Der Deutsche Arbeiterfreund erschien ab 1879 in Berlin und verstand sich als ein eher national orientiertes Gegengewicht zur „linken" Arbeiterpresse.

Abzeichen des Bundes Königin Luise
*deutsch, 1920er Jahre
Weißblech
4 x 2,5 cm
Inv.-Nr. MI/2012/3*

Der Luisenbund war eine nationalistische und monarchistische Frauenorganisation, die 1923 gegründet und nach der Königin Luise von Preußen benannt wurde. Der Bund wurde durch das Haus Hohenzollern unterstützt. Einen zentralen Programmpunkt bildete die Verehrung der preußischen Königin, deren Vorbild nachgefolgt werden sollte. Die Ziele des Bundes waren in einem „ABC für unsere Arbeit" zusammengefasst, das jedes Ortsgruppenmitglied kennen musste. Gefordert wurde u. a. die „Wiederherstellung der natürlichen Grenzen", die „Rückgabe unserer Kolonien" und die „Befreiung" von der Last der Kontributionen. Der Bund verstand sich als weibliches Gegenstück zum Frontkämpferbund Stahlhelm und stand der rechtskonservativen Partei DNVP nahe. Der Luisenbund überstand als Verbündeter der neuen Machthaber die „Machtergreifung" der Nationalsozialisten 1933, wurde jedoch 1934 zusammen mit anderen monarchistischen Verbänden im Zuge der Gleichschaltung aufgelöst.

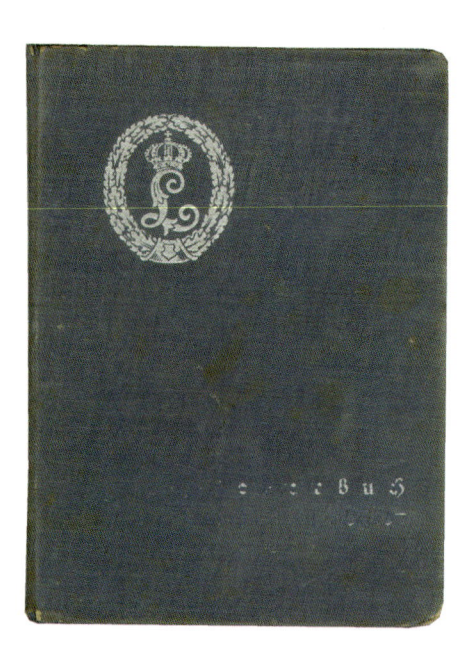

Liederbuch des Bundes Königin Luise
*Halle: Verlag Karras, Kröber & Nietschmann, 1926
Buchdruck
15,5 x 11,5 cm
Inv.-Nr. A/2012/1006*

Ehrennadel des Bundes Königin Luise
*deutsch, 1920er Jahre
Messing, emailliert
D 1,8 cm
Inv.-Nr. K/2013/5*

LUISE.
DREI AUSSTELLUNGEN
FÜR DIE KÖNIGIN.
MÄRZ – OKTOBER 2010
SCHLOSS CHARLOTTENBURG,
PFAUENINSEL,
SCHLOSS PARETZ
WWW.SPSG.DE/LUISE2010

MISS PREUSSEN 2010

LUISE.
LEBEN UND MYTHOS
DER KÖNIGIN.
6.3. – 30.5.2010
BERLIN, SCHLOSS
CHARLOTTENBURG
WWW.SPSG.DE/LUISE2010

WORKING MOM

LUISE.
DIE KLEIDER
DER KÖNIGIN.
31.7. – 31.10.2010
SCHLOSS PARETZ
WWW.SPSG.DE/LUISE2010

FASHION VICTIM

Drei Plakatmotive für Ausstellungen der Stiftung Preußische Schlösser und Gärten Berlin-Brandenburg
Stan Hema GmbH
Berlin, 2010
Akzidenzdruck auf Papier

2010 jährte sich der Todestag der Königin Luise zum 200. Mal. Vor allem in Berlin und Brandenburg beschäftigten sich eine Reihe von Ausstellungen mit der immer noch populären Monarchin. Für etliche Ausstellungen der Stiftung Preußische Schlösser und Gärten Berlin-Brandenburg entwickelte die Agentur Stan Hema, Berlin, eine Plakatlinie, bei der die historische Person Luise mit dem heutigen Blick auf Idole der Glamourwelt verbunden wurde.

Zu Helden erkoren *Johann Philipp Palm*

„Deutschland in seiner tiefen Erniedrigung"
Johann Philipp Palm (1766–1806)

Der Nürnberger Buchhändler Johann Philipp Palm verlegte die gegen Napoleon gerichtete anonyme Schrift „Deutschland in seiner tiefen Erniedrigung", die das Verhalten der französischen Truppen in Bayern kritisierte. Er wurde daraufhin durch General Jean Baptiste Jules Bernadotte verhaftet und angeblich auf direkten Befehl Napoleons am 25. August 1806 zum Tode verurteilt und nur Stunden später hingerichtet. Den oder die Autoren der Schrift hat Palm nicht preisgegeben. Insbesondere vor und während der Befreiungskriege galt Palm als vielzitiertes Beispiel eines mustergültigen Patrioten und Ikone der Meinungs- und Pressefreiheit. Während der Zeit des Nationalsozialismus mutierte der Tod Palms zum Justizmord ausländischer Besatzungsmächte an einem aufrechten Deutschen.

Johann Philipp Palm
Albrecht Leistner (1887–1950)
deutsch, 1931
Bronze, dunkel patiniert
H 52 cm
Sockel 18 x 22 cm
Inv.-Nr. Pl. 1055a

Mein Kampf
Adolf Hitler
München: Zentralverlag der NSDAP, 1939
20 x 13,5 x 4 cm (im Schuber)
bezeichnet im Schuber, mit eingeklebter ganzseitiger Widmung und Stempel des Leipziger Standesamtes: „Dem neuvermählten Paare … mit den besten Wünschen für eine glückliche und gesegnete Ehe überreicht vom Oberbürgermeister der Reichsmessestadt Leipzig am … 193…" sowie dem Leipziger Wappen auf dem Einband
Bibl.-Sign. I R 2252

Adolf Hitler beginnt seine Propagandaschrift „Mein Kampf" mit einer Reminiszenz an Johann Philipp Palm: „Als glückliche Bestimmung gilt mir heute, daß das Schicksal mir zum Geburtsort gerade Braunau am Inn zuwies. … Vor mehr als hundert Jahren hatte dieses unscheinbare Nest, als Schauplatz eines die ganze deutsche Nation ergreifenden tragischen Unglücks, den Vorzug, für immer in den Annalen wenigstens der deutschen Geschichte verewigt zu werden. In der Zeit der tiefsten Erniedrigung unseres Vaterlandes fiel dort für sein auch im Unglück heißgeliebtes Deutschland der Nürnberger Johann Palm, bürgerlicher Buchhändler, verstockter ‚Nationalist' und Franzosenfeind. Hartnäckig hatte er sich geweigert, seine Mit- und Hauptschuldigen anzugeben. Also wie Leo Schlageter. Er wurde allerdings auch, genau wie dieser, durch einen Regierungsvertreter an Frankreich denunziert."(S. 1 f). Hitler vereinnahmte Palm durch die konstruierte Parallele zu Albert Leo Schlageter, einem rechtsnationalistischen Freischärler während der französisch-belgischen Ruhrbesetzung der 1920er Jahre, gleichsam als beispielhaften Nationalisten und frühe Märtyrergestalt. Am 4. Oktober 1933 wurde mit dem Schriftleitergesetz die Grundlage für die Gleichschaltung der Presse im Deutschen Reich geschaffen. Von einer Freiheit des Wortes, als deren Verfechter der Nürnberger Buchhändler seit 1806 galt, war spätestens dann im Deutschland der Nationalsozialisten keine Rede mehr.

Erschießung des Buchhändlers Johann Philipp Palm aus Nürnberg 1806 zu Braunau am Inn
Leopold Wagner
Österreich, 1839
Öl auf Leinwand
56 cm x 40 cm
Bezirksmuseum Braunau am Inn

Gegenüber dem Schriftsteller Johann Daniel Falk soll Johann Wolfgang von Goethe im Zusammenhang mit einem Bericht über sein Gespräch mit Napoleon die Bemerkung gemacht haben, er, Goethe, fände es „ganz in der Regel, daß er (Napoleon) einem Schreier wie Palm ... eine Kugel vor den Kopf schießen läßt, um das Publikum, das die Zeit nicht abwarten kann, sondern überall störend in die Schöpfungen des Genies eingreift, ein für allemal durch ein eklatantes Beispiel abzuschrecken."
Lit.: FABER, Richard: Der Tasso-Mythos: Eine Goethe-Kritik. Würzburg 1999, S. 191.

Notizbuch des Johann Philipp Palm

Palm hat den Autor der von ihm verlegten Schrift gegen die französisch-bayerischen Truppen nie angegeben. Als Verfasser werden der Graf Julius von Soden, der Justizrat Johann Georg Leuchs oder auch der Kammerassessor Julius Konrad von Yelin vermutet. Wie jeder Verleger dürfte auch Palm Unterlagen zu seinen Autoren gehabt haben. Sein Notizbuch könnte Aufschluss geben.

Zu Helden erkoren *Johann Philipp Palm*

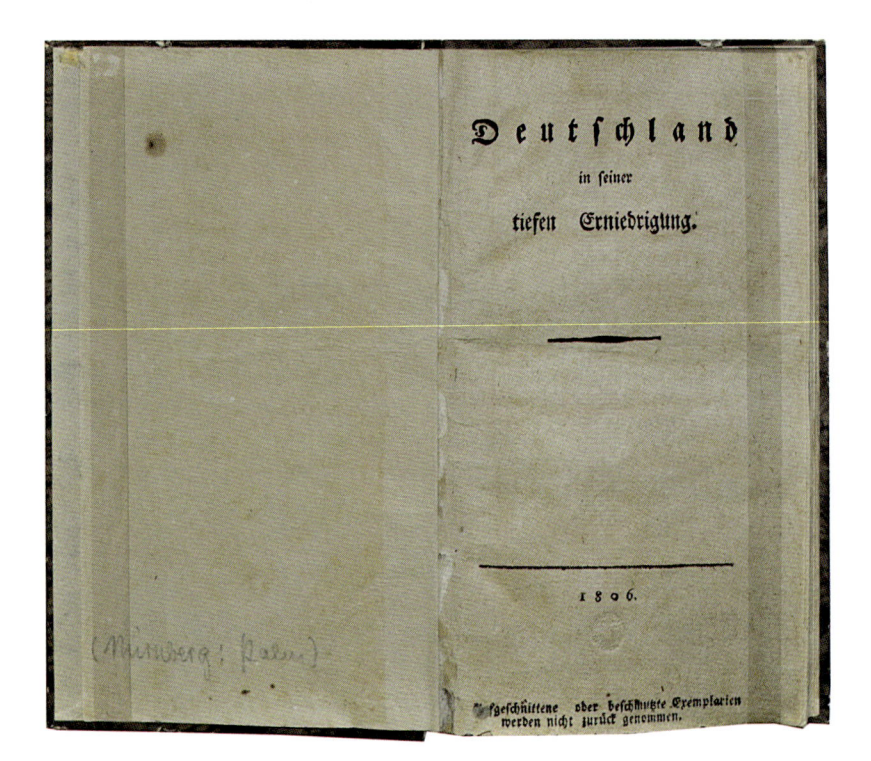

Deutschland in seiner tiefen Erniedrigung
Nürnberg: Johann Philipp Palm, 1806
17,5 x 19 cm (aufgeschlagen)
Bibl.-Sign. II R 8

Im März 1806, die Franzosen hatten Nürnberg bereits besetzt, erschien Palms berühmtes Pamphlet, das zum Widerstand gegen die Franzosen und die mit ihnen verbündeten Bayern aufrief. Palm hatte nur als Verleger fungiert, den Autor zu nennen, weigerte er sich beharrlich. Bis heute ist die Autorenschaft nicht zweifelsfrei geklärt. Für wie wirkungsvoll und gefährlich auch die Franzosen den Einfluss kritischer Publizistik einschätzten, zeigt die Erschießung Palms am 26. August 1806 wegen der Verbreitung des Pamphlets. Das Opfer der Militärjustiz wurde in den Jahren bis 1813 gezielt zum Mythos eines Märtyrers der freien Meinungsäußerung aufgebaut. Seine Hinrichtung galt als Paradebeispiel für die Bereitschaft Napoleons, die besetzten Staaten geistig zu knebeln und zu unterdrücken.

Brief Johann Philipp Palms
München, 24.10.1803
Handschrift auf Papier
22,5 x 18,7 cm
Inv.-Nr. A/1156/2009

Handschreiben an Palms Verlagsvertreter in Nürnberg in geschäftlichen Angelegenheiten.

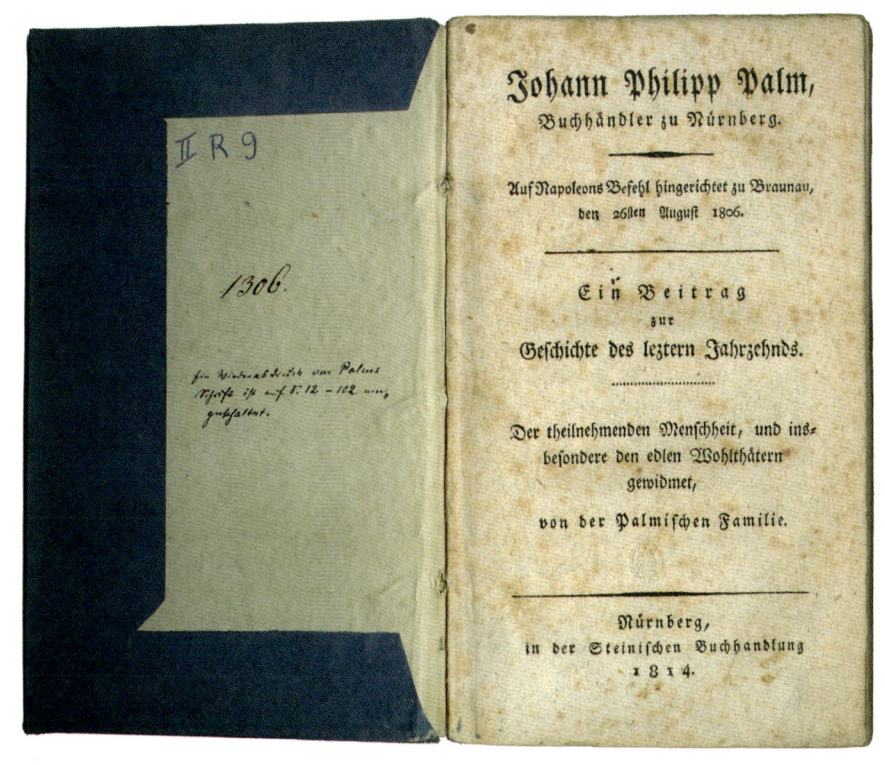

Erschossen in Braunau. Das tragische Schicksal des ritterlichen Verlagsbuchhändlers Johann Philipp Palm aus Nürnberg
Hermann Thimmermann
München, 1933
12,7 x 19 cm
Inv.-Nr. A/2013/13

Johann Philipp Palm, Buchhändler zu Nürnberg.
Nürnberg: Steinische Buchhandlung, 1814
Buchdruck
17,3 x 20 cm (aufgeschlagen)
Bibl.-Sign. II R 9

Palms Familie veröffentlichte 1814 ihre Sicht der Ereignisse und zugleich erneut die Denkschrift, die zur Verurteilung Palms geführt hatte.

Urkunde zur Verleihung des Johann Philipp Palm-Preises an den Leipziger Pfarrer Christian Führer
deutsch, 2002
Papier
29,7 x 21 cm
Leihgabe Christian Führer, Leipzig

In Erinnerung an das Schicksal hingerichteten Verlegers hat die Palm-Stiftung gemeinnütziger Verein e. V. Schorndorf ihren alle zwei Jahre verliehenen Preis für Meinungs- und Pressefreiheit nach dem Nürnberger benannt.
Der Preis ist mit 20 000 Euro dotiert. 2002 erhielt den Preis der Leipziger Christian Führer, Pfarrer der Nikolaikirche von 1980 bis 2008.

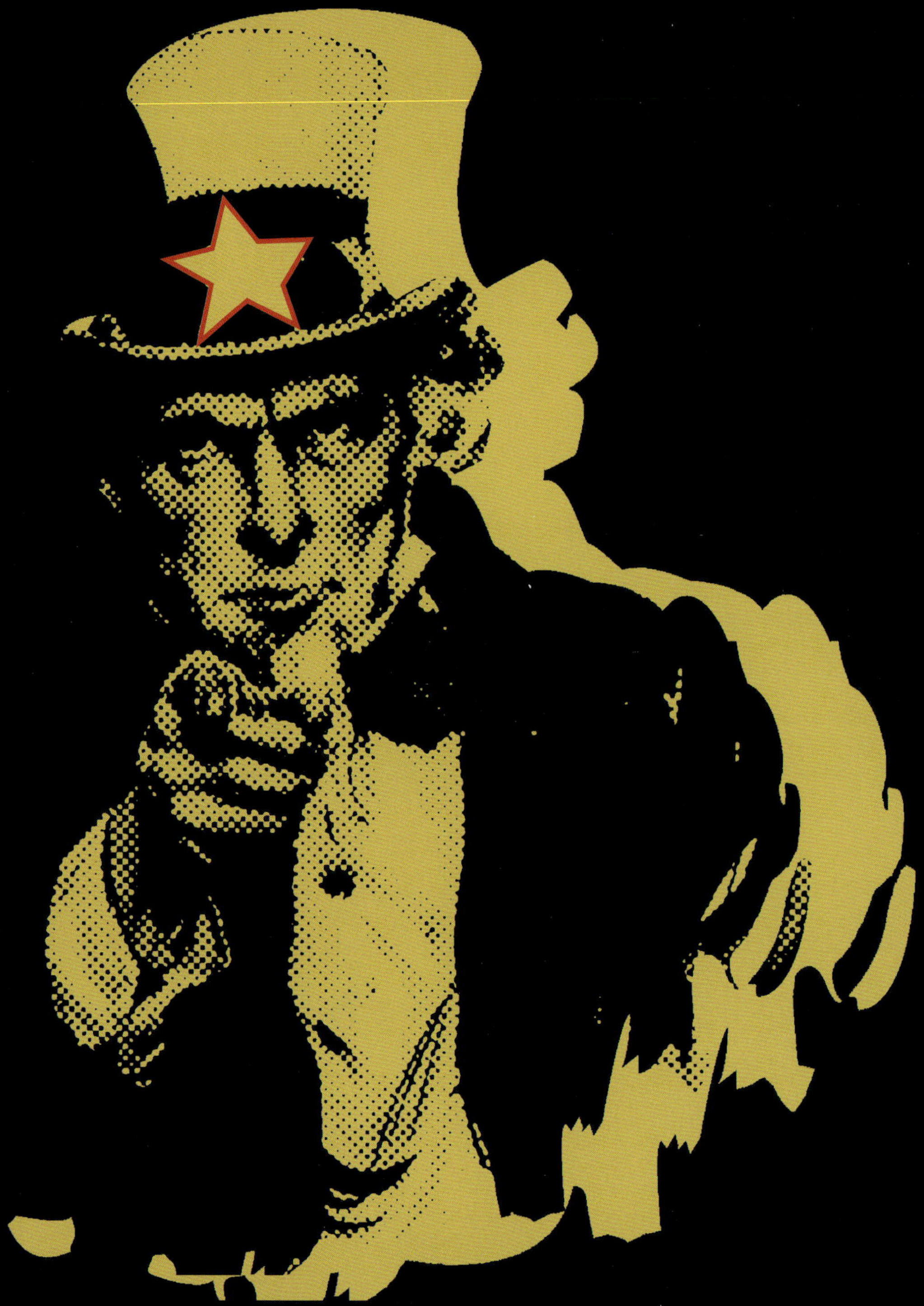

Fürs Vaterland

Die „Vaterlandsliebe", im 19. Jahrhundert programmatisch als deutsches Synonym für „Patriotismus" verbreitet, bricht sich im modernen Sinne in Europa mit der Französischen Revolution Bahn. Für die Bürger der deutschen Staaten ist die Vorstellung, das eigene Wohl ohne direkt erkennbaren individuellen Vorteil für das Heil des Staates einzusetzen, mehrheitlich eine neuartige Vorstellung. Sie gewinnt, in den verschiedenen Staaten in unterschiedlicher Ausprägung und Intensität, erst im Verlaufe der napoleonischen Kriege an Boden. Einen erstaunlichen Aufschwung nimmt sie in den preußischen Gebieten, wo die enge Identifikation des Bürgers mit seinem Staat als eine Grundvoraussetzung eines erneuten Kampfes gegen Napoleon angesehen und gezielt gefördert wird. Schon 1808 versucht der preußische Staatsminister Freiherr vom und zum Stein seinem Monarchen ein entsprechendes Konzept nahe zu bringen: „Es muß daher in der Nation das Gefühl des Unwillens erhalten werden ... man muß sie mit dem Gedanken der Selbsthülfe, der Aufopferung des Lebens und des Eigenthums ... vertraut erhalten; man muß auch gewisse Ideen über die Art, wie eine Insurrection zu erregen und zu leiten, verbreiten und beleben."[1] Das Konzept einer auf die breite Unterstützung durch die Bevölkerung bauenden „Befreiungskampfes" gegen Napoleon wird von beachtlichen Teilen des preußischen Bürgertums, zum Teil auch mit nachhaltiger Unterstützung Russlands und Englands, verbreitet. Im Frühjahr 1813 findet es trotz der eher reservierten Haltung König Friedrich Wilhelms III. von Preußen vielerlei sichtbaren Ausdruck.

1 Denkschrift vom 11. August 1808, zitiert nach: BAUR, Wilhelm: Das Leben des Freiherrn vom Stein, Gotha 1860, S. 45.

Fürs Vaterland *Die Landwehr*

Das Volk steht auf
Die Landwehr

Am 22. Januar 1813 erscheint der frühere preußische Staatsminister und jetzige Berater am russischen Hof Freiherr vom und zum Stein in Begleitung Ernst Moritz Arndts in Königsberg. Ostpreußen ist von der russischen Armee besetzt. Als Bevollmächtigter des Zaren soll Stein die Bevölkerung Ostpreußens im Gegensatz zur offiziellen Politik ihres Königs zum Kampf gegen Napoleon gewinnen. Der eilends einberufene Landtag beschließt die Aufstellung einer ostpreußischen Landwehr nach den Plänen des Generals Yorck. Landwehrpflichtig sind alle Männer im Alter zwischen 17 und 40 Jahren. Zunächst rekrutiert man nur Freiwillige. Die Offiziere der Landwehr werden durch einen Ausschuss gewählt, der aus je zwei Vertretern des Adels, einem Bürger und einem Bauern besteht. In ganz Preußen wird die Landwehr einen Tag nach der Kriegserklärung an Frankreich am 17. März 1813 eingeführt. Die Ausrüstung dieser Einheiten, abgesehen von der Bewaffnung, erfolgt auf Kosten der Kreise. Entsprechend der schlechten wirtschaftlichen Verhältnisse des preußischen Staates war sie mehr als dürftig. Neben ausgesprochen armseliger Bekleidung, einzelne Landwehrmänner zogen barfuß in den Feldzug, war auch die Bewaffnung miserabel. Zu Beginn der Feindseligkeiten war das erste Glied noch überwiegend mit Ulanenpiken ausgerüstet. Obgleich die Landwehr formal nur bei der Abwehr des Feindes im eigenen Land eingesetzt werden sollte, kämpft sie im Fortgang der Befreiungskriege auch außerhalb Preußens.

Am 27. August 1813 vernichtet eine zum großen Teil aus Landwehrtruppen bestehende preußische Einheit eine französische Division fast vollständig. Das Gefecht wird zur ersten Bewährungsprobe der preußischen Freiwilligentruppen. Heftige Regenfälle haben die Feuerwaffen weitgehend unbrauchbar gemacht, der größte Teil der Landwehrmänner kann mit ihnen ohnehin nicht umgehen. Man schlägt kurzerhand mit dem Gewehrkolben auf die französischen Soldaten ein, auch auf die schon gefangenen. Vom Hagelberger *furor teutonicus* schwärmt Karl August Mayer 1858 in seiner „Deutschen Geschichte für das deutsche Volk": „In aufgelösten Haufen stürmten die Landwehrmänner mit furchtbarem Kriegsgeschrei hinterher, und schlugen die Opfer ihrer Wuth und Rache mit den Kolben der Gewehre, die sie wie Keulen handhabten, ohne Pardon zu gewähren, nieder. Ganz Hagelberg ... wurde zur Schlachtbank. Ein feindliches Bataillon ... wurde in dem entsetzlichen Kampfe, wo kein Schuß, sondern nur Kolbenschläge und Todesstöhnen vernommen wurde, Mann für Mann niedergeschlagen, so daß die Leichen sich die Mauer emporthürmten. Die Begier, an der Vernichtung der verhassten Franzosen Theil zu nehmen, war so groß, daß man Landwehrmänner, die im Gedränge an den Feind nicht herankommen konnten, sich vor Wuth in den Arm beißen sah."[1]

Es ist ein blutiges erstes Gefecht und ein siegreiches dazu. Ehrfürchtig schaudernd wird es künftig Kolbenschlacht bei Hagelberg geheißen.

Erst während des Pläswitzer Waffenstillstandes wird die Organisation weitgehend abgeschlossen. Mitte August 1813 stehen in Preußen etwa 100 000 Mann Landwehr zur Verfügung.

Uniformjacke einer Kampfgruppe und Detail Ärmelemblem
DDR, um 1970
Baumwolle, Nylon, Kunststoff
L 74 cm, B (Bund) 51 cm
Inv.-Nr. 78/146 G37

1 MAYER, Karl August: Deutsche Geschichte für das deutsche Volk, Bd. 2, Leipzig 1858, S. 454.

**Fahne einer Kampfgruppe des
VEB Bodenbearbeitungsgeräte Leipzig**
DDR, um 1970
Baumwolle
119 cm x 168 cm; Fransen 5 cm
Inv.-Nr. V/256/2002

1952 wurden in der DDR erste paramilitärische Arbeiter-Kampfgruppen aufgestellt, in Reaktion auf den Volksaufstand vom 17. Juni 1953 wurden sie als Kampfgruppen der Arbeiterklasse ausgebaut. In den Betrieben der Industrie und Landwirtschaft als Betriebsschutz organisiert, bildeten die Einheiten die für den Einsatz im Inneren vorgesehene militärische Reserve. Teile der Kampfgruppen waren für den Kriegsfall auch als reguläre Gefechtseinheiten vorgesehen. Ihre theoretische Gesamtstärke betrug 210 000 Mann. Eingesetzt wurden die Kampfgruppen beispielsweise als Sicherungskräfte beim Bau der Berliner Mauer 1961. Verschiedentlich standen sie im Herbst 1989 gegen die Demonstranten in Reserve, kamen aber nicht zum Einsatz.

Friedrich Wilhelm III., König von Preußen
Johann Heinrich Schmidt (zugeschrieben)
(1749–1829)
Berlin, um 1810
Pastell
43,5 x 36 cm
Inv.-Nr. XIII/42

Friedrich Wilhelm III. kam 1770 als Sohn des preußischen Königs Friedrich Wilhelm II. und dessen Frau Friederike von Hessen-Darmstadt zur Welt. 1793 heiratete er Luise von Mecklenburg-Strelitz, mit der er eine sehr bürgerliche Ehe führte, aus der 10 Kinder hervorgingen, u. a. der spätere König Friedrich Wilhelm IV. und der spätere Kaiser Wilhelm I. Von 1797 bis zu seinem Tod 1840 regierte er Preußen als König. Nach der Niederlage gegen Napoleon 1806 brach der preußische Staat nahezu zusammen, die Königsfamilie musste Berlin verlassen und nach Memel in Ostpreußen ausweichen. Die Niederlage wurde zum Auslöser für die Reform des Staates, der der König skeptisch gegenüberstand. In der Folge war er sehr zögerlich in seinem Verhalten gegenüber Napoleon und ließ sich durch seine Berater lange nicht zum Widerstand gegen diesen drängen, sondern schickte noch als dessen Verbündeter preußische Truppen auf den Russlandfeldzug. Erst im März 1813 war er zur Kriegserklärung an Frankreich bereit.

Fürs Vaterland *Die Landwehr*

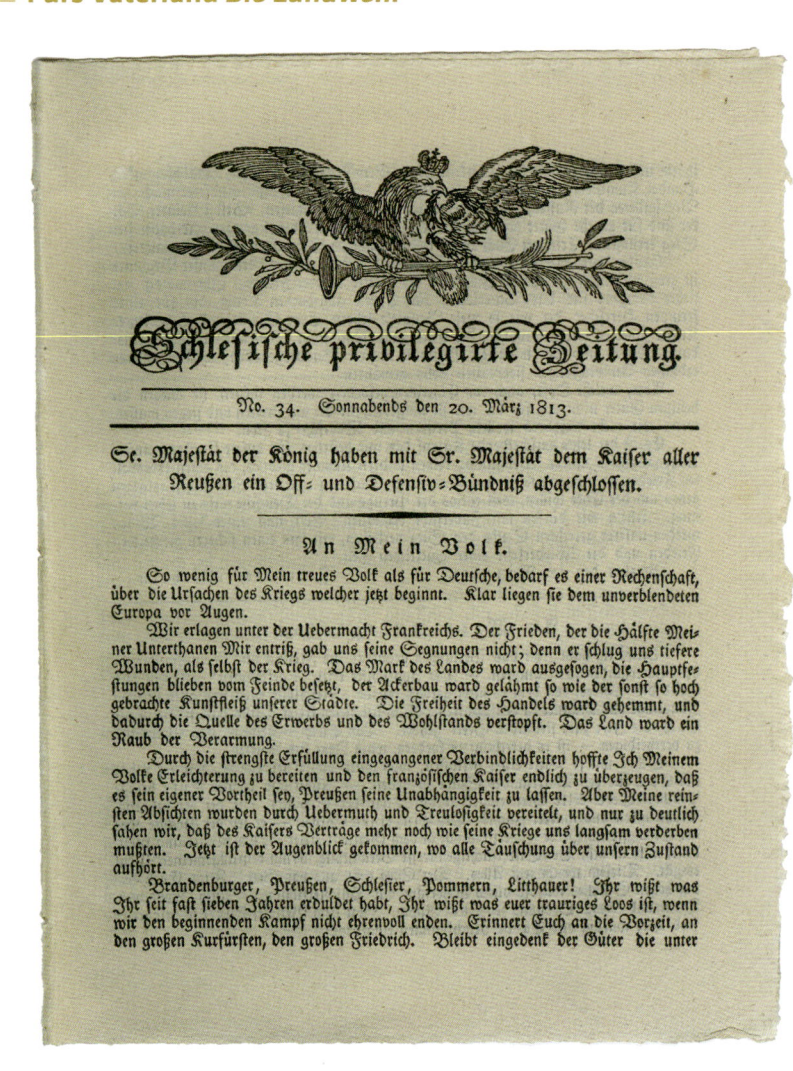

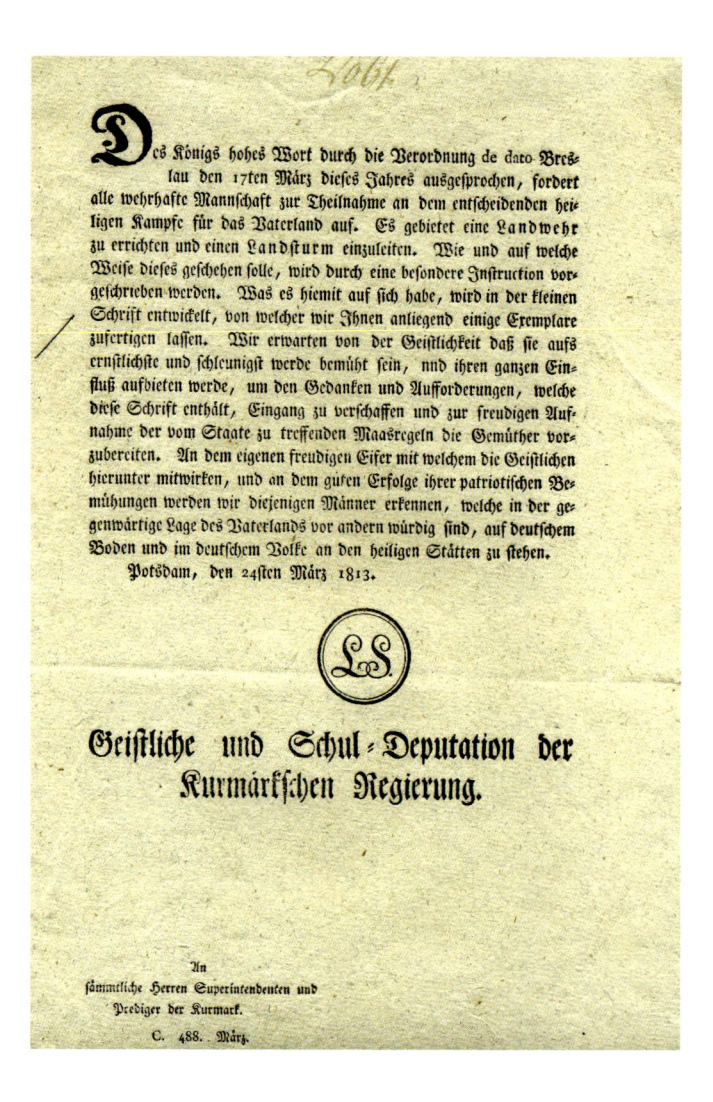

An Mein Volk
Friedrich Wilhelm III.
Schlesische privilegirte Zeitung vom
20.3.1813
23 x 18 cm
Faksimile
Bibl. Sign. II L 552/5.

Der Aufruf „An Mein Volk", mit dem sich König Friedrich Wilhelm III. am 17. März 1813 in Breslau an seine Untertanen, „Preußen und Deutsche", wandte und sie zur Unterstützung im Kampf gegen Napoleon aufforderte, wurde legendär. Am gleichen Tag war die Kriegserklärung Preußens an Frankreich erfolgt. De facto hatte die große Kriegsbegeisterung weiter Teile der preußischen Bevölkerung den Souverän bereits vor diesem Aufruf vor vollendete Tatsachen gestellt, so dass sich dieser gleichsam in letzter Minute an die Spitze der gegen Napoleon gerichteten Bewegung stellen musste. Der Aufruf „An Mein Volk" ließ den unentschlossenen König im Nachhinein als Auslöser einer Bewegung erscheinen, die ihn tatsächlich in eine Rolle drängte, die er nie gewollt hatte.

Anordnung der Kurmärkischen Regierung
Potsdam, 24.3.1813
Druck
32,5 x 21,5 cm
Privatsammlung

Am 24.3.1813 forderte die Kurmärkische Regierung die Geistlichkeit des Landes auf, in ihren Gemeinden für die rechte Aufnahme und Begeisterung für die Verordnung zur Aufstellung der Landwehr Sorge zu tragen. Der Aufforderung beigegeben war Ernst Moritz Arndts Schrift „Was bedeutet Landsturm und Landwehr?".

Medaille auf die Freiheitskriege
C. Jacob nach einer Zeichnung von
Wilhelm Henschel (1785–1865) und Gebr.
Berlin, 1815
Gusseisen
D 7,3 cm
bez.: Gebr. Henschel C. Jacob fec.
beschriftet Avers: Preussens ritterlicher König
ruft sein treues Volk im Jahre 1813; Revers:
Andenken an den Freiheitskrieg in den Jahren
1813 · 14 · 15
Inv.-Nr. V/222/2003

„Preußens ritterlicher König ruft sein treues Volk" variiert ein Lied von Heinrich Clauren. Mit dessen populärer ersten Zeile „Der König rief und alle, alle kamen" verlieh der Redakteur der preußischen Feldzeitung dem Mythos vom preußischen König, der sich entschlossen an die Spitze des Volkes stellt, zusätzliche Dynamik. Die Medaille zeigt den König im Feldlager zwischen Vertretern verschiedener Waffengattungen, im Hintergrund Vertreter der Kavallerie.

Porträt des Herrn Baruch Eschwege als freiwilliger Jäger
Moritz Daniel Oppenheim (1800–1882)
Frankfurt/M., um 1817/18
Öl auf Leinwand
107,5 x 82,5 cm
Historisches Museum Frankfurt am Main, Inv.-Nr. B 1437

Die Gleichberechtigung der Juden war eine der liberalen Errungenschaften, die unter der napoleonischen Besatzung eingeführt wurden. Nach der Verkündung der Rechtsgleichheit für die Frankfurter Juden von 1811 meldeten sich auf den „Aufruf zum Kampf für das Vaterland" 1813 gegen die napoleonischen Truppen in Frankfurt auch 30 jüdische Mitbürger zum Kriegsdienst. Noch während des Krieges wurde jedoch der Code Napoléon wieder außer Kraft gesetzt. Mit der Konstitutionsergänzungsakte von 1816 wurden die bürgerlichen Rechte der Juden erneut beschnitten.

Moritz Daniel Oppenheim erhielt als erster jüdischer Künstler eine akademische Ausbildung und wurde in Frankfurt zu einem gefragten Porträtisten des emanzipierten jüdischen Bürgertums. Besonders bekannt wurden seine Bildnisse von Heinrich Heine und Ludwig Börne. Oppenheim porträtiert hier seinen Schwager, den Hanauer Kaufmann Baruch Eschwege, dessen Bruder mit Oppenheims Schwester verheiratet war.

In der Uniform der kurhessischen freiwilligen Jäger zu Pferde präsentiert sich Eschwege vor Schloss Philippsruhe am Main. Es wird vermutet, dass hier ein Bekenntnis sowohl des Künstlers wie des Dargestellten gegen die restaurativen Tendenzen des hessischen Kurfürsten zu erkennen ist, der zeitweise in Philippsruh residierte. Er hatte die Rechte der Juden wieder eingeschränkt, nachdem er sich ihrer in den Befreiungskriegen als Mitglieder seiner Freiwilligenverbände bedient hatte.

Lit.: EISSENHAUER, Michael, in: BOTT, Gerhard (Hrsg.), Freiheit, Gleichheit, Brüderlichkeit. 200 Jahre Französische Revolution in Deutschland, Nürnberg 1989, Kat.-Nr. 487, S. 576 f.;
HEUBERGER, Georg/MERK, Anton: Moritz Daniel Oppenheim – Die Entdeckung des jüdischen Selbstbewußtseins in der Kunst, Wienand Verlag 1999, S. 18 f. und Kat. II.5, S. 352.

Einsegnung von Lützows Schwarzen Freiwilligen in der Kirche zu Rogau bei Zobten in Schlesien
Arthur Kampf (1864–1950)
Düsseldorf, 1891; Öl auf Leinwand
149 x 215 cm (ohne Rahmen)
Staatliche Kunsthalle Karlsruhe, Inv.-Nr. 931

Am 27. März 1813 fand unter großer Anteilnahme der Bevölkerung der feierliche Einsegnungsgottesdienst des Lützower Freikorps in der Kirche von Rogau bei Breslau statt. Das Korps hatte sich in den Orten Zobten und Rogau formiert, Abmarsch war am darauffolgenden Tag. Theodor Körner, der ebenfalls an dem Gottesdienst teilnahm und später von der großen Ergriffenheit aller Anwesenden berichtete, hatte ein Einsegnungslied verfasst. Auch die flammende Predigt des Ortsgeistlichen Pastor Peters ist niedergeschrieben worden.

Arthur Kampf kam es in seinem Gemälde besonders auf die Nahaufnahmen der eindringlich porträtierten Gesichter der Freiwilligen wie auch der dazugehörigen Frauen und Kinder an, in deren Mienenspiel sich der Ernst der Situation deutlich spiegelt. Unter ihnen sind sehr junge Männer, aber auch Familienväter, nur einer trägt eindeutig erkennbar bereits die schwarze Uniform der Lützower, er kniet in der ersten Reihe und stützt die Hände im Gebet auf seinen Säbel.

Lit.: BAUER, Frank: Horrido Lützow. Geschichte und Tradition des Lützower Freikorps, München 2000, bes. S. 34–43.

Fürs Vaterland *Die Landwehr*

Fahne der Landwehr des Leipziger Kreises
Sachsen, nach 1813
Seide
132 x 129 cm, Fransen 7 cm
Inv.-Nr. V/387/2002

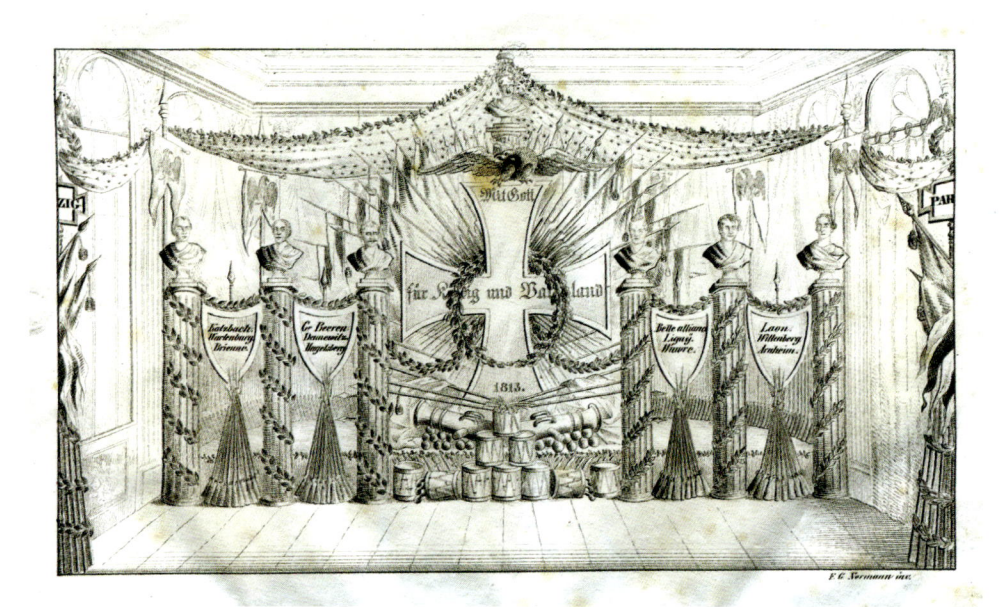

Kreuz der sächsischen Landwehr
deutsch, 1814
Tuch
9 x 7,2 cm (Kreuz)
Inv.-Nr. MI/3/2010

Nach preußischem Muster wurde nach der Völkerschlacht auch in Sachsen eine Landwehr aufgestellt, auch hier war das Kreuz Erkennungszeichen dieser Einheiten. Das hier vorliegende Exemplar aus Stoff war offensichtlich zum nachträglichen Aufnähen auf die Kleidung eines sächsischen Landwehrmannes gedacht.

Festdekoration zum 25. Jahrestag des Aufrufs „An Mein Volk"
F. G. Normann
Berlin, 1838
Kupferstich
9,5 x 17 cm
aus: NORMANN, H. F. (Hrsg.), Das Fest der Erinnerung an den 17. März 1813, den Tag des Königlichen Aufrufes an das Preußische Volk und die Landwehr, Berlin: Reimer 1838
Bibl.-Sign. Völk 13

Im Mittelpunkt der Festdekoration zum 25. Jahrestag des Aufrufs „An mein Volk" und der Aufstellung der preußischen Landwehr am 17. März 1838 in den Sälen des Hôtel de Russie und des Englischen Hauses in Berlin, einer Wohltätigkeitsveranstaltung zu Gunsten des Fonds für verarmte Landwehrmänner, stand ein großes Eisernes Kreuz, bekrönt von einem Adler mit ausgebreiteten Schwingen und überragt von einer Säule mit der Büste des preußischen Königs. Rechts und links des Kreuzes wechseln sich Säulen mit den Büsten der Generäle Blücher, Scharnhorst, Gneisenau, Yorck, Bülow und Kleist ab mit auf Pyramiden aus Waffen ruhenden Schilden mit den Namen der Schlachten, in denen Landwehreinheiten gekämpft hatten.

**Dolman (Uniformjacke) des Banners
der Freiwilligen Sachsen**
deutsch, 1813
Tuch, Leinen, Messing
55 x 44 cm
Inv.-Nr. V/84/2006

Der Generalgouverneur der Verbündeten für das besetzte Sachsen forderte in einer Verfügung vom 31. Oktober 1813 alle Sachsen auf, sich dem Kampf gegen Napoleon anzuschließen. Dazu wurde eine Freiwilligeneinheit, der sogenannte Banner der Freiwilligen Sachsen, gegründet. Schon bald meldeten sich Freiwillige aller Schichten, um in den Banner aufgenommen zu werden. Voraussetzung war, trotz aller zugesagter Vergünstigungen, dass sich jeder selbst bewaffnen, einkleiden und beritten machen musste. Da dies dem Einzelnen oft unmöglich war, wurde zu Sammlungen für die Ausrüstung des Banners aufgerufen. Trotz der schwierigen Versorgungslage kamen doch einige Spenden zusammen, so dass etliche Bannerangehörige zu einer Ausrüstung kamen. Ob der prächtigen Aufmachung steckte der Zar die neue Einheit sogleich in seine Garde. Militärisch hatte die Einheit keinerlei Bedeutung, sie nahm nur wenige Tage an der Belagerung von Mainz teil, ehe sie wieder in Richtung Heimat geschickt und schließlich aufgelöst wurde.
Lit.: Rodekamp 2008, S. 150.

**Fichte in Reih' und Glied des
Berliner Landsturmes**
Clemens von Zimmermann (1788–1869)
Berlin: Storch & Kramer, 1813
37,5 x 29,5 cm
bez. u.l.: n. d. L. gezeichnet von C. Zimmermann 1813; u.r.: Farbendr. v. Storch & Kramer
beschr. u.: Das Original befindet sich im Besitz des Hofbauraths A. Schadow in Berlin. Johann Gottlieb Fichte

Am 21. April 1813 trat in Preußen das Landsturm-Edikt in Kraft, das alle wehrfähigen Männer zwischen dem 17. und 60. Lebensjahr zum Dienst im Landsturm, dem letzten militärischen Aufgebot des Landes, verpflichtete. Die Karikatur zeigt den bekannten Philosophen und erklärten Feind Napoleons Johann Gottlieb Fichte in der Aufmachung des Landsturms.

Fürs Vaterland *Die Landwehr*

FRICCIUS AM GRIMMAER THOR VON LEIPZIG.
19. October 1813.

Gez. von G. Bleibtreu.

Karl Friedrich Friccius
Susette Hauptmann (1811–1890)
Leipzig, 1854
Bleistift
27,8 x 22,2 cm
beschr. u.l.: Carl Friccius, Stendaliensis nat. 1779,
bez. u.r.: JSH 1854 del.
Inv.-Nr. Porträt T 34

Der aus Stendal stammende Jurist Karl Friedrich Friccius trat 1813 freiwillig der Landwehr bei. Im Range eines Majors befehligte er ein ostpreußisches Landwehr-Bataillon bei Dennewitz und Leipzig. An der Spitze dieser Einheit drang Friccius am 19. Oktober als erster durch das erstürmte Grimmaische Tor in Leipzig ein. Ab 1837 war Friccius Generalauditeur der preußischen Armee. Im Bereich des Grimmaischen Tores (heute Täubchenweg) wurde Friccius 1863 ein Denkmal gesetzt.
Die Künstlerin Susette Hauptmann, Gattin des Leipziger Thomaskantors Moritz Hauptmann, porträtierte viele Musiker und Schriftsteller aus ihrem großen Freundeskreis, zu dem auch Friccius gehörte.

Friccius am Grimmaer Thor vor Leipzig.
19. October 1813
nach Georg Bleibtreu (1828–1892)
deutsch, 1855/1860
Xylographie
32 x 38,5 cm
bez. u.r.: gez. von G. Bleibtreu
Inv.-Nr. VS 791

Georg Bleibtreu gehörte als Schüler von Theodor Hildebrand zur Düsseldorfer Malerschule und hegte eine besondere Passion für die Darstellung der Befreiungskriege. In enger Zusammenarbeit mit Karl Friedrich Friccius selbst entstand ein Gemälde der Erstürmung des Grimmaischen Tors, das als Vorlage für diese Xylographie diente. Der Verbleib des Originals ist unbekannt.

**Kavalleriesäbel für Offiziere
nach dem englischen Modell 1796**
Preußen, um 1813
Eisen, Stahl, Messing, Silberdraht, Holz
L gesamt 88 cm
*Gravur: Motherby, Wnorowski, Dulk, Gross,
Röben, Tholen, Schelten le Brun*
Inv.-Nr. W/S 12

Diesen Säbel trug Friccius bei der Erstürmung des Grimmaischen Tores. Er wurde ihm von seinen Kameraden zu Beginn des Feldzugs geschenkt. Neben mehreren heute unbekannten Mitkämpfern ist hier auch der Name des Hauptmanns John Motherby festgehalten, Mitglied des von Friccius geleiteten Königsberger Landwehrbataillons. Sein schottischer Vater war als Kaufmann nach Königsberg ausgewandert und mit Immanuel Kant befreundet gewesen. John Motherby fiel beim Sturm auf das Grimmaische Tor, er wurde auf dem Johannisfriedhof beigesetzt, wo ein Gedenkkreuz an ihn erinnert.
Lit.: RODEKAMP 2008, S. 112.

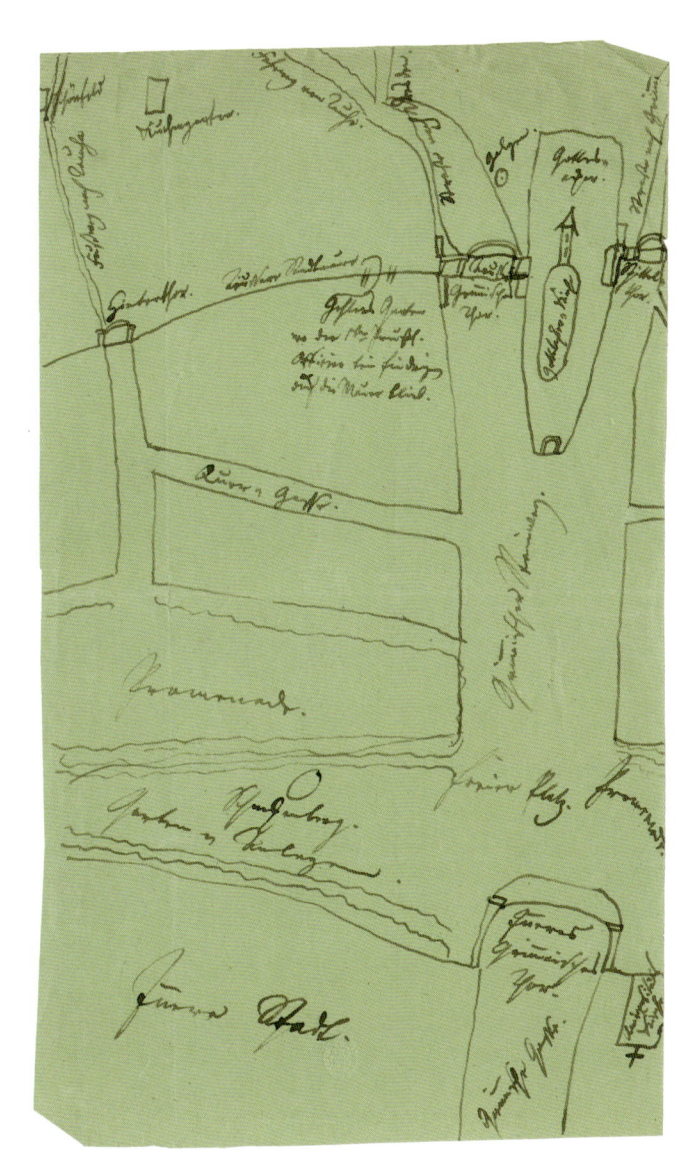

Lageskizze am Grimmaischen Tor
Karl Friedrich Friccius
deutsch, 1843 (vermutlich)
Feder auf grünem Papier
25,5 x 15,1 cm
Inv.-Nr. A/2029/2009

Unter den Meriten, die sich eine militärische Einheit verdienen konnte, kam dem Umstand, als Erste in eine belagerte Stadt eingedrungen zu sein, besondere Bedeutung zu. Mut, militärisches Geschick und Todesverachtung dürfen als primäre Eigenschaften einer solchen Einheit vorausgesetzt werden. In Leipzig waren es die Männer des 3. Königsberger Bataillons des 3. Ostpreußischen Landwehr-Infanterie-Regimentes, die unter Führung ihres Majors Friccius durch eine Bresche in der Mauer in die Stadt eindrangen. Hartnäckig wurde später immer wieder behauptet, dass anstelle der militärisch nur rudimentär ausgebildeten Landwehrleute Angehörige der regulären preußischen Linientruppen die ersten verbündeten Soldaten in Leipzig gewesen seien. Die in Publikationen und Zeitungen ausgetragenen Streitigkeiten führten dazu, dass der ehemalige Landwehrmajor Friccius mehrfach über die Vorgänge am Grimmaischen Tor berichtete und fragliche Situation skizzenhaft zu Papier brachte.

Fürs Vaterland *Die Landwehr*

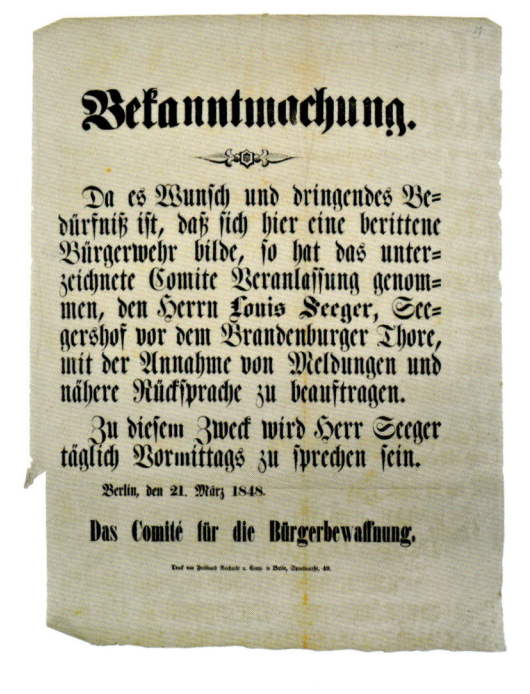

Bekanntmachung zur Bildung einer berittenen Bürgerwehr in Berlin
Druckerei Ferdinand Reichardt & Co.
Berlin, 21.3.1848
Druck
51 x 38 cm
Inv.-Nr. 1848/49:113/24 Nr. 2

In Zeiten revolutionärer Unruhen sind es nicht die Regierungen, die ihre Bürger zu den Waffen rufen, sondern umgekehrt: Der zivile Bürger greift aus Sorge um das Wohl seines Vaterlandes zur Waffe und richtet sie gegen die Regierung. So ist es im Jahr 1848 in nahezu ganz Europa der Fall. In Berlin wurde z. B. im März 1848 zur Bildung einer berittenen Bürgerwehr aufgerufen. Gegen die starren Regime der politischen Restauration erheben sich selbstbewusst gewordene bürgerliche Gruppierungen und kämpfen um eine Beteiligung an der Macht.

Plakat zur Aufstellung des Volkssturms „Um Freiheit und Leben"
Hans Herbert Schweitzer
deutsch, 1944
Offset-Druck
59,5 x 42,1 cm
Stiftung Deutsches Historisches Museum Berlin, Inv.-Nr. P 62/1853

Am 18. Oktober 1944 wurde mit direktem Bezug zum Jahrestag der Völkerschlacht im Deutschen Reich zur Verteidigung des „Heimatbodens" der Deutsche Volkssturm aufgeboten. Organisation, Ausrüstung und Ausbildung des Volkssturms lag in den Händen des von Heinrich Himmler geführten Ersatzheeres. Grundsätzlich konnten alle Männer ab dem Jahrgang 1929 einberufen werden. Es wird davon ausgegangen, dass etwa 175 000 Männer dieses letzen Aufgebots in einem völlig aussichtslosen Kampf fielen.

Plakat: Erlaß über die Bildung des deutschen Volkssturms
Buchdruckerei Oskar Meister
Werdau, 1944
Papier auf Flies
122 x 86 cm
Inv.-Nr. PLA 212

Verordnung über den Landsturm vom 21sten April 1813 (o. Abb.)
Deutsche Kunst- und Verlagsanstalt GmbH
Frankfurt/M, 1944
Druck
25,5 x 18,5 cm
Privatsammlung

Kurz nach dem Erlass über die Bildung des Deutschen Volkssturms veröffentlichte die Deutsche Kunst- und Verlagsanstalt in Frankfurt/M einen Sonderdruck mit dem Text der Verordnung über den Landsturm vom April 1813.

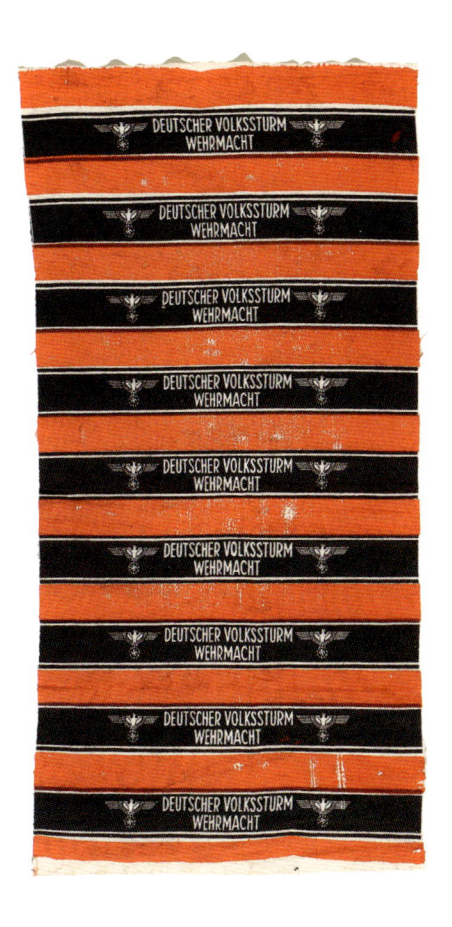

**Armbinden
„Deutscher Volkssturm Wehrmacht"**
*deutsch, 1944/45
Baumwolle, bedruckt
B 36 cm; L 75 cm
Stiftung Deutsches Historisches Museum Berlin,
Inv. Nr. 1898/1504*

Sowohl die Bewaffnung als auch die Uniformierung des Volkssturms waren völlig unzureichend. Während oft Beutegewehre unterschiedlichster Herkunft die einzigen Waffen darstellten, gab es auch bei den Uniformen wenig Einheitlichkeit, von Zivilkleidung über HJ-Uniformen bis zu Uniformteilen aus dem Ersten Weltkrieg war alles dabei. Einzig einheitliche Armbinden kennzeichneten die Angehörigen des Volkssturms eindeutig. Der unaufgeschnittene Stoffbogen ergibt neun Armbinden.

Das Volk steht auf, der Sturm bricht los!
*Leseheft für die Politische Grundschule
Verlag Junge Welt, 1952
Buchdruck
21 x 15,5 cm
Privatsammlung*

Im Jahr 1952, ein Jahr vor dem 140. Jahrestag der Völkerschlacht, entdeckte die politische Führung der DDR das Kapitel der Deutschen Befreiungskriege für historisch legitimierte Propagandazwecke. Im Juli 1952 hatte Walter Ulbricht den „planmäßigen Aufbau des Sozialismus" in der DDR verkündet. Die DDR richtete sich im deutschen Teilstaat ein, die Wiedervereinigung rückte in weite Ferne. Um die Identifikation des Bürgers mit seinem Staat zu befördern schien der Verweis auf die vorgeblich kriegsentscheidende Rolle von Volksbewegungen in den Befreiungskriegen dem SED-Staat eine populäre Traditionslinie zu verschaffen. In der sich entwickelnden Historiographie der DDR wurden die Befreiungskriege zum maßgeblich durch eine deutschlandweite Volkserhebung getragenen und zum Erfolg geführten Ereignis. Dass die DDR-Führung für sich einforderte, die letzten Ziele jener Bewegung, nationale Einheit und wirkliche Selbstbestimmung, als einzige Kraft tatsächlich erreichen zu können, schien nur folgerichtig.

Aussetzung der Wehrpflicht in Deutschland
*Tagesschau vom 10. Dezember 2010
(Ausschnitt)
© NDR Hamburg*

Für viele überraschend stellte Verteidigungsminister Karl-Theodor zu Guttenberg (CSU) im Mai 2010 erstmalig die allgemeine Wehrpflicht in Deutschland zur Disposition. Bisher galt das Credo vom „Bürger in Uniform", der allein die enge Identifikation des Soldaten mit seinem demokratischen Staat sicherstellen sollte. Bei der Diskussion über Für und Wider der Aussetzung spielten freilich Argumente um Sparzwänge, wegfallende Dienstleistungen im sozialen Bereich durch den gleichfalls abzuschaffenden Zivildienst oder Fragen nach der technischen Kompetenz eines nur kurzzeitig Wehrdienstleistenden die Hauptrolle.

Gold gab ich für Eisen

Am 23. März 1813 veröffentlicht Prinzessin Marianne von Preußen den „Aufruf an die Frauen im Preußischen Staate", sozusagen die weibliche Variante des Aufrufs „An Mein Volk" ihres königlichen Schwagers. Die Prinzessin fordert darin die Frauen Preußens auf, sich gleich den Männern für die Sache des Vaterlandes zu engagieren. Als angemessene patriotische Tätigkeit wird die Verwundetenpflege, die Anfertigung von Kleidung und Verbandsmaterial oder das Sammeln von Spenden zur Kriegsfinanzierung angesehen. „Nicht bloß bares Geld wird unser Verein als Opfer dargebracht annehmen, sondern jede entbehrliche wertvolle Kleinigkeit, - das Symbol der Treue, den Trauring, die glänzende Verzierung des Ohrs, den kostbaren Schmuck des Halses. ... Alles, was auf diese Art gesammelt wird, gehört dem Vaterlande. Diese Opfer dienen dazu, die Verteidiger, die es bedürfen, zu bewaffnen, zu bekleiden, auszurüsten ... damit auch von unserer Seite erfüllt werde das Große, das Schöne, damit das Vaterland, das in Gefahr ist, auch durch unsere Hülfe gerettet werde, sich neu gestalte und durch Gottes Kraft aufblühe."[1] Die Resonanz auf den patriotischen Appell ist ähnlich nachhaltig wie bei der männlichen Bevölkerung. Fortan engagieren sich auch die Frauen dafür, den ausgebrochenen Krieg siegreich zu Ende zu führen. Wenig später entwickelt sich der Aufruf aus königlichem Hause zur regelrechten Marketingkampagne.

Im April 1813 veröffentlichte der Besitzer einer öffentlichen Berliner Leihbibliothek, Rudolph Werckmeister, in der Zeitung einen Aufruf unter der programmatischen Überschrift „Gold gab ich für Eisen". Für die Spende goldener Trau- und Verlobungsringe zur Finanzierung von Kriegsausrüstung für Freiwillige verspricht er einen solchen aus Eisen mit dem von ihm kreierten Motto. Allein Werckmeister soll Ringe im Wert von 8 125 Talern eingetauscht haben. Die rasch Aufsehen erregende Aktion wird in vielen preußischen Städten kopiert und soll Edelmetallspenden im Gesamtwert von mehr als 150 000 Talern erbracht haben. Bemerkenswert ist daran neben dem materiellen Erfolg, „wie man Patriotismus mit Hilfe der Presse organisieren und inszenieren konnte".[2] Insgesamt wird angenommen, dass die preußische Bevölkerung im Frühjahr 1813 Spenden und freiwillig erbrachte Gaben in Höhe von etwa 10 Millionen Talern für die Ausrüstung von Kriegsfreiwilligen aufbrachte.

1 Aufruf der königlichen Prinzessinnen an die Frauen im preußischen Staate vom 1. April 1813, in: RICHTER, Albert, Quellenbuch für den Unterricht in der deutschen Geschichte, Leipzig 1912, S. 281.
2 vgl. HERRMANN, Ulrich (Hrsg.), Volk, Nation, Vaterland., Hamburg 1996, S. 363f.

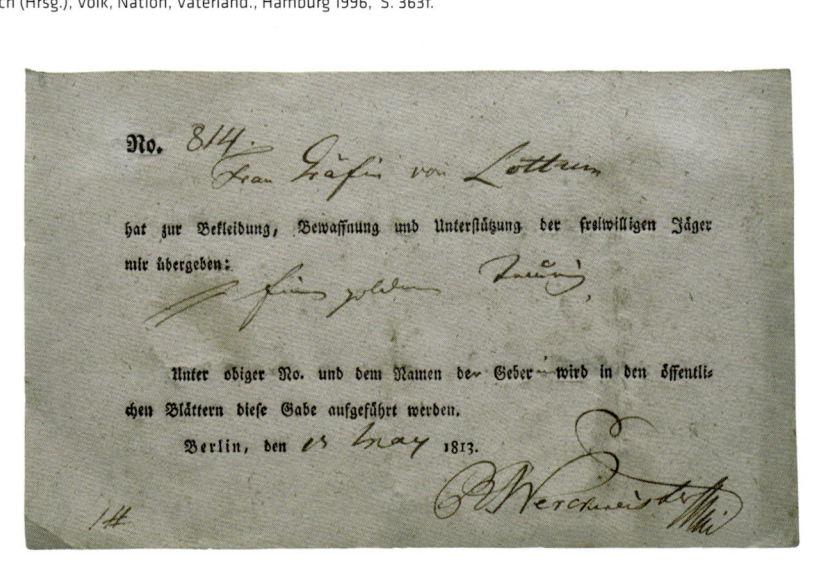

Zwei Trauringe aus Eisen
Berlin oder Gleiwitz, 1813
Eisenkunstguss, schwarz lackiert/Eisenkunstguss, geschwärzt, Silber
D je 2,1 cm
Inschrift Ring 1: Für Gold erhielt ich Eisen 1813; Ring 2: Zum Wohl des Vaterlandes eingetauscht 1813
Privatsammlung

Quittung über einen goldenen Trauring
Rudolph Werckmeister
Berlin, 13.5.1813
Akzidenzdruck
10 x 16,5 cm
Inv.-Nr. A/2012/274

Die Quittung über einen gespendeten goldenen Ehering wurde von Rudolph Werckmeister für Sophie Luise Friederike Gräfin von Wylich und Lottum (1772–1841) ausgestellt. Ihr Ehemann, Carl Friedrich Heinrich Graf von Wylich und Lottum, diente in den antinapoleonischen Kriegen als militärischer Berater Friedrich Wilhelms III., nach 1814 war er als Diplomat und Staatsminister tätig.

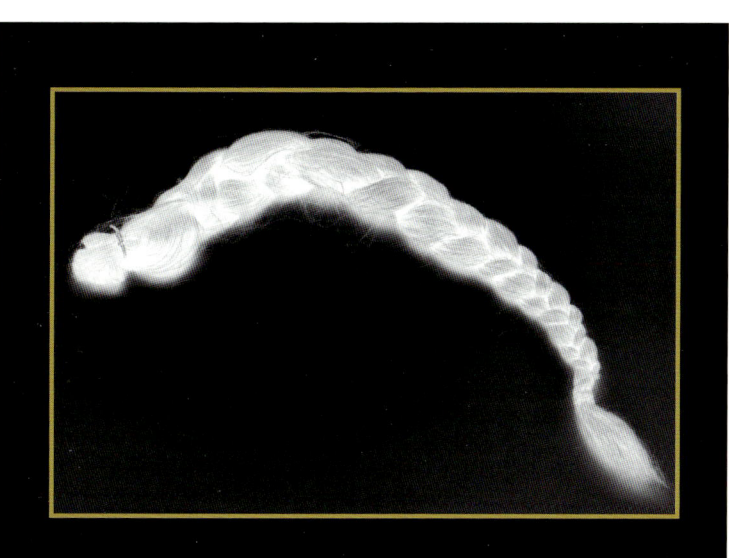

Haar der Ferdinande von Schmettau

Der Tochter eines preußischen Majors, Ferdinande von Schmettau, mangelte es sowohl an Geld als auch an Goldschmuck, um den Spendenaufrufen nachzukommen. Stattdessen beschloss sie, ihr langes blondes Haar abzuschneiden und zu verkaufen und spendete den Erlös von zwei Talern. Als der Sekretär des preußischen Staatskanzlers davon hörte, kaufte er die Haarsträhnen auf und ließ daraus Schmuckstücke fertigen, mit denen er 196 Taler und acht Groschen Gewinn erlöste. Die Geschichte fand ob ihrer volkstümlichen Bestandteile – junge, doch arme Protagonistin, glühende Vaterlandsliebe, Selbstaufgabe um einer „höheren" Sache willen, glückliches Ende Dank großem Erlös – rasch Eingang in zahlreiche populäre Darstellungen zur Geschichte der Befreiungskriege.

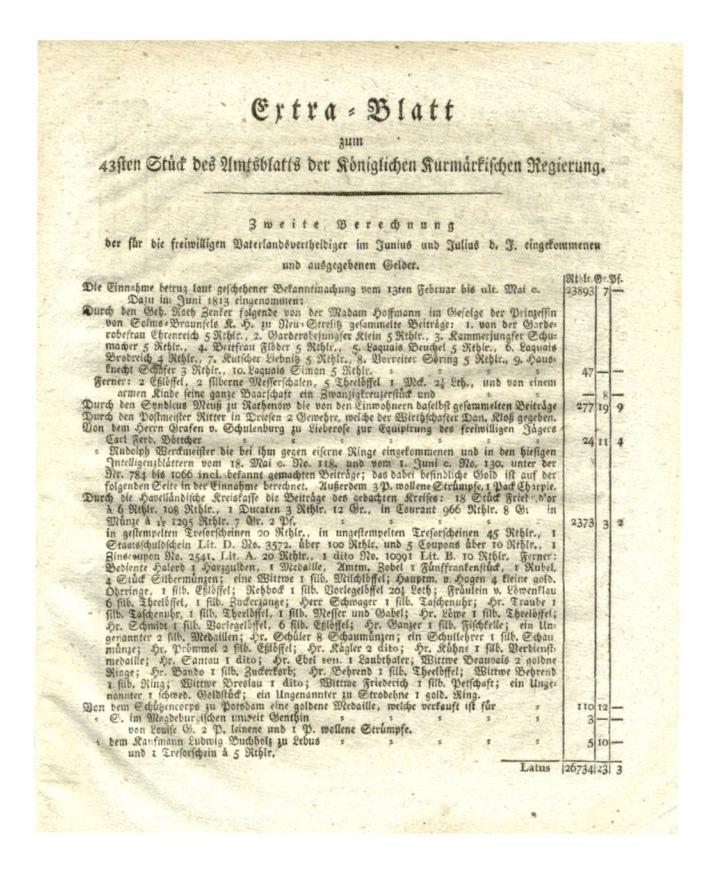

Extra-Blatt zum 43sten Stück des Amtsblatts der Königlich Kurmärkischen Regierung
deutsch, 8.10.1813
Papier
22 x 19,5 cm
Privatsammlung

Die Auflistung der im Juni und Juli 1813 eingegangenen Geld- und Sachspenden für die freiwilligen Vaterlandsverteidiger zählt auch die von Rudolph Werckmeister eingelieferten goldenen Ringe auf.

Zwei Armbänder aus Berliner Eisen
Berlin oder Gleiwitz, um 1825
Eisen, Silber
20 x 4 cm bzw. 18,5 x 4,5 cm
Inv.-Nr. V/132/2010 bzw. V/133/2010

Eiserner Schmuck ist keine Erfindung der Jahre zwischen 1813 und 1815. Ihre große Popularität haben die Pretiosen aus dem spröden Material dennoch den Befreiungskriegen zu verdanken. Bereits um 1800 traf aus Eisendrähten gefertigter Schmuck den vom Ideal der Schlichtheit, Lauterkeit und Bescheidenheit gekennzeichneten Zeitgeschmack des Bürgertums. In den durch zahlreiche Kriegsereignisse „kargen" Zeiten kam der geringe Materialwert dem mehr oder minder selbstbestimmten Bedürfnis nach Sparsamkeit entgegen. Besonders preußische Gießereien erlangten bei der Fertigung des bald sogenannten Berliner Eisens große Meisterschaft. Mit Beginn der Befreiungskriege und besonders durch die „Gold gab ich für Eisen"-Aktion erlangte Schmuck aus dem schlichten Material enorme Popularität.

Ring zur Erinnerung an die Völkerschlacht
deutsch, nach 1813
Eisen
D 2 cm
Inschrift: DER /16 BIS 19 / Octbr / 1813"
Inv.-Nr. V/221/2003

Fürs Vaterland *Gold gab ich für Eisen*

Volksopfer
Arthur Kampf (1864–1950)
Düsseldorf, 1894
Öl auf Leinwand
160 x 209 cm (ohne Rahmen)
Museum der bildenden Künste Leipzig,
Inv.-Nr. 777

In vielen Details schildert das Gemälde die Opferbereitschaft breiter Bevölkerungsschichten: Kinder zählen ihre letzten Groschen, eine junge Frau trennt sich schweren Herzens von ihrem Verlobungsring, auf dem Tisch rechts ist das Silbergeschirr wohlhabender Bürger aufgestellt. Von links nähert sich eine Frau mit einem notdürftig verpackten üppigen blonden Zopf in den Armen. Darin ist die populäre Figur der Ferdinande von Schmettau zu erkennen.
Arthur Kampf studierte von 1879–1891 an der Düsseldorfer Kunstakademie und war dort ab 1894 Professor. Er konzentrierte sich seit 1887 auf die malerische Gestaltung historischer Ereignisse, den Befreiungskriegen galt dabei sein besonderes Interesse. Viele seiner Darstellungen wurden ungeheuer populär und fanden Eingang in Schulbücher und Wandschmuck. Sie wurden als Propaganda während beider Weltkriege genutzt. Die Nationalsozialisten schätzten Kampfs Kunst hoch, 1933 schuf er das Monumentalgemälde „Fichtes Rede an die Deutsche Nation" für die Aula der Berliner Universität, bis 1945 erhielt er zahlreiche Auszeichnungen.

Eiserne Bratpfanne
deutsch, 1916
Eisen
L 49 cm, D 27 cm
Inschrift: Der deutschen Hausfrau Opfersinn gab Kupfer für das Eisen hin / Im Weltkrieg
Inv.-Nr. V/2011/8

Eiserne Bratpfanne zur Erinnerung an eine Spende von kupfernem Küchengeschirr für die Kriegsproduktion.

Ring mit Szenen aus dem Krieg
deutsch, 1914
Weißblech
B 0,8 cm, D 2,2 cm
Innenseite graviert: Wir Deutsche fürchten Gott / sonst nichts auf der Welt 1914
Inv.-Nr. V/1236/2008

Goldener Nagel mit 5-Mark-Goldmünze
deutsch, um 1914
Gold
L 5,3 cm
Inv.-Nr. MS/178/2010

Goldener Nagel aus einer „Nagelaktion" des Ersten Weltkrieges, als Anstecknadel gearbeitet mit einer anhängenden 5-Mark-Goldmünze des Jahres 1878.

Sogenanntes Nagelschild
deutsch, um 1915
Holz, Eisen, Pappe
D 70 cm
Inschrift: Noch nie wurde Deutschland überwunden, wenn es einig war
Inv.-Nr. V/211/2010

Ab 1915 wurde die Bevölkerung zu gemeinschaftsstiftenden „Nagelaktionen" aufgerufen: Durch den Kauf eines Eisen- oder Messingnagels beteiligte man sich finanziell am Krieg bzw. an der Hinterbliebenenfürsorge. Die Nägel wurden in öffentlichen Feierlichkeiten in Holzfiguren, z. B. einem Kreuz oder einem überlebensgroßen „Wehrmann" eingeschlagen.

Plakat: Gold gab ich zur Wehr
Ginkens
Berlin, 1914
Offset-Druck
87 x 94 cm
Inv.-Nr. PLA 9

Während des Ersten Weltkrieges fand die Edelmetallspende der Befreiungskriege eine Fortsetzung. Meist unter dem Slogan „Gold gab ich zur Wehr, Eisen nahm ich zur Ehr" wurden Bürger und Institutionen wie Kirchgemeinden zum patriotischen Eintauschen ihrer Edelmetallgegenstände aufgerufen. Im weiteren Verlaufe des Krieges wurden die Sammlungen auch auf Buntmetalle, Kupfergeschirr und Kirchenglocken etc. ausgedehnt. Neben Ringen erfuhr das Spektrum an mit patriotischen Sprüchen versehenen Ersatzgegenständen eine beträchtliche Erweiterung.

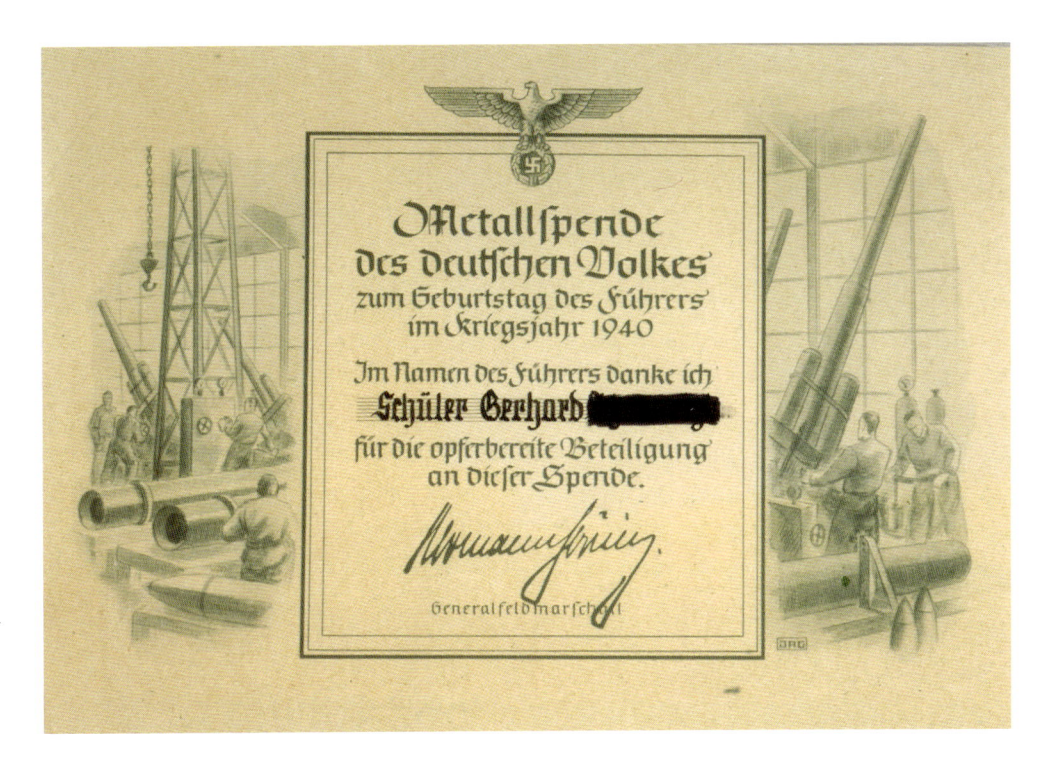

Bescheinigung für eine Metallspende des deutschen Volkes zum Geburtstag des Führers
deutsch, 1940
Druck
14,9 x 21 cm
Stiftung Deutsches Historisches Museum Berlin,
Inv. Do2 98/653

Auch im Verlaufe des Zweiten Weltkrieges kam es zur Neuauflage der Gold-für-Eisen-Spenden. 1940 wurde der Geburtstag Hitlers zum Anlass genommen, dem „Führer" als Präsent der Bevölkerung kriegswichtiges Metall in einer Spende zum „Geschenk" zu machen. Am 27. März 1940 erließ Hermann Göring den entsprechenden Aufruf zur „Spende des deutschen Volkes zum Geburtstag des Führers". Neben zahllosen privaten Spendern sollten u. a. auch die Kirchen zum Endsieg beitragen. Im gesamten deutschen Einflussgebiet wurden rund 90 000 Kirchenglocken beschlagnahmt und im Hamburger Hafen deponiert. Nur etwa 15 000 von ihnen rettete das Kriegsende vor dem Hochofen.

Abtransport des Leipziger Reformationsdenkmals
Foto-Knoll
Leipzig, 1943
Foto
12,5 x 17,5 cm
Inv.-Nr. F/273/2003

Seit 1883 stand das Bronzedenkmal der Reformatoren Martin Luther und Philipp Melanchthon des Leipziger Bildhauers Johannes Schilling vor der Johanniskirche. 1943 wurde es zur Metallgewinnung für die Rüstungsindustrie eingeschmolzen.

BESUCHEN SIE EIN LAND, WO DEUTSCHE NOCH UNBELIEBTER SIND ALS HIER.

AMSTERDAM AB 29 €

skyeurope.com

Klare Fronten

Festgelegt ist in der deutschen Geschichtsschreibung für lange Jahrzehnte der Verlauf der Grenzlinien: hier die geknechteten Deutschen, gegen die unerträgliche Fremdherrschaft endlich aufbegehrend, dort der Kriegstreiber und Menschenverschlinger Napoleon – Schwarz und Weiß. Es ist eine Binsenweisheit, dass im realen Leben eher das Grau dominiert. Es gibt andere Sichtweisen, andere Bewertungen der neuen Weltmacht im Westen. Durchsetzen können sie sich nicht, der konstruierte Konflikt wird vererbt.

Unvergänglich wie die Gegnerschaft glaubt man auch eingegangene Partnerschaften. Sie sollen immerwährende Stabilität garantieren – eine Illusion.

Klare Fronten *Geliebter Feind Napoleon*

Geliebter Feind Napoleon

Das intellektuelle Deutschland begrüßte mehrheitlich die Revolution in Frankreich. „Freiheit, Gleichheit und Brüderlichkeit" waren Ideale, die der Berufung auf Vernunft, Naturrecht und allgemeine Menschenrechte der Aufklärungsepoche sehr nahe zu kommen schienen. Der nachfolgende Terror der radikalen Jakobinerherrschaft stieß freilich die Mehrheit der deutschen Sympathisanten wieder ab. Den Erschrockenen schien es der General Bonaparte zu sein, der einerseits für einen gemäßigten Kurs des neuen Frankreich stand und andererseits die wichtigsten Errungenschaften der Revolution verteidigte. Sein kometenhafter Aufstieg aus dem Nichts zum ersten Mann im Staate, seine unglaubliche Fortune machten ihn für viele Bewunderer zur messianischen Lichtgestalt. Die Kaiserkrönung von 1804 und das imperiale Machtstreben des selbst gekrönten Kaisers führte indes bald zur Ernüchterung. Insbesondere gegenüber den besiegten Nationen ließ der Beherrscher halb Europas oft genug nichts weniger als Gleichheit und Brüderlichkeit walten. Für die Masse der Bevölkerung blieb Napoleon allerdings ein greifbares Exempel dafür, dass einzig durch Willen und Tatkraft der Aufstieg in ungeahnte Höhen der Gesellschaft möglich war. Als die Kriege Napoleons auch nach Jahren nicht enden wollten, als die Verluste immer größer, die Landstriche immer ausgezehrter wurden, regte sich Widerstand. Erschöpft hofften die einstigen Bewunderer auf bessere Zeiten nach dem Sturz Napoleons. Als sie erkannten, dass die Sieger statt dessen die Uhren vor das Jahr 1789 zurückstellten, verklärte sich die Erinnerung an den großen Feldherrn erneut.

Napoleon Bonaparte als Erster Konsul
Piat-Joseph Sauvage (1744–1818)
Frankreich, um 1802
Öl (Grisaille) auf Leinwand
69 x 58,8 cm (ohne Rahmen)
Museum der bildenden Künste Leipzig,
Inv.-Nr. G 180

Der aus dem heute belgischen Tournai stammende Maler Piat-Joseph Sauvage erhielt seine künstlerische Ausbildung an der Akademie in Antwerpen und ging nach kurzer Tätigkeit für den Hof der Österreichischen Niederlande in Brüssel nach Paris. Seit 1774 Mitglied der Académie de Saint-Luc, wird er 1776 zuerst Mitglied der Akademie in Lille und schließlich 1783 Mitglied der Académie royale de peinture et de sculpture. Damit beginnt seine Karriere als gefragter Portraitist der gehobenen Gesellschaft in Paris und Versailles. Zuerst als ‚premier peintre' des Prince de Condé und dann des französischen Königs Ludwig XVI. wird er sich auf das Genre des gemalten Basreliefs konzentrieren. Das Ende des Ancien Régime übersteht er trotz seiner Nähe zum Hof, da er sich den republikanischen Nationalgarden anschließt. Unter Napoleon bleibt er ein geschätzter Bildnismaler und arbeitet von 1804 bis 1807 für die Porzellanmanufaktur in Sèvres, bevor er sich ab 1808 wieder in Tournai niederlässt und die dortige Zeichenakademie bis kurz vor seinem Tod leitet.

1802 gemalt, wird Napoleon Bonaparte hier als Konsul in Paradeuniform gezeigt. Analog zu einer Büste beschneidet Piat-Joseph Sauvage das Bildnis unter dem Kragen. Er zeigt das Gesicht in einem scharfen, Schatten werfenden Profil, das in dieser Form an antike Reliefbildnisse erinnert. Sauvage benutzt eine Grisaille-Technik, das heißt eine nur aus Grautönen bestehende Palette, mit der er einem Trompe-l'œil gleich die luzide Materialität von Gemmen nachahmt, einem damals sehr beliebten Mode- und Sammelobjekt.

Durch die Darstellung des Portraits in Nachahmung eines steinernen Basreliefs enthebt Sauvage Napoleon der Lebenswirklichkeit und vermittelt den Eindruck von Dauerhaftigkeit. Der Rückgriff auf die Antike im Darstellungstypus und in der Antiquaschrift, die den General mit seinem korsischen Familiennamen „Bonaparte" bezeichnet, entspricht der Mode des Klassizismus. Darüber hinaus überträgt Sauvage damit das Ideal der antiken Republik auf den – zunehmend diktatorisch auftretenden – Konsul und verleiht ihm so eine höhere Legitimität.

Das unsignierte Gemälde galt bis 2005 als das Werk eines unbekannten Meisters, konnte jedoch nach dem Auftauchen einer vergleichbaren Arbeit auf dem Kunstmarkt als von Piat-Joseph Sauvage stammend identifiziert werden. Es existieren heute ähnliche Bildnisse des Konsuls Bonaparte aus seiner Hand im Schloss von Malmaison, im Musée Marmottan und im Musée Carnavalet in Paris.
Frédéric Bußmann

Der Triumph Napoleons oder Der Frieden
nach Pierre Paul Prud'hon (1758–1823)
Frankreich, 1801
Lithographie
36,7 x 63,6 (beschnitten)
bez.u.l.: Prud'hon pinx.
Inv.-Nr. VS 444

Der Lithographie liegen Vorzeichnungen des französischen Malers Pierre Paul Prud'hon zugrunde, das geplante Gemälde blieb allerdings unvollendet.
Eng an Darstellungen römischer Reliefs angelehnt zeigt der Künstler einen Triumphzug, der von Putten angeführt wird. Napoleon fährt in einem von vier Pferden gezogenen Wagen, zwischen einer geflügelten Viktoria und einer Personifikation des Friedens stehend. Der Wagen wird von den Musen geleitet und von allegorischen Figuren der Wissenschaften und Künste umgeben. Napoleon wird so zu einem antiken Helden und Friedensstifter stilisiert.

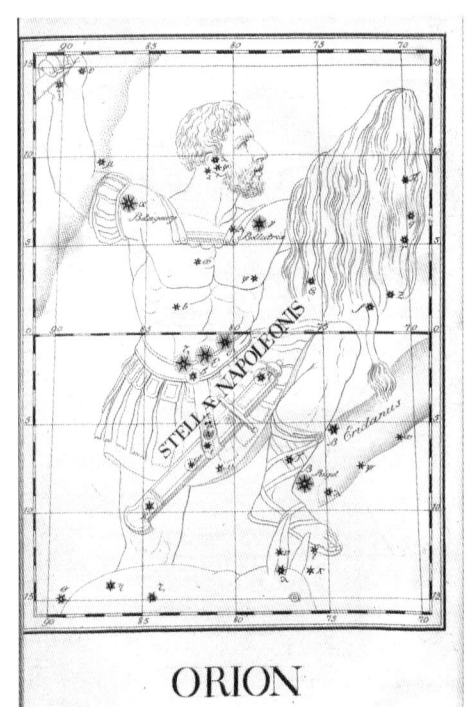

Die Napoleonsterne
Kupferstich aus: Das Jahr 1807:
nebst einer Abbildung und Beschreibung des
Napoleon-Gestirns
Johann Gottfried Dyk
Leipzig, 1807
Reproduktion (Original: Universitätsbibliothek Leipzig)

1807 hatte der Senat der Leipziger Universität unter Rektor Christian Daniel Erhard entschieden, dass die zu Gürtel und Schwert des Orion gehörenden Sterne zukünftig Napoleonsterne heißen sollten, um den Kaiser zu ehren. Eine Abordnung der Universität sollte dem durchreisenden Kaiser die entsprechende Sternenkarte überreichen. Jedoch wurde der mit viel Pomp vorbereitete Besuch Napoleons in Leipzig im Juli 1807 auf eine schnelle Durchreise und einen Wechsel der Pferde im Morgengrauen verkürzt, so dass es dazu nicht kam.
Der Zusammenhang zwischen diesen Sternen und Napoleon wird unter anderem folgendermaßen beschrieben:
„Denn diese schöne, hellglänzende, allgemein bekannte Sterngruppe erhebet sich seitwärts über den Eridanus (Po), an dessen Ufern einst die Morgenröthe Napoleons in Seinen ersten großen Thaten aufging; sie reicht bis zum Aequator, und vereinigt so das Interesse des Norden mit dem des Süden; und sie enthält zugleich den schönsten und größten unter den bekannten Nebelflecken des Himmels, der uns die Aussicht in unzählige, dem Auge unerreichbare Welten zeigt. Und welcher Name der neuern Zeit vermag sich wohl an die glänzenden Namen der Urwelt, mit so festem Anspruch auf Unvergänglichkeit, zu ketten, als der Name Napoleon?" und verleiht der Hoffnung Ausdruck, dass sich Akademien und Astronomen des In- und Auslands dem anschließen *(S. IX ff.)*.

Klare Fronten *Geliebter Feind Napoleon*

Georg Forster (1754–1794)
Anton Graff (1736–1813)
Dresden, 1784
Öl auf Leinwand
45,6 x 36 cm
unbezeichnet
Weltkulturen Museum Frankfurt am Main,
Inv.-Nr. NS 63796

1772, im Alter von 17 Jahren, durfte Georg Forster gemeinsam mit seinem Vater als Zeichner an der zweiten Weltumsegelung des berühmten Captain James Cook teilnehmen. 1778 veröffentlichte er seine Reisebeschreibung „Reise um die Welt", die ihn mit einem Schlag berühmt machte. 1788 wurde er Oberbibliothekar der Universität Mainz.
Als begeisterter Anhänger der Französischen Revolution gehörte Forster unmittelbar nach der Besetzung von Mainz durch die französische Revolutionsarmee 1792 zu den Vätern des Jakobinerklubs „Freunde der Freiheit und Gleichheit" und 1793 zu den Begründern der Mainzer Republik. Diese erste demokratische Republik auf deutschem Boden existierte nur wenige Monate bis zum Abzug der Franzosen. Forster hielt sich zu diesem Zeitpunkt in Paris auf, fiel unter die Reichsacht und konnte nicht mehr nach Mainz zurück. Obwohl er in Paris die Anfänge der „Schreckensherrschaft" erlebte, blieb er den revolutionären Idealen treu. 1794 starb er an einer Lungenentzündung.
In der Vergangenheit wurde das Gemälde meist Johann Heinrich Tischbein zugeschrieben, inzwischen geht die Forschung davon aus, dass es eines von zwei von Anton Graff gefertigten Porträts Forsters ist. Forster und Graff begegneten sich im Juni 1784 in Dresden. Forster berichtet in mehreren Briefen über die Porträts und gibt denen von Graff den Vorzug gegenüber dem von Tischbein.
Lit.: BERTSCHINGER, George, The Portraits of John Reinhold Forster and Georg Forster. A Catalogue tracing the Origin of Each Portrait, 2004 (online-Veröffentlichung: www.rainstone.com/Portraits-forster.2.htm).

10 Stoffproben aus Rindenbast áhu
Gesellschaftsinseln/Tonga, um 1770
Rindenbast
4,5 x 10,5 cm bis 74 x 81 cm
Georg-August-Universität Göttingen, Ethnologische Sammlung des Instituts für Ethnologie;
Inv.-Nr. Oz 591 – Oz 599; Oz 617

Beispiele aus der Südsee-Sammlung des Captain Cook, die er und sein Reisebegleiter Georg Forster von der Weltumsegelung 1772–1775 mitbrachten. Die Sammlung gilt als weltweit einmalig.
Die Rindenbaststoffe stammen überwiegend von den Gesellschaftsinseln (Tahiti u. a.) im Pazifik, einer vom Inselstaat Tonga. Die Stoffe wurden aus der Rinde von Papiermaulbeerbäumen (Inv. Oz 591, Oz 592), Brotfrucht- bzw. Feigenbäumen hergestellt und dienten zur Fertigung von Kleidung.
Einige sind naturbelassen, andere gefärbt mit für die Gesellschaftsinseln typischen Mustern. Forster selbst hat überliefert, dass nur hochstehende Persönlichkeiten Kleidung aus komplett gefärbten Stoffen trugen.
Lit.: HAUSER-SCHÄUBLIN, Brigitta, u. a.: James Cook – Gaben und Schätze aus der Südsee. Die Göttinger Sammlung Cook/Forster, München 1998, Kat. 10, S. 282 und Kat. 23, S. 283.

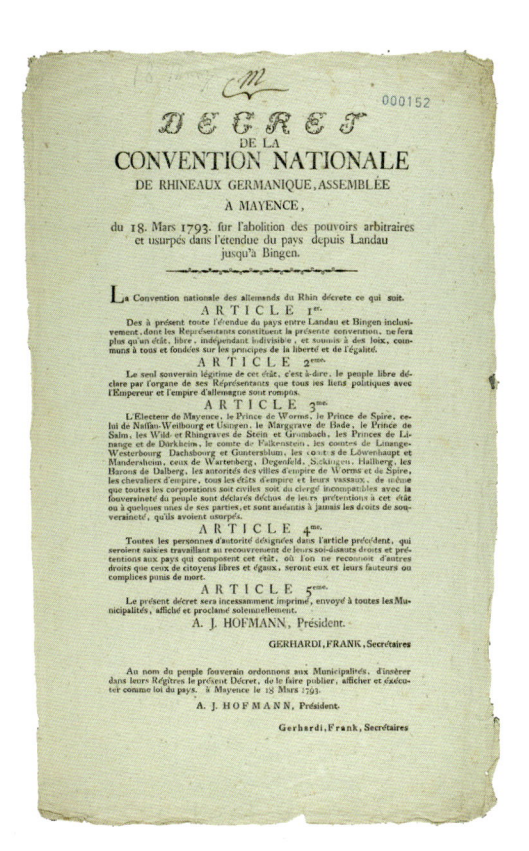

Decret de la Convention Nationale de Rhineaux Germanique, Assemblée à Mayence
Georg Forster (1754–1794)
Mainz, 18.3.1793
Druck
35 x 22 cm
Faksimile (Original: Stadtarchiv Mainz)

Mit dem Dekret vom 18. März 1793 erklärt der Rheinisch-Deutsche Nationalkonvent das Gebiet zwischen Landau und Bingen für unabhängig und ruft einen eigenen Staat aus, die sogenannte „Mainzer Republik". Die bisherige „angemaßte" und „willkürliche" Macht der Fürsten wird abgeschafft. Feinden der Republik droht die Todesstrafe.
Das von Georg Forster als Vizepräsident des Nationalkonvents verfasste Dekret wurde in französischer und deutscher Sprache veröffentlicht.

Friedrich Schiller (1759–1805) (Abb. S. 37)
Johann Friedrich August Tischbein (1750–1812)
Leipzig, 1805
Öl auf Leinwand
90 x 70 cm
bez. am linken Rand in Höhe des rechten Oberarms: Tischbein p. 1805
Inv.-Nr.: K/657/2001

Friedrich Schiller besuchte im Laufe seines Lebens wiederholt Leipzig. 1785 weilte er auf Einladung der Schriftsteller Christian Gottfried Körner und Ludwig Ferdinand Huber mehrere Monate in der Messestadt und im angrenzenden Dorf Gohlis in einem Bauernhaus (heute Schillerhaus). Hier arbeitete er an seinen Schauspielen „Don Carlos" und „Fiesco" und knüpfte Kontakt zu seinem späteren Verleger Georg Joachim Göschen. Auch die Ode „An die Freude", die Beethoven später im Schlusschor seiner Neunten Sinfonie vertonte, entstand in dieser Zeit. Grund für einen späteren Besuch Schillers war die gefeierte Uraufführung seiner „Jungfrau von Orleans" (1801) am Leipziger Theater.
Der Maler Johann Friedrich August Tischbein traf in Weimar mit Schiller zusammen und fertigte Porträtzeichnungen an, aus denen er 1805, im Todesjahr des Dichters, im Auftrag von Schillers Leipziger Verleger Siegfried Leberecht Crusius ein Gemälde schuf (heute im MdbK Leipzig). Dieses sollte als Vorlage dienen für einen Kupferstich für die Schiller-Gesamtausgabe. Tischbein fertigte selbst mehrere Varianten des Gemäldes an. Das ausgestellte Gemälde ist das letzte vor seinem Tod entstandene Bildnis Schillers. Es befand sich im Besitz des Leipziger Schillervereins und kam von dort ins Museum.
Lit.: FRANKE, Martin: Johann Friedrich August Tischbein. Leben und Werk, Egelsbach bei Frankfurt a. M. 1993 (Mikrofiches), bes. S. 124 f.

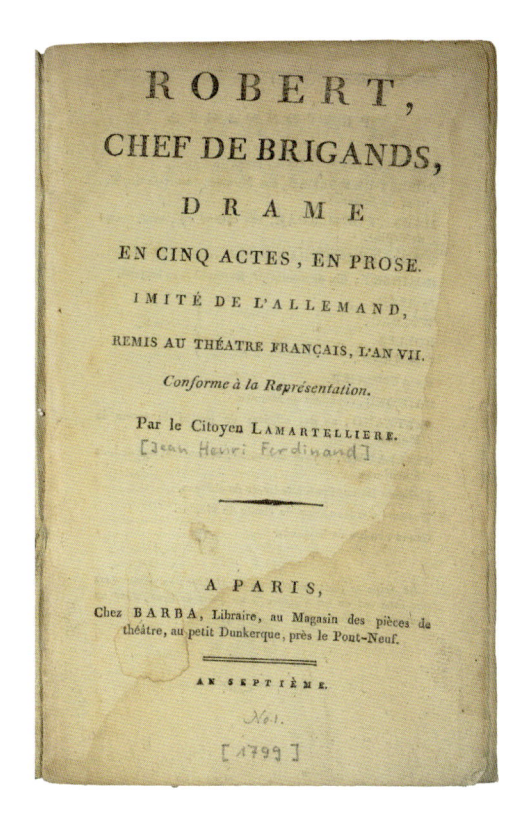

Robert, Chef de Brigands
Friedrich Schiller (1759–1805)
Paris, 1799
Buchdruck
Folio 8°
Stiftung Weimarer Klassik und Kunstsammlungen, Herzogin Anna Amalia Bibliothek, Signatur Sch 1318 (n.l.)

Schillers Stücke wurden bereits ab 1785 in Frankreich gespielt.
1792 feierte eine dem Revolutionsgeschehen angepasste Fassung der „Räuber" in Paris große Erfolge, die Presse lobte vor allem die freiheitliche Gesinnung des Autors.
Daraufhin beschloss die Nationalversammlung, Schiller die französische Ehrenbürgerschaft zu verleihen.

Klare Fronten *Geliebter Feind Napoleon*

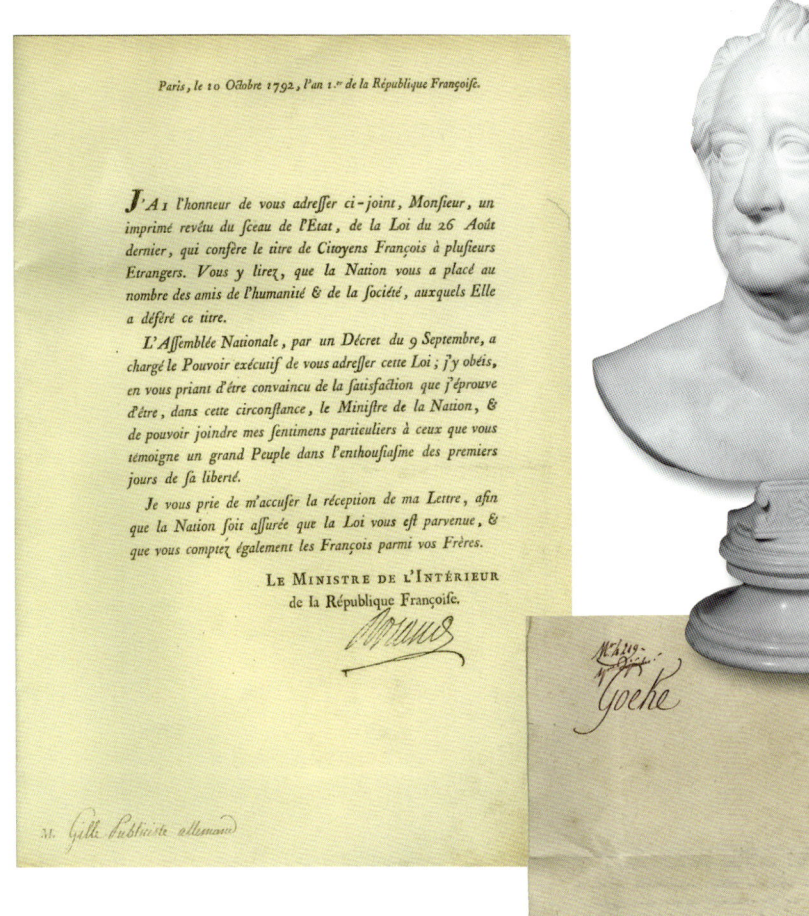

Schreiben des französischen Ministers des Inneren an Friedrich Schiller
Paris, 26.8.1792
Druck
29,7 x 21 cm
Faksimile (Jahresgabe 1983 der Nationalen Forschungs- und Gedenkstätten der klassischen deutschen Literatur in Weimar)

Friedrich Schiller wurde im August 1792 zum französischen Staatsbürger ernannt, unterschrieben ist das Dekret von Danton. Nach anfänglicher Sympathie stand Schiller den Ereignissen in Frankreich sehr bald kritisch gegenüber, die zunehmende Gewalt infolge der Revolution stieß ihn ab. Wegen der irreführenden Namensschreibung „Gillé" gelangte die Urkunde erst 1798 in Schillers Hände, als viele der Unterzeichneten bereits selbst Opfer des „Terreurs" geworden waren.

Dankschreiben Goethes an den Großkanzler der Ehrenlegion
Johann Wolfgang von Goethe
Weimar, 12.11.1808
36 x 23 cm
Reproduktion aus: Andreas Fischer, Goethe und Napoleon, Frauenfeld 1909, nach S. 110

Im Oktober 1808 wurde Johann Wolfgang von Goethe gemeinsam mit Christoph Martin Wieland u. a. mit dem Orden der Ehrenlegion ausgezeichnet. Der 1802 von Napoleon gestiftete Orden gilt bis heute als die höchste Auszeichnung des französischen Staates.
1803 wurde der Naturforscher und Komponist Graf von Lacépède erster Großkanzler der französischen Ehrenlegion, bei ihm bedankt sich Goethe in diesem Schreiben mit überschwänglichen Worten.

Johann Wolfgang von Goethe (1749–1832)
Christian Daniel Rauch (1777–1857)
Berlin, 1821
Carrarischer Marmor
42,3 x 37,9 x 25,2 cm
bez. Rs. unten C. RAUCH F. 1821.
Museum der bildenden Künste Leipzig,
Inv.-Nr. P 52/a

Wie die meisten deutschen Intellektuellen begrüßte Goethe zunächst ebenfalls die Ideale der französischen Revolution, lehnte den Umsturz durch die Volksmassen allerdings ab, ebenso die gewalttätigen Auswüchse der Jakobinerherrschaft.
Für Napoleon schwärmte Goethe dagegen, er bewunderte ihn als großen Mann und Feldherrn. Er verehrte ihn als Wiederhersteller der staatlichen Ordnung sowie als Überwinder der deutschen Kleinstaaterei.
Am 2. Oktober 1808 begegneten sich Goethe und Napoleon anlässlich des Erfurter Fürstenkongresses. Der Dialog zwischen den beiden Genies, der durch Napoleons Ausruf „Voilà un homme / Vous êtes un homme" unsterblich geworden ist, drehte sich um Fragen der Literatur, besonders um den „Werther", den Napoleon sehr liebte. Am Ende soll Napoleon den Dichter aufgefordert haben, in Paris ein Cäsar-Drama zu schreiben.
Den ihm von Napoleon verliehenen Orden der französischen Ehrenlegion trug Goethe stolz zu vielen Gelegenheiten.
Als er 1812 ringsum das Aufblühen eines deutschen Nationalismus beobachtete, für ihn ein Vorbote deutscher Revolutionswirren, war der Kaiser der Franzosen für Goethe immer noch der Befrieder Europas. Die Einschreibung seines Sohnes August in das Lützower Freikorps ließ der verärgerte Dichterfürst umgehend annullieren. Nationalen Emotionen und einer Vaterlandsliebe, die zum Feindeshass führt, stand Goethe zeitlebens ablehnend gegenüber.

Der Bildhauer Christian Daniel Rauch modellierte Goethe in Weimar im August 1820 innerhalb von zwei Tagen nach dem Leben in Gips. Die hier gezeigte Marmorfassung des Leipziger Museums der bildenden Künste gehörte ursprünglich dem Leipziger Kaufmann Johann Gottlob Quandt, der die Gipsfassung in Weimar gesehen hatte und umgehend bei Rauch für 100 holländische Dukaten eine Fassung in Marmor bestellte. Er bezeichnete die Büste als das „vollkommenste Bild von Goethe". Schon 1822 war diese Fassung bei einer Akademie-Ausstellung in Berlin zu sehen, Rauch bezeichnet sie in seinem Tagebuch aber erst im April 1824 als vollendet.

Lit.: SIMSON, Jutta von, Christian Daniel Rauch: Oeuvre-Katalog, Berlin 1996, S.177 f.;
SEIBT, Gustav, Goethe und Napoleon. Eine historische Begegnung, München 2008.

Ludwig van Beethoven (1770–1827)
Josef Kriehuber (1800–1876)
nach Joseph Karl Stieler (1781–1858)
Wien, um 1870
Lithographie
39,3 x 28,6 cm
Inv.-Nr. K/728/2002

Im Frühjahr 1820 entstand das Porträt Beethovens von Joseph Karl Stieler, es befindet sich heute im Beethoven-Haus Bonn. Es ist eins der bekanntesten und meist reproduzierten Porträts Beethovens, das den Komponisten als schöpferisches Genie zeigt – er arbeitet am Credo der Missa Solemnis.
Joseph Karl Stieler war Hofmaler des bayerischen Königs. Beethoven saß ihm für das Porträt, das seine Freunde Franz und Antonie von Brentano in Auftrag gegeben hatten, geduldig vier Mal Modell.

Symphonie Nr. 3 in Es-Dur, op. 55, genannt „Eroica"
Ludwig van Beethoven
Wien, 1804
Faksimile der Original-Partitur (Original: Archiv der Gesellschaft der Musikfreunde, Wien)

Auch Beethoven war als junger Mann ein begeisterter Anhänger der Französischen Revolution und später ein Bewunderer Napoleons. 1802 setzte er diesem ein musikalisches Denkmal in der Ballettmusik „Die Geschöpfe des Prometheus". Napoleon wurde damals häufig mit dem griechischen Halbgott verglichen, der den Göttern das Feuer stahl, um es den unvollkommenen Menschen zu bringen – er galt dadurch als Sinnbild der Aufklärung. Auch die von Schiller formulierte Idee der ästhetischen Erziehung, die den Menschen erst in die Lage versetzt, die neu erworbene Freiheit sinnvoll zu gebrauchen, floss in das Ballett ein. In der Zeit nach 1800 suchte Beethoven beruflich neue Wege, er wollte nach Paris übersiedeln und als Präsentationsstück seine 3. Sinfonie Napoleon widmen; er nannte sie *Sinfonia grande, intitolata Bonaparte*. In der Anlage und in vielen Details der Sinfonie ließ er sich von Motiven des Prometheus-Balletts leiten. Aus Enttäuschung über Napoleons „eigenhändige" Kaiserkrönung 1804 nahm Beethoven die Widmung zurück, den Untertitel „... intitolata Bonaparte" radierte er so heftig, dass das Papier riss. Die Sinfonie trug jetzt den Titel „Sinfonia eroica" (Eroica).

Klare Fronten *Geliebter Feind Napoleon*

Heinrich Heine (1797–1856)
*E. Palm (Lebensdaten unbekannt)
deutsch, um 1900
Öl auf Leinwand
75,5 x 60 cm (ohne Rahmen)
bez. o. r.: E. Palm
Inv.-Nr. OG 20/142*

Auch nach Napoleons endgültiger Niederlage gab es zahlreiche deutsche Künstler, die ihn weiterhin verehrten. Ein herausragendes Beispiel ist Heinrich Heine; in seinem überschwänglichen Napoleon-Bild vermischen sich die liberalen Errungenschaften der Franzosenzeit, die Judenemanzipation, rheinisches Selbstbewusstsein, Preußenhass, Mitleid mit dem gefangenen Kaiser und eine entschiedene Abneigung gegen England mit einem Hang zur Heldenverehrung, der kaum zu seinem kritisch-spöttischen Wesen passt.

Aber auch z. B. Wilhelm Hauff hat in seiner Geschichte vom Sklaven Almansor dem Kaiser ein Denkmal gesetzt, Franz Grillparzer der „Ganzheit, Hoheit, Größe" Napoleons gehuldigt, Christian Dietrich Grabbe in seinem Drama „Napoleon oder die hundert Tage" den Helden gefeiert.
Heinrich Heine litt unter der „Teutomanie" und dem „Phrasenpatriotismus", die in Deutschland und ganz besonders in den Burschenschaften herrschten. Für ihn war Frankreich das „Land der Freyheit", in dem er dann auch ab 1831 25 Jahre im Exil lebte.
Über den Künstler/die Künstlerin des Porträts E. Palm ist leider bis heute nichts bekannt – das Museum besitzt weitere Porträts von Heines Kusine, seiner Frau und einer Freundin mit dieser Signatur.

**Vertonungen
von Heinrich Heines Gedicht
„Die Grenadiere"**
© Die Grenadiere, Robert Schumann
Bryn Terfel/Malcolm Martineau, 1999
Die Grenadiere, Richard Wagner
José Carreras, 1992

Die 1816 entstandenen Verse machen die Begeisterung des jungen Heine für Napoleon deutlich. 1840 vertonte Robert Schumann die Ballade (op. 49 Nr. 1). Im gleichen Jahr schrieb auch Richard Wagner eine Melodie zu den populären Reimen (WWV 60), beide zitieren Motive aus der Marseillaise darin. Das Lied handelt von zwei französischen Grenadieren, die aus der Gefangenschaft aus Russland zurückkehren, als sie von der Gefangennahme Napoleons hören. Die letzte Strophe lautet:
*Dann reitet mein Kaiser wohl über mein Grab,
viel Schwerter klirren und blitzen;
Dann steig' ich gewaffnet hervor
aus dem Grab –
Den Kaiser, den Kaiser zu schützen.*

Am 29. Dezember 1840 schreibt Wagner an Robert Schumann: „Allervortrefflichster Herr Schumann, seit fast anderthalb Jahren bin ich in Paris. Es geht mir herrlich, da ich noch nicht verhungert bin. Nächstens werden Sie wichtige Dinge von mir hören, denn ich stehe im Begriff, gränzenlos berühmt zu werden. (...) Ich höre, daß Sie die Heineschen Grenadiere componirt haben, u. daß zum Schluß die MARSEILLAISE darin vorkommt. Vorigen Winter habe ich sie auch componirt, u. zum Schluß auch die MARSEILLAISE angebracht. Das hat etwas zu bedeuten! Meine Grenadiere habe ich sogleich auf eine französische Uebersetzung componirt, die ich mir hier machen ließ u. mit der Heine zufrieden war. Sie wurden hie u. da gesungen, u. haben mir den Orden der Ehrenlegion u. 20,000 fr. jährliche Pension eingebracht, die ich direkt aus LOUIS PHILIPPE'S Privat-Casse beziehe. – Diese Ehren machen mich nicht stolz, u. ich dedicire Ihnen hiermit ganz privatim meine Composition noch einmal, trotzdem sie schon Heine gewidmet ist."
(zitiert nach Ziegler, Edda, Heinrich Heine. Leben – Werk – Wirkung, Düsseldorf 1993, S. 149).

Zwei Stoffproben für Freiheitswesten
süddeutsch, 1833
Leinen
12,5 x 6 cm und 10 x 6 cm
Staatsarchiv Würzburg Best. Reg. v. Ufrk. 9838

Bei genauem Hinsehen erkennt man in diesen Stoffproben das eingewebte Wort „Liberté". Das Tragen von Westen aus diesen Stoffen in weiß-gelb-blau oder weiß-rot-blau galt in der Zeit des Hambacher Festes als politisches Bekenntnis, die Behörden waren angewiesen, die Stoffe zu beschlagnahmen. Die Proben haben sich als Beilagen zu den entsprechenden Beschlagnahmungsakten erhalten.
Lit.: Kusch, Katrin, in: Bott, Gerhard (Hrsg.), Freiheit, Gleichheit, Brüderlichkeit. 200 Jahre Französische Revolution in Deutschland, Nürnberg 1989, Kat.-Nr. 567, S. 648.

Schützenscheibe: Ein Jakobiner erhängt einen preußischen Offizier
Schwäbisch-Hall, 1867
Öl auf Holz
D 67 cm
beschr.: Gestiftet von Friedrich Schwarz, Uhrmacher. / 1867. / Schützenkönig Friedrich Reitz, Büchsenmacher
Hallisch-Fränkisches Museum Schwäbisch Hall, Inv.-Nr. 1986/0143-186

Auf zahlreichen Haller Schützenscheiben brachten die Stifter ihre politische Gesinnung zum Ausdruck, jedoch keiner in solcher Heftigkeit wie der Uhrmacher Friedrich Schwarz auf diesem Stück. Noch unter dem Eindruck der zeitweiligen preußischen Besatzung Halls im Vorjahr stehend und aus Angst vor einer preußischen Vorherrschaft nach dem Sieg im Deutschen Krieg, gab Schwarz den Auftrag für die gespenstische Szene. Vor blutrotem Abendhimmel steht auf einem Hügel ein Galgen. Ein bürgerlicher Revolutionär, erkennbar an der Zipfelmütze mit der blau-weiß-roten Kokarde der Jakobiner, erhängt einen Kürassier, der anhand seiner Pickelhaube eindeutig als Preuße zu identifizieren ist. Auf einem Gedenkstein am Fuß des Galgens ist „Pour le Mérite" eingemeißelt, der Name des von Friedrich dem Großen gestifteten Ordens, den König Wilhelm I. von Preußen 1866 für seinen Sieg über den Deutschen Bund erhalten hatte. Schwarz zeigt, was aus seiner – süddeutschen Sicht – die Preußen verdient hätten.
Armin Panter

Harald Schmidt singt „Die Grenadiere" von Robert Schumann
Die Harald Schmidt Show vom 6. März 2001 (Ausschnitt)
© Pro Sieben Sat.1 Produktion GmbH

Klare Fronten *Vererbte Feindschaft?*

Vererbte Feindschaft?

„Darum lasst uns die Franzosen nur recht frisch hassen, lasst uns unsre Franzosen, die Entehrer und Verwüster unserer Kraft und Unschuld, nur noch frischer hassen, wo wir fühlen, dass sie unsere Tugend und Stärke verweichlichen und entnerven."[1] Das Zitat von Ernst Moritz Arndt steht beispielhaft für die Ideologie der „Erbfeindschaft" zwischen den Nachbarn Deutschland und Frankreich, die in der Ära der Befreiungskriege systematisch begründet und propagiert wurde, um zum Kampf gegen Napoleon anzustacheln. Erstmals soll der Begriff der Erbfeindschaft zwar schon im Gefolge des Pfälzer Erbfolgekrieges Ende des 17. Jahrhunderts aufgetaucht sein, als die Truppen Ludwigs XIV. die Kurpfalz verwüsteten. Von einem deutschen Nationalbewusstsein im bewussten Gegensatz zu Frankreich konnte da aber noch keine Rede sein. Das in der zweiten Hälfte des 19. Jahrhunderts erstarkende Preußen, schließlich die auch durch den symbolischen Akt in Versailles den Nachbarn demütigende Reichsgründung schürten die Ressentiments und den französischen Ruf nach Rache.

Die Überzeugung von der Existenz eines von den Vorvätern ererbten, gleichsam naturgesetzlichen Konflikts führte über die Schützengräben des Ersten in das Desaster des Zweiten Weltkrieges.

[1] ARNDT, Ernst Moritz Geist der Zeit, 4. Teil, Leipzig o. J., S. 158

Der Deutsche grüsst
deutsch, 1914/1918
Druck
4,8 x 6,7 cm
Inv.-Nr. A/2117/2010

Die kleine Pappkarte, über deren Herkunft nichts bekannt ist, diente vermutlich zur Verteilung an Haushalte oder Passanten, die aufgefordert wurden, auf deutsch zu grüßen: „Der Deutsche grüsst Grüss Gott! Guten Tag! Lebe wohl! Auf Wiedersehn! Fort mit dem französ. Adieu!"

Originaler Buchstabensatz der Inschrift vom Deutschen Reichstag: „DEM DEUTSCHEN VOLKE"

Mitten im Ersten Weltkrieg wurde nach langer Diskussion der Schriftzug „DEM DEUTSCHEN VOLKE" in Einzelbuchstaben über dem Westportal des Reichstagsgebäudes angebracht.
Die Bronze wurde aus eingeschmolzenen Beute-Kanonen von 1813 gewonnen, die Kaiser Wilhelm II. zur Verfügung stellte.
Lange Zeit konnten sich die Parlamentarier und Wilhelm II. nicht einigen – Formulierungen wie „Schwatzbude" und „Reichsaffenhaus" unterstreichen, welches Ansehen der Deutsche Reichstag als Institution beim Kaiser hatte. Mit der Herstellung der Entwürfe für die Schriftzeichen wurde der Architekt Peter Behrens etwa 1915 beauftragt. In Zusammenarbeit mit der Schriftkünstlerin Anna Simons wurden Entwürfe aus Karton hergestellt. Die Bronzeletttern wurden dann in der Bronzegießerei Loevy hergestellt, die diese im Dezember 1916 am Reichstagsgebäude über dem Westportal montierte.
Der Schriftzug wurde nach den Zerstörungen des Zweiten Weltkrieges rekonstruiert.

Figurenalphabet
„Auf Teutschlands Bürger ergreiffet die Waf(f)en wieder die französischen Reichs Feind"
Augsburg (?), um 1796
Radierung
26,7 x 31 cm
Germanisches Nationalmuseum Nürnberg,
Slg. Löffelholz

Obwohl die Entstehungsgeschichte des Blattes unbekannt ist, ist es ein hochinteressantes „Zeugnis für die Weiterentwicklung des deutschen Nationalbewusstseins unter dem Eindruck der Revolutionskriege" (Rainer Schoch) und entstand vermutlich während der französischen Besetzung Süddeutschlands 1796. Es wird an den Patriotismus des „Bürgers" (im Sinne des französischen citoyen) appelliert, zu den Waffen gegen die „Reichsfeinde" zu greifen. Die Motive, aus denen die einzelnen Buchstaben geformt sind, spielen auf die aktuelle politische Situation an: Liktorenbündel, Guillotine, Fahnen, Kokarden u. a.
Lit.: SCHOCH, Rainer, in: BOTT, Gerhard (Hrsg.), Freiheit, Gleichheit, Brüderlichkeit. 200 Jahre Französische Revolution in Deutschland, Nürnberg 1989, Kat.-Nr. 299, S. 418.

Glas zur Erinnerung an die Schlacht von Gravelotte
deutsch, 1870
Kristallglas, geschliffen und graviert
H 12 cm, D 7,2 cm
Gravur: Gravelotte 18. August 1870
Privatsammlung

Die Schlacht von Gravelotte, auch Schlacht von Saint-Privat genannt, war eine der entscheidenden und blutigsten Schlachten des Deutsch-Französischen Krieges von 1870/71.
Der Sieg des preußischen Generals Helmuth Karl Bernhard von Moltke kostete fast 20 000 Deutschen und mehr als 11 500 Franzosen das Leben. Für die deutschen Truppen war es damit die verlustreichste Schlacht seit der Völkerschlacht von Leipzig.

Klare Fronten *Vererbte Feindschaft?*

Germania auf der Wacht am Rhein
Lorenz Clasen (1812–1899)
Leipzig, 1860
Öl auf Leinwand
200 x 159 cm
Kunstmuseen Krefeld,
Inv.-Nr. 572/1974 Gem. Ver.

Die Darstellung der Germania auf der „Wacht am Rhein", die zu einer vielfach reproduzierten Ikone dieser allegorischen Frauengestalt für das national gesinnte Deutschland der zweiten Hälfte des 19. Jahrhunderts geworden ist, sollte das einzig wirklich bekannte Gemälde des Malers Lorenz Clasen bleiben. Der 1812 in Düsseldorf geborene und dort ausgebildete Künstler Clasen war seit 1855 in Leipzig ansässig, u. a. stattete er hier die Gaststätte Thüringer Hof mit Wandmalereien aus. Die Germania entstand 1860 im Auftrag des Seidenwarenhändlers Eduard Prell, der es 1861 auch öffentlich in Leipzig präsentierte, aber 1864 seiner Heimatstadt Krefeld schenkte, wo es bis heute aufbewahrt wird. Mit grimmig entschlossenem Blick beschützt Germania die Grenze zum Erzfeind Frankreich, den Rhein, mit Schwert und Schild. Den Schild ziert der Reichsadler und die Aufschrift: Das deutsche Schwert beschützt den deutschen Rhein. Der Titel „Wacht am Rhein" bezieht sich auf das Gedicht „Es braust ein Ruf wie Donnerhall", das 1840 Max Schneckenburger gegen mögliche Expansionsbestrebungen Frankreichs verfasste und das in der Vertonung von Carl Wilhelm quasi zu einer inoffiziellen Nationalhymne des Deutschen Kaiserreichs werden sollte.
Lit.: PAUL, Alfred E. Otto, *Der neue Johannisfriedhof in Leipzig*, Leipzig 2012, S. 270–273.

Brigitte Bardot als Marianne
Alain Aslan
Frankreich, 2013
Gips
H 65 cm
Inv.-Nr. K/2013/3

In der Französischen Revolution wurde die Marianne – bis dahin lediglich ein sehr weit verbreiteter Frauenname in Frankreich – zum Symbol der Freiheit und der französischen Nation insgesamt. Bis heute ist sie Bestandteil des Signets der französischen Regierung und schmückt Briefmarken, Münzen und vieles mehr. Als Büste oder Gemälde verkörpert sie in Rathäusern und Schulen das nationale Selbstbewusstsein.
In der jüngeren Geschichte wurde es Tradition, die Marianne-Büsten nach dem Modell berühmter Französinnen zu modellieren, die erste war Brigitte Bardot, 1970 von Alain Aslan gestaltet und bisher in über 20 000 Exemplaren verkauft. 1978 formte Aslan auch Mireille Mathieu als Marianne. Weitere Modelle waren bisher u. a. Cathérine Deneuve und Laetitia Casta, 2012 wurde Sophie Marceau zum jüngsten Vorbild erkoren.

Französischer Kürassierhelm
Frankreich, nach 1825
Eisen, Messing, Leder
H 40,5 cm, B 21 cm, T 35 cm
Inv.-Nr. W/K 4

Der durch Kampfeinwirkungen stark deformierte Helm kam als „Souvenir" aus dem Krieg von 1870/71 nach Leipzig in die Sammlung Glaser und von dort 1952 ins Museum.

Klare Fronten *Vererbte Feindschaft?*

Schachspiel
deutsch, nach 1870
H je Figur max. 8,5 cm
Inv.-Nr. V/2011/1039

Das unvollständig überlieferte Schachspiel nimmt deutlich Bezug auf den deutsch-französischen Krieg von 1870/71. Eindeutig ist der französische Kaiser Napoleon III. in einem der Könige zu erkennen, sein Gegenüber fehlt. Die Damen können als die Gattinnen der Monarchen Eugenie und Augusta gedeutet werden. Interessant ist besonders die Darstellung der Bauern: Während die deutschen Bauern unschwer an ihren Pickelhauben zu erkennen sind, werden die „Fußtruppen" der Franzosen durch Zuaven verkörpert. So bezeichnete man in Nordafrika rekrutierte französische Söldner, zu erkennen u. a. an ihren orientalischen Trachten.

Spottmedaille auf Napoleon III.
unbekannter Künstler
Belgien, nach 1870
Bronze
D 26,5 mm
Inschrift Avers:
Napoleon III. le Misérable 80 000 Prisonniers;
auf dem Kragen des Dargestellten: SEDAN;
Revers: Vampire Francais 2. Dez. 1851 – 2. Sept. 1870
Inv.-Nr. MS/2786/2005

Nach der französischen Niederlage in der Schlacht bei Sedan kamen bald Spottmedaillen auf den französischen Kaiser in mancherlei Variationen in Umlauf. Zunächst waren es einfach gängige Centimes-Münzen, bei denen die Kopfbedeckung des Kaisers in eine preußische Pickelhaube „umgraviert" wurde. Dieses Motiv wurde dann bald von professionellen Medailleuren aufgenommen und abgewandelt.
Die Vorderseite zeigt den Monarchen mit der Pickelhaube, der ein Halsband mit der Aufschrift SEDAN trägt. Die Umschrift bezeichnet ihn als Napoelon III. den Elenden und verweist auf die 80 000 französischen Kriegsgefangenen.
Die Rückseite macht aus dem Adler der regulären Kursmünzen einen Todesvogel auf einer Kanone, die Bezeichnung für ihn ist „Vampire français" in Anlehnung an das „Empire", das hier üblicherweise genannt wird.
Lit.: SCHULZE, Wolfgang-Georg, *Spottmünzen und -medaillen auf Napoleon III. (1848–1872)*, Bochum 1980, S. 32–35.

**Halstuch mit Landkarte
des französischen Kriegsschauplatzes**
deutsch, 1914
Leinen, bedruckt
52 x 56 cm
Inv.-Nr. V/1827/2006

Das Halstuch zeigt eine Landkarte der Gegend zwischen dem Rhein und Paris, Belgien und dem Burgund. Rote Punkte markieren Schlachtfelder, z. B. rund um Verdun.
Dass hier auch der Großraum Paris intensiv rot ist, bezieht sich vermutlich auf die anfänglichen Erfolge der deutschen Armee, die im August 1914 bis ca. 60 km vor Paris kamen, was die französische Regierung veranlasste, nach Bordeaux zu fliehen.

Klare Fronten *Vererbte Feindschaft?*

Spottmedaille auf Napoleon III.
Auguste Brichaut (+ um 1900)
Brüssel, nach 1870
Kupfer
D 3,2 cm
Inschrift Avers: Napoléon III le petit N' ayant pas le courage de mourir à la tête de mon armée je me livre à mon frère de Prusse; Revers: Vampire de la France Paris 2 Déc 1851 – Sedan 2. Sept 1870
Inv.-Nr. MS/3369/2005

In den Inschriften dieser Medaille verbergen sich zahlreiche Anspielungen. Die der Vorderseite lautet in sinngemäßer Übersetzung: Napoleon III. der Kleine: Weil ich nicht den Mut habe, an der Spitze meiner Armee zu sterben liefere ich mich meinem preußischen Bruder aus. „Napoléon le petit" war der Titel eines Buches von Victor Hugo von 1852, in dem er vom englischen Exil aus mit dem Kaiser abrechnete.
Die folgenden Worte persiflieren das Schreiben Napoleons an Wilhelm I., das zur Kapitulation von Sedan führte und mit ganz ähnlichen Worten beginnt. Sie sollen ihn als Feigling entlarven (was wohl nicht den historischen Tatsachen entspricht).
Die Rückseite zeigt wieder den Todesvogel – den französischen Vampir, diesmal mit den Daten des Staatsstreichs Napoleons III. (2. Dezember 1851) und seiner Gefangennahme bei Sedan (2. September 1870) versehen – zwei Tage später wurde er abgesetzt.
Lit.: Schulze, Wolfgang-Georg, Spottmünzen und -medaillen auf Napoleon III. (1848–1872), Bochum 1980, S. 32–35.

Postkarte:
Nur nicht drängeln, es kommt ein jeder dran!
K. Fickenscher
Leipzig, 1914/1918
Druck
13,8 x 8,9 cm
Inv.-Nr. F/471/2008

Feldpostkarte: Jeder Stoß – ein Franzos!
1915
Druck, Handschrift
8,7 x 13,6 cm
Inv.-Nr. F/1004/2010

**Klappkarte: „Die größte Welt-Sensation" –
Der Herkules von 1914 als Zuchtmeister Europas**
deutsch, 1914
Druck, Handschrift
27,2 x 17,5 cm
Privatsammlung

Medaille auf die Besetzung des Rheinlandes
Karl Goetz (1875–1950)
deutsch, 1920
Bronze
D 5,6 cm
Inschrift Avers: Die Wacht am Rhein!! 1920
Liberté Egalité Fraternité; Revers: Die schwarze
Schande K.G.
Inv.-Nr. MS/4130/2005

Der Einsatz afrikanischer Verbände der französischen Armee bei der Besetzung des Rheinlandes nach Ende des Ersten Weltkriegs hatte heftige rassistische Proteste zur Folge, es gab eine Flut von Karikaturen und Pamphleten.

Klare Fronten *Vererbte Feindschaft?*

Armee-Marsch-Album für Pianoforte
Berlin: Otto Wernthal, um 1900
Notendruck
30,5 x 23,5 cm
Inv.-Nr. MT/2012/89

Der in diesem Album enthaltene, von Johann Heinrich Walch komponierte Armeemarsch II, 38 ist ein Trabmarsch der Kavallerie und wurde als Pariser Einzugsmarsch bekannt. Am 31. März 1814 wurde er in Anwesenheit von Kaiser Franz I., Zar Alexander I. und König Friedrich Wilhelm III. beim Einzug der verbündeten Truppen in Paris am Ende des Sechsten Koalitionskrieges gespielt. Aufgrund des eindeutig antifranzösischen Titels wurde der Marsch während der Zeit des Kaiserreichs, aber auch noch später während der Weimarer Republik und des Dritten Reiches zu einem populären Symbol der deutsch-französischen „Erbfeindschaft". So ist aus den Anfangsjahren der Weimarer Republik die Episode überliefert, dass Frankreich von der deutschen Reichsregierung die Stellung einer Ehrenkompanie und eines Musikkorps der Reichswehr forderte, um die Neuhissung der Trikolore in der französischen Botschaft in Berlin zu begleiten; die Fahne war anlässlich des 14. Juli von deutschen Jugendlichen entwendet worden. Diese Forderung wurde in Deutschland als große Schmach wahrgenommen, und die Zeitungen des Reiches feierten es als „Heldentat", als die erzwungene Ehrenformation dann unter den Klängen des Pariser Einzugsmarsches aus der französischen Botschaft abmarschierte. 1940, nach dem Sieg der Wehrmacht über Frankreich, wurde der Marsch wie 1814 zum Einmarsch deutscher Truppen in Paris gespielt.

Deutsche Siegesparade in Paris 1940
Deutsche Wochenschau vom 20.6.1940 (Ausschnitt)
© Transit Film

Zur Siegesparade der Wehrmacht im besetzten Paris erklang im Juni 1940 der Pariser Einzugsmarsch von Johann Heinrich Walch aus dem Jahre 1814.

Die Überführung der Gebeine des Königs von Rom von Wien nach Paris
unbekannter Fotograf
Paris, 15.12.1940
© ullstein bild

Anlässlich des 100. Jahrestages der Überführung Napoleons in den Invalidendom nach Paris vermeldete das Deutsche Nachrichtenbüro (DNB), dass Hitler Marschall Pétain mitgeteilt habe, die sterblichen Überreste des Sohnes Napoleons, der noch in der Wiener Kapuzinergruft ruhte, nach Frankreich überführen zu wollen, was am gleichen Tage geschah. Aus Furcht, in das besetzte Paris zu kommen, weigerte sich freilich Pétain, an der Zeremonie teilzunehmen. Hitlers Versuch, beim besetzten Kriegsgegner Stimmung für die Deutschen zu machen, verpuffte weitgehend wirkungslos.
Das Foto zeigt Admiral Francois Xavier Darlan, den Stellvertreter von Staatschef Pétain (Mitte), begleitet vom deutschen Botschafter Otto Abetz (links) und General Karl Heinrich v. Stülpnagel (rechts), beim Verlassen des Invalidendoms nach Beendigung der Beisetzungsfeierlichkeiten.

Lampenfuß
Straßburg, 1946
Bronze, Eisen, Stein, Messing, graviert
76,5 x 31 cm
Inschrift: Remoulage authentique provenant du monument de Guillaume 1er – détruit – Libération 1918, offert au Général Leclerc par le Prés. M. Vonthron au nom des électr. de Strasbourg le 23 novembre 1946
Inv.-Nr. MI/2011/13

Dieser kuriose Lampenfuß besteht aus dem Säbelgefäß und etwa der Hälfte der Klinge vom ehemaligen Reiterstandbild des deutschen Kaisers Wilhelm I. in Straßburg, das 1918 zerstört wurde (ehem. Kaiserplatz, heute Place de la République), gesteckt auf einen russischen Hülsenboden, das Ganze auf einen Steinsockel montiert. Eines der beiden oberen Löcher diente als Gewinde für den fehlenden Lampenschirm, das andere für das Elektrokabel. Laut Inschrift wurde die Lampe General Jacques-Philippe Leclerc gewidmet; er war Kommandeur der berühmten 2. französischen Panzer-Division, die im August 1944 Paris und im November Straßburg befreite und Hitlers Berghof sowie sein „Adlernest" am Kehlstein eroberte. 1946 wurde Leclerc zum „Inspecteur général" in Nordafrika, 1952 postum zum Marschall von Frankreich ernannt.
Verehrt wurde ihm das außergewöhnliche Stück vom Präsidenten der Straßburger Elektriker Vonthron. Das eingravierte Datum 23. November 1946 nimmt Bezug auf den zweiten Jahrestag des Einmarschs der Alliierten in Straßburg.

François Mitterand und Helmut Kohl in Verdun
Sven Simon/ullstein
Verdun, 22.11.1984
© ullstein bild

Bundeskanzler Helmut Kohl und der französische Staatspräsident François Mitterand reichten sich 1984 bei einer Feierstunde in Verdun zum Gedenken an die Gefallenen des Ersten Weltkriegs die Hände.
Nach 1945 wurde aus der deutsch-französischen „Erbfeindschaft" eine enge Zusammenarbeit und Verständigung, besiegelt u. a. im Elysée-Vertrag von 1963.

Klare Fronten *Piefke und seine Brüder*

Piefke und seine Brüder

Der Ausgang der Völkerschlacht und der Rückzug der französischen Truppen bis zum Jahresende 1813 löste in der Bevölkerung der deutschen Staaten mehrheitlich ein Gefühl der Erleichterung und Zuversicht aus. Mit den Truppen Napoleons schien endlich auch die Kriegsgefahr, an deren Allgegenwart man sich beinahe schon gewöhnt hatte, verschwunden zu sein. Das Dreigestirn der siegreichen verbündeten Fürsten wurde zum Garanten des Friedens. Das Motiv des „Heiligen Augenblicks" der Schlacht von Leipzig, das die Monarchen im Dankgebet versunken zeigt, zierte bald Tassen und Wandschmuck. Als der Wiener Kongress 1815 erstmals ein ganzes Bündel komplizierter multinationaler Fragen nicht auf dem Schlachtfeld, sondern am Verhandlungstisch löste, schien ein neues goldenes Zeitalter angebrochen zu sein. Die Gründung der Heiligen Allianz zwischen Preußen, Russland und Österreich, der fast alle europäischen Mächte beitraten, versprach eine Zukunft in Frieden. Der hielt bis zur Mitte des Jahrhunderts, danach verkehrten sich die Bruderbande der ehemaligen Verbündeten in erbitterte Feindschaft.

Pfeifenkopf mit der Darstellung des sogenannten „Heiligen Augenblicks" der Schlacht von Leipzig
deutsch, nach 1813
Porzellan
H 13 cm
Inv.-Nr. Po 341

Das wohl am weitesten verbreitete künstlerische Motiv aus der Völkerschlacht ist die Darstellung des sogenannten „Heiligen Augenblicks". Am Nachmittag des 19. Oktober 1813 sollen die auf dem später so bezeichneten Monarchenhügel befindlichen drei Monarchen der Verbündeten von Schwarzenberg auf den beginnenden Abzug der Franzosen aufmerksam gemacht worden sein. Angesichts des damit faktisch errungenen Sieges seien die drei Monarchen im gemeinsamen Dankgebet auf die Knie gesunken. So anrührend die Anekdote auch ist, so falsch ist sie. Als Schwarzenberg die Meldung des beginnenden Abmarsches bestätigen konnte, befand sich Kaiser Franz I. bereits auf dem Weg in sein Quartier in Rötha. Der Popularität des Motivs tat das keinen Abbruch.

Der heilige Augenblick nach der Schlacht bei Leipzig am 19. Oct. 1813
unbekannter Künstler
deutsch, 1838
Lithographie
53,5 x 37,2 cm
beschr.o.: Gott mit uns;
u.: Vereinigt dankten hier, vor fünf und zwanzig Jahren Die drei verbündeten Monarchen Gott für den erfochtnen Sieg.
Inv.-Nr. VS 64

Der heilige Augenblick
nach der Schlacht bei Leipzig, am 19 Oct. 1813.

GOTT mit uns!

> Vereinigt dankten hier, vor
> fünf und zwanzig Jahren,
> Die drei verbündeten Monarchen
> Gott für den erfochtnen Sieg.

Klare Fronten *Piefke und seine Brüder*

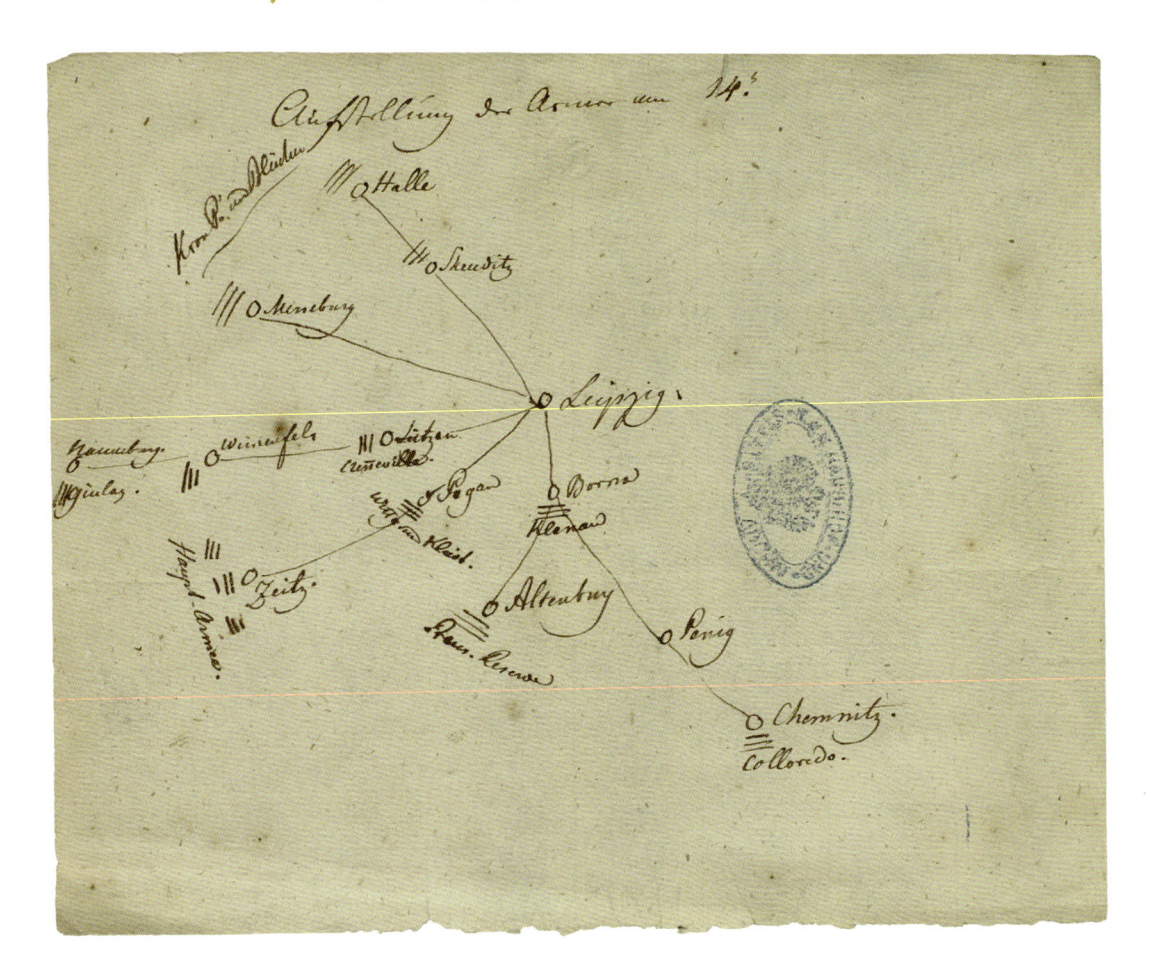

Plan der Völkerschlacht
Klemens Wenzel Fürst von Metternich
Altenburg, 13.10.1813
Handschrift auf Papier
21 x 33 cm
Faksimile (Original: Österreichisches Staatsarchiv, Abteilung Haus-, Hof- und Staatsarchiv Wien)

Ganz allmählich rückte der Oberkommandierende der verbündeten Armeen, Karl Philipp Fürst zu Schwarzenberg, im Spätsommer 1813 mit der Böhmischen Armee vom Süden her auf die Armee Napoleons vor. Seit Ende August befand sich sein Hauptquartier in Altenburg. Unumschränkter Herr über die Heeresmacht von Russen, Preußen, Österreichern und Schweden war er dennoch nicht. Die drei verbündeten Monarchen, der österreichische Kaiser Franz I., der russische Zar Alexander I. und der preußische König Friedrich Wilhelm III., befanden sich mit ihren eigenen Militärstäben während des Feldzuges oft ebenfalls im Hauptquartier und griffen fortwährend in die Planung ihres obersten Heerführers ein. In Altenburg verfasste Schwarzenberg ein Schreiben an seinen Kaiser mit der Bitte, ihn wegen der für ihn unerträglichen Einmischungen des Zaren in die militärische Führung vom Amt des Oberkommandierenden zu entbinden: „S.M. der Kaiser von Rußland ... verlässt mich weder im Hauptquartier noch selbst in den Augenblicken des Gefechtes; er erlaubt mit der höchsten Nachgiebigkeit fast jedem General in den dringendsten Augenblicken jeden Rath und jede Bemerkung, theilt sie mir dann mit und setzt mich dadurch häufig in einen Zustand von Verwirrung und von einander widersprechenden Ansichten, ... daß ich öfters ... zu einer Nachgiebigkeit selbst in Hauptansichten, genöthigt bin, deren Nachtheil wir jetzt leider schon zu deutlich sehen. ... Alles dieses, verbunden mit 1000 dabey unvermeidlichen Unannehmlichkeiten, macht es mir unmöglich, für die so hochwichtigen Folgen einer Unternehmung zu stehen". Franz I. beließ seinen wichtigsten Militär im Amt. Die Situation blieb so unerfreulich, wie sie Schwarzenberg schilderte. Da jeder Monarch zudem argwöhnisch darauf achtete, dass der Ausgang des Feldzuges möglichst nicht mit einer Stärkung eines der Waffengenossen einherging, war das Verhältnis der Verbündeten untereinander ständigen Belastungen ausgesetzt.

Vorliegende Skizze liegt einem auf den 13. Oktober datierten Vortrag des österreichischen Staatskanzlers Metternich bei, den dieser bei Kaiser Franz I. hielt. Sie zeigt die Marschrichtung verschiedener Einheiten der Verbündeten auf Leipzig. Noch an diesem Tage war Schwarzenberg der Ansicht, es genüge, Napoleons Armee von Westen und Süden her zu umstellen, um diesen zum Rückzug über Wittenberg in Richtung Merseburg zu zwingen. Erst die Intervention des Zaren führte zur Änderung der Befehle und den Marsch auf Leipzig.

Lit.: Schallaburg Kulturbetriebsges.m.b.H. (Hrsg.), Napoleon Feldherr, Kaiser, Genie, Schallaburg 2009, S. 245.

Heil den Friedensstiftern!
Die Europa höchst beglücken (Abb. S. 44)
Franz Xaver Müller (Miller) (1773–1841)
Wien, 1813
kolorierte Radierung
26,6 x 36 cm (Platte); 37,5 x 46,8 cm (Blatt)
bez. u.l.: Erfunden v. F. X. Miller in Grätz.;
u.r.: Drechsler sc. Vienna.
Inv.-Nr. VS 1179

Das Gedenkblatt bildet die Ziffern der Jahreszahl 1813 aus Symbolen – die 1 als Liktorenbündel für „Einigkeit", die 8 als Schlange, die sich selbst in den Schwanz beißt, für „Beständigkeit"; die 1 als Schwert für „Gewalt" und die 3 aus Lorbeerzweigen für „Sieg" und „Frieden". Darüber das Gedicht: Der Nachwelt sey ein Heiligthum/ die Jahrzahl Eins Acht, Eins und Drey /In welcher sank Napoleons Ruhm / Und seine Macht für Sclaverey. / Erhabne Fürsten fest vereint / Um Völkerrecht und Glück zu gründen / Sie schlagen ihn den starken Feind / Nun kann sich Fried mit Freud verbinden.

Schützenscheibe:
Vier verbündete Monarchen
Kronach, 1818
Tempera auf Holz, kolorierter Druck aufgeklebt
49 x 50 cm
beschr.: Vereint schlossen sie den Bund zu retten, Das hart bedrohte Vaterland. Und schnell zerbrachen sie die schnöden Ketten, Durch ihre Sieg gewöhnte Hand. – Gegeben einer löblichen Schützen-Kompanie von Herrn Assessor Haker zu Münch. und Oberschützen Meister im Jahr 1818
Schützengesellschaft Kronach e. V./Deutsches Schützenmuseum Schloss Callenberg, Coburg

Der aufgeklebte Zeitungsausschnitt zeigt von links Zar Alexander I. von Russland, Kaiser Franz I. von Österreich, König Max I. Joseph von Bayern und König Friedrich Wilhelm III. von Preußen. Die Scheibe wurde am 12. Oktober 1818, fast fünf Jahre nach der Völkerschlacht ausgeschossen. Bayern war der antinapoleonischen Allianz der Monarchen im letzten Moment, am 8. Oktober 1813 mit dem Vertrag von Ried, beigetreten.
Der Motivteil der Scheibe war herausnehmbar, um die abgebildeten Monarchen beim Schießen nicht versehentlich zu treffen. Zentrum der Zielkreise ist der im Körper des kleinen Adlers rechts oben befestigte „Zweck".
Stefan Grus

Klare Fronten *Piefke und seine Brüder*

Die Befreier Europas
Daniel Berger (1744–1824)
nach Friedrich Georg Weitsch (1758–1828)
Berlin, 1815
Kupferstich
55 x 70 cm
bez.: u.r.: gest. von D. Berger Berlin 1815;
u.l.: gemalt von F.G. Weitsch
beschr.: Die Befreier Europas Den verbündeten
Völkern (russisch und deutsch)
Inv.-Nr. K/48/2001

Im Triumphzug fahren die verbündeten Monarchen Zar Alexander I., Franz I. von Österreich und Friedrich Wilhelm III. von Preußen zum „Tempel der Eintracht", wo eine große Menschenmenge sie erwartet. Die Pferde werden von vier allegorischen Frauengestalten geführt, die als Tugenden des Glaubens mit einem Kreuz, der Gerechtigkeit mit einem Schwert, der Stärke mit einer Säule und der Mäßigung mit einem Zügel gekennzeichnet sind. In ihrem berittenen Gefolge sind neben anderen die Generäle Blücher, Wellington, Wittgenstein, Yorck und Carl Philipp Fürst von Schwarzenberg auszumachen. Vom Himmel blicken der französische General (und Napoleon-Gegner) Jean-Victor Moreau und der russische General Kutusow auf das Geschehen herab (beide 1813 verstorben).
Friedrich Georg Weitsch war ein Schüler von Wilhelm Tischbein in Kassel, er ist vor allem als Porträtmaler bekannt.
Lit.: Morgenblatt für die gebildeten Stände, 8. Jahrgang 1814, S. 688.

**Otto von Bismarck
als Schmied der deutschen Einheit**
deutsch, um 1900
Keramik, staffiert
H 40 cm
Inv.-Nr. K/423/2010

Bismarck setzte mit der Gründung des Deutschen Reichs von 1871 die sogenannte Kleindeutsche Lösung durch, ohne Österreich und die anderen deutschsprachigen Gebiete des Habsburgerreichs. Diese Frage war in den Jahrzehnten seit 1815 immer wieder höchst kontrovers gewesen. Das elektrisch beleuchtete „Zimmerdenkmal" nimmt den Beinamen Bismarcks als Schmied der deutschen Einheit in volkstümlicher Weise wörtlich. Er wurde aber auch in der „großen" Kunst als solcher verehrt, im Leipziger Bismarckdenkmal, das bis 1946 im Johannapark stand, überreichte ihm ein Schmied einen Lorbeerkranz.

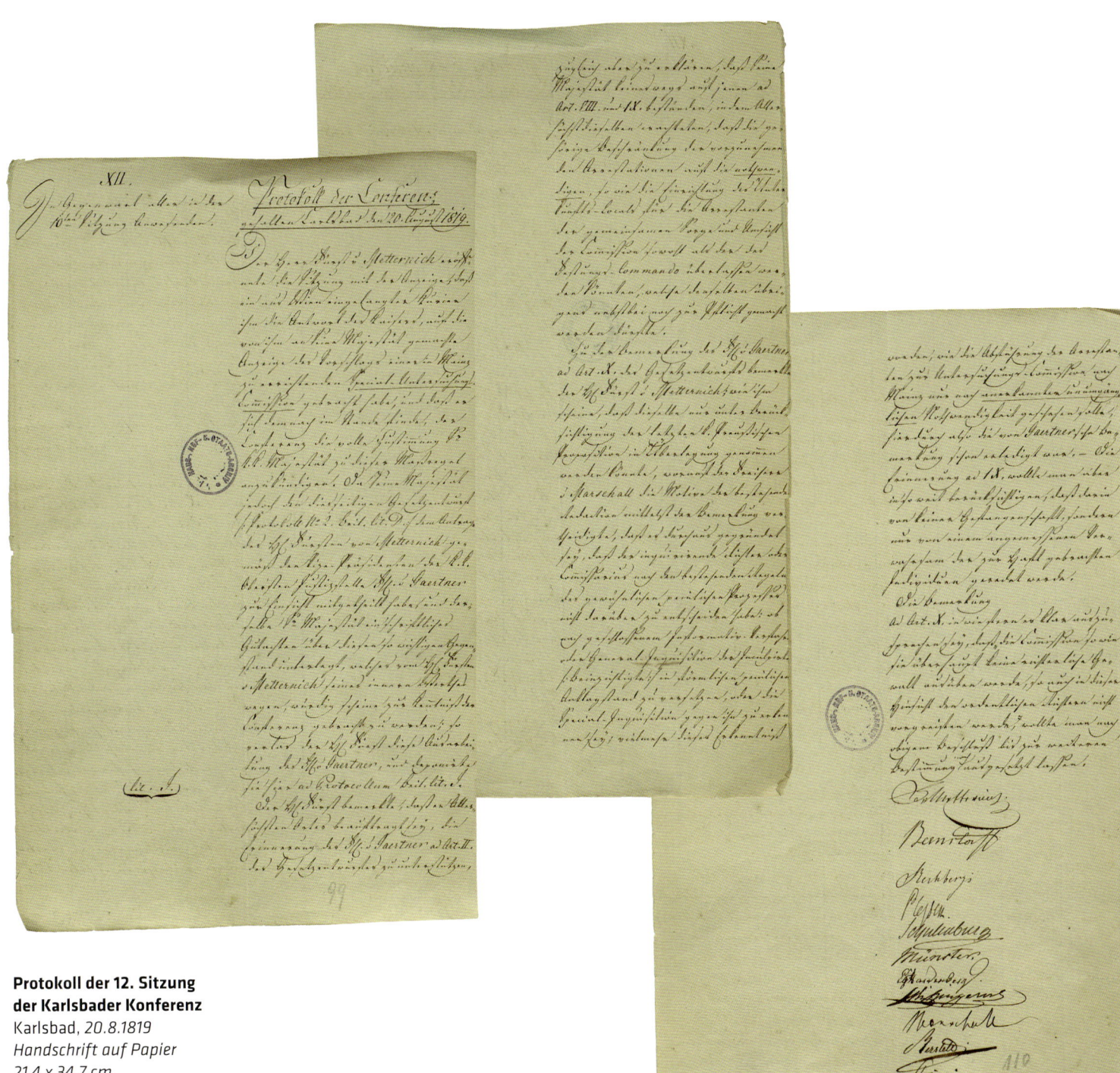

**Protokoll der 12. Sitzung
der Karlsbader Konferenz**
Karlsbad, 20.8.1819
Handschrift auf Papier
21,4 x 34,7 cm
Faksimile (Original: Österreichisches Staatsarchiv, Abteilung Haus-, Hof- und Staatsarchiv)

Bereits die Gründung der Heiligen Allianz am 26. September 1815 begründete den Widerspruch zwischen dem als ewig angesehenen Staatensystem des Wiener Kongresses und dessen monarchischen Herrschern und den wachsenden sozialen und nationalen Bewegungen in Europa. 1818 beriet der Monarchenkongress von Aachen Maßnahmen zur Eindämmung liberaler und nationaler Bewegungen auf dem europäische Kontinent. Im August 1819 wurden diese Beratungen auf der sogenannten Karlsbader Ministerialkonferenz fortgesetzt. Unter der Leitung des österreichischen Außenministers Metternich wurden zahlreiche konkrete Maßnahmen zur Überwachung und Bekämpfung dieser Strömungen in Deutschland beschlossen, die weit in die Rechte der Mitgliedsstaaten des Deutschen Bundes eingriffen. Eilends bestätigte der Bundestag in Frankfurt die Beschlüsse, die u. a. ein Verbot der Burschenschaften, die Schließung der Turnplätze, eine verschärfte Pressezensur und die Überwachung der Universitäten beinhalteten. Die Verbreitung der geächteten Ideen wurde als Demagogie verfolgt, betroffen waren Intellektuelle wie Ernst Moritz Arndt, August Heinrich Hoffmann von Fallersleben oder Georg Büchner.

Klare Fronten *Piefke und seine Brüder*

Würfelspielfeld:
Episoden des Krieges 1866
unbekannter Hersteller
deutsch, um 1870
Lithographie
45,5 x 61,5 cm
Stiftung Stadtmuseum Berlin, Inv. GDR 65/147

In der Schlacht bei Königgrätz trafen am 3. Juli 1866 die Truppen Preußens auf die Armeen Österreichs und Sachsens. Über 400 000 Soldaten lieferten sich eine verlustreiche Schlacht. Durch den Sieg wurde Preußen zur Führungsmacht in Deutschland und Bismarck konnte die angestrebte kleindeutsche Lösung durchsetzen. Österreich wurde endgültig aus den deutschen Einigungsplänen verbannt. Die Schlacht war ein Wegbereiter für die Reichsgründung von 1871.
Kurz nach dem Sieg gelangten die Ereignisse auch in die deutschen Kinderzimmer: Bei diesem Spiel müssen 60 Felder zurückgelegt werden, beginnend mit den Kriegsvorbereitungen im Frühjahr 1866 über die ersten Gefechte und die Schlacht von Königgrätz vom 3. Juli 1866, um schließlich zum Ziel in der Mitte zu gelangen, der preußischen Siegesparade durch das Brandenburger Tor in Berlin am 21. September 1866.

Königgrätzer Marsch
Johann Gottfried Piefke (1815–1884)
© Trion Film Berlin 2013

Ende Juli 1866 fand im Marchfeld bei Gänserndorf ca. 20 km vor Wien eine große preußische Parade vor König Wilhelm I. statt zur Feier des Sieges in der Schlacht bei Königgrätz. Der Militärmusiker und Komponist Johann Gottfried Piefke und auch sein Bruder Rudolf dirigierten – so will es zumindest die Überlieferung – ein Musikkorps, dabei kam der eigens komponierte „Königgrätzer Marsch" Piefkes zur Uraufführung. Beide Brüder sollen durch ihre beachtliche Körpergröße besonders aufgefallen sein. Unter den Wienern soll sich der Ruf „Die Piefkes kommen" verbreitet haben und zum Sinnbild für 50 000 marschierende Preußen geworden sein.

Piefke-Denkmal in Gänserndorf
*Christoph Theiler (*1959)*
Österreich, 2009
Fotos, Entwurfsskizze

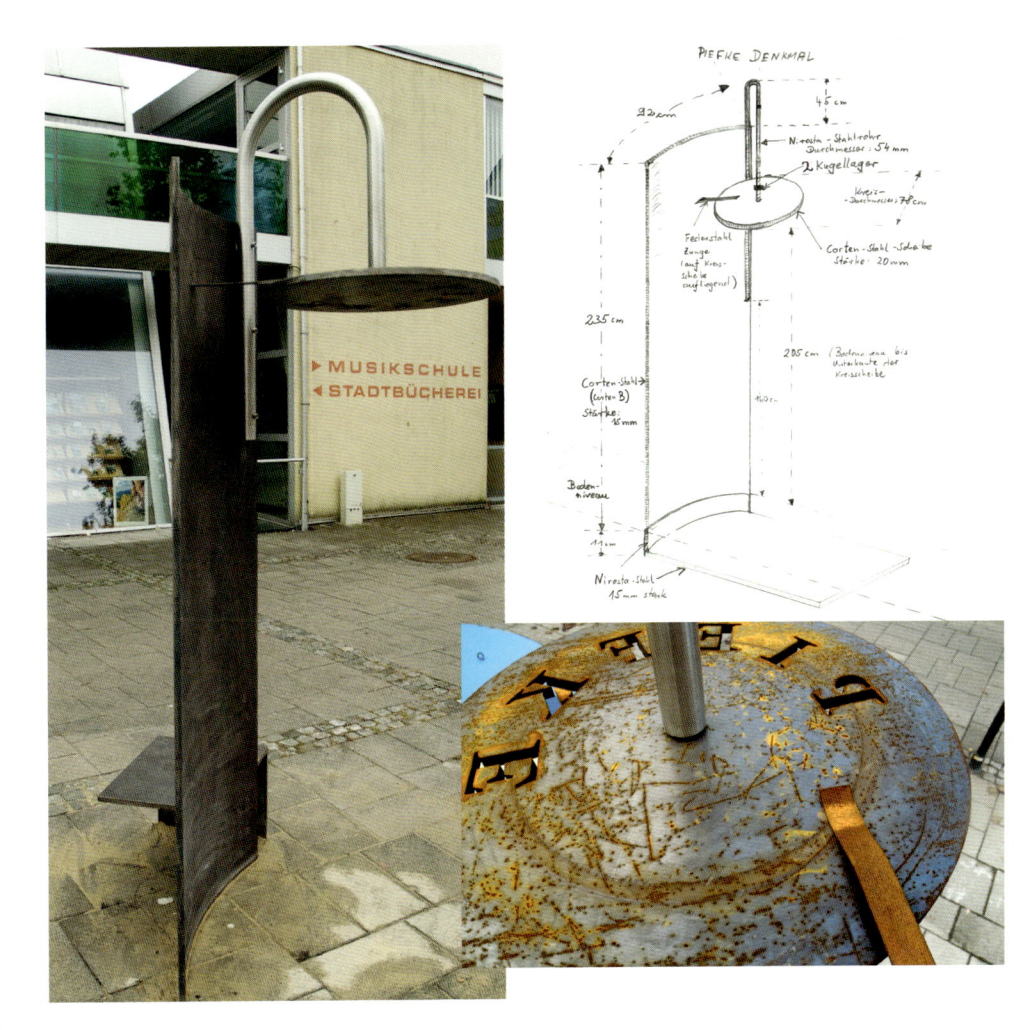

2009 errichtete der in Wien lebende deutsche Künstler Christoph Theiler in Gänserndorf (Niederösterreich) ein Denkmal für Johann Gottfried Piefke. Über die Entstehungsgeschichte berichtet Theiler:

Geht man den Wiener Stadtwanderweg 5 hinauf zum Magdalenenhof und zurück über den Heurigenort Stammersdorf, so kann man direkt nach der Eichendorffhöhe noch Reste der Verteidigungsschanzen erkennen, die Wiener Bürger anno 1866 errichteten, um die voranrückenden preußischen Truppen, die kurz vorher die österreichischen Verbände bei Königgrätz geschlagen hatten, an einem Einmarsch in die Hauptstadt zu hindern.

Im Frühjahr 2008 trafen sich die literaturbegeisterten Mitglieder der konrad-bayer-gesellschaft, um gemeinsam den oben beschriebenen Stadtwanderweg zu begehen. Bei den Ausflügen der Gesellschaft werden Texte berühmter Autoren gelesen, so auch diesmal, und zwar Joseph von Eichendorff. Entgegen der stillschweigenden Übereinkunft, nur literarisch Wertvolles vorzutragen, zog der Musikwissenschaftler Dr. Reinhold Westphal beim Vorbeigehen an den historischen Verteidigungsanlagen die Memoiren Otto von Bismarcks hervor, und zitierte jene Passage, in der Bismarck den preußischen König Wilhelm I. händeringend anfleht, nach der gewonnenen Schlacht bei Königgrätz nicht in Wien einzumarschieren, um dort eine Siegesparade am Heldenplatz abzuhalten. Bismarck argumentierte damals, dass es politisch sinnlos sei, den bereits geschlagenen Gegner durch eine solche Aktion noch weiter zu demütigen. Während also damals Wiener Bürger nördlich von Wien hinter Schanzen auf preußische Truppen warteten, veranstalteten die Preußen nordöstlich und 20 km außerhalb Wiens, auf einem freien Feld zwischen Schönkirchen und Gänserndorf eine Siegesparade.

Mit dabei: Johann Gottfried Piefke, Königlicher Director der gesamten Musikchöre des III. Armeekorps, seinen frisch komponierten Königgrätzer Marsch dirigierend.

Im Weiterwandern befragte ich den Historiker Ulrich Einhaus über die näheren Hintergründe, und dieser bestätigte, dass jener Piefke, von dem Österreicher gerne das Schimpfwort für die Deutschen ableiten, entgegen der weit verbreiteten Überzeugung niemals in Wien war.

Man kehrte gemeinsam in den Heurigenort Stammersdorf ein, und noch ehe das erste Glas Grüner Veltliner serviert wurde, war die Idee, ein Denkmal zu Ehren des Komponisten Piefke in Gänserndorf zu errichten, geboren.

Eine Schnapsidee, die zunächst wieder in Vergessenheit geriet, bis eine Ausschreibung des Niederösterreichischen Viertelfestivals, einem sommerlichen Kunst- und Kulturevent, die Piefke-Idee wiederbelebte: Gesucht wurden Projektideen, die Bezüge zum jeweiligen Veranstaltungsort und zum Festivalmotto „Drehmoment" herstellen sollten.

Das Denkmal ist wenig zur Heldenverehrung geeignet, es ist eine spielerische Klanginstallation, die als Hauptelement eine drehbare Scheibe enthält, in die das Wort „Piefke" eingraviert ist.

Am 9. September 2009, Gottfried Piefkes 194. Geburtstag, wurde das Denkmal unter großer öffentlicher Anteilnahme feierlich enthüllt: Eine Federstahlzunge überstreicht beim Drehen der Scheibe die eingravierten Buchstaben, wobei entsprechende klapprige Kratzgeräusche erklingen. Hauptmaterial ist schnell rostender Cortenstahl, dessen Rost eine Schutzschicht bildet, die weiteres Rosten verhindert.

14 KomponistInnen schufen eigens für den Festakt Werke in der Besetzung Oboe, Flügelhorn und Glockenspiel/kleine Trommel, die vom Lukas-Meuli-Trio zur Uraufführung gebracht wurden. An prominenter Stelle in der Stadt Gänserndorf steht es nun, das Denkmal, und rostet vor sich hin.

Einmal im Jahr besuche ich Piefke in Gänserndorf und fotografiere den Fortschritt im Korrosionsprozess. Er entwickelt sich langsamer als gedacht. Doch 2015 zum 200. Geburtstag Gottfried Piefkes …

Christoph Theiler

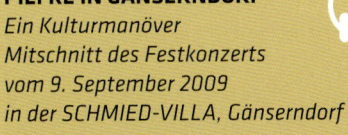

PIEFKE IN GÄNSERNDORF
Ein Kulturmanöver
Mitschnitt des Festkonzerts
vom 9. September 2009
in der SCHMIED-VILLA, Gänserndorf

mit Kompositionen von
Katharina Schirk (*1989): Fanfare
Peter Platt (*1965): Piefke – Marsch
Erik Janson (*1967):
Marsch absurd à la Piefke
Ana Szilágyi (*1971): Marsch (?)
Jürgen Dold (*1961): Piefke – Marsch
Thomas Heel (*1964): KIWI für piefke
Daniel Muck (*1990): Triangulum
Norbert Rudolf Hoffmann (*1948):
Piefchinesische Impression
Franz Töger (*1961):
Groß-Gänserndorfer Freundschaft
Gabor Litván (*1932): Die beiden
Preußen (Piefke und Kant)
Michael F. P. Huber (*1971):
Piefke – Denkmal – Enthüllung
Peter Platt (*1965): Piefke 194

Es spielt das Lukas-Meuli-Trio
(Lukas Meuli, Oboe; Josef Jofbauer, Flügelhorn; Andreas Siman, Schlagwerk)

deutsch

Ikonen der Nation

Zeichen dienen der raschen Orientierung. Sie sollen nicht analysiert, durchdacht und dechiffriert werden müssen – ein Blick, und die Assoziation stellt sich unverzüglich ein.

Auch Nationen hatten oder haben Symbole. Da die Befreiungskriege seit 200 Jahren als Geburtsstunde der Nation der Deutschen gelten, ist es nicht verwunderlich, dass viele ihrer nationalen Symbole auf jene Epoche Bezug nehmen. Wir nehmen drei davon genauer in den Blick – das Eiserne Kreuz, die Nationalfarben Schwarz-Rot-Gold und die Quadriga vom Brandenburger Tor.

Ikonen der Nation *Das Eiserne Kreuz*

Gusseisen und ein bisschen Silber
Das Eiserne Kreuz

Schon 1811 beschäftigt sich Friedrich Wilhelm III. mit der Stiftung eines neuen Ordens in den preußischen Farben. Dem darauf basierenden Entwurf eines preußischen Beamten ließ er durch den Architekten und Bildhauer Karl Friedrich Schinkel endgültige Gestalt verleihen. Ikonographisch lehnt sich das Eiserne Kreuz bewusst an das Tatzenkreuz des Deutschen Ordens an.

Symbolisch so noch zusätzlich aufgeladen, wurde die am 20. März veröffentlichte Stiftungsurkunde auf den Geburtstag der verstorbenen Königin Luise, den 10. März, rückdatiert. Die Stiftungsurkunde sieht die Verleihung des Kreuzes ausschließlich während der Befreiungskriege vor. Der neue Orden ist ausgesprochen schlicht gehalten. Aus einem geschwärzten Kreuz von Eisen bestehend wird er nur von einer schmalen Silberzarge eingefasst und am schwarz-weißen Band des Pour le Mérite getragen. Die neue Auszeichnung existiert in zwei Klassen und einem Großkreuz, welches letztere nur für eine gewonnene entscheidende Schlacht oder die Einnahme bzw. erfolgreiche Verteidigung einer Festung verliehen wird. Die Ausführungen des Kreuzes sind für Soldaten und Offiziere identisch. Die Verleihung einer 1. Klasse kann nur an Träger der 2. Klasse erfolgen. Das Kreuz 1. und 2. Klasse kann für militärische wie zivile Verdienste gleichermaßen verliehen werden und unterscheidet sich nur durch das Band (schwarz mit weißer Einfassung für militärische, weiß mit schwarzer Einfassung für zivile Verdienste). Ursprünglich besteht die 1. Klasse des Ordens nur aus kreuzweise vernähtem schwarz-weißem Band, das das metallene Kreuz ergänzte. Bis zum April 1813, dem Beginn der Kriegshandlungen, war die Königliche Eisengießerei in der Lage, etwa 90 Kreuze fertig zu stellen. Da der Bedarf rasch größer wurde, behalf man sich im Feld mit aus Blech ausgeschnittenem Ersatz. Das Eiserne Kreuz der Befreiungskriege gehörte zu den letzten Kriegsauszeichnungen, die noch im Wortsinne „verliehen" wurden: Der Träger ist nicht Eigentümer des Kreuzes, im Todesfalle ist es an den Stifter zurückzusenden. Trotz deutlich höheren Bedarfs, wurden während der Befreiungskriege nur etwa 9 000 Kreuze gefertigt und ausgegeben. Die übrigen Ausgezeichneten mussten warten, bis ein anderer Träger verstarb und das zurückgegebene Kreuz erneut zur Verfügung stand. Der letzte Ausgezeichnete sollte erst 1839 sein Kreuz in Händen halten.

Eisernes Kreuz
Preußen, 1813
Silber, Eisen
4 x 4 cm
Inv.-Nr. Ord A Alpha S I/32
Lit.: Rodekamp 2008, S. 91.

Sterben muss sich wieder lohnen
e-postcard 2008
© Titanic – Das endgültige Satiremagazin

Auf dem Höhepunkt der öffentlichen Diskussion um ein neues Ehrenzeichen der Bundeswehr 2008 bot das Satiremagazin „Titanic" den Besuchern seiner Internetseite diese E-Postkarte zur Nutzung an.

Französischer Infanteriesäbel (sabre briquet)
französisch/deutsch, 1815
Eisen, Messing, Silber
L gesamt 74 cm, L Klinge 60 cm
Gravur: Musketier Fr. Chr. Grot 2. Batt. Colb. Reg / FWR / G.Görschen, Bautzen, G. Beeren, Dennewitz, Leipzig, Ligni
Inv.-Nr. MI/4/2007

1815 wurde dem Musketier Fr. Chr. Grot im 2. Bataillon des Kolbergschen Infanterieregiments Nr. 9 diese aus einem französischen Infanteriesäbel gefertigte Ehrenwaffe übergeben. Derartige Ehrengaben wurden meist nicht im Auftrag des Königs verliehen, sondern von den Kameraden des Geehrten zu besonderen Anlässen, oft zum Ausscheiden aus dem Dienst, gefertigt. Die hier umgearbeitete französische Beutewaffe wurde mit einem auf dem Gefäß aufgelegten Eisernen Kreuz aus Silber versehen. Vielleicht war der Anlass auch die Verleihung dieser Auszeichnung an den Geehrten. In die Klinge wurden die Schlachten, an denen Grot teilgenommen hatte graviert: Großgörschen, Bautzen, Großbeeren, Dennewitz, Leipzig und Ligny.

Eisernes Kreuz am Band, sogenannte Prinzengröße
Preußen, 1813
Eisen, Silber, Seidenrips
17 x 17 mm
Inv.-Nr. MI/1/2007

Knopflochminiatur zum Eisernen Kreuz
deutsch, nach 1871
Metall
4,5 x 2,5 cm
Inv.-Nr. MI/228/2004

Eisernes Kreuz
deutsch, 1870–1895
Eisen
7 x 7 cm
Inv.-Nr. MI/233/2004

Medaille auf die Erneuerung des Eisernen Kreuzes
Otto Oertel (Lebensdaten unbekannt)
Berlin, 1914
Silber
D 35 mm
Inschrift Avers: Erneuerung des Eisernen Kreuzes am 5. August 1914, Revers: An die Völker und Stämme des deutschen Reiches ergeht mein Ruf, mit gesamter Kraft in brüderlichem Zusammenstehen mit unseren Bundesgenossen zu verteidigen, was wir in friedlicher Arbeit geschaffen haben. Kaiser Wilhelm II.
Inv.-Nr. MS/3897/2005

Ikonen der Nation *Das Eiserne Kreuz*

Eisernes Kreuz von einem Kriegerdenkmal
deutsch, um 1914
Eisen
25 x 25 cm
Inv.-Nr. V/212/2010

Kaiser Wilhelm II. zeichnet Offiziere mit dem Eisernen Kreuz aus
unbekannter Fotograf
deutsch, 1914/1918
Fotografie
10,8 x 8,1 cm
Inv.-Nr. F/582/2007/337

Eisernes Kreuz aus Blumen im Palmgarten
unbekannter Fotograf
Leipzig, 1913
Fotografie
10 x 16,8 cm
Inv.-Nr. Palmengarten 62

Aus Anlass der Jahrhundertfeier der Völkerschlacht 1913 waren in Leipzig allerorten derartige patriotische Dekorationen zu sehen.

Adolf Hitler begrüßt Angehörige der Hitlerjugend
Deutsche Wochenschau
vom 20.4.1945 (Ausschnitt)
© Transit Film

Adolf Hitler begrüßt im Garten der Reichskanzlei wenige Tage vor Kriegsende Angehörige der Hitlerjugend nach deren Auszeichnung mit dem Eisernen Kreuz.

Armreif mit Eisernem Kreuz
deutsch, 1914/1918
Kupfer
D 6,6 cm
Inv.-Nr. Me 283

In den Jahren des Ersten Weltkrieges galten Schmuckstücke mit dem Eisernen Kreuz als Ausweis patriotischer Gesinnung der Trägerin. Oftmals wurden sie unter Verwendung von Munitionsteilen, Patronenhülsen, Granatenringen etc. als sogenannter Schützengrabenschmuck von Soldaten hergestellt.

Eisernes Kreuz
deutsch, nach 1939
Eisen, Silber
4,3 x 4,3 cm
Inv.-Nr. MI/15/2005

Holzkästchen „Mein eisernes Kreuz"
deutsch, 1914/1918
Holz
13,5 x 9,5 x 8,5 cm
Inv.-Nr. MI/2011/14

Ehrenkreuz der Bundeswehr für Tapferkeit in Gold
deutsch, um 2000
Messing vergoldet, Seide
5 x 5 cm
Inv.-Nr. MI/2012/2

Am 13. August 2008 wurde das Ehrenkreuz der Bundeswehr für Tapferkeit als fünfte und höchste Stufe des Ehrenzeichens der Bundeswehr gestiftet. Es ist die erste Tapferkeitsauszeichnung der Bundeswehrgeschichte. Mit wiederholten Auslandseinsätzen der Bundeswehr in Krisengebieten und einer zunehmenden Anzahl von dabei verletzten oder gar getöteten Soldaten begann die Diskussion um eine Auszeichnung für ungewöhnliche Tapferkeit. Im Zuge der langwierigen und zum Teil sehr emotional geführten Debatten wurde auch eine erneuerte Stiftung des Eisernen Kreuzes diskutiert.

Das Ehrenzeichen der Bundeswehr wurde 1980 anlässlich ihres 25jährigen Bestehens vom Bundesminister der Verteidigung Hans Apel gestiftet und erstmals verliehen. 2008 stiftete der Bundesminister der Verteidigung Franz Josef Jung eine Sonderstufe für Taten, die „weit über das erwartete Maß an Tapferkeit im Rahmen der Pflichterfüllung hinausgehen".

Eisernes Kreuz
deutsch, 1945
Eisen, geschwärzt
4,8 x 4,5 cm
Inv.-Nr. MI/246/2004

Das vorliegende Eiserne Kreuz 2. Klasse wurde am 25.2.1945 an Gottfried Kunz, Obergefreiter in der Sturmgeschütz-Brigade 232, durch Generalmajor Lang, Kommandeur der 95. Infanterie-Division, verliehen.

Eisernes Kreuz als Aufkleber für gepanzerte Fahrzeuge der Bundeswehr
deutsch, 2011
Kunststoff
25 x 25 cm
Inv.-Nr. MI/2011/4

Hoheits- und Erkennungszeichen der Bundeswehr ist das Eiserne Kreuz, das vor allem an den Fahrzeugen des militärischen Fuhrparks Verwendung findet. Eingeführt wurde es mit Anordnung des Bundespräsidenten vom 1. Oktober 1956.

Ikonen der Nation *Die Quadriga*

Retourkutsche
Die Quadriga

Als Berlin 1734 eine Zollmauer erhält, wird an der Straße nach der Stadt Brandenburg ein Stadttor errichtet. 1788 befahl Friedrich Wilhelm II., Mauer und Tore neu zu gestalten. Der Architekt Carl Gotthard Langhans ließ sich von der griechischen Akropolis inspirieren und errichtete den heutigen frühklassizistischen Bau. 1793 wurde das Tor von der durch Johann Gottfried Schadow geschaffenen, eine Quadriga lenkenden Friedensgöttin Eirene gekrönt.

1806 erleidet Preußen gegen die französische Armee in den Schlachten von Jena und Auerstedt katastrophale Niederlagen, die zum raschen Zusammenbruch der Armee und zum Einmarsch Napoleons in Berlin führen. Napoleon, der mit seinen Eroberungen das Ziel verfolgt, Paris auch künstlerisch zum Zentrum der Welt zu machen, lässt seinen Beutekunst-Beauftragten Dominique-Vivant Baron Denon auch in Berlin eine Auswahl treffen. Neben zahlreichen anderen Kunstwerken soll auch Schadows Quadriga künftig Paris schmücken und vom Schlachtenglück Napoleons künden. Die umfangreiche Plastik wird demontiert, in zwölf Kisten verpackt und nach Paris geschickt. Das seines Schmucks beraubte Brandenburger Tor wird für viele Berliner zum Mahnzeichen einer erlittenen Demütigung, vom prächtigen Stadttor tritt es jetzt seine Karriere als politisches Symbol an. „Das Brandenburger Thor", so ein Zeitgenosse, „erinnerte mich daran, daß die Quadriga einmal durchgegangen war, und an die Ohrfeigen, welche der Vater Jahn, Gott hab ihn selig! seinen Turnern gab, welche beim Durchgang unter dem Brandenburger Thore nichts dachten und doch dran denken sollten, daß oben die Pferde fehlten."[1]

1814 stoßen die siegreichen Truppen Blüchers in Paris auf die in Kisten verstaute Wagenlenkerin, die am 10. Mai die Heimreise antritt. In Düsseldorf angekommen, beginnt die Kutschfahrt zum Triumphzug zu werden. „Sobald die Kisten ausgeschifft waren, ließ das Volk sich nicht länger halten, ... spannte sich selber vor die Wagen und zog dieselben eine beträchtliche Strecke fort."[2] Die Zeitungen berichten fortan vom Transport über Hamm, Bielefeld, Minden, Hannover, Halberstadt und Magdeburg nur noch vom „Siegeswagen". Der Volksmund spricht von der „Retourkutsche". Die Kisten werden auf ihrem Weg unentwegt mit Girlanden und immer neuen Inschriften als Reisesegen versehen. Am Ende tragen sie 354 solcher Widmungen. Im Zuge einer Überholung ersetzt Schinkel den Lorbeerkranz durch ein Eisernes Kreuz im Eichenlaub. Eirene wird nun endgültig zur Siegesgöttin Nike. Am 30. Juni 1814 steht sie zum Einzug Friedrich Wilhelms III. wieder auf dem Tor. Der Platz vor dem Tor wird zum Pariser Platz. Die kunsthistorische Bedeutung der Plastik interessiert kaum noch. Bereits 1819 spricht Haffel in seiner Beschreibung von Berlin von der „mehr berühmten als schönen Quadriga, die von 1806 bis 1814 nach Paris geführt war."[3]

1 Bohemia, 26. Jahrgang, Nr. 229, 28. September 1853, Prag 1853.
2 zitiert nach: BAUER, Frank, Napoleon in Berlin. Preußens Hauptstadt unter französischer Besatzung 1806–1808, Berlin 2006, S. 114.
3 GASPARI, Ad. Chr., HASSEL, G., CANNABICH, I.G.Fr., Vollständiges Handbuch der neuesten Erdbeschreibung., Erste Abtheilung Dritter Band, Weimar 1819, S. 133.

Pferdeomnibus, sogenannter Kremser

Mit dem Rücktransport der Quadriga von Paris nach Berlin soll Blücher den Königlich Preußischen Kriegscommissarius Simon Kremser beauftragt haben. Kremser, Angehöriger der Schlesischen Armee, hatte sich bereits durch die umsichtige Betreuung von deren Kriegskasse einen Namen gemacht. Nach dem erfolgreichen Einzug des heimgekehrten Kunstwerks, das im Berliner Volksmund fortan als „Retourkutsche" firmierte, wurde Kremser hoch dekoriert. 1825 sicherte ihm ein königliches Privileg die Eröffnung einer Pferdeomnibuslinie in Berlin zu. Die einfachen, überdachten Torwagen gingen später unter dem Namen ihres Erfinders als Synonym für Gruppenausflugswagen in die deutsche Sprache ein.

Der Wunsch der Berliner
unbekannter Künstler
deutsch, 1814
kolorierte Radierung
25 x 15 cm
Faksimile
(Original: Stiftung Stadtmuseum Berlin)

Als Riese überschreitet Napoleon mit einem Schritt den Rhein bei Mainz, um auf seinem Rücken die Quadriga des Brandenburger Tores nach Berlin zurückzutragen.
Lit.: SCHEFFLER 1995, S. 142 f; Kat. 3.124.

Schloss vom Brandenburger Tor
Berlin, um 1790
Schmiedeeisen
H 22,8 B 17,3 T 3,8 cm (Schloss)
L 11 cm (Schlüssel)
Stiftung Stadtmuseum Berlin,
Inv.-Nr. II 92/51a

Das Hangschloss (vergleichbar mit einem Vorhängeschloss) stammt vom Mittelportal des Brandenburger Tores. Es gelangte aus dem Nachlass des Berliner Oberpostdirektors über das Reichspostamt ins Stadtmuseum Berlin.
Lit.: HOFFMANN, Barbara, MENDE, Jan/GOTTSCHALK, Wolfgang (Hrsg.), Schloss & Schlüssel, Bestandskatalog der Stiftung Stadtmuseum Berlin, Berlin 1995, Kat. 153, S. 73 f.

Tasse auf den 100. Jahrestag der Rückkehr der Quadriga nach Berlin
Königliche Porzellanmanufaktur Berlin
Berlin, 1914
Porzellan
H 7,5 cm; D Untertasse 13,8 cm
Inv.-Nr. V/2012/1500

Im Kriegsjahr 1914 reproduzierte die Königliche Porzellanmanufaktur in Berlin eine Tasse aus dem Jahr 1814, mit welcher der Rückkehr der Quadriga in die preußische Hauptstadt und des Sieges über Frankreich gedacht werden sollte. Der begonnene Weltkrieg geriet so zur Fortsetzung des erfolgreichen Kampfes gegen den westlichen Nachbarn, der Triumph von einst zum Ausdruck erneuter Siegeszuversicht.

Ikonen der Nation *Die Quadriga*

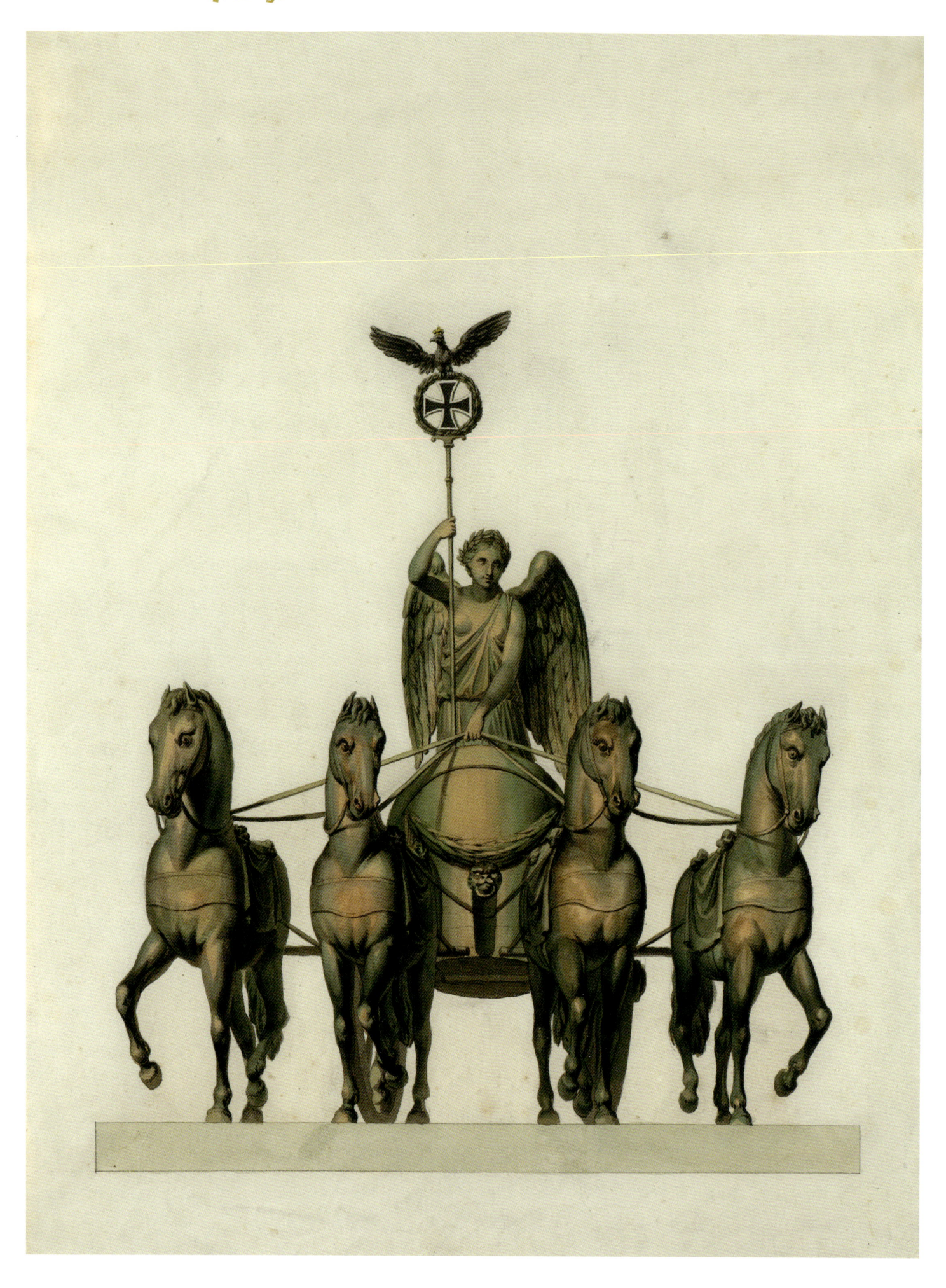

**Die Quadriga auf dem
Brandenburger Tor**
*unbekannter Künstler
deutsch, 1814
Aquarell
46 x 34,9 cm
Reproduktion (Original: Staatliche Kunstsammlungen Dresden, Inv. C 1937-1282)*

Die Zeichnung zeigt die Quadriga, wie sie nach ihrer Rückkehr aus Paris 1814 aufgestellt wurde: Der Lorbeerkranz, mit dem Schadow die Wagenlenkerin 1793 ausgestattet hatte, wurde durch ein von einem preußischen Adler bekröntes Eisernes Kreuz ersetzt. Damit wurde die Friedens- endgültig in eine Siegesgöttin umgewandelt.
Lit.: PLESSEN, Marie-Louise von (Hrsg.), Marianne und Germania 1789-1989. Frankreich und Deutschland. Zwei Welten – Eine Revue, Berlin 1996, Kat. 3/17, S. 206.

Ein Patrouillen-Auto des Arbeiter- und Soldatenrats wird am Morgen des 9. Novbr. vor dem Brandenburger Tor zu Berlin vom Publikum freudig begrüßt.

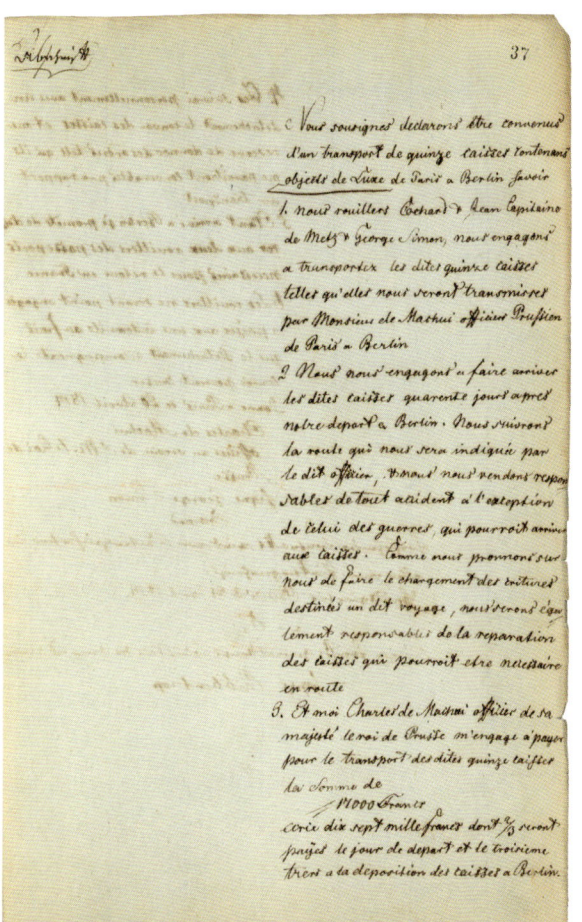

**Patrouille des Arbeiter- und Soldatenrats
vor dem Brandenburger Tor**
*unbekannter Fotograf
Berlin, 9.11.1918
Fotografie
10,7 x 14,8 cm
Inv.-Nr. F/2697/AB*

Urkunde zur Überführung von Kunstschätzen aus Paris nach Berlin
*Paris, 21.4.1814
Handschrift auf Papier
33,5 x 21,5 cm
Reproduktion (Original: Stiftung Preußischer Kulturbesitz, Geheimes Staatsarchiv)*

Vereinbarung zwischen einem preußischen Offizier namens Martini und einem Transporteur über den Transport von 15 Kisten mit „objets de Luxe" von Paris nach Berlin.
Lit.: PLESSEN, Marie-Louise von (Hrsg), Marianne und Germania 1789-1989. Frankreich und Deutschland. Zwei Welten – Eine Revue, Berlin 1996, S. 221 f.

Herz-As mit Brandenburger Tor
*deutsch, nach 1814
Radierung
9 x 5,2 (beschnitten)
beschr. u.: Wieder erkämpft
Inv.-Nr. Gei IV/18 i*

Ikonen der Nation *Die Quadriga*

**Plakat: II. Nationalkongress
der Nationalen Front**
*Günter Schmitz
Köthen, 1954
Offsetdruck
84 x 59 cm
Inv.-Nr. PL 54/115a*

Mit der Ablehnung der Stalin-Note zur deutschen Wiedervereinigung durch die Westmächte 1952 galt die Schaffung eines vereinten Deutschlands der Führung der DDR nicht mehr als politisches Nahziel. Da die Mehrheit der DDR-Bevölkerung dennoch an dieser Perspektive festhielt, berief die Nationale Front der DDR für den 15. und 16. Mai 1954 einen sogenannten Nationalkongress nach Berlin ein. Die propagandistisch motivierte und von der DDR choreographierte Veranstaltung unterbreitete einen an Volkskammer und Deutschen Bundestag gleichermaßen gerichteten Vorschlag, eine Volksbefragung über einen Friedensvertrag oder den Abschluss des Vertrages über die Bildung einer Europäischen Verteidigungsgemeinschaft (EVG) durchzuführen. Letztendlich war das eigentliche Ziel des Kongresses, der Bundesrepublik die Schuld am Nichtzustandekommen der Wiedervereinigung zuzuweisen.

**DDR-Kampfgruppen
vor dem Brandenburger Tor**
*Junge/Zentralbild
Berlin, 14.8.1961
Fotografie
16,5 x 21,6 cm
Inv.-Nr. F/2094/1978 (© Bundesarchiv Koblenz)*

In enger Abstimmung mit der Sowjetunion sperrte die DDR-Führung am 13. August 1961 die Berliner Sektorengrenze. Der Tag gilt als Beginn des „Mauerbaus", der Abriegelung des Staatsgebietes der DDR in Richtung Bundesrepublik. Neben Polizei und Volksarmee kamen zur Absicherung der Sperrmaßnahmen auch die sogenannten „Kampfgruppen der Arbeiterklasse" zum Einsatz. Fortan war das stark gesicherte Brandenburger Tor Symbol der deutschen Teilung.

**Verdienstmedaille der Kampfgruppen
der Arbeiterklasse**
*DDR, nach 1978
Bronze
D 3,2 cm
Inv.-Nr. AZ 692/1*

Am 25. September 1961 wurde die Verdienstmedaille der Kampfgruppen der Arbeiterklasse gestiftet. Sie wurde für treue Pflichterfüllung und in Anerkennung vorbildlicher Leistungen in den Kampfgruppen der DDR verliehen. Symbolträchtig zeigt sie einen bewaffneten Angehörigen der Kampfgruppen neben einem Soldaten der Nationalen Volksarmee vor dem Brandenburger Tor.
Lit.: BARTEL, Frank, Auszeichnungen der DDR von den Anfängen bis zur Gegenwart; Militärverlag der DDR; Berlin 1979; S. 56/161.

20 Mark-Münze der DDR
DDR, 1990
Neusilber
D 33 mm
Inv.-Nr. MS/9376/2005

Seit den 1960er Jahren wurde Ostberlin im offiziellen Sprachgebrauch der DDR als „Hauptstadt der DDR" bezeichnet. Die Führung der DDR unterstrich damit ihren Anspruch, als einzig rechtmäßiger Repräsentant der deutschen Nation zu gelten.

Öffnung des Brandenburger Tores
Gerhard Gäbler
Berlin, 22.12.1989
Fineartprint auf Alu-Dibond
100 x 150 cm
Inv.-Nr. F/119/2010

Am 22. Dezember 1989, 28 Jahre nach der Errichtung der Berliner Mauer, wurde das Brandenburger Tor unter dem Jubel von mehr als 100 000 Menschen wieder geöffnet. Die Sperranlagen wurden danach vollständig beseitigt.

Mr. Gorbachev, open this gate
Berlin, 12.6.1987
Fotografie © ullstein bild
© Trion-Film, Berlin

Anlässlich der 750-Jahr-Feier Berlins reiste US-Präsident Ronald Reagan im Juni 1987 nach Westberlin. Am 12. Juni forderte er in einer medienwirksam vor dem Brandenburger Tor in Szene gesetzten Rede den sowjetischen Parteichef Michail Gorbatschow auf, die Mauer niederzureißen und das Brandenburger Tor zu öffnen. Neben ihm Bundeskanzler Helmut Kohl und Bundestagspräsident Philipp Jenninger.

Ikonen der Nation *Die deutschen Nationalfarben*

RAL 9005 + RAL 3020 + RAL 1021
Die deutschen Nationalfarben

Landesfarben gehören zu den Identifikationssymbolen mit einem Staat oder einer Region. In der Kombination dreier waagerechter Streifen in den Farben Schwarz, Rot und Gold stehen sie heute für die nationale Identität der Deutschen. Ihr Ursprung geht wohl auf die Deutschen Befreiungskriege zurück. Allerdings ist die Farbkombination keine originäre „Erfindung" jener Tage. Schon im 12. Jahrhundert lässt Friedrich I. anlässlich seiner Frankfurter Krönung zum Deutschen König den Weg des Krönungszuges mit einem eigens angefertigten Teppich in den drei Farben auslegen. Auch das Wappen des Heiligen Römischen Reiches vereinigt mit dem schwarzen Adler mit roter Bewehrung auf goldenem Grund die drei Farben. Vielleicht hat die Erinnerung an das gerade in den Jahren der napoleonischen Kriege in den deutschen Staaten romantisch verklärte versunkene Deutsche Reich eine Rolle gespielt, als die Uniformfarben des Lützower Freikorps zur Debatte stehen. Dass die ins Korps eingetretenen Freiwilligen zu arm für eine Uniform sind und daher das Sammelsurium an ziviler Kleidung einheitlich schwarz gefärbt wird, um eine uniforme Erscheinung zu erreichen, ist jedenfalls Legende. Tatsache bleibt: mit den schwarzen Uniformen mit den roten Vorstößen und goldfarbenen Messingknöpfen tragen die Lützower schon das Farbenspektrum der kommenden und von Vielen erhofften Deutschen Nation auf das Schlachtfeld. Eine eigene Fahne aber besitzen die Lützower vor 1815 nicht. Ein von Berliner Frauen gestiftetes schwarz-rotes Banner mit goldenem Fransenbehang zu führen, verwehrt ihnen Friedrich Wilhelm III. Sie bleibt im Umfeld Jahns in Verwahrung, zeitweise unter einer Altardecke versteckt. Vielen Mitgliedern des Korps aber dürfte sie zumindest bekannt sein. Die Lützower Jahn und Friesen haben bereits seit 1811 den Aufbau einer nicht landsmannschaftlich strukturierten deutschen Burschenschaft verfolgt. Als diese 1815 unter Mitwirkung zahlreicher aus dem Lützower Umfeld stammender Protagonisten in Jena gegründet wird, bestimmt sie einen an den Uniformen des Freikorps orientierten Rock zur Festtracht. Anläßlich des zweiten Jahrestages der Einnahme von Paris am 31. März 1816 erhält die Jenaer Urburschenschaft eine Fahne, die die drei Farben zeigt. Im Festgedicht zur Fahnenweihe heißt es:

> „Die Farben, Rot und Schwarz mit Gold umzogen,
> Sie deuten einen tiefen, heil'gen Sinn:
> Der Jüngling soll von jugendlichen Freuden
> Den hohen Ernst des Lebens nimmer scheiden
> Fest wie der goldne Saum die Fahn umwunden,
> So sei er Gott und Vaterland verbunden!"[1]

Am vierten Jahrestag der Völkerschlacht, am 18. Oktober 1817, weht sie über den Teilnehmern des Wartburgfestes.

1 zitiert nach: SCHROETER, Bernhard (Hrsg.), Für Burschenschaften und Vaterland: Festschrift für den Burschenschafter und Studentenhistoriker Prof. (FH) Dr. Peter Kaupp, Norderstedt 2006, S. 83.

Fanartikel: Narrenkappe und „Halbzeiteier"
FIFA-Fußballweltmeisterschaft 2010
Inv.-Nr. V/134/2010; V/137/2010

Spätestens seit der Fußballweltmeisterschaft 2006 in Deutschland sind die deutschen Nationalfarben nicht nur endgültig wieder salonfähig, sondern bestimmen während der Meisterschaften das Straßenbild. Sie zieren alle nur denkbaren (und undenkbaren) Gebrauchsgegenstände und Fanartikel.

Wartburgfahne der Urburschenschaft Jena
Jena, 1816
1,80 x 1,60 m
Inschrift: Von den Frauen und Jungfrauen zu Jena am 31. März 1816
Nachbildung
Stadtmuseum Jena

1815 gründeten Jenaer Studenten die erste Burschenschaft. Ähnlich, wie sie sich politisch der Ablösung der deutschen Kleinstaaterei durch einen Nationalstaat verschrieben hatten, wollten sie alle Studenten der Universität anstelle der alten Landsmannschaften in einer Burschenschaft organisieren. Friedrich Ludwig Jahn, Ernst Moritz Arndt oder auch Johann Gottlieb Fichte hatten für die Burschenschaft Pate gestanden. Ihre erste Fahne, die sogenannte Kahlafahne, ist schwarz/rot, wohl nach dem Vorbild der Uniformfarben des Lützow'schen Freikorps, und mit einer goldenen Paspel versehen. Aus der goldenen Paspel wurde dann die dritte Nationalfarbe Gold. Die hier gezeigte Wartburgfahne wurde von Jenaer Burschenschaftern am 18. Oktober 1817 mit zum Wartburgfest geführt. Sie besteht aus drei Farbbahnen rot/schwarz/rot, was vermutlich auf das Vorbild der französischen Trikolore zurückgeht. Allerdings trug bereits die Landsmannschaft Vandalia in Jena, die Vorgängerorganisation der Urburschenschaft, die Uniformfarben Schwarz, Rot und Gold, so dass hier wahrscheinlich mehrere Traditionen ineinander flossen.
Das Original ist im Stadtmuseum Jena ausgestellt und gehört der Burschenschaft Arminia auf dem Burgkeller.
Lit.: LÖNNECKER, Harald: Rebellen, Rabauken, Romantiker. Schwarz-Rot-Gold und die deutschen Burschenschaften, in: Flagge zeigen. Die Deutschen und ihre Nationalsymbole, Stiftung Haus der Geschichte der Bundesrepublik Deutschland, Bonn 2009, S. 27–33, hier bes. S. 29.

Heidelberger Burschenband aus dem Nachlass der Familie von Gagern
deutsch, 1818/19
Seide
L ca. 50 cm
Bundesarchiv Koblenz, Inv. DB9, Realien, Band

Das schwarz-rot-goldene Band stammt aus dem Besitz der Brüder Friedrich, Maximilian und Heinrich von Gagern. Derartige Bänder spielten und spielen bis heute eine wichtige Rolle in der Bekleidung der Mitglieder einer Burschenschaft. Meist werden sie schräg von rechts nach links über der Brust getragen.
Friedrich von Gagern fiel im April 1848 als befehlshabender General des Deutschen Bundes beim militärischen Vorgehen gegen Friedrich Heckers badischen Revolutionszug. Maximilian von Gagern war u. a. nach dem Ausbruch der Märzrevolution 1848 Mitglied einer Kommission des Deutschen Bundes, welche die Bundesverfassung den neuen politischen Verhältnissen anpassen sollte. Der liberale Politiker Heinrich von Gagern war 1848 1. Präsident der Frankfurter Nationalversammlung.
Lit.: LÖNNECKER, Harald: Rebellen, Rabauken, Romantiker. Schwarz-Rot-Gold und die deutschen Burschenschaften, in: Flagge zeigen. Die Deutschen und ihre Nationalsymbole, Stiftung Haus der Geschichte der Bundesrepublik Deutschland, Bonn 2009, S. 27–33, hier bes. S. 28.

Kokarde in Schwarz Rot Gold
deutsch, 1848/49
Papier, Stoff, Draht, Wolle
11 x 7 cm
D 2,5 cm
Inv.-Nr. D11413

Mit der Französischen Revolution fanden Kokarden, runde, verschiedenfarbig ausstaffierte Objekte, die an Rockaufschlägen, Kopfbedeckungen usw. getragen wurden, Eingang in das Instrumentarium öffentlicher politischer Bekenntnisse. Meist war es ein feststehender Farbkanon, der Auskunft über die politische Zugehörigkeit des Trägers gab. Das hier gezeigte schwarz-rot-goldene Exemplar stammt aus der Zeit der Revolution von 1848/49.

Ikonen der Nation *Die deutschen Nationalfarben*

Fahne des Reichsbanners Schwarz-Rot-Gold Leipzig-Lindenau
deutsch, nach 1924
Seide
113 x 138 cm, Fransen: 5 cm
beschr. Vorderseite: Reichsbanner Schwarz-Rot-Gold Kameradschaft Leipzig-Lindenau;
Rückseite: Das Banner steht wenn der Mann auch fällt
Inv.-Nr. V/252/2002

Ursprünglich als überparteilicher Kampfbund zum Schutz der Republik von Weimar gegen innere Angriffe konzipiert, wurde das 1924 gegründete Reichsbanner Schwarz-Rot-Gold, Bund deutscher Kriegsteilnehmer und Republikaner, sozialdemokratisch dominiert. Neben seiner Funktion als Kampfverband war das Banner auch ein eingetragener politischer Verein. Zugleich war es Sammelbecken von Weltkriegsveteranen, die ihre militärische Erfahrung zur Verteidigung der Demokratie zur Verfügung stellten. Dabei wurde der Feind der Republik an beiden extremen Rändern des politischen Spektrums, links wie rechts, ausgemacht. In der Praxis trat das Banner vor allem als Kampforganisation gegen den Straßenterror des SA-Mobs in Erscheinung. Um 1932 gehörten der Organisation rund drei Millionen Mitglieder an.

Ärmelemblem der gesamtdeutschen Olympiamannschaft
DDR, 1960
Textil
10 x 8 cm
Inv.-Nr. E 28

Bei den olympischen Spielen von 1956, 1960 und 1964 trat jeweils eine gesamtdeutsche Mannschaft an. Erst ab 1968 hatten die beiden deutschen Staaten jeweils eigene Mannschaften. Das Emblem befand sich bei den Winterspielen in Squaw Valley von 1960 auf dem Wettkampfanzug von Helga Haase, die mit ihrer Goldmedaille im Eisschnelllauf erste Olympiasiegerin der DDR wurde. Sie gab das abgetrennte Emblem 1976 zusammen mit Anzug, Mütze und Urkunden an das Leipziger Sportmuseum.

Strafgesetzbuch § 90a
Verunglimpfung des Staates und seiner Symbole

Wer öffentlich, in einer Versammlung oder durch Verbreiten von Schriften

die Farben, die Flagge, das Wappen oder die Hymne der Bundesrepublik Deutschland oder eines ihrer Länder verunglimpft

wird mit Freiheitsstrafe bis zu drei Jahren oder mit Geldstrafe bestraft.

Fahne der DDR
DDR, vor 1989
Baumwolle
50,5 x 74 cm; Bänder 172 cm
Inv.-Nr. V/131/2010

1959 beschloss die SED-Führung, die schwarz-rot-golden Flagge um Hammer und Zirkel im Ährenkranz als Symbole für den Staat der Arbeiter, Bauern und der Intelligenz zu ergänzen. Dieses Motiv war bereits seit 1955 das Staatswappen der DDR.

Fahne der ISAF-Truppen
Nachbildung

Die Bundeswehr beteiligt sich seit 2001 an der ISAF-Mission in Afghanistan (International Assistance Security Forces).
Als Erkennungszeichen dient die deutsche Fahne mit dem Wort „Deutschland" in arabischer Sprache.

Epilog

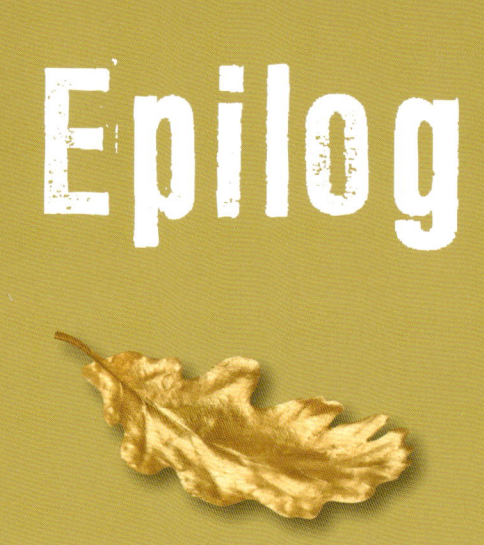

Verheizte Helden

Dulce et decorum est pro patria mori (Süß und ehrenvoll ist es, für das Vaterland zu sterben).

Dieser Satz aus den Oden des Horaz hat unter Generationen Kriegsbegeisterung befeuert und die sinnlose Vergeudung von Menschenleben nachträglich mit einem Glorienschein aufgewertet.

Es ist das frühe 19. Jahrhundert, in dem sich der Gedanke des Nationalstaates, der Gemeinschaft von Bürgern, die für das Wohlergehen ihres Gemeinwesens einstehen, Bahn bricht. Nicht Beute und Lohn, sondern die Überzeugung, mit der Waffe in der Hand seine ureigenen Interessen und die seiner Mitbürger zu verfechten, soll den Staatsbürger zum Kriegsdienst bewegen.

In den deutschen Befreiungskriegen wird vor allem auf preußischer Seite gerade dieser bewusste Einsatz für die Sache des Vaterlandes zu einer treibenden Kraft. Inwieweit der Einsatz der Freiwilligen überhaupt kriegsentscheidend war, ist bis heute umstritten. Der Lohn, der dem Gros der „Bürger in Uniform" zuteil wird, ist in der Regel gering.

Es ist vor allem die Nachwelt, die hier die Kränze flicht. Von Panik und Schmerzen, von Kälte und Dreck, von eiternden Wunden und Durchfall ist in den Geschichtsbüchern wenig zu lesen.

Das handgreiflichste und unmittelbarste Ergebnis der Völkerschlacht ist schwer zu ertragen. 22 000 Russen, 16 000 Preußen, 12 000 Österreicher und 300 Schweden haben den Sieg ihrer Landsleute mit dem Leben bezahlt. Auf Seiten der Vielvölkerarmee Napoleons sind es mindestens weitere 30 000 Mann. Wohl schlimmer noch trifft es die meisten der Schwerverwundeten. Die kargen Einrichtungen der Militärmedizin sind, soweit überhaupt vorhanden, hoffnungslos überfordert. Vordringlich gilt es, die Masse der Blessierten möglichst rasch aus Leipzig fort zu bringen. Ganz Leipzig scheint ein einziges Lazarett zu sein.

Mehr als 50 öffentliche Gebäude, unter ihnen fast alle Kirchen, werden zur Aufnahme der Unglücklichen notdürftig hergerichtet. Ein Großteil der Leipziger Mediziner stellt sich in den Dienst der Verwundeten. Viel bewirken können sie nur in seltenen Fällen. Die Verletzungen durch Musketenkugeln sind mit den damaligen Mitteln selten zu heilen. Als ultima ratio steht in der Regel nur die Amputation zur Verfügung – unter den katastrophalen hygienischen Bedingungen und ohne geeignete Medikamente oft genug eine letzte Qual vor dem unausweichlichen Tod. Fast möchte man glauben, dass die französischen Schwerverwundeten besser dran sind – sie werden am 22. Oktober erschlagen![1]

1 POPPE, Maximilian: Chronologische Übersicht der wichtigsten Begebenheiten aus den Kriegsjahren 1806–1815, Leipzig 1848., Bd. 2 S. 197 f.

Epilog *Verheizte Helden*

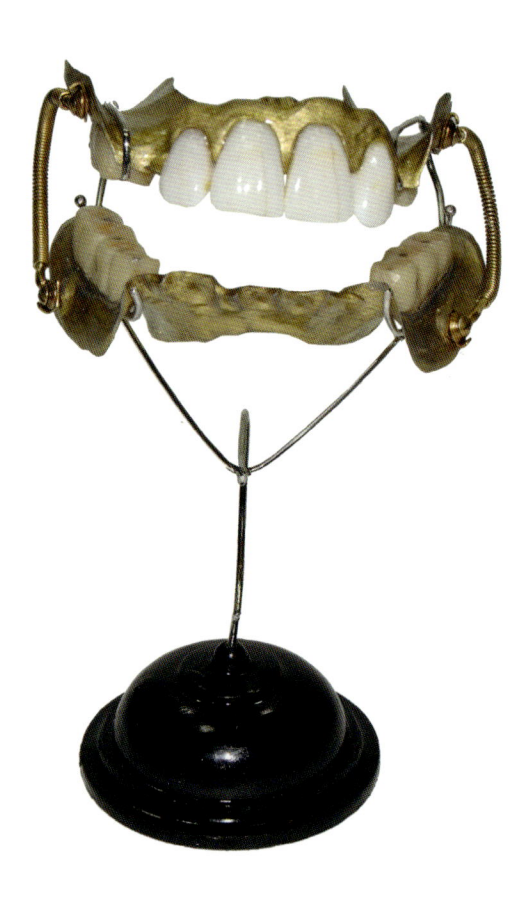

Zahnersatz, sogenannte Waterloo-Zähne
deutsch, nach 1815
Elfenbein, Metall, menschliche Zähne
B ca. 7 cm, T ca. 5 cm
Dentalhistorisches Museum Tschadraß

Ein besonders drastisches Beispiel für die Realität des Krieges im frühen 19. Jahrhundert sind die sogenannten „Waterloo-Zähne". Die Schlacht von Waterloo hatte 53 000 Tote gefordert. Noch am selben Abend verrichteten Leichenfledderer ihr lukratives Handwerk. Unter ihnen gab es Spezialisten, die aus den Mündern der Toten und Sterbenden die Zähne herausbrachen. Für diese Zahngarnituren junger Soldaten hat sich der Begriff „Waterloo-Zähne" eingebürgert. Sie dienten als Zahnprothesen, bevor Porzellan in den vierziger Jahren des 19. Jahrhunderts als Zahnersatz gebräuchlich wurde. Das zynisch als „Zahnernte" bezeichnete Verfahren wurde schon auf dem Leipziger Schlachtfeld praktiziert.

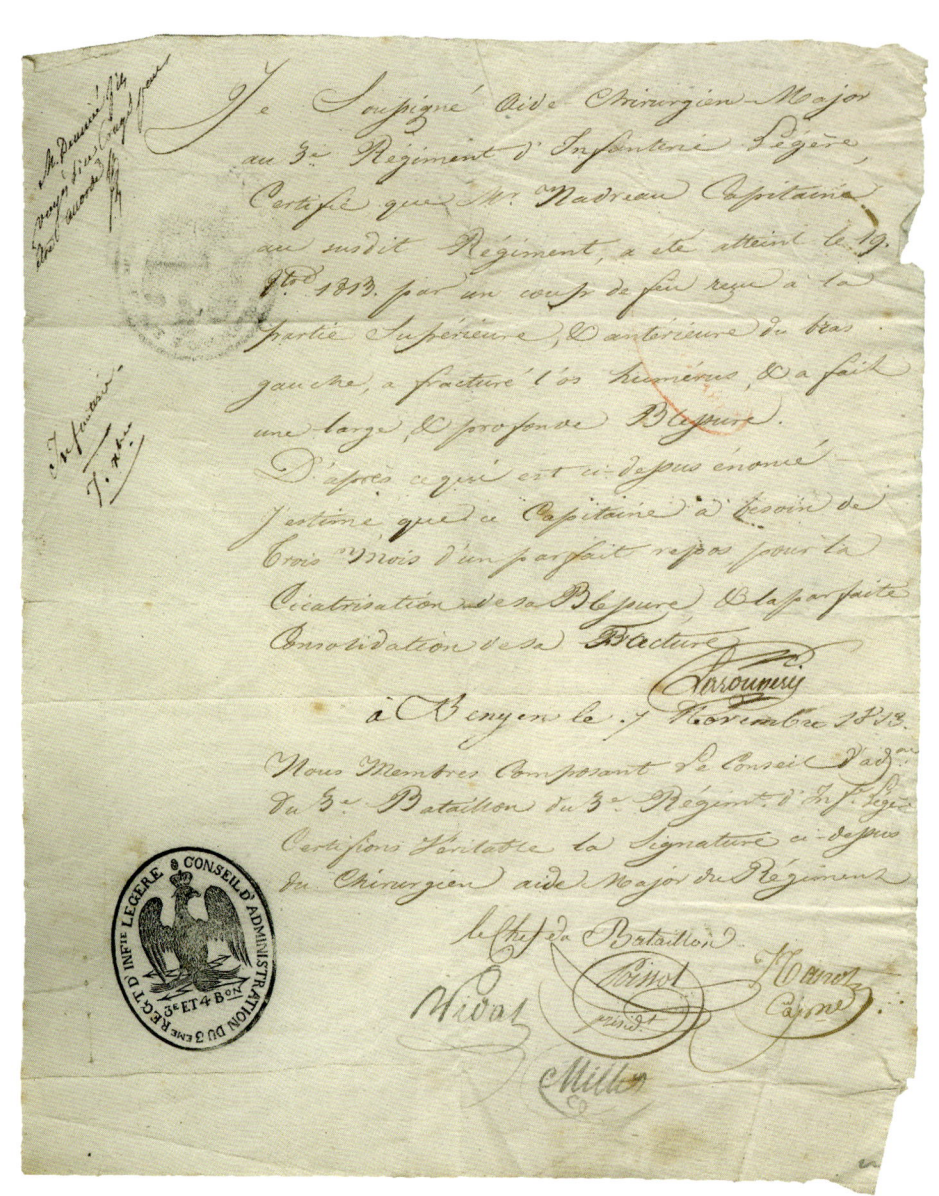

Dienstunfähigkeitszeugnis für den französischen Capitaine Nadreau
Bengen, 7.11.1813
Handschrift auf Papier
25,5 x 21 cm
Privatsammlung

Text:
Je Soussigné Aide-Chirurgien Major au 3ème Regiment d'Infanterie Légère, certifie que Mr Nadreau Capitaine au susdit Régiment, a été atteint le 19. O.bre 1813 par un coup de feu reçu à la partie supérieure & antérieure du bras gauche, a fracturé l'os humérus & a fait une large et profonde Blessure. D'après cequi est ci-dessus énoncé J'estime que ce Capitaine a besoin de trois mois d'un parfait repos pour la Cicatrisation de sa Blessure & la parfaite Consolidation de sa Fracture. Larounery à Bengen le 7 Novembre 1813 Nous Membres composant le conseil d'Administration du 3e Bataillon du 3e Régiment d'Infanterie Legère certifions véritable la signature ci-dessus du Chirurgien aide Major du Régiment Le Chef du Bataillon Poissot président et al.

Übersetzung: Ich, der Unterzeichnete, Hilfschirurg Major im 3. Leichten Infanterieregiment bestätige, dass M Nadreau, Kapitän im genannten Regiment, am 19. Okt. 1813 von einem Geschoss am vorderen linken Oberarm getroffen wurde, das den Humerus gebrochen und eine tiefe Wunde hinterlassen hat. Nach meiner Einschätzung braucht der Kapitän 3 Monate komplette Ruhe für die Heilung der Wunde und Wiederherstellung des Knochens. Larounery, Bengen am 7. November 1813 … (Beglaubigung der Unterschrift durch Mitglieder des Conseil d'Administration des Bataillons).

**Schulterprothese des Generals
Augustin Marie d'Aboville**
Frankreich, 1809
Eisen
24 x 20,5 x 15 cm
*Musée de l'Armée, Hôtel National des Invalides,
Paris, Inv. 2461 Cc117*

Der General der französischen Artillerie Augustin Marie d'Aboville (1776–1843) verlor in der Schlacht von Wagram 1809 einen Arm.

**Beinprothese mit Gelenk des Generals
Pierre Yriex Daumesnil**
Frankreich, 1809
Holz, Eisen
98,5 cm
*Musée de l'Armée, Hôtel National des Invalides,
Paris, Inv. 926 ; Cc 183*

Der General der französischen Kavallerie Pierre Yriex Daumesnil (1772–1832) war in den napoleonischen Feldzügen bereits mehrfach verletzt worden, nach der Schlacht von Wagram amputierte man ihm das linke Bein. Die Prothese wurde nach seinem Tod im Waffensaal des Schlosses von Vincennes ausgestellt, überliefert ist aber, dass er eine rein hölzerne Prothese bevorzugt haben soll, weil sie leichter war.
Lit.: NOBLET, Thibault de, in: Napoleon und Europa. Traum und Trauma, Ausstellungskatalog Bonn 2010, S. 219.

**Unterarmprothese des französischen Generals
Joseph François Durutte**
Frankreich, 1815
Leder, Metall
L 43,4 cm
*Musée Royal de l'Armée et d'Histoire Militaire
Brüssel, Inv.-Nr. 201200306*

In der Schlacht von Waterloo am 18. Juni 1815 verlor Durutte, der an den Kämpfen als Divisionsgeneral aktiv beteiligt war, durch eine Kanonenkugel den rechten Unterarm, den diese Prothese ersetzen sollte.

Brenneisen
deutsch, 18. Jahrhundert
Holz, Eisen
23 x 4 x 1 cm
Universität Leipzig, Medizinhistorische Sammlung, Karl-Sudhoff-Institut für Geschichte der Medizin und der Naturwissenschaften, Inv. 1225

Brenneisen zum Ausbrennen von Wunden, um Blutungen zu stoppen.

Amputationssäge (Abb. S. 26)
deutsch, Mitte 19. Jahrhundert
Holz, Eisen
39 x 12 x 2 cm
Universität Leipzig, Medizinhistorische Sammlung, Karl-Sudhoff-Institut für Geschichte der Medizin und der Naturwissenschaften, Inv. 1525

Epilog *Verheizte Helden*

Invalide aus den Freiheitskriegen
Christian Gottfried Heinrich Geißler (1770–1844)
Leipzig, um 1813
Feder in Grau, aquarelliert
Papier
11,3 x 6,8 cm
beschr.: Ich focht getreu für meinen König / Und für mein theures Vaterland / Drum schmerzten mich die Wunden wenig / Mich schreckte nicht des Grabes Rand.
Inv.-Nr. Gei IV/39

Ein Invalide bittet den König um Besoldung
unbekannter Künstler
deutsch, 1808
Feder in Braun, aquarelliert
Papier
11 x 17,3 cm
beschr.: Ein Invalide bittet bey den König um die Besoldung ud. spricht: Hol mich der Teufel Ew. Majestätt Sie müssen (?) mich erhalten 1807. Die Figuren sind mit 1–4 nummeriert, Legende dazu u.: 1 Invalid 2 der König von Preußen 3 General d. Obrist v. Zieten 4 Gefolge des Königs. 1808.
Inv.-Nr. VS 1550

Berliner Guckkästner.
Theodor Hosemann (1807–1875)
Berlin, 1837
Lithographie
11,5 x 8,5 cm
Inv.-Nr. K/2012/106

Der vielbeschäftigte Berliner Zeichner Theodor Hosemann lieferte Illustrationen für die 32 Hefte der kritisch-humoristischen Reihe „Berlin wie es ist und – trinkt" des Publizisten Adolph Glaßbrenner, darunter auch diese Darstellung eines Kriegsinvaliden mit Holzbein, der Kindern seinen Guckkasten vorführt.

Guckkasten
deutsch, um 1800
Holz, Metall, Leder
Grundfläche: 51 x 37 cm, H (geöffnet) 77 cm
Inv.-Nr. V/2012/378

Guckkästen sind Bildbetrachtungsgeräte, die beim Blick durch eine Linse über ein Spiegelsystem eigens gefertigte kolorierte Ansichten in einer perspektivischen Weite wiedergeben. Die optische Illusion ist so frappierend, dass die Geräte zur Grundausstattung jedes Jahrmarktes wurden.
Häufig waren es Invaliden und Armeeveteranen, die mit einem Guckkasten ihren Lebensunterhalt verdienten. Mit den Kästen zogen sie über die Dörfer, um die Landbevölkerung gegen Bezahlung einen Blick in die weite Welt werfen zu lassen.

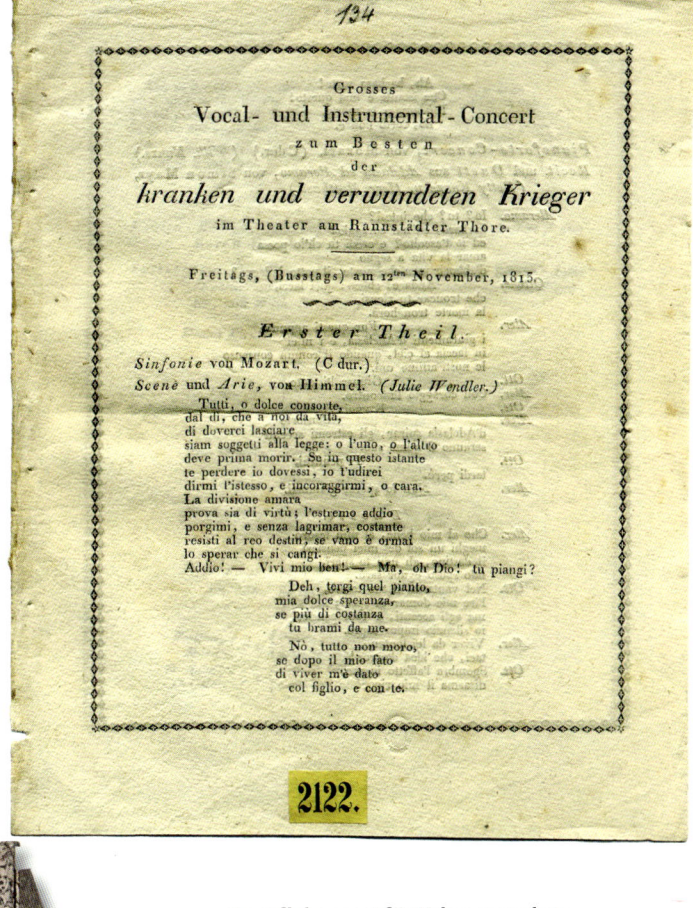

Benefizkonzert für Kriegsversehrte
Leipzig, 1813
Druck
33 x 18,5 cm
Titel: Grosses Vocal- und Instrumental-Concert zum Besten der kranken und verwundeten Krieger im Theater am Rannstädter Thore. Freitags, (Busstags) am 12ten November, 1813.
Inv.-Nr. MT/701/2007

Nach dem Ende der Völkerschlacht waren nicht allein rund 90 000 Gefallene zu beklagen. Tausende verwundete Soldaten lagen unter den primitivsten Bedingungen, die selbst die leidgeprüften Zeitgenossen voller Fassungslosigkeit schaudern ließen, in den zu Lazaretten umfunktionierten öffentlichen Gebäuden Leipzigs. Zahlreiche Hilfs- und Unterstützungskomitees bildeten sich, die Not zu lindern. Am 12. November 1813 fand im Gewandhaus ein großes Konzert statt, dessen Erlös den Verwundeten zugute kommen sollte.

Epilog *Verheizte Helden*

Brillijante Cavallerie der Franzosen 1813.
Christian Gottfried Heinrich Geißler (1770–1844)
Leipzig, 1813
kolorierte Radierung
10,9 x 15,6 cm
Inv.-Nr. Gei IV 6a

Eintrittskarte
Leipzig, 1839
Druck
6,3 x 9,4 cm
Inv.-Nr. MT/24/2009

Die hier gezeigte Karte gewährte im Jahre 1814 in Leipzig den Eintritt zu einem Konzert des im Kriege 1814 durch eine Explosion erblindeten Flötisten Traugott Döge. Da der Invalide ausdrücklich als Flötist vorgestellt wird, er also einen zivilen Beruf hatte, dürfte seine Militärtätigkeit um 1814 nur eine vorübergehende gewesen sein. Das deutet auf den Banner der Freiwilligen Sachsen hin.

Der Johannisfriedhof als Lazarett (Abb. S. 24)
Ernst Wilhelm Straßberger (1796–1866)
Leipzig, um 1840
Öl auf Leinwand
81 x 100 cm
Inv.-Nr. K/521/2002

Wurde der mit einer Mauer umfriedete Leipziger Johannisfriedhof bereits von den Franzosen im Sommer 1813 genutzt, um gefangene Russen und Preußen aufzunehmen, so sind es ab dem 19. Oktober unzählige Franzosen, die hinter den Mauern festgesetzt werden. Johann Daniel Ahlmann, damals Totengräber des Friedhofes, hat die Szenen in seinem Bericht festgehalten: „Die zu Gefangenen gemachten Franzosen wurden jetzt auf den Gottesacker gebracht, ... Von den vorhergehenden Tagen lagen die Todten und Sterbenden noch auf dem Kirchhof, und man konnte kaum einige Schritte gehen, ohne auf einen dieser Unglücklichen zu stoßen. Gesunde, Verwundete und Todte lagen unter einander, und fast jeder Schwibbogen war überfüllt. Sterbende krochen nach irgend einem Ruheplatz, um dort ihren Geist aufzugeben; halb Todte wurden noch von den Russen ausgezogen, und so mussten diese Armen bei der kalten Jahreszeit nackend in Nässe und Schlamm elendiglich umkommen.

Noch schrecklicher aber wurde das Elend, da die Gefangenen, hier mehrere Tage eingesperrt, weder Essen noch Trinken bekamen, und diesen nur noch das Feuer, welches sie von dem Holze des Gottesackers unterhielten, zu ihrer Erquickung übrig blieb. Wie die Schatten schlichen sie langsam und entkräftet umher, während andere vor Verzweiflung und Hunger brüllten. Manche saßen auf den bereiften Grabhügeln und rupften das noch darauf befindliche grüne Gras, welches sie gierig aßen. Zwei todte Pferde, welche auf dem Gottesacker lagen, wurden nach und nach von ihnen aufgezehrt, ebenso mehrere Hunde und Katzen; selbst Wasser konnten sie nicht einmal hinlänglich bekommen."

Während zahlreiche drastische Schilderungen des damaligen Elends in schriftlicher Form hinterlassen wurden, fand das Leiden der Soldaten in der bildenden Kunst – den Darstellungsgewohnheiten der Zeit entsprechend – nur eine vergleichsweise geringe Resonanz. Die zahlreichen Ölgemälde des Malers Ernst Wilhelm Straßberger geben zwar die originalen Schauplätze wieder und beruhen auf überlieferten Tatsachen und wohl auf selbst gemachten Skizzen vor Ort, entstanden aber erst rund 30 Jahre nach den Ereignissen. Neben eigentlichen Schlachtszenen hinterließ er auch einige wenige Zeichnungen und Ölgemälde von den Verwundeten, die rund um die Leipziger Johanniskirche untergebracht wurden.

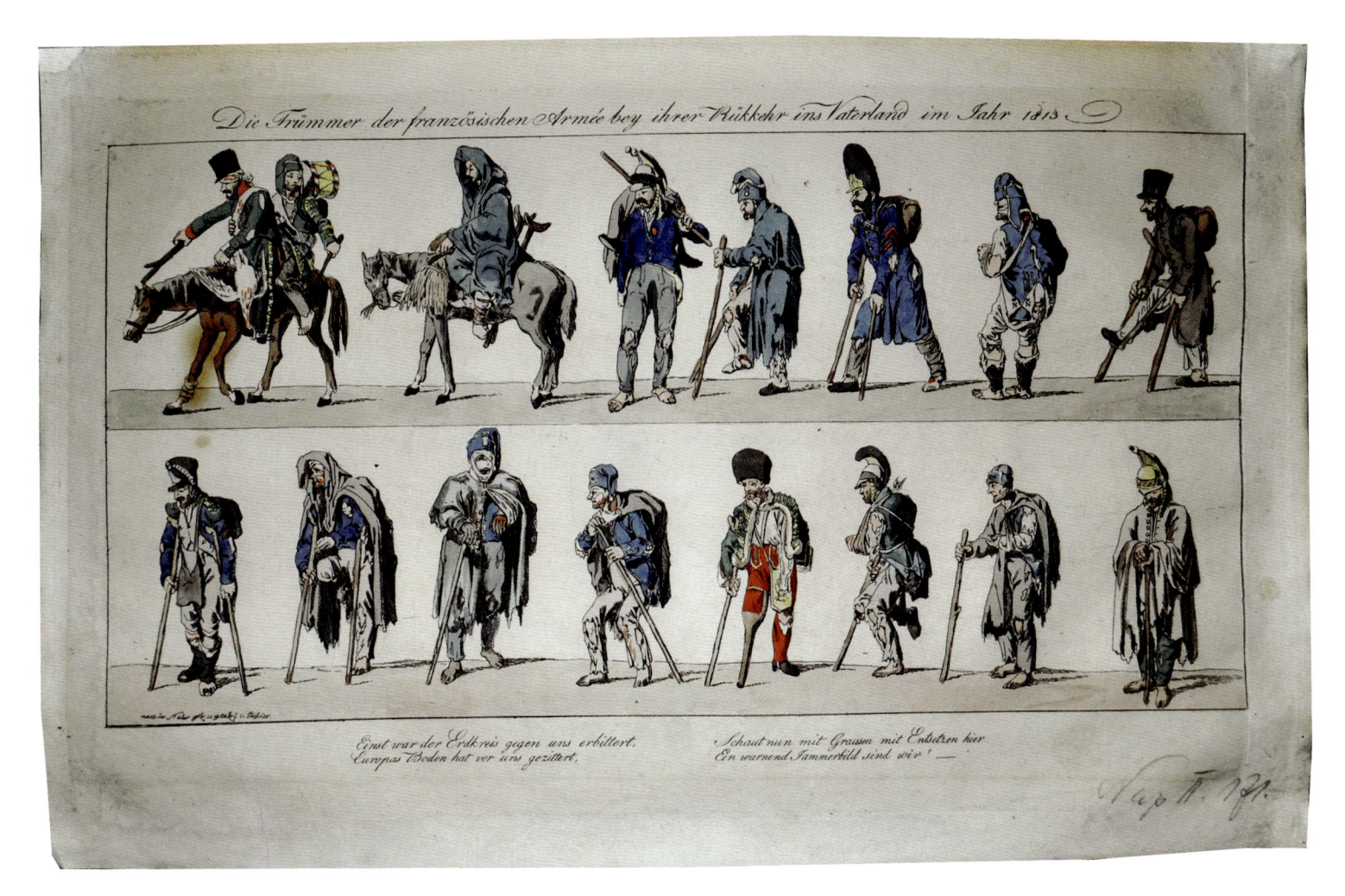

Die Trümmer der französischen Armée bey ihrer Rückkehr ins Vaterland im Jahr 1813
*Christian Gottfried Heinrich Geißler (1770–1844)
Leipzig, 1813
kolorierte Radierung
21 x 34,5 cm
Inv.-Nr. Nap. II 115*

Der Leipziger Kupferstecher Christian Gottfried Heinrich Geißler fertigte mehrere Blätter zum jämmerlichen Zustand jener Reste der riesigen Armee Napoleons, die sich im Juni 1812 zur Eroberung des russischen Riesenreiches aufgemacht hatte, und die im Dezember als Opfer der Hybris ihres Feldherren wieder in Mitteleuropa eintrafen. Hunderttausende haben den Irrsinn nicht überlebt.
Lit.: RODEKAMP 2008, S. 84; SCHEFFLER 1995, Kat.-Nr. 2.36.

Kanonen- und Kartätschenkugeln aus der Johannisgasse
*Leipzig, 1813/1889
Holz, Eisen
H 15,5 cm, D 10 cm
Inv.-Nr. Div 12*

Die Kugeln wurden von Amalie Berger und ihrem Vater am 19. Oktober 1813 in der Johannisgasse aufgelesen. Beide hatten sich an jenem Tage ins Johannishospital begeben, um verwundete Soldaten mit Lebensmitteln zu versorgen. Wenige Tage darauf kam Berger bei einer Auseinandersetzung mit Kriegsgefangenen ums Leben.

Gemeinsam mit anderen Leipziger Bürgern war er zur Bewachung der auf dem Johannisfriedhof untergebrachten Franzosen eingeteilt worden, die dort ihrem ungewissen Schicksal entgegensahen. Um zumindest der Kälte zu wehren, plünderten die Soldaten auf der Suche nach Feuerholz die Familiengräber. Als Berger dies verhindern wollte, kam es zu Handgreiflichkeiten. Berger stürzte und verstarb an einem Schädelbruch.
Lit.: RODEKAMP, Volker (Hrsg.): Leipzig original. Stadtgeschichte vom Mittelalter bis zur Völkerschlacht. Katalog zur Dauerausstellung des Stadtgeschichtlichen Museums im Alten Rathaus, Altenburg 2006, S. 231 f.

Epilog *Verheizte Helden*

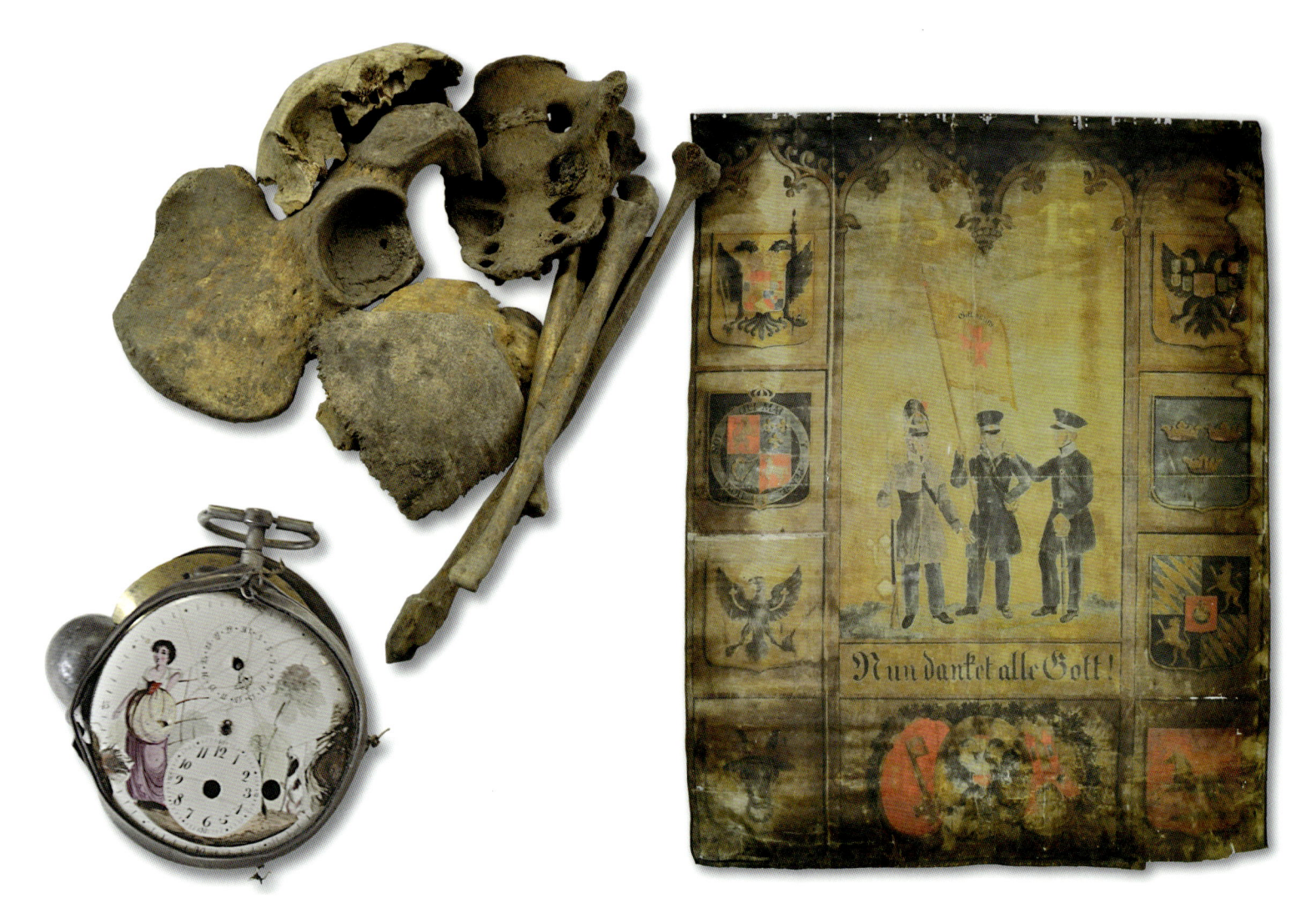

Taschenuhr mit Musketenkugel vom Leipziger Schlachtfeld
deutsch, um 1810
D Uhr 5 cm; D Kugel 1,7 cm
Inv.-Nr. Tu.-Nr. 80

Auf dem Leipziger Schlachtfeld wurde diese Taschenuhr als Andenken geborgen. Das schöne und ehemals auch nicht ganz billige Stück hat vielleicht einem Offizier gehört. Als die Uhr eine Musketenkugel aufhielt, hat sie ihrem Träger das Leben gerettet. Ob der Soldat auch den Fortgang der Schlacht unbeschadet überstanden hat, ist nicht überliefert.
Lit.: RODEKAMP 2008, S. 161.

Gebeine gefallener Soldaten
gefunden 1991 in der Ortslage Oschatz

1824 kaufte der Gutsbesitzer Max Ritter Speck von Sternburg in London eine Knochenmühle zum Zweck der Düngerproduktion für seinen landwirtschaftlichen Betrieb bei Lützschena. Ärmere Teile der Bevölkerung sammelten hierzu die Überreste Tausender „der gefallnen Krieger ... (die) kaum einige Fuss tief in die Erde eingescharrt worden waren, in ansehnlicher Quantität ..." und verkauften sie an den Gutsherrn, der „durch das producierte Mehl seinen Aeckern und Wiesen eine widerhaltende Kraft"[1] zu geben wusste.
1 SPECK VON STERNBURG, Max, *Landwirtschaftliche Beschreibung des Rittergutes Lützschena bei Leipzig, mit seinen Gewerbezweigen*, Leipzig 1842, S. 103 f.

Fahne zum Andenken an die Befreiungskriege
deutsch, nach 1815
Leinen, bemalt
200 x 158 cm
beschr. o.: 1813; u.: Nun danket alle Gott;
auf der Fahne: Gott mit uns
Inv.-Nr. V/420/2009

Im mittleren Bildfeld der Fahne, die vermutlich für einen der frühen Jahrestage zum Gedenken an die Befreiungskriege entstand, steht ein preußischer Soldat mit der Fahne der Landwehr zwischen einem russischen und einem österreichischen Soldaten.
Ringsherum sind die Wappen der gegen Napoleon verbündeten Länder abgebildet, oben rechts und links Österreich und Russland, darunter die Wappen von Großbritannien (hier noch mit den Bourbonenlilien, die den Gebietsanspruch auf Teile Frankreichs symbolisierten, aber eigentlich seit 1801 nicht mehr im Wappen geführt wurden) und Schweden, darunter von Preußen und Bayern, in den unteren Ecken von Mecklenburg und Hannover.
Restauriert 2013 mit Unterstützung der Hieronymus-Lotter-Gesellschaft, Pate: Uwe Sahlmann

Gedenktafeln von einem Wohnhaus in Halberstadt
deutsch, 1816
je 18 x 24 cm (oval)
Bronze
Privatsammlung

Es waren vier in Halberstadt ansässige Brüder, die 1813 an der Völkerschlacht bei Leipzig wohl auf preußischer Seite teilnahmen. Drei von ihnen fielen. Der vierte brachte im Jahre 1816 diese beiden Tafeln am ehemals gemeinsamen Wohnhaus zur Erinnerung an.

Gefallenen-Gedenktafel aus Döbern
Preußen, nach 1815
Holz
186 x 84 cm
beschr.: Mit Gott für König und Vaterland 1813
Aus dem Dorfe Döbern starben für König und Vaterland in den Kriegen von 1813 bis 1815.
Johann Leibschwager
Gottfried Simon
starben in Breslau 1813
George Kienast, unbekannt
Aus der Colonie Neu Limburg.
Gottlieb Hentschel blieb bei Wersaille (sic) 1815
Joh. August Beinig, starb in Neisse 1813
Benjamin Göbel starb in Domitzsch bey Torgau.
Inv.-Nr. V/40/2010

Derartige Tafeln gehen auf eine Verordnung Friedrich Wilhelms III. vom 5. Mai 1813 über die „Stiftung eines bleibenden Denkmals für die, so im Kampfe für Unabhängigkeit und Vaterland blieben" zurück. In den Heimatgemeinden der Gefallenen sollten diese den fern der Heimat Bestatteten einen Ort des Andenkens schaffen. Im Zuge der Befreiungskriege wandelte sich das Verständnis vom Soldatentod: Aus dem „Berufsrisiko" eines Söldners wurde das Opfer des Bürgers für sein Vaterland, daraus folgend

Gefallenen-Gedenktafel
Gedenktafel für verstorbene Kriegsteilnehmer der Kriege 1813/14, 1864 und 1870/71
norddeutsch (?), um 1875
Holz, Glas, Papier
81 x 50 x 7 cm
Inv.-Nr. V/202/2010

stellte sich auch die Frage nach einem entsprechenden Dank der Nation.
Die Tradition der Gefallenen-Gedenktafeln war während beider Weltkriege weit verbreitet, sie finden sich in unzähligen Kirchen, Gemeindehäusern oder auch Gaststätten.
Ob mit der kuriosen Schreibweise Wersaille tatsächlich Versailles gemeint ist, bleibt fraglich, da dort 1815 keine Kämpfe stattgefunden haben.

Epilog *Verheizte Helden*

Ehrenmal der Bundeswehr
Tim Brakemeier, dpa
Berlin, 15.6.2007
Fotografie
© dpa Picture Alliance GmbH

2007 stellte Bundesverteidigungsminister Franz Josef Jung der Öffentlichkeit den Entwurf des Münchner Architekten Andreas Meck zu einem Ehrenmal für alle im Dienst ums Leben gekommenen Soldaten der Bundeswehr vor, eingeweiht wurde es am 8. September 2009 auf dem Gelände des Bundesministeriums für Verteidigung in Berlin, dem Bendlerblock, in dessen Hof sich auch das Ehrenmal für die hingerichteten Widerstandskämpfer des 20. Juli 1944 befindet. Im Inneren des Denkmals werden die Namen von über 3000 im Dienst ums Leben gekommenen Soldaten an die Wand projiziert.

Gefallenen-Gedenktafel aus Wallhöfen (Niedersachsen)
deutsch, nach 1945
Holz, Glas, Papier
41 x 31 cm
Inv.-Nr. V/201/2010

Gesteck zum Totensonntag
Leipzig, 2013

König Friedrich Wilhelm III. von Preußen bestimmte 1816 für die evangelische Kirche in den preußischen Gebieten den Sonntag vor dem 1. Advent zum „allgemeinen Kirchenfest zur Erinnerung an die Verstorbenen". Das Gedenken an die Gefallenen der Befreiungskriege, die Trauer um die 1810 verstorbene Königin Luise und auch das Fehlen eines Totengedenkens im evangelischen Kirchenjahr waren die Beweggründe.

Patent des sächsischen Königs Friedrich August I.
Dresden, 9.9.1826
Akzidenzdruck auf Papier
24 x 20 cm
Privatsammlung

Entgegen der sonst üblichen Wartezeit von 20 Jahren wurden mit diesem Patent aus dem Jahre 1826 alle aus den Feldzügen von 1812 und 1813 vermissten sächsischen Soldaten für tot erklärt. Die Tatsache, dass hierfür ein eigenes Gesetz verabschiedet wurde, weist darauf hin, dass auch elf Jahre nach dem Ende der Befreiungskriege das Schicksal einer erheblichen Zahl Angehöriger der sächsischen Armee ungeklärt war. In den anderen europäischen Armeen dürfte die Situation ähnlich gewesen sein. Auch deren ursprüngliche Angaben über Gefallene aus diesen Jahren müssen eine Dunkelziffer enthalten.

Studioausstellung

Studioausstellung

NAPOLEON-KARIKATUREN

AUS DER SAMMLUNG DES STADTGESCHICHTLICHEN MUSEUMS LEIPZIG

Karikaturen *Frühe Karikaturen*

„Die Karikatur hat höchstwahrscheinlich niemals mehr für die Wiederherstellung des Nationalgefühls geleistet als in Preußen und Norddeutschland im Frühjahr 1813."[1]

Zumindest die hohe Anzahl der Napoleon-Karikaturen aus jener Zeit spricht für diese Schlussfolgerung, weder zuvor noch in den darauffolgenden Jahrzehnten hat es in Deutschland wieder eine solche Fülle satirischer Darstellungen um eine einzelne Persönlichkeit gegeben. In den Monaten vor und ganz besonders in der Zeit kurz nach der Völkerschlacht ist eine explosionsartige Zunahme von Napoleon-Karikaturen zu verzeichnen; sie fanden auch in hohen Auflagen Abnehmer, wie die wenigen überlieferten Aussagen hierzu belegen. So schreibt E. T. A. Hoffmann aus Leipzig an einen Freund über eine seiner Karikaturen: „Ich erhielt für das Ding ein artiges Honorar, und es geht reißend." Von Auflagen bis zu 20 000 Exemplaren ist die Rede.[2] Hier scheinen die lange Zeit angestaute Wut und Frustration über die Besatzung und die nicht enden wollenden Kriege ein Ventil gefunden zu haben.

Bei der Bewertung der Karikaturen ist immer zu berücksichtigen, dass in allen deutschen Ländern Zensur herrschte. Dies galt nicht nur für die französisch besetzten Gebiete, wo die Verwaltung natürlich besonders streng auf antinapoleonische Äußerungen achtete, sondern traf ebenso u. a. für ganz Preußen zu und setzte sich auch nach dem Sieg über Napoleon unvermindert fort.

So wurde beispielsweise die Karikatur mit dem Motiv der Barbierstube (vgl. S.205) im Dezember 1813 vom preußischen Außenminister verboten, weil sie die „sittliche Würde" der Verbündeten und den Ernst der großen „heiligen" Sache herabwürdige.

Mit den Karlsbader Beschlüssen von 1819 wurde die Zensur in Deutschland noch einmal erheblich verschärft.

So ist es kein Zufall, dass die Sammlung des Stadtgeschichtlichen Museums überwiegend Karikaturen aus den Jahren 1813 bis 1815 aufweist, von denen hier eine umfangreiche Auswahl vorgestellt wird. Einige wenige frühere und vor allem einige russische und englische Beispiele der Zeit repräsentieren den Blick von außen und ergänzen das Bild.[3]

1 ROSES, J. Holland, zitiert nach SCHEFFLER 1995, S. 10.
2 SCHEFFLER 1995, S. 15.
3 Hinweise zum Katalog der Karikaturen:
Die Titel ohne Klammern bezeichnen Originaltitel, während die in Klammern nicht authentisch sind.
Bei einem Großteil der Karikaturen wird auf das Standardwerk von SCHEFFLER, Sabine und Ernst, „So zerstieben getraeumte Weltreiche. Napoleon in der deutschen Karikatur", Hannover/Stuttgart 1995, verwiesen, dort finden sich weiterführende Kommentare, die ältere Literatur, biographische Angaben zu den Zeichnern und ggf. die kompletten Beschriftungen, sofern hier nicht wiedergegeben.

Frühe Karikaturen

A Game at Chess (Ein Schachspiel)
unbekannter Künstler
England (?), 1802
kolorierte Radierung
17,5 x 22,5 cm
Inv.-Nr. VS 1952

Über die Herkunft dieser Karikatur ist nichts bekannt. Der junge Napoleon spielt Schach gegen den englischen General Charles Cornwallis (1738–1805), der 1802 für die Engländer den Frieden von Amiens mit Frankreich unterzeichnete, durch den der Zweite Koalitionskrieg beendet wurde. Dieser hielt jedoch nur gut 13 Monate. Napoleon ging aus diesem Friedensvertrag als Sieger hervor, weswegen er hier den englischen König vor der Niederlage warnen lässt: Check to your King remember it is not the first/time, and I think all my few Manoeuvres/will compleatly convince you that I am/better acquainted with the game I am/playing than you are aware of, worauf Cornwallis, sich die Haare raufend, sein Gegenüber als besseren Schachspieler anerkennen muss: Curse it I shall lose this game; You are/to much for me.

Französisches Kaiserthum
unbekannter Künstler
deutsch, nach 1804
kolorierte Radierung
32 x 37 cm
Inv.-Nr. VS 2016

Unter einem Baldachin findet die Kaiserkrönung Napoleons durch den Papst statt. Dieses Geschehen wird durch zahlreiche Personen im Vordergrund sowie durch Allegorien und Symbole am Rand in verschiedener Weise kommentiert. Z. B. stehen auf der Mauer links fünf Urnen mit den Zahlen I–V, damit sind die fünf (außer Kraft gesetzten) Konstitutionen der Jahre 1791 bis 1802 gemeint. Vorn links wird ein Gefangener weggeführt, vermutlich der Herzog von Enghien, der als potenzieller Thronanwärter von Napoleon aus dem Weg geräumt worden war.
Ein dicker Mann in der Mitte schwenkt begeistert den Hut, hat aber die Jakobinermütze unter dem Rock versteckt, er steht für die Mehrheit der anpassungsfähigen Untertanen.
Interessant sind auch die Zuschauer der zweiten Reihe: Zwei Juden und ein befreiter Sklave aus Haiti – sie bleiben, auch wenn sich ihre Lage unter Napoleon verbessert hat, buchstäblich am Rand der Gesellschaft.
Lit.: SCHEFFLER 1995, Kat.-Nr. 1.4.

Karikaturen *Rußland und die Folgen*

Russland und die Folgen

Hauthandel
unbekannter Künstler
deutsch, 1813
kolorierte Radierung
16,3 x 19,3 cm
Inv.-Nr. VS 1967

Napoleon bietet einem bärtigen Mann in russischer Tracht die eigene Haut mit den Worten an: „Kauf mir meine Haut ab!" Die Antwort des Russen lautet: „Kamerad sie ist nicht viel werth". Die Karikatur nutzt eine bekannte Redensart – seine Haut zu Markte tragen – als Grundlage für die satirische Überzeichnung.
Lit.: SCHEFFLER 1995, Kat.-Nr. 2.28

Optische Betrachtungen eines Ural'schen Kosacken
deutsch, 1813/14
kolorierte Radierung
22,5 x 16 cm
Inv.-Nr. VS 1833

Ein riesenhafter Kosake mit wildem Bart und schiefer Mütze hält den Zwerg Napoleon auf seiner Hand und beobachtet ihn durch ein Fernglas.
Er verhöhnt ihn mit folgenden Worten: „Beim heiligen St. Georg, du nöthigest mich zum Lachen du kleine Natter. Am Ural-Gebirge hörte ich schon von deiner Wuth und deinen pestartig verbreiteten Gifte. Jetzt da ich dich vor mir habe muss ich meine Zuflucht zum Glase nehmen, um Dich zu erkennen. Hättest Du wohl je geglaubt, dass einer der Nichtswürdigen Cavallerie dich so beäugeln würde?"
Eine ganz ähnliche Darstellung gibt es auch mit Zar Alexander und Napoleon, beide gehen wiederum zurück auf ein englisches Vorbild des Zeichners James Gillray mit dem Titel „The king of Brobdignag and Gulliver".
Lit.: SCHEFFLER 1995, Kat.-Nr. 2.5

(Der Krebsreiter)
unbekannter Künstler
deutsch, 1813
kolorierte Radierung
11,6 x 20,1 cm
Inv.-Nr. VS 1872

Napoleon reitet auf einem Krebs und mit einem Lorbeerzweig als Waffe gegen einen lachenden Kosaken mit Speer an, ein krasses und unmissverständliches Sinnbild für den gescheiterten Russlandfeldzug Napoleons. Das Motiv des Krebses als Reittier wird in verschiedenen Karikaturen verwendet und steht als Symbol für rückwärts gewandte bzw. nutzlose Bewegungen.
Lit.: SCHEFFLER 1995, S. 64, Kat.-Nr. 2.7.2

Leipzig

Triumph des Jahres 1813
nach Wilhelm Henschel (1785–1865) und Gebr.
Berlin, 1814
kolorierte Radierung
13 x 9,5 cm
Inv.-Nr. VS 1993

Diese Karikatur zählt zu den erfolgreichsten und verbreitetsten Napoleon-Karikaturen und existiert in zahlreichen Varianten und Nachdrucken, u. a. auch in englischer Fassung.
Ein klassisches Profilbildnis des Kaisers wird verfremdet in der Art, wie man es zum Beispiel von den Porträts des manieristischen Malers Giuseppe Arcimboldo kennt – Napoleons Gesicht besteht aus Leichenteilen, sein Oberkörper ist eine Landkarte mit Leipzig im Zentrum und einer Spinne im Spinnennetz darauf. An dem Netz ziehen die Finger einer Hand, die zugleich Napoleons Epaulette bildet und deren Knöchel mit den Anfangsbuchstaben der gegen ihn verbündeten Länder beschriftet sind. Der berühmte Hut Napoleons ist hier der preußische Adler, der seine Krallen in Napoleons Kopf gräbt.
Lit.: Scheffler 1995, Kat.-Nr. 3.48.7 und S. 257 f.

Befehlen Eure Majestät 100 000 alte Garden?
Christian Gottfried Heinrich Geißler (1770–1844)
(zugeschrieben)
Leipzig, 1813
kolorierte Radierung
20,6 x 17,1 cm
Inv.-Nr. VS 1938

Ein Bilderhändler bietet dem eben vor Leipzig angekommenen Napoleon Soldatenbilderbögen an und spielt damit auf Napoleons Nachschubprobleme an.
Die „Alte Garde" war Napoleons seit 1804 aufgebaute Elitetruppe, deren Mitglieder doppelt so viel Sold erhielten wie andere, und die er auch immer wieder zu schonen versucht hatte.
Auf den Leipziger Stadtarchivar Gustav Wustmann geht die Überlieferung zurück, Geißler habe sich in dem Bilderhändler selbst dargestellt.
Lit.: Scheffler 1995, Kat.-Nr. 3.6.

Das grosse Rabengastmahl bei Leipzig
*Christian Gottfried Heinrich Geißler (1770–1844)
(zugeschrieben)
Leipzig, 1813
kolorierte Radierung
17,8 x 21 cm
Inv.-Nr. VS 1990*

Vor der Stadtsilhouette Leipzigs und einem brennenden Dorf liegen Menschen- und Pferdeleichen, zahlreiche Raben fressen an ihnen. Napoleon in Begleitung von zwei Marschällen und seinem „Leibmamelucken" Rustam nimmt eine „Dankadresse" der Vögel entgegen und fordert sie zum Weiterfressen auf, während er selbst sich vor anrückenden Kosaken in Sicherheit bringen will: „Nur zugelangt ihr schwarzen Gäste, ich muß fort, ich wittere schon Cosaken".
Lit.: SCHEFFLER 1995, Kat.-Nr. 3.39.

Napoleon Bonaparte in der Klemme bei Leipzig
*unbekannter Künstler
Leipzig: Bruder und Hofmann, 1814
kolorierte Radierung
18,7 x 20 cm
Inv.-Nr. VS 1982*

In dieser besonders drastischen Karikatur wird Napoleon bei Leipzig von Soldaten der gegen ihn verbündeten Länder in die Mangel genommen, die ihm „medizinische Behandlungen" androhen bzw. auch schon durchführen, wobei das Blut fließt: den Weisheits-Zahn ziehen, den Star stechen, Aderlass und Schröpfen.
Lit.: SCHEFFLER 1995, Kat.-Nr. 3.31.

Karikaturen *Leipzig*

Der Rheinische Courier
unbekannter Künstler
deutsch, 1813
kolorierte Radierung
12 x 9,8 cm
Inv.-Nr. VS 1974

Napoleon eilt auf den Rhein zu, im Hintergrund ist Mainz zu erkennen, dabei fliegen ihm Soldaten („Junge und Alte Garde") sowie die ehemals besetzten Länder wie Polen, Schweiz, Holland etc. aus dem offenen Felleisen. Der Kommentar dazu lautet: „Der Rheinische Courier verliehrt auf der Heimreise von der Leipziger Messe alles."
Die Karikatur erschien in zahlreichen Nachdrucken, u. a. auch in Frankreich und England.
Lit.: SCHEFFLER 1995, Kat.-Nr. 3.55.

Head Runner of Runaways, from Leipzic Fair
(An der Spitze der Flüchtenden, von der Leipziger Messe)
Thomas Rowlandson (1756–1827)
London: R. Ackermann, 1814
kolorierte Radierung
35 x 25 cm
Inv.-Nr. VS 1818

Englische Fassung der Karikatur „Der Rheinische Kurier".
Lit.: SCHEFFLER 1995, Kat.-Nr. 3.55, Abb. 25.

Die Leipziger Barbierstube
unbekannter Künstler
deutsch, 1813
kolorierte Radierung
15,3 x 23,6 cm
Inv.-Nr. VS 1997

Soldaten verschiedener Truppen, u. a ein Kosake und ein preußischer Landwehrmann, umringen den sitzenden Napoleon und rasieren ihn unsanft. Auf der Serviette um seinen Hals sind Schlachtorte des Jahres 1813 verzeichnet, der Rasierschaum heißt „Leipzig".
Lit.: Scheffler 1995, Kat.-Nr. 3.26.

Ein Leipziger Lerchenspies von der Michaelismesse im Jahre 1813.
unbekannter Künstler
deutsch, 1813
kolorierte Radierung
17 x 19,2 cm
Inv.-Nr. K/640/2002

Die Karikatur kommt ohne die Person Napoleons aus, dafür spielt sie besonders stark mit spezifischen Leipziger Eigenarten, dem „Lerchenspieß" und der „Michaelismesse": Ein lachender Kosake hat Vertreter der Rheinbundstaaten, also der Verbündeten Napoleons und damit ebenso Verlierer der Völkerschlacht, aufgespießt wie gebratene Vögel und trägt sie davon. Die Michaelismesse war die Leipziger Herbstmesse, damit ist die Völkerschlacht gemeint.
Lit.: Scheffler 1995, Kat.-Nr. 3.71.

Karikaturen Leipzig

Schlacht bey Leipzig
unbekannter Künstler
deutsch, 1813/14
kolorierte Radierung
21,1 x 31,6 cm
Inv.-Nr. VS 1814

Vor der Stadtsilhouette Leipzigs im Hintergrund und einigen Kampfszenen in der Mitte sitzt Napoleon im Vordergrund mit einer Landkarte auf dem Schoß, weitere Landkarten liegen auf dem Boden. Deren Bedeutung ist mit Nummern in der Legende erklärt: Karte von der Mark Brandenburg No. 1: Mich wirst du niemals wiederseh'n, Weil alle hier für einen steh'n! Karte von Schlesien, No. 2: Zu mir darfst du nicht wiederkehren, das wird dich Marschall Vorwärts lehren! Karte von der Lausitz, No. 3: Verödet hast du meine Länder, Fluch Dir, du grosser Weltumwender! Karte von Sachsen, No. 4: Umsonst bezeichnet hier dein Finger! Aus ist es mit dem Weltbezwinger! Ein Bote der Gerechtigkeit, der Teufel und ein Gerippe haben sich zu Napoleon gesellt und sprechen Drohungen gegen ihn aus, rechts dahinter ist der Leipziger Galgen zu erkennen.
Lit.: SCHEFFLER 1995, Kat.-Nr. 3.35.1.

Napoleon der Grosse! auf der Leipziger Messe
Johann Christoph Erhard (1795–1822)
deutsch, 1813/14
kolorierte Radierung
16,1 x 19,4 cm
Inv.-Nr. VS 1871

Auf den Leipziger Messen des frühen 19. Jahrhunderts war es neben dem Warenverkauf immer noch üblich, dem Publikum allerlei Jahrmarktsvergnügungen, wie das Zurschaustellen von Menschen mit körperlichen Absonderlichkeiten, zu offerieren. In Anspielung auf die Deklassierung Napoleons in der Völkerschlacht, die zur Zeit der traditionellen Michaelismesse stattfand, wird hier der Besiegte dem gaffenden Publikum als Attraktion vorgestellt. Der Ausrufer preist die Sensation an:
„Hier können Sie vor wenig Geld, dem kleinen Menschen sehen,
Der als der größte Krieges-Held, die Welt, woll't ganz verdrehen,
Sein ganzes zeigt, von Kopf bis zu den Füßen, das er zum Kreutz, hatt _ kriegen müssen."
Lit.: SCHEFFLER 1995, S. 104, Kat.-Nr. 3.43.

Bounapart's ruhmvoller Rückzug von Leipzig d. 19 Oct: 1813 im Augenblick bey Sprengung der Brücke
unbekannter Künstler
deutsch, 1813/14
kolorierte Radierung
18,7 x 22 cm
Inv.-Nr. VS 1873

Als der Rückzug der Franzosen am 19. Oktober 1813 in vollem Gang war, erging der Befehl, die in der Nacht zuvor unterminierte Elsterbrücke nach Beendigung des Rückzugs zu sprengen. Dies geschah in der unübersichtlichen Situation und aufgrund unklarer Befehlsketten vorzeitig, wodurch einige der Umstehenden in den Tod gerissen und rund 20 000 Soldaten der Fluchtweg abgeschnitten wurde. Die eigentliche Pointe der Karikatur liegt im Gegensatz der dargestellten Situation und dem Begriff „ruhmvoller Rückzug" in der Bildunterschrift: Während in den Flammen und dem Rauch der Explosion menschliche Körperteile umherfliegen und sich im Vordergrund die Leichen häufen, entfernen sich Napoleon und der Herzog von Bassano eilig und unterhalten sich über die eigene Rettung und die erfundenen Siegesbotschaften, die sie verkünden wollen. Das Schicksal der Zurückgelassenen interessiert sie nicht: „(...) Was kümmern mich Millionen Seelen, u. ganze Ströme Blutes (...)?" Oben wird auf einige Verse aus dem Buch Jeremia des Alten Testaments verwiesen (Kapitel 46, Verse 5, 7, 9, 10), in denen es um Flucht und um die Vernichtung des Feindes geht.
Lit.: SCHEFFLER 1995, Kat.-Nr. 3.52.

Der Landwehrmann
unbekannter Künstler
deutsch, 1813/14
kolorierte Radierung
18,9 x 20 cm
Inv.-Nr. VS 1797

Die Karikatur zeigt einen Landwehrmann, also einen jener Freiwilligen, die ab März 1813 aus verschiedenen Gebieten und Bevölkerungsschichten in den Kampf gegen Napoleon zogen. Er spricht in plattdeutschem Dialekt den Landkarten studierenden Feldherrn Napoleon an:

„Wat kikt Hä denn so leckrich straff
Hä kriht doch nischt von Allen af
Ick loath Em nich mehr uth de Acht
Sowähl Hä ohk Manöver macht. "

Die Legende zu den Landkarten 1–4 liest sich wie folgt:
„1 Mark Brandenburg den Lekkerbißen
Hast Du mit Scham verlaßen müßen
2 Du dachtest Schlesien geschwinde zu erhaschen
jedoch die Katzbach hat den Vorsatz ausgewaschen
3 Die Lausitz war ganz offenbar
Für Dich ein ungenüßlich Haar
4 In Sachsen wurdest Du besiegt
Drum zeigt Du noch wo Leipzig liegt."

Lit.: SCHEFFLER 1995, Kat.-Nr. 3.9.

Karikaturen *Leipzig*

Der Huth
Christian Gottfried Heinrich Geißler (1770–1844) (zugeschrieben)
Leipzig, 1813/14
kolorierte Radierung
15,1 x 12,5 cm (beschnitten)
Inv.-Nr. VS 2000

Vier Mitglieder der alliierten Armeen halten den typischen Napoleon-Hut in überdimensionaler Größe zwischen sich. Ihre Körper bilden als Umriss sein Profilbildnis unter dem Hut, das auf diese Weise wie auf die Türme der Leipziger Stadtsilhouette aufgespießt wirkt. Die Bildunterschrift kommentiert:
„Ein Huth allhier ein Haupt bedeckt:
Alle sollten werden darunter gesteckt.
Für alle war er eine schwere Last
Drum weg mit ihm, weil er keinem passt!"
Lit.: SCHEFFLER 1995, Kat.-Nr. 3. 47.

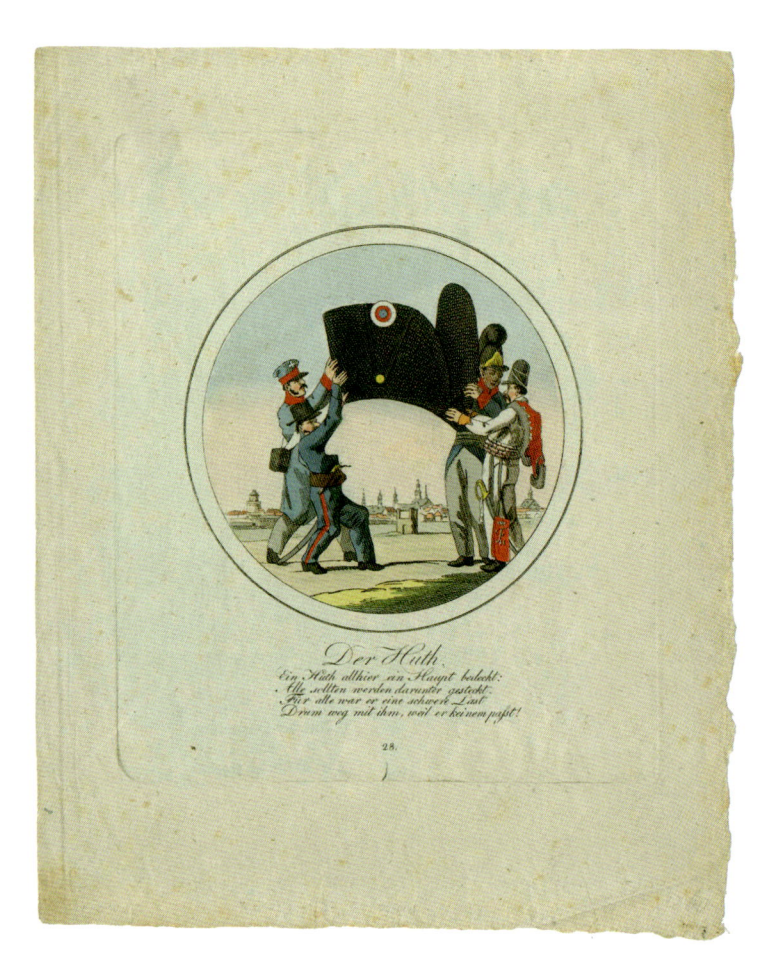

Selbstporträt im Atelier
Christian Gottfried Heinrich Geißler (1770–1844)
Leipzig, um 1830
Aquarell über Feder in Grau
8 x 5,2 cm
unbezeichnet
Inv.-Nr. Gei VI/28 b

Der Zeichner und Radierer Christian Gottfried Heinrich Geißler ist als *der* Leipziger Chronist der napoleonischen Zeit in die Geschichte eingegangen.
Von ihm stammen unzählige Straßenszenen und Momentaufnahmen der Jahre der französischen Besatzung bzw. des Durchzugs der französischen Soldaten, wobei er deren Gebräuche und Aussehen oft in gutmütiger Weise karikiert. Ebenso hinterließ er Ansichten von Straßen, Plätzen und Dörfern während und vor allem nach der Völkerschlacht.
Hier scheint er sich als Maler im Atelier selbst auf „die Schippe zu nehmen", wo er sich mit einem größeren Gemälde auf der Staffelei abmüht, das Napoleon in gewohnt selbstbewusster Pose am Meer darstellt.

Zwischen Dämonisierung und Schadenfreude

(Vom Teufel geholt)
unbekannter Künstler
deutsch, 1814
kolorierte Radierung
15,3 x 16,3 cm
Inv.-Nr. VS 1941

Diese ungelenk gezeichnete Karikatur zeigt Napoleon an der Kette des Teufels, von der er sich vergeblich mit den Worten zu befreien sucht: „Lass mich, ich verspreche Dir,/Meine Armee ganz dafür,/Bitte Lieber Grospapa,/Ich will gern nach Corsika."
Aber der Teufel lässt ihn nicht los: „Nur hier herein Compan. Du hast nicht mehr zu wählen,/Du stehst in meinem Reich, mir noch als Höllenrath,/Denn dass Du es verstehst, die Geister recht zu quälen,/Hast du bewiesen oft durch manche Höllenthat."
Ob Napoleon, wie hier angedeutet wird, nach seiner Abdankung wirklich Korsika als Exil gewählt hätte, sofern man ihm die Wahl gelassen hätte, ist nicht bekannt. Zar Alexander I. schlug Elba vor, was Napoleon auch akzeptierte.
Lit.: SCHEFFLER 1995, Kat.-Nr. 7.31.5.

(Es stürmt von allen Seiten)
unbekannter Künstler
deutsch, 1813/14
kolorierte Radierung
18,3 x 21,5 cm
Inv.-Nr. VS 1940

Soldatenköpfe mit Flügeln pusten Napoleon von allen Seiten den Wind ins Gesicht und den Kaisermantel von den Schultern, er ruft verzweifelt aus: „Der Teufel hänge noch den Mantel nach dem Winde, wenn es von allen Seiten stürmt!"
Lit.: SCHEFFLER 1995, Kat.-Nr. 3.29.

Karikaturen Zwischen Dämonisierung und Schadenfreude

Der Himmel entriß mir die Welt
unbekannter Künstler
deutsch, 1813/14
kolorierte Radierung
17,3 x 22,9 cm
Inv.-Nr. VS 1939

Napoleon ist mit seinem Wagen in ein Unwetter geraten, Teufel ziehen ihn in die Flammen. Die an den Wagen gekettete Weltkugel reißt sich los und die Krone fliegt ihm vom Kopf: „Der Himmel entriß mir die Welt, meine Reise geht in die Hölle."
Lit.: SCHEFFLER 1995, Kat.-Nr. 7.29.

Der Cerberus
Wilhelm Henschel (1785–1865) und Gebr.
Berlin, 1814
Radierung
10,8 x 15 cm
Inv.-Nr. VS 1937

Die Karikatur ist so voller Anspielungen, Symbole und teilweise komplizierter Inschriften, dass schon die ersten Nachdrucke mit einer beigefügten langen Erklärung verkauft wurden. Die unvollständige Zeile, die wie ein Blitz aus dem Himmel kommt: „Siehe ich will von Ahab Ausrotten auch den" stammt z. B. aus dem 1. Buch der Könige im Alten Testament, und ist ohne den Kontext kaum verständlich.
Die dem Höllenhund Cerberus in den Mund gelegte Aussage: „Ich heiße Cerberus bin auch Chamäleon, erhitzt wechsle ich die Farbe" war ursprünglich in einigen Exemplaren der Karikatur wörtlich zu verstehen, da die Cerberus-Gestalt aufgrund einer Geheimtinte wohl tatsächlich in den Farben changierte, was leider beim vorliegenden Exemplar nicht (oder nicht mehr) funktioniert.
Wie bei einem Vexierbild ist im Schwanz des Höllenhundes das Profilbildnis Napoleons versteckt, ein weiteres findet sich in den Landumrissen auf der Erdkugel neben dem Hinterbein des Hundes, so dass als Grundtendenz der Darstellung die Verteufelung Napoleons auf der Hand liegt.
Lit.: SCHEFFLER 1995, Kat.-Nr. 3.49.

(Napoleon bei Lavoisier)
unbekannter Künstler
deutsch, 1814
kolorierte Radierung
18,7 x 22,7 cm (beschnitten)
Inv.-Nr. VS 1950

Der unbekannte Zeichner verwendet hier eine Vorlage des englischen Zeichners James Gillray aus einem anderen Zusammenhang. Der vollständige Titel lautet: „Napoleon eilt bey Annäherung der Alliirten zu den großen Chemiker Lavoisier in Paris um sein/flüchtig gewordenes Genie aufs neue herstellen/zu lassen." Antoine Laurent Lavoisier (1743–1794) gilt als Begründer der modernen Chemie, er wurde während der Französischen Revolution hingerichtet. Lavoisier leitet hier in seinen Apparaturen erzeugtes Gas direkt in Napoleons Mund und kommentiert die Behandlung so: „Nur ruhig, ruhig Ew: Majest: wen ich bitten darf, und/wen nur etwas weniges von den Kohlenoxydgaas/seine gehörige Wirkung thut, so hoffe ich Ew: Majes/tät werden neuen Muth bekomen. Angst und /Verzweiflung, haben sich in höchsten Grad/Dero hoher Person bemächtiget!!!" Das Gas erzeugt an Napoleons Hinterteil eine gewaltige Explosion.
Lit.: SCHEFFLER 1995, Kat.-Nr. 3.87.

(Napoleons Höllenfahrt)
unbekannter Künstler
deutsch, 1815
kolorierte Radierung
17,6 x 20,8 cm
Inv.-Nr. VS 1994

Auf einem fliegenden Teufel reitet Napoleon in die Hölle, wo ihn bereits drei seiner Marschälle mit den Worten erwarten: „Der wird uns erst die Hölle heiß machen." Die zurückgelassenen Marschälle rufen ihm nach: „Herr gedenke unserer, wenn Du in deinem Reiche bist." Dieses Bibelzitat bezieht sich auf die letzten Worte des guten Schächers, der gemeinsam mit Christus gekreuzigt wird, wobei natürlich hier Napoleons Reich die Hölle ist.
Lit.: SCHEFFLER 1995, Kat.-Nr. 7.28.

Karikaturen *Zwischen Dämonisierung und Schadenfreude*

(Der erleichterte Atlas)
unbekannter Künstler
deutsch, 1813
kolorierte Radierung
14,3 x 21,3 cm (beschnitten)
Inv.-Nr. VS 1951

Von der Weltkugel auf Atlas' Schultern fällt ein Thron und ein „Plan zur Universalmonarchie" hinunter, die Leiter, auf der Napoleon die Weltkugel besteigen wollte, bricht auseinander. Deren Holme sind mit „Frankreich" und „Italien" bezeichnet, die Sprossen mit „Rheinbund", „Pohlen", „Kirchenstaat" etc. Von rechts schweben Genien heran, die Frieden und Gerechtigkeit versinnbildlichen. Ihnen gilt Napoleons Ruf: „Verdammte Götter bleibt zurück!"
Atlas ist über den Sturz des Kaisers erleichtert: „Sein Fall erfreut mein Genick / noch lieber gehangen den Galgenstrick!"
Die brennenden Häuser und der Galgen links kennzeichnen Leipzig: „Hier änderte sich sein Geschick". Andere Exemplare der gleichen Darstellung tragen den Titel: Eitles Bestreben – Endlicher Lohn
Lit.: SCHEFFLER 1995, Kat.-Nr. 3.93.1.

Das Lied vom Ende
unbekannter Künstler
deutsch, 1814
kolorierte Radierung
18,3 x 21,2 cm
Inv.-Nr. VS 1944

Die Weltkugel, auf der das sichtbare Festland dicht an dicht mit Soldaten besetzt ist, ist unter dem Auge Gottes und begleitet von heftigen Blitzen ins Rollen gekommen. Napoleon versucht, vor ihr zu fliehen mit den Worten: „Helft, die große Kugel erdrückt mich!" Im Hintergrund sieht man ein Schlachtfeld mit Leichen, vorn rechts ein Grabmal mit Symbolen des Todes, vorn links ein offenes Grab mit drei bourbonischen Lilien, eine Anspielung auf den Herzog von Enghien, den Napoleon 1804 aus dem Exil hatte entführen und wegen angeblicher Verschwörung hinrichten lassen. Nun droht Napoleon in dieses Grab zu stürzen.
Lit.: SCHEFFLER 1995, Kat.-Nr. 3.98.

Das grosse Schachspiel im Jahre 1813
unbekannter Künstler
deutsch, 1813/14
kolorierte Radierung
16,8 x 20 cm (beschnitten)
beschr. u.: Des Hin- und Herziehens waren alle satt,
Und alle rufen zu dem Treiber: matt !
1. Läufer 3. Thurm, 2. 4. Springer
Inv.-Nr. VS 1862

Schach (Transparent)
unbekannter Künstler
deutsch, 1813/14
Radierung
18 x 24 cm
Inv.-Nr. VS 1966

Erst gegen das Licht betrachtet, erkennt man, dass hier Napoleon von vier Soldaten der verbündeten Armeen „in Schach" gehalten wird.
Lit.: SCHEFFLER 1995, Kat.-Nr. 3.20.

Karikaturen Zwischen Dämonisierung und Schadenfreude

(Der Pariser Nussknacker)
unbekannter Künstler
deutsch, 1813/14
kolorierte Radierung
21,7 x 15,4 cm
Inv.-Nr. VS 1991

Leipzig, gemeint ist natürlich die Schlacht bei Leipzig, ist für den „Nussknacker" Napoleon zu der harten Nuss geworden, an der er sich sprichwörtlich die Zähne ausgebissen hat.
Lit.: Scheffler 1995, Kat.-Nr. 3.22.

(Großer Teufelskopf) (Transparent)
unbekannter Künstler
deutsch, 1813/14
kolorierte Radierung, Transparent
10,6 x 8,1 cm
Inv.-Nr. VS 1988

Die eine Seite des Blattes zeigt Napoleons Bildnis im Profil als Silhouette, die Rückseite einen grotesken Teufelskopf mit eben denselben Umrissen.
Lit.: Scheffler 1995, Kat.-Nr. 7.15.2.

Diesen Bock habe ICH geschossen!
Johann Michael Voltz (1784–1858)
Nürnberg: Friedrich Campe 1814
Radierung
19,7 x 15,5 cm
Inv.-Nr. VS 1970

Wiederum eine Karikatur, die mit einer verbreiteten Redewendung spielt: Napoleon hat sich den erlegten Bock, besser gesagt das Bocksfell, als Sinnbild für seine großen Fehler um die Schultern gelegt und stapft schwermütig durch den Schnee.
Lit.: SCHEFFLER 1995, Kat.-Nr. 2.31.2.

C'est la cravate à papa (Das ist Papas Krawatte)
unbekannter Künstler
Frankreich (?), 1814
kolorierte Radierung
22,5 x 17,3 cm
Inv.-Nr. VS 1965

1811 wurde der einzige Sohn Napoleons geboren, Napoleon Franz Bonaparte, der aus Napoleons zweiter Ehe mit der österreichischen Prinzessin Marie-Louise hervorging.
Als sein Thronfolger war er für Napoleon von ganz besonderer Bedeutung, er ernannte ihn umgehend zum König von Rom.
Es gibt etliche Karikaturen, die mit dem Motiv des Sohnes, dem sogenannten „kleinen König" spielen. Diese zeigt den kleinen König vor einer Büste seines Vaters mit Teufelsohren. Er hält einen Strick mit Schlinge in der Hand – die einzig passende „Krawatte" für den Papa.

Karikaturen *Zwischen Dämonisierung und Schadenfreude*

Die große Seifenblase (Transparent)
unbekannter Künstler
deutsch, 1814
kolorierte Radierung
17,8 x 16,7 cm
Inv.-Nr. VS 1983

Napoleon sitzt auf einem „Thron", den zusammengekauerte Uniformierte bilden. Er bläst eine sehr große Seifenblase. Hält man das Blatt gegen das Licht, erscheint darin das Wort „Weltherrschaft".
Lit.: SCHEFFLER 1995, Kat.-Nr. 3.1.3.

(Papachen, verdirb Dir nur den Magen nicht)
unbekannter Künstler
deutsch, 1813/14
kolorierte Radierung
13,3 x 18,7 cm
Inv.-Nr. VS 2026

„Papachen, verdirb Dir nur den Magen nicht!", ruft der kleine König von Rom seinem Vater Napoleon zu, der ein großes Stück von der Weltkugel abbeißt. Hinter ihm stehen Mitglieder der verbündeten Armeen, um ihn mit „Schwedischer Treue" oder „Bleiernen Pillen" zu kurieren. Der Russe verpasst ihm einen Einlauf mit den Worten „Wir wollen Papachen schon helfen, dass er's wieder von sich giebt".
Lit.: SCHEFFLER 1995, S. 134, Kat.-Nr. 3.101.1.

**Commencement du Finale
(Der Anfang vom Ende)**
*Johann Gottfried Schadow (1764–1850)
Paris: Jeronimo Furioso, 1814
Radierung und Aquatinta
26 x 37,7 cm (beschnitten)
Inv.-Nr. VS 1964*

Der Anfang vom Ende – so bezeichnete der ehemalige Außenminister Napoleons Talleyrand den Russlandfeldzug, so auch der Titel dieser Karikatur: Vor einer Bühne spielen die hochgewachsenen Herrscher der Verbündeten dem kleinen Napoleon auf, der zwischen ihnen steht: Zar Alexander, Kaiser Franz von Österreich, der schwedische Kronprinz Graf Bernadotte und König Friedrich Wilhelm von Preußen.
Auf der Bühne verschwinden die Verbündeten Napoleons eilig in den Kulissen, sein Bruder Jérôme, König von Westfalen, fliegt auf einem feuerspeienden Drachen davon.
Lit.: Scheffler 1995, S. 76 f, Kat.-Nr. 3.2 ff.

Der große Adler in der gewaltsamen Mauser
*unbekannter Künstler
deutsch, 1814
kolorierte Radierung
19 x 25,5 cm (beschnitten)
Inv.-Nr. VS 1996*

Fünf Offiziere der Verbündeten Preußen, Russland, Schweden, England und Österreich reißen dem Adler im Käfig – Napoleon – die Federn aus.
Lit.: Scheffler 1995, Kat.-Nr. 3.19.

Karikaturen Zwischen Dämonisierung und Schadenfreude

Pariser Carneval von 1814
unbekannter Künstler
deutsch, 1814
kolorierte Radierung
17,5 x 26 cm
Inv.-Nr. VS 1976

Elf Napoleon-Karikaturen der Jahre 1813-1814 werden hier auf einem Blatt zitiert und bilden gemeinsam den „Pariser Karneval", jede hat eine Zahl mit einer erklärenden Legende dazu: 1. So verfliegen alle meine Pläne, 2. ich bin fertig, 3. ich suche alles was ich verloren habe, 5. so geht alles rückwärts, 6. ich beiße eine harte Nuß, 7. ich habe in den Wind gebaut, 8. den Bock habe ich geschossen, 9. so hab ich mich erhöht, 10. ich sitze in der Tinte, 11. ich habe die Karre in Dreck geführt.
Lit.: SCHEFFLER 1995, Kat.-Nr. 3.126.

(Die Lebenstreppe Napoleons)
unbekannter Künstler
deutsch, um 1814
kolorierte Radierung
18 x 31,5 cm
Inv.-Nr. VS 2009

Angelehnt an die bekannte Allegorie der Lebensstufen des Menschen wird hier das Leben Napoleons geschildert und sein Ende vorhergedeutet: Der Aufstieg führt vom korsischen Knaben über den General zum „Großherrscher", der Abstieg über den „Abschied aus Spanien", die „Schlittenfahrt aus Moscau" und das „Lebewohl" – ein Tritt aus Deutschland zum Galgen und dann in das Höllenfeuer.
Lit.: SCHEFFLER 1995, Kat.-Nr. 7.27.

Der Corsische Gifftbaum
unbekannter Künstler
deutsch, 1813/14
kolorierte Radierung
18 x 14,5 cm
Inv.-Nr. VS 1978

Das sogenannte Vexierbild – ein Bild, dessen Details sich erst bei genauerem Hinsehen oder Umdrehen entschlüsseln – enthält neun versteckte Profilbildnisse. Im „korsischen Giftbaum", dem Stammbaum Napoleons, erkennt man ihn selbst, seine Brüder und seinen Schwager Murat. Auch die Blitze, die in den Baum einschlagen, skizzieren Profilbildnisse, allerdings so verfremdet, dass sie durch Kürzel erklärt werden müssen: KvS – Kronprinz von Schweden, KvP – König von Preußen, KvR – Kaiser von Russland, KvO – Kaiser von Österreich.
Lit.: Scheffler 1995. Kat.-Nr. 3.67.

Le Songe (Der Traum)
unbekannter Künstler
Frankreich (?), 1814
kolorierte Radierung
Papier
22 x 15,5 cm
Inv.-Nr. VS 1981

Die in französischer Sprache mit der Aussage: „Es gibt einen rächenden Gott" unterschriebene Darstellung des schlafenden Napoleon thematisiert die bereits in den Augen der Zeitgenossen als Verbrechen gewertete Ermordung des letzten Herzogs von Enghien durch Napoleon. Louis Antoine Henri de Bourbon-Condé, Herzog von Enghien, kämpfte zunächst im französischen Emigrantenheer gegen die französische Revolution, ehe er sich 1802 ins Privatleben zurückzog. Eine Verschwörung zum Attentat auf Napoleon, die im August 1803 aufgedeckt wurde und mit welcher der Adlige wohl nichts zu tun hatte, veranlasste den Ersten Konsul zu einer drastischen Abschreckungsmaßnahme. Als Exempel wurde der in Baden weilende Herzog nach Frankreich entführt, des Hochverrats angeklagt und für schuldig befunden. Der offensichtliche Justizmord wurde am 21. März 1804 durch ein Erschießungskommando ausgeführt. Obgleich Napoleons Strategie aufging, royalistische Verschwörer in Frankreich zu entmutigen, entstand durch die Exekution außenpolitischer Schaden. Die Entführung des Herzogs von badischem Territorium barg diplomatischen Sprengstoff. Brisanter war der Akt der Ermordung. Er blieb als unablässig von seinen Gegnern angeführter Schandfleck am späteren Kaiser der Franzosen haften. Die Lagerstatt Napoleons aus einem Schädelberg, Hinweis auf die ihm zur Last gelegten zahllosen Opfer, mag darauf hindeuten, dass die Entstehungszeit in Richtung Niedergang der Herrschaft Napoleons zu vermuten ist.

Karikaturen Zwischen Dämonisierung und Schadenfreude

**Joye de la grande nation
(Freude der großen Nation)**
*Johann Gottfried Schadow (1764–1850)
Berlin: Caspar Weiß, 1813
kolorierte Radierung
15,5 x 20 cm
Inv.-Nr. VS 1777*

Die Karikatur gehört zu einer Serie von „4 Satiren", in denen Schadow die „Karriere" Napoleons in sehr drastischer Weise aufs Korn nimmt. Ohne die beim ersten Erscheinen dieser Karikaturen oft mitgelieferten Erklärungen sind sie heute schwer verständlich:
Hier geht es um eine Verdrehung der Figur der „Fama", des Ruhms, die, verkehrt herum auf einem Wildschwein reitend und mit entblößtem Hinterteil den Franzosen die Nachricht vom Ausgang des Russlandfeldzugs bringt. Viele von ihnen interessieren sich jedoch mehr für das Hinterteil bzw. gähnen nur noch gelangweilt.
Die Signatur „à paris chez Gilrai" ist fiktiv und spielt auf den englischen Karikaturisten James Gillray an.
Lit.: Scheffler 1995, Kat.-Nr. 2.35.

**Feyerliche Leichenbestattung
der Universalmonarchie**
*Ernst Theodor Amadeus Hoffmann (1776–1822)
Leipzig: Joachimsche Buchhandlung, 1814
kolorierte Radierung
19,5 x 28,5 cm
Inv.-Nr. K/641/2002*

Ein prunkvoller Sarg mit der Aufschrift „Universalmonarchie" wird zu Grabe getragen, als Hauptleidtragender dahinter Napoleon, der vor Kummer zusammenbricht und gestützt werden muss. Sein Diener reicht ihm einen Löffel Salz zur Stärkung. In diesem Diener ist vermutlich ein Selbstporträt des Dichters und Zeichners E.T.A. Hoffmann zu sehen. Weitere Anspielungen verbergen sich in den Randfiguren, viele nur durch die Inschriften und selbst damit schwer zu deuten. Ganz im Hintergrund findet ein weiteres Begräbnis statt, das des Kontinentalsystems, wobei deren ältere Schwester, die Kontinentalsperre, bereits in diesem Grab liegt. Ins Bild ragen außerdem die Feldzeichen der Sieger der Völkerschlacht: Die mit F und A gekennzeichneten Adler sind problemlos als die des österreichischen Kaisers Franz und des russischen Zaren Alexander zu deuten. Das B des dritten Adlers gibt ein Rätsel auf: Sollte hier Blücher für die Preußen gemeint sein, wäre das eine Spitze des Zeichners gegen den preußischen König Friedrich Wilhelm III.
Lit.: Scheffler 1995, S. 122 und Kat.-Nr. 3.92.

Die Exorcisten
Ernst Theodor Amadeus Hoffmann (1776–1822)
Leipzig: Baumgärtner, 1814
kolorierte Radierung
24,3 x 19,4 cm
Inv.-Nr. K/636/2002

E.T.A. Hoffmanns antinapoleonische Karikaturen sind nur zum Teil überliefert. Er hat sie überwiegend im März und April 1814 in Leipzig gezeichnet, als ihm die Stelle als Musikdirektor bei der Theatertruppe von Joseph Seconda gekündigt worden war, und er Geld verdienen musste.
Die Unterschrift erläutert das Dargestellte: „Die Exorcisten. Der Teufel, welcher die Dame Gallia (= Frankreich) lange besessen, wird durch verbündete Kraft endlich ausgetrieben, und fährt in die Gergesener Heerden." Der Teufel ist natürlich Napoleon und die Schweineherde, in die er einfährt, ist im Hintergrund zu sehen. Vorlage ist hier eine von Jesu Wunderheilungen (Matthäus-Evangelium, Kap. 8), bei der er die bösen Geister aus zwei Besessenen austreibt und in eine Herde Säue fahren lässt, die sich dann ins Meer stürzen.
Lit.: Scheffler 1995, Kat.-Nr. 3.95; Segebrecht, Wulff, E.T.A. Hoffmanns Nußknacker und Mäusekönig – nicht nur ein Weihnachtsmärchen, in: E.T.A. Hoffmann Jahrbuch, Bd. 17, 2009, S. 62–87, hier bes. S. 67.

Die Dame Gallia
Ernst Theodor Amadeus Hoffmann (1776–1822)
Leipzig: Baumgärtner, 1814
kolorierte Radierung
24,4 x 19,7 cm
Inv.-Nr. K/637/2002

Die Fortsetzung des vorigen Blattes zeigt die „Dame Gallia", die nun genesen und wieder gleichberechtigt zwischen den Verbündeten steht und „ihren Aerzten die Rechnung" bezahlt in Form von Westfalen und Danzig an Preußen oder mit dem „freyen Handel" für England.
Lit.: Schulze, Friedrich: Die deutsche Napoleon-Karikatur, 1916, IV. 33
Scheffler 1995, Kat.-Nr. 3.96.

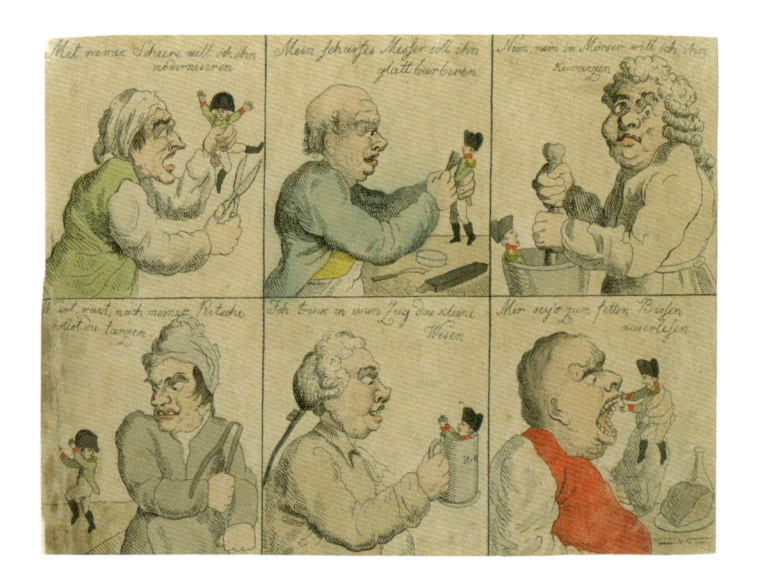

Karikaturen Zwischen Dämonisierung und Schadenfreude

(Die sechs Plagen)
unbekannter Künstler
deutsch, 1813
kolorierte Radierung
21,5 x 28,5 cm
Inv.-Nr. VS 1786

Napoleon ist als Zwerg in die Hände von Riesen geraten, die ihm nacheinander ankündigen, was ihm bevorsteht: „Mit meiner Schere will ich ihn modernisieren/Mein scharfes Messer soll ihn glatt barbiren/Nein, nein im Mörser will ich ihn kuranzen/Wart, wart nach meiner Peitsche sollst Du tanzen/Ich trink in einem Zug das kleine Wesen/Mir sey's zum fetten Bissen auserlesen".
Das englische Original trägt den Titel: „Resolutions in Case of an Invasion", die deutsche Fassung kursierte 1813 u. a. in Holland.
Lit.: SCHEFFLER 1995, Kat.-Nr. 3.10.

Das ist mein lieber Sohn an dem ich Wohlgefallen habe
unbekannter Künstler
deutsch, 1814
kolorierte Radierung
9,8 x 7,0 cm (Platte); 26 x 21 cm (Blatt)
Inv.-Nr. VS 1801

Der Teufel, mit dem Ordensband der Ehrenlegion in der Hand, hält Napoleon als Wickelkind in seinen Armen. Der Titel „Das ist mein lieber Sohn an dem ich Wohlgefallen habe" spielt auf die Bibel an (z. B. Markus 1, 11), wo Gott mit diesen Worten Christus bezeichnet. Damit wird Napoleon als Sohn des Teufels gebrandmarkt. Von dieser Karikatur kursierten zahlreiche Fassungen, auch in England (The Devils Darling), Frankreich, Holland und Schweden.
Lit.: SCHEFFLER 1995, S. 379-381, Kat.-Nr. 7.19.11.

Grosser National-Ball
unbekannter Künstler
deutsch, 1814
kolorierte Radierung
17 x 20,7 cm
Inv.-Nr. VS 1807

Vor einer johlenden Zuschauermenge wird Napoleon von einem Kosaken zum Tanzen gezwungen, vier Soldaten spielen dazu auf – Preuße, Russe, Österreicher und Engländer. Napoleon bittet um eine Atempause: „Den Teufel aber auch, ihr bringt mich noch unter die Erde, (...)", die ihm jedoch nicht gewährt wird.
Lit.: SCHEFFLER 1995, Kat.-Nr. 3.34.

Die zur Unzeit zudringlichen Couriere
unbekannter Künstler
deutsch, 1813
kolorierte Radierung
16,9 x 21,1 cm
Inv.-Nr. VS 1825

Kommandeure verschiedener Regimenter drängen sich um Napoleon mit Anträgen um Nachschubkräfte für die dezimierten französischen Truppen. Seine Antwort lautet: „Kann ich Armeen aus dem Boden stampfen, – wachsen mir Kanonen aus der Hand?"
Lit.: SCHEFFLER 1995, Kat.-Nr. 3.5.

Karikaturen Zwischen Dämonisierung und Schadenfreude

Der Kronen-Flicker
unbekannter Künstler
deutsch, 1813
kolorierte Radierung
15,7 x 20 cm
Inv.-Nr. VS 1860

Napoleon sitzt an einem Tisch mit „Adler"-Füßen und versucht, seine Krone zu flicken, seine Brüder Jérôme und Joseph, der eine ehemals König von Westfalen, der andere von Spanien, eilen verzweifelt herbei, um auch ihre Kronen von ihm reparieren zu lassen. Unter dem Tisch befindet sich weiterer beschädigter Hausrat.
Lit.: SCHEFFLER 1995, Kat.-Nr. 3.70.

(Das Idol der Franzosen)
unbekannter Künstler nach Thomas Rowlandson
(1756–1827)
deutsch, 1815
kolorierte Radierung
17 x 21 cm
Inv.-Nr. VS 1989

Inmitten von Toten und Sterbenden auf einem Schlachtfeld tanzen Teufel um einen Berg von abgeschlagenen Köpfen, der von einer Büste Napoleons bekrönt wird. Einer der Teufel ruft aus: „Juch he', heute ist der 15.te August! heute ist Festtag!" (Napoleons Geburtstag), ein anderer: „Er verdient den Kranz". Im Hintergrund links brennen „Englische Waaren", eine Anspielung auf die Kontinentalsperre gegen England.
Lit.: SCHEFFLER 1995, Kat.-Nr. 7.4.

Das grosse Schlachthaus
*unbekannter Künstler
deutsch, 1813/14
kolorierte Radierung
17,7 x 23 cm
Inv.-Nr. VS 1879*

Napoleon führt eine Truppe von Schafen mit Uniformmützen ins Schlachthaus, unterstützt von der „Präfektur" mit einer Peitsche. Aus den Türen des Schlachthauses fließt Blut. Über den Türen sind einige Kriegsregionen mit Opferzahlen genannt.
Lit.: Scheffler 1995, Kat.-Nr. 7.6.

Karikaturen *Nach der Völkerschlacht – Waterloo, Verbannung und die Folgen*

Nach der Völkerschlacht – Waterloo, Verbannung und die Folgen

La belle Alliance – Pour balayer la France!
(La belle Alliance – um Frankreich auszukehren)
Johann Michael Voltz (1784–1858)
Nürnberg: Friedrich Campe, 1815
kolorierte Radierung
17,7 x 20,7 cm
Inv.-Nr. VS 1943

Frankreich, dargestellt als Landkarte, wird von einem preußischen und einem englischen Soldaten ausgekehrt, Marschälle und Könige flüchten vor den Besen in Richtung Küste. Der Preuße sagt: „Hilf Kamerad das Krötennest zum Land hinaus zu fegen! Risch, Rasch! Nur einer hält noch fest. Und schlägt mit Stock und Degen, Drum packe mir den Ehrenmann Einmal mit deinem Besen an Und kehr' ihn – in die Hölle!" Der Engländer antwortet: „God dam! Der Kerl ist federleicht Und will sich doch nicht fügen! Geduld! Wenn ihn mein Stiel erreicht, Soll er zum Teufel fliegen. Fare well, fare well mit deiner Brut! Trink in der Hölle Menschenblut Mit Beelzebub und – Carnot!" (Lazare Nicolas Graf Carnot war französischer Innenminister unter Napoleon.)
Der Titel spielt mit der ursprünglichen Bezeichnung der Schlacht von Waterloo als Schlacht von Belle Alliance.
Lit.: SCHEFFLER 1995, Kat.-Nr. 5.18.

Sein Denckmal. (Transparent)
unbekannter Künstler
deutsch, 1814
kolorierte Radierung
11,3 x 14,7 cm
Inv.-Nr. VS 1942

Auf einem Sockel aus Totenköpfen blickt Napoleon januskopfig zugleich auf das verwüstete Deutschland und das blühende Frankreich. Hält man die Karikatur jedoch gegen das Licht, wird der Untertitel Blicke in die Vergangenheit und Zukunft/beim Anfang des Jahres 1814 verständlich: Die Zukunft bringt ein anderes Bild: Rechts geht die Sonne von 1813 unter, die Häuser sind wieder aufgebaut, die Felder werden bestellt. Über Frankreich aber geht die Sonne von 1814 blutrot auf, die Städte brennen und Soldaten reiten durch das Land.
Lit.: SCHEFFLER 1995, Kat.-Nr. 3.62.

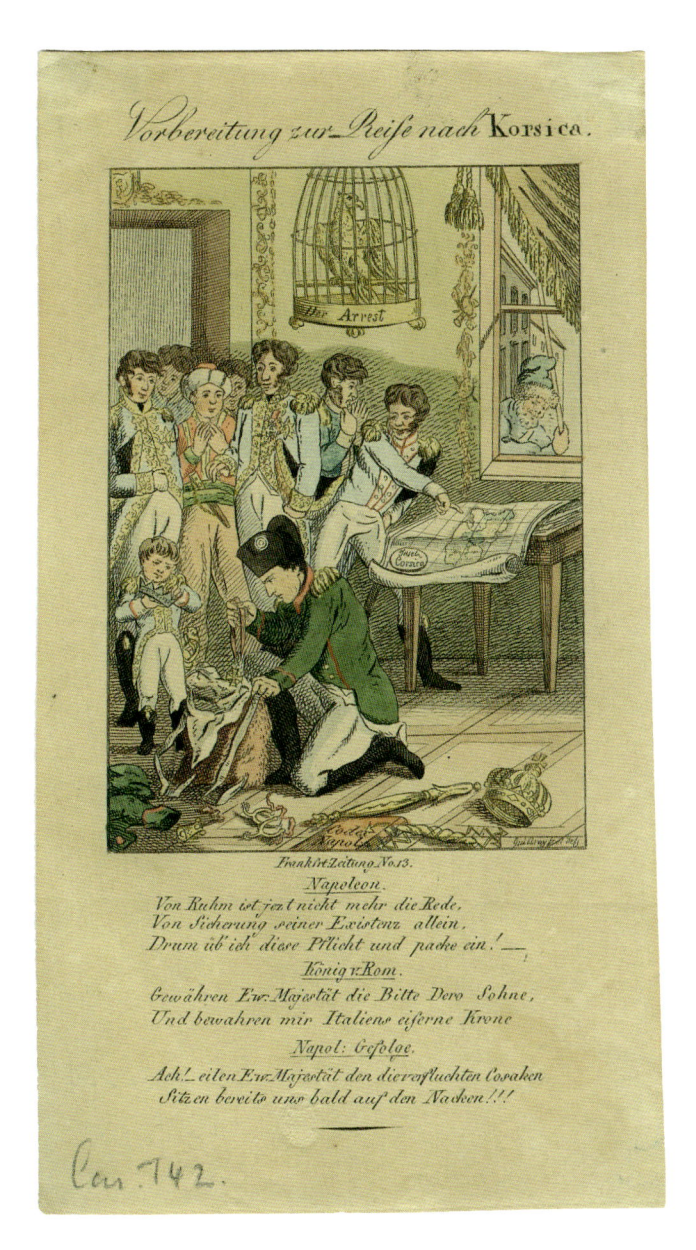

Vorbereitung zur Reise nach Korsica.
unbekannter Künstler
deutsch, 1814
kolorierte Radierung
20,4 x 11,2 cm
Inv.-Nr. VS 2004

Eilig packt Napoleon im Beisein seiner Marschälle einige wichtige Habseligkeiten zusammen, u. a. seinen Orden der Ehrenlegion und die Kaiserkrone, um seine Flucht vorzubereiten. Napoleons Sohn bringt die italienische Königskrone, die auch eingepackt werden soll. Von der Decke hängt ein Käfig mit dem eingesperrten französischen Adler, er trägt die Aufschrift „Arrest".
Die Karikatur trägt wie einige andere auch die fingierte Signatur des englischen Zeichners James Gillray, es ist bekannt, dass diese in Leipzig dem Zensor zur Genehmigung vorgelegen haben.
Lit.: SCHEFFLER 1995, Kat.-Nr. 3.88.

Die große Nation hat ihren großen Kaiser wieder und zieht auf große Eroberungen aus
Johann Michael Voltz (1784–1858)
Nürnberg: Friedrich Campe, 1815
Radierung
18 x 25,5 cm
Inv.-Nr. VS 1954

Die figuren- und inschriftenreiche Karikatur bezieht sich auf die erneute Regierung Napoleons als „Herrscher der Hundert Tage" von März bis Juni 1815. Sie geht mit wenigen Veränderungen auf eine Vorlage des Zeichners Johann Gottfried Schadow zurück.
Napoleon befiehlt einer Vielzahl von karikiert dargestellten Offizieren und Soldaten den erneuten Vormarsch auf Berlin und das ganze Reich:
„– Der grosse Kaiser spricht –
Ich bin nun wieder unter Euch !
Drum will ich, ihr Getreuen,
Das ganze heilge römische Reich
Abschröpfen und kasteien.
Ihr, Grandtambour und Grandsiffleur,
Und Grandfourier und Grandsappeur,
Marsch, marsch! Voran dem Heere!
Im Doppelschritte nach Berlin!
Füllt dort die leeren Taschen.
Und Euern Schandfleck müsst in Wien
Ihr mit Tokaier waschen!
Dann erst wird dieses grosse Coeur
Durch Gott – und meinen Grandtondeur –
Sich revangirt erachten."
Lit.: SCHEFFLER 1995, Kat.-Nr. 5.13.

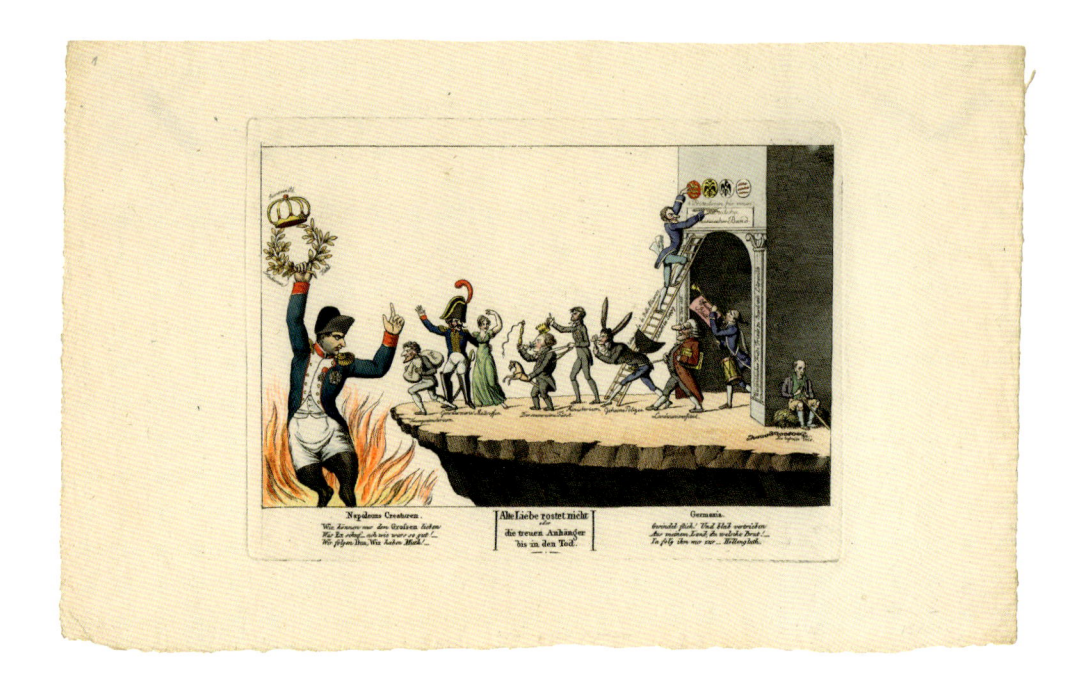

Karikaturen *Nach der Völkerschlacht – Waterloo, Verbannung und die Folgen*

**Alte Liebe rostet nicht oder
Die treuen Anhänger bis in den Tod**
Paul Wolfgang Schwarz (1766–1828)
Nürnberg, 1815
kolorierte Radierung
18,5 x 25,8 cm
Inv.-Nr. VS 1794

Napoleon winkt mit einem Siegeskranz und einer zerbrochenen Krone aus den Höllenflammen heraus, die Pfeiler seines Systems folgen ihm zum Abgrund: das Finanzministerium mit den Säcken Schweiß und Blut auf dem Rücken, Gensd'armerie, Maitressen, Der souveraine Fürst, die Geheime Polizei mit langen Ohren, die Landesuniversität mit dem Standrecht und Codex Napol. unter dem Arm, am Schluss das Offizielle Blatt. Ein Diplomat auf einer Leiter ändert die Beschriftung über dem Tor, aus dem Rheinischen Bund wird der Deutsche Bund. Seine Leiter trägt die Namen „Schlacht bei Leipzig" und „Schlacht bei Belle Alliance" (Waterloo). Abseits der Szene sitzt rechts ein Bettler: „Das befreite Volk".
Lit.: Scheffler 1995, Kat.-Nr. 5.27.

(Hoch zu Ratte)
unbekannter Künstler
deutsch, 1815
kolorierte Radierung
11,3 x 17 cm
Inv.-Nr. VS 1822

Der stolze Heerführer hoch zu Ross – auf zahlreichen Historiengemälden verewigt – reitet jetzt auf einer Ratte, eine Erniedrigung und zugleich eine Anspielung auf die große Rattenplage, die es auf der Insel St. Helena gab, dem letzten Verbannungsort Napoleons.
Lit.: Scheffler 1995, S. 172, Kat.-Nr. 6.13.

Und als die Wächter schliefen ...
unbekannter Künstler
deutsch, 1815
kolorierte Radierung
18,5 x 12,5 cm
Inv.-Nr. VS 1808

Die Karikatur nimmt Bezug auf die Flucht Napoleons von Elba am 26. Februar 1815. Napoleon schleicht sich hinaus und tritt dabei die Abdankungsurkunde mit Füßen. Als Erläuterung dienen Zitate aus dem biblischen Buch der Offenbarung: Und als die Wächter schliefen, siehe da leuchtete Luzifer seinem Liebling (Offenb Joh. 9,11) und er entkam bei dunkler Nacht, auf dass erfüllt würde, was geschrieben steht (Offenb Joh. 17,8).
Im 9. Kapitel der Offenbarung ist außerdem von einem Anführer des höllischen Heeres mit Namen Apollyon die Rede, die Klangähnlichkeit zu „Napoleon" wurde von vielen Zeitgenossen ernsthaft und in Karikaturen satirisch thematisiert.
Lit.: Scheffler 1995, S. 148, Kat.-Nr. 4.15.

Se. Kaiserl. Majestät Napoleon der Grosse auf Höchstdero neuerfundenem Observatorio in der Schlacht von la Belle Alliance d. 18. Juny 1815
unbekannter Künstler
Nürnberg: Friedrich Campe, 1815
kolorierte Radierung
25,5 x 18,2 cm
Inv.-Nr. VS 1829

Napoleon steht auf einer hohen Leiter, und beobachtet die in der Ferne tobende Schlacht von Belle Alliance (Waterloo). Er trägt eine Gesichtsmaske, bestehend aus einer großen Brille und einer langen Nase. Verschiedene Anspielungen deuten auf die nahende Niederlage hin, sehr deutlich u. a. vorn links der Hund, der auf die Karte von Holland einen Haufen setzt. Das Motiv der Leiter geht auf die historisch überlieferte Tatsache zurück, dass Napoleon bei Waterloo tatsächlich einen hölzernen transportablen Aussichtsturm benutzte.
Lit.: Scheffler 1995, Kat.-Nr. 5.17.

Karikaturen *Nach der Völkerschlacht – Waterloo, Verbannung und die Folgen*

Alte Liebe rostet nicht
Johann Michael Voltz (1784–1858)
Nürnberg: Friedrich Campe, 1815
kolorierte Radierung
16,8 x 21,5 cm (beschnitten)
Inv.-Nr. VS 1861

Vor einem Feldherrnzelt lässt Napoleon eine Armee von Ratten marschieren. Der Untertitel der Karikatur „oder/Beschäftigung des grossen Mannes auf der kleinen Ratten=Insel Sanct Helena" erklärt die Pointe: In seinem Verbannungsort, der Insel St. Helena, gab es eine Rattenplage, eine Tatsache, die viele Karikaturisten aufgriffen, um Napoleons Erniedrigung pointiert darzustellen.
Lit.: Scheffler 1995, Kat.-Nr. 6.3.

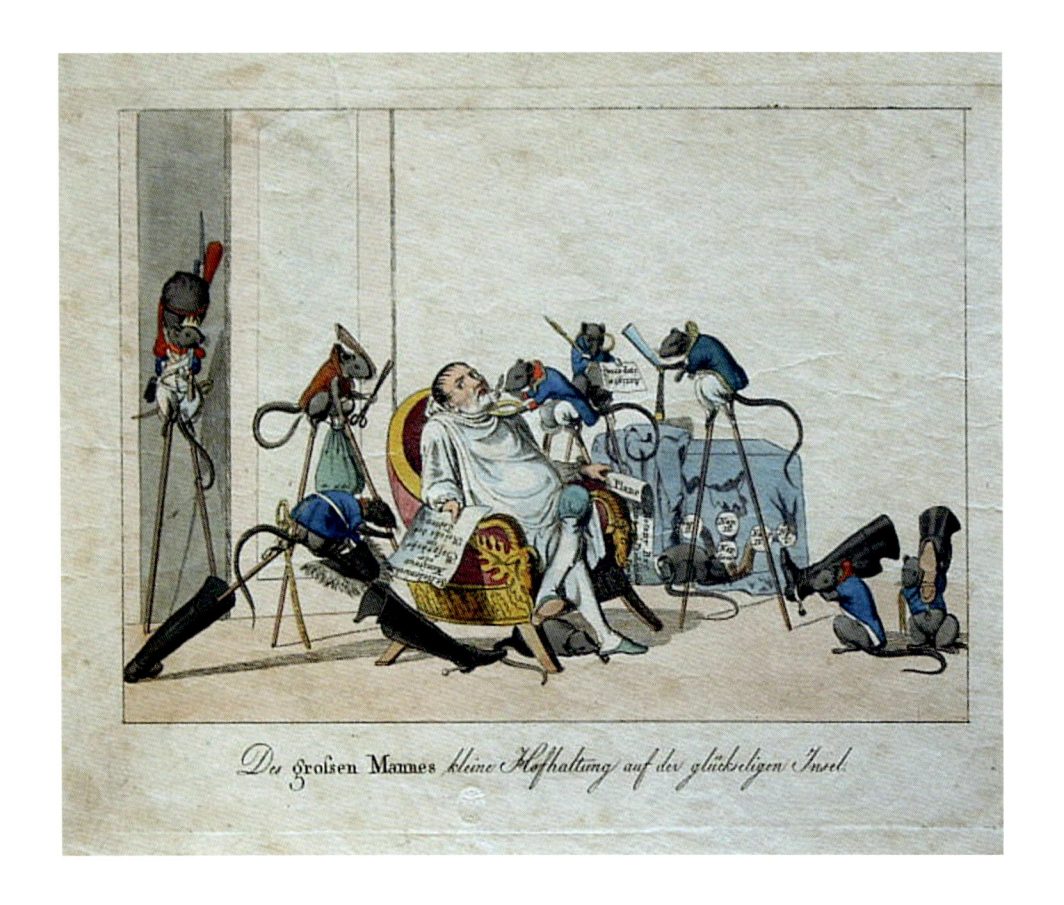

Des grossen Mannes kleine Hofhaltung auf der glücklichen Insel
Johann Michael Voltz (1784–1858)
Nürnberg: Friedrich Campe, 1815
kolorierte Radierung
18,5 x 25,7 cm
Inv.-Nr. VS 2005

Wieder einmal geht es der Karikatur um die Erniedrigung des einst so großen Kaisers, der in der Verbannung auf der Insel Helena mit vielen Unannehmlichkeiten zu kämpfen hatte, u. a. der Rattenplage. Hier besteht nun sein ganzer Hofstaat, Diener und Barbiere, aus Ratten. Während die um ihn herumwuseln, trägt er sich weiter mit utopischen Eroberungsplänen wie „China" und „Japan".
Lit.: Scheffler 1995, Kat.-Nr. 6.7.

(Die Schrumpfkur)
unbekannter Künstler
deutsch, 1814
kolorierte Radierung
16,5 x 13,7 cm
Inv.-Nr. VS 1841

Der Riese Napoleon steht auf einer Landkarte der einst von ihm besetzten Staaten. Alliierte Soldaten in Normalgröße bedrängen ihn von allen Seiten so hart, dass er weitere Gebiete erbricht: Holland, Danzig, Dresden und Stettin. Die Soldaten stehen jedoch so, dass zugleich die Gebietsansprüche ihrer Länder verdeutlicht werden, die sie nach dem Ende der napoleonischen Kriege durchzusetzen versuchten: der Schwede steht auf Norwegen, der Russe auf Polen, der Österreicher auf Oberitalien, der Preuße auf Westfalen.
Lit.: Scheffler 1995, S. 132, Kat.-Nr. 3.99.

Das Leben Napoleons dargestellt in acht Hüten
unbekannter Künstler
deutsch, um 1844
Lithographie
15,3 x 20,3 cm
Inv.-Nr. VS 1703

Die Geschichte von Napoleons Hüten erschien u. a. 1844 in der Leipziger Illustrirten Zeitung (Nr. 46, 11.5.1844, S. 313): Der anonyme Autor berichtet von einer Reise nach St. Malo, wo er diese Hüte tatsächlich gesehen haben will.
1856 wird die Geschichte in der Gartenlaube (H. 9, S. 113-117) in einer veränderten Variante erzählt. In beiden Fällen kommt es zu einer Begegnung mit dem Hutmacher Napoleons, Henri Bourdaloue, der die Hüte gefertigt haben will und bereitwillig deren Bedeutung erläutert:
Der erste sei, von einer Kartätschenkugel zerrissen, von seinem Träger nach der Belagerung von Toulon zurückgebracht worden (Stadtansicht von Toulon im Hintergrund).
Der zweite stelle eine verbesserte Variante dar, eines General en chef und Eroberers Ägyptens würdig (Pyramiden im Hintergrund).
Der dritte sei der Persönlichkeit des Konsuls angemessen und trage sowohl der hohen Position als auch der immensen Intelligenz des Trägers Rechnung.
Der vierte Hut markiert den Beginn des Kaiserreichs und die Schlacht von Austerlitz. Er ist von zwei Kugeln durchlöchert und ruht auf Lorbeeren.
Der fünfte Hut bedeutet den Höhepunkt des Kaiserreichs und des militärischen Erfolgs, er habe eine perfekte Form.
Der sechste steht für Moskau, seine Form ist nachlässig, wichtig ist allein der Schutz gegen die Kälte, den er bietet.
Der siebte, ganz zerdrückte Hut ist der von Waterloo und der achte schließlich der von St. Helena.
Vermutlich war auch diesem Blatt eine ähnliche Erläuterung beigefügt.

Karikaturen *Nach der Völkerschlacht – Waterloo, Verbannung und die Folgen*

Napoleon zupft den schlafenden Deutschen Michel am Bart
unbekannter Künstler
deutsch, um 1820 (?)
Feder in Braun über Bleistift
24,2 x 19,7 cm
Inv.-Nr. VS 2002

Diese Zeichnung wirft einmal einen anderen Blick auf Napoleon: Hier ist er nicht der Kriegstreiber und Eroberer, sondern der Erneuerer, der den schlafenden „Deutschen Michel" aufweckt.

(Napoleon als Hussein Pascha)
unbekannter Künstler
deutsch (?), um 1828
Lithographie
26,5 x 18,9 cm
Inv.-Nr. VS 1780

1828 brach zwischen Russland, das die griechischen Unabhängigkeitsbestrebungen unterstützte, und dem Osmanischen Reich ein Krieg aus. Rasch schien der schnelle Vormarsch der russischen Armee auf eine vollständige Niederlage des Osmanischen Imperiums hinzudeuten, als die Truppen des Zaren zwischen Unterlauf der Donau und Schwarzem Meer zum Stehen kamen. Die schwachen türkischen Festungen trotzten den Russen, besonders die Verteidigung der Festung Varna erregte in Europa Aufsehen. Gerüchte wollten wissen, dass sich hinter deren Kommandanten Hussein Pascha eigentlich ein kampferprobter Europäer verbarg. Ursprünglich als Satire veröffentlicht, verfestigte sich in der Öffentlichkeit die Behauptung, hinter Hussein Pascha verberge sich Napoleon Bonaparte, der 1821 nicht verstorben, sondern inkognito ins Osmanische Reich entflohen sei. An dem nicht sonderlich geistreichen Scherz entzündete sich die Fantasie und eine ganze Reihe von Schriften diskutierte Für und Wider der Maskerade. Die Zeitgenossen fanden augenscheinlich die Idee, der Heros des Jahrhunderts greife immer noch insgeheim in den Lauf der Welt ein, reizvoll.

Lit.: anonym, Zehn sehr wichtige Gründe für die Vermuthung, dass Hussein Pascha, Oberbefehlshaber der ottomanischen Heere, der wieder auferstandene zurückgekehrte Napoleon sei, Leipzig 1829; BRAN, Friedrich Alexander, Nachklänge zur Wiedererscheinung Napoleons als Hussein-Pascha, in: Minerva., Bd. 2. Jena 1829, S 132 ff.

(Ein französischer Bürger küsst die Statue Napoleons)
unbekannter Künstler
deutsch (?), um 1833
Aquarell
19,5 x 13,7 cm
Inv.-Nr. VS 1953

Ursprünglich zierte die Pariser Place Vendôme ein Reiterdenkmal Ludwigs XIV., das während der Revolution 1792 zerstört wurde. An seiner Stelle ließ Napoleon in den Jahren 1806 bis 1810 eine 44 Meter hohe, dem Ruhm der Armee gewidmete Triumphsäule errichten, bekrönt von seinem eigenen Bronzestandbild in der Pose eines römischen Cäsaren. Nach dem Sturz Napoleons wurde die Statue 1814 entfernt und durch ein weißes Lilienbanner, die Fahne der Bourbonen, ersetzt.
Bereits 1827 hatte Victor Hugo seine Ode „À la colonne", in der er Generäle Napoleons besingt und des vergangenen Schlachtenruhms Bonapartes gedenkt, veröffentlicht. Hugo fasste damit eine in der französischen Gesellschaft um sich greifende Verklärung des ersten Kaiserreiches in Worte.
Im Juli 1830 erschütterte eine neuerliche Revolution Frankreich, die sich gegen die restaurative Herrschaft der Bourbonen richtete. Das gemäßigte Großbürgertum ersetzte den geflüchteten König Karl X. durch dessen entfernten Vetter Louis Philippe von Orléans, der als sogenannter Bürgerkönig den Thron bestieg.
Am 28. Juli 1833 wurde die Säule wieder mit einem Standbild Napoleons, diesmal von Emile Seurre als General dargestellt, geschmückt.
Der im Bild gezeigte Bürger, durch die Kokarde am Zylinder und die Hose in den Farben der Trikolore als Republikaner gekennzeichnet, ist auf die Säule gestiegen, um mit einem Kuss für den Kaiser die Aussöhnung der bürgerlichen Revolution mit Napoleon zu vollziehen.

Karikaturen *Der englische Blick*

Der englische Blick

Napoleon le Grand
Thomas Rowlandson (1756–1827) (zugeschrieben)
London, 1814
kolorierte Radierung
35 x 24,8 cm
bez. u.l.: Inventé par Dabos; M: Alex. Tardieu effigiem Del.; r: Deposée à la Bibliothèque Impériale
Inv.-Nr. K/642/2002

Die dem englischen Karikaturisten Thomas Rowlandson zugeschriebene Zeichnung persifliert eine französische Graphik des Künstlers Alexandre Tardieu (1756–1844). Tardieu meinte es bei seiner Darstellung 1812 sehr ernst mit der Verklärung des Kaisers Napoleon, dessen Kopf (wiederum nach einem Gemälde von Jean Auguste Dominique Ingres) in einem strahlenden Heiligenschein die Welt erleuchtet. Daher rühren auch die Verse unter dem Blatt: Astre brillant, immense, il éclaire, il feconde, Et seul' fait, a son gré, tous les destins du monde, Vigée (sinngemäß: „Heller großer Stern, der erleuchtet und befruchtet. Ganz allein lenkt er nach seinem Belieben die Geschicke der Welt"). 1814 interpretiert Rowlandson das Motiv nun allerdings radikal um, aus der Sonne mit Krone oben ist eine Teufelsfratze mit der Bezeichnung „Damnation" geworden, in den Wappen darunter das Herz eines Tyrannen und ein Geier anstelle des Adlers. In den Strahlen, die von Napoleons Kopf ausgehen, werden in englischer Sprache zahlreiche seiner Verbrechen aufgelistet, wie z. B. „Murdering the inhabitants of Madrid in cold blood" (kaltblütige Ermordung der Einwohner von Madrid) oder „Insulting the pope robbing and plundering the churches" (Beleidigung des Papstes durch Diebstahl und Plünderung in Kirchen), aber auch „The Murder of Palm", gemeint ist der Verleger Johann Philipp Palm aus Nürnberg (vgl. S. 120) und vieles mehr.
Quelle: http://www.britishmuseum.org/research/search_the_collection_database

A Phantasmagoria
Carl Starcke (tätig 1790–1810) nach James Gillray (1757–1815)
London (?), 1803
kolorierte Radierung und Aquatinta
23,5 x 18 cm
bez. A Phantasmagoria – Scene – Conjuring up an Armed Skeleton
Inv.-Nr. VS 2001

In einer an Macbeth erinnernden Hexenszene wird von drei Hexen aus dem aufsteigenden Dampf aus einem Kessel ein Skelett beschworen, das einen Dreispitz und ein Schild mit dem englischen Wappen trägt. Die Darstellung polemisiert gegen die Kompromisse, die England gegenüber Frankreich im Frieden von Amiens 1802 eingegangen war, und deren Konsequenzen.
Die Personen sind aufgrund ihrer porträthaften Züge zu identifizieren. Bei den Hexen handelt es sich um Henry Addington, 1801–1804 englischer Premierminister und wichtiger Wegbereiter des Friedens von Amiens, Lord Hawkesbury, President of the Board of Trade von 1786–1803 und Charles James Fox, ein frankreichfreundlicher britischer Staatsmann, der einen erneuten Kriegseintritt Englands gegen Frankreich nach 1802 zeitweise zu verhindern versuchte. Sie alle füttern das Feuer mit den Franzosen überlassenen Gebieten.
Im Vordergrund rutscht William Wilberforce, ein britischer Parlamentarier, der für ein Verbot des Sklavenhandels kämpfte, auf Knien und singt die „Hymn of Peace".
Quelle: www.bridgemanart.com

BONEY FORSAKEN by his Guardian Genius.
unbekannter Künstler
London, 1814
kolorierte Radierung
16,6 x 12,4 cm (beschnitten)
Inv.-Nr. VS 1804

Boney war der englische Spitzname für Napoleon, zugleich eine Abkürzung und etwas respektlos. Dieser wird hier von seinem „Schutzgeist", der jedoch der Teufel ist, verlassen.
Napoleon fleht ihn an: „My Guardian Angel, my Protector, do not desert me in the hour of Danger" (Mein Schutzengel, mein Beschützer, verlasse mich nicht in der Stunde der Gefahr). Der Teufel antwortet: „Poh! Poh! You cannot expect to reign forever. Besides I want you at home to teach some of the young imps wickedness." (Du kannst nicht erwarten, ewig zu regieren, außerdem brauche ich Dich zu Hause, um den kleinen Teufelchen Bosheit beizubringen.)

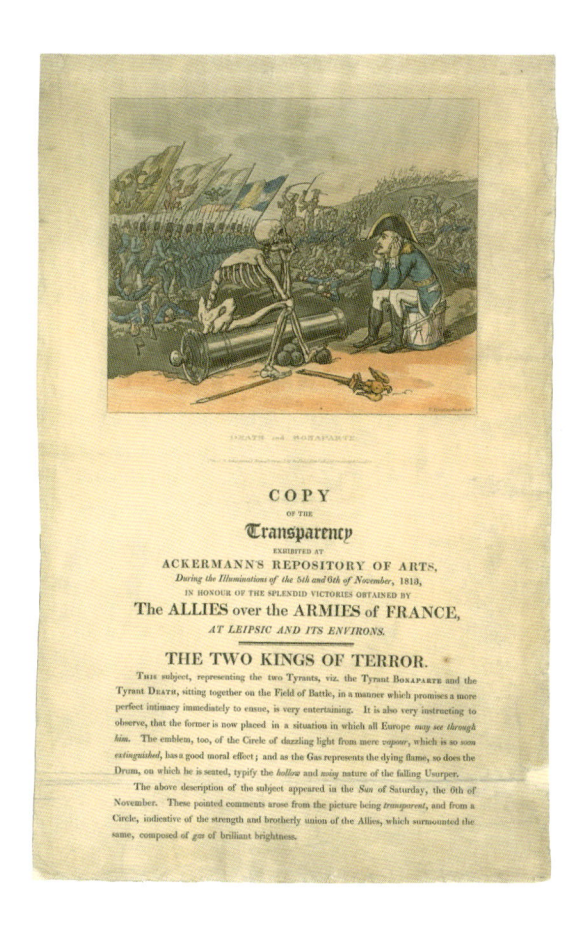

Death and Napoleon
(nach) Thomas Rowlandson (1756–1827)
London: R. Ackermann, 1814
kolorierte Radierung
48 x 30,7 cm
Inv.-Nr. VS 2033

Der Tod und Napoleon sitzen in der typischen „Denkerhaltung" einander gegenüber, der eine auf einem Kanonenrohr, der andere auf einer Trommel. Das Blatt erschien u. a in der englischen Zeitung Sun vom 6. November 1813, dort unter dem bezeichnenden Untertitel „Two kings of terror".

Karikaturen *Der englische Blick*

Broken Gingerbread
George Cruikshank (1792–1878)
London: H. Humphrey, 21.4.1814
kolorierte Radierung
21,8 x 27,6 cm
beschr. Sprechblase: Buy my Image ! Here's my nice little Gingerbread Emperor & Kings, Retail & for exportation; an der Hütte rechts:
Tiddy doll Gingerbread Baker
removed from Paris; auf der Fahne links: Vivent les Bourbons; am Haus links: The king's head now revived
bez. u.l.: G. Hiriv.ᵗ G. Cruikshank fec.; u.r.: Pub.d April 21st 1814 by
H. Humphrey St. James's Street.
Inv.-Nr. VS 2025

Napoleon in der Verbannung trägt auf seinem Kopf ein Tablett voller erschreckt blickender bzw. schon zerbrochener Lebkuchen-Monarchen und bietet sie zum Kauf an. Er hat seine Lebkuchen-Bäckerei von Paris auf die Insel verlegt, wie das Schild über seiner Hütte rechts verrät. Links ist das Festland zu sehen, wo die Rückkehr der Bourbonen gefeiert wird.
Das Motiv Napoleons als Lebkuchen-Bäcker greift auf ältere englische Karikaturen zurück, J. Gillray stellte z. B. 1806 Napoleon als „Great French Gingerbread Baker" dar, wie er aus einem riesigen Ofen „frischgebackene" Könige (Bayern, Württemberg u. a.) zieht, während aus einem „Aschenloch für zerbrochene Lebkuchen" die Skelette gestürzter Monarchen (Spanien, Italien u. a.) quillen.

Napoleon – Powerless and Powerful (Transparent)
London: Verlag W. Morgan, um 1840
kolorierte Lithographie
16,5 x 20,5 cm
Inv.-Nr. VS 2041

Die Lithographie stammt aus einer Serie des Londoner Verlegers William Morgan mit dem Titel „Improved protean scenery" (verbesserte Verwandlungsszenen), damit waren Blätter gemeint, die – gegen das Licht gehalten – etwas anderes zeigen als auf den ersten Blick erkennbar.
Die eine Seite zeigt Napoleon im Exil einsam am Strand stehend und auf das weite Meer blickend (powerless), hält man das Blatt jedoch gegen das Licht, sieht man ihn seine Truppen inspizieren (powerful), die beigefügte Erklärung preist dies als „one of the most pleasing illusions that can be imagined" (eine der gefälligsten Illusionen, die man sich vorstellen kann) an.

Karikaturen *Der russische Blick*

Der russische Blick

Begrüßungsmahl für Napoleon in Russland
Iwan Iwanowitsch Terebenew (1780–1815)
Russland, 1812
kolorierte Radierung
24,3 x 31,2 cm
Inv.-Nr. VS 2044

Die Beschriftungen lauten übersetzt
unten:
*Begrüßungsmahl für Napoleon in Russland
Was Du zu Hause hast, hängt Dir wohl schon zum Hals heraus
Und Du hast Lust nach russischen Geschenken?
Da hast du russische Leckereien, iss, aber verschluck Dich nicht!
Hier hast du Honigtrunk mit Pfeffer, aber verbrenn Dich nicht!*
auf der Kanne links: *Aufgebrüht über der Brandstätte von Moskau;*
auf dem Block im Mund: *Stadt Wjasma*
auf dem Bottich: *Teig von Kaluga*
Um die russische Stadt Wjasma tobte am 22. Oktober 1812 eine blutige Schlacht. Die Russen schlugen die Franzosen zurück und nahmen 5 000 von ihnen gefangen.
Die Stadt Kaluga ging in die Geschichte des Krieges ein, weil die hier stationierten russischen Verbände unter General Kutusow ein Ausweichen der Truppen Napoleons nach Süden verhinderten.
Wir danken der Agentur Lunau, Leipzig, für die Hilfe beim Übersetzen der russischen Beschriftungen.

Napoleon hatte die Absicht, Preußen zu zerstören und biss in einen Giftpilz
Iwan Iwanowitsch Terebenew (1780–1815)
Russland, 1813
kolorierte Radierung
19 x 28,8 cm
Inv.-Nr. VS 2047

beschriftet unten: *Napoleon hatte die Absicht Preußen zu zerstören – und biss in einen Giftpilz;*
auf den Steinen: *Wir verjagen die nordischen Barbaren in ihr furchtbares Klima.
Gesamtheit des Französischen Reiches. Das Haus von Hohenzollern herrscht nicht mehr, jedes preußische Gebiet wird jeweils dem französischen Marschall gehören, der es erobert hat.
Österreich stimmt mir völlig zu. Fortsetzung des Waffenstillstandes für 6 Monate;*
auf den Papieren in Napoleons Tasche: *Marschweg nach Berlin.
Friedensbedingungen, die ich den Alliierten diktieren werde.*

Auch bei uns wird gefeiert – ruft der Preusse
Iwan Iwanowitsch Terebenew (1780–1815)
Russland, 1813
kolorierte Radierung
20 x 16,8 cm
Inv.-Nr. VS 2048

Ins Zentrum seiner Darstellung stellt Terebenew ein handbetriebenes Riesenrad, wie es auf den Jahrmärkten des frühen 19. Jahrhunderts weit verbreitet war. Zwei russische Kosaken drehen die Kurbel, das Rad fegt Napoleon von der französischen Landkarte. Während im Hintergrund eine feiernde Menschenmenge das Geschehen bejubelt, legt auch ein preußischer Soldat Hand an die Antriebskurbel und beteiligt sich an dieser kuriosen „Flurbereinigung". Der Grabstein mit der Bourbonenlilie am rechten unteren Bildrand verweist auf das Motiv der Rache für den Tod mehrerer Mitglieder der französischen Herrscherdynastie.

Kosakenscherz
Iwan Iwanowitsch Terebenew (1780–1815)
Russland, 1813
kolorierte Radierung
19,8 x 27,8 cm
Inv.-Nr. VS 2049

beschriftet unten:
Kosakenscherz
Ein französischer Kriegsgefangener flanierte in Berlin eine Lindenallee entlang, er hat noch seinen alten Soldatenrock an. Dabei hatte er nicht daran gedacht, den am Rockaufschlag aufgenähten Buchstaben „N" mit der aufgesetzten Krone abzutrennen. Plötzlich begegnet ihm ein Kosak: Dieser stößt ihn sofort um, drückt ihn mit dem Knie zu Boden, holt ein großes Messer heraus und – nachdem er das verhasste Symbol abgetrennt hat – hilft er dem erschrockenen Franzosen wieder auf die Beine, küsst ihn, nimmt ihn freundschaftlich an die Hand und geht mit ihm in die nächstgelegene Schänke.

Anhang

Literatur

Ahlemann, Johann Daniel: *Der Leipziger Todtengräber in der Völkerschlacht. Seine Erlebnisse bei der Erstürmung Leipzigs am 19. October 1813 und die Greuel auf dem Gottesacker überhaupt. Nach einer hinterlassenen authentischen Handschrift*, Leipzig 1913

Appert, Nicolas: *Die Kunst alle thierischen und vegetabilischen Nahrungsmittel mehrere Jahre vollkommen geniessbar zu erhalten*, Koblenz 1810

Armanski, Gerhard: *„... und wenn wir sterben müssen". Die politische Ästhetik von Kriegerdenkmälern*, Hamburg 1988

Arndt, Ernst Moritz: *E. M. Arndt's Schriften für und an seine lieben Deutschen. Zum ersten Mal gesammelt und durch Neues vermehrt. Band 1*, Leipzig 1845

Arndt, Ernst Moritz: *Entwurf einer teutschen Gesellschaft*, Frankfurt am Main 1814

Arndt, Ernst Moritz: *Geist der Zeit. Theil 4*, Leipzig [1807]

Arndt, Ernst Moritz, *Katechismus für den teutschen Kriegs- und Wehrmann, worin gelehret wird, wie ein christlicher Wehrmann seyn und mit Gott in den Streit gehen soll*, [Leipzig] 1813

Arndt, Fanny: *Die Deutschen Frauen in den Befreiungskriegen*, Halle 1867

Aster, Karl Heinrich: *Die Gefechte und Schlachten bei Leipzig im October 1813. Großentheils nach neuen, bisher unbenutzten archivarischen Quellen dargestellt. Zwei Theile*, 2. Ausg., Dresden 1856

Bartel, Frank: *Auszeichnungen der Deutschen Demokratischen Republik von den Anfängen bis zur Gegenwart*, Berlin 1979

Barth, Georg Karl: *Der Lützower und Pestalozzianer W. H. Ackermann aus Auerbach i.V., Lehrer an der Musterschule Frankfurt am Main*, Leipzig 1913

Bauer, Frank: *Horrido Lützow! Geschichte und Tradition des Lützower Freikorps*, München 2000

Bauer, Frank: *Napoleon in Berlin. Preußens Hauptstadt unter französischer Besatzung 1806-1808*, Berlin 2006

Baumgarten-Crusius, Artur (Hrsg.): *Die Sachsen 1812 in Russland. Nach Tagebüchern von Mitkämpfern*, Leipzig 1912

Baur, Wilhelm: *Das Leben des Freiherrn vom Stein*, Gotha 1860

Becker, Gottfried Wilhelm: *Leipzigs Schreckensszenen im September und October 1813. Zur Erinnerung für seine Bürger, zur Nachricht für Auswärtige*, Leipzig 1813

Der Befreiungskrieg 1813 (Schriften der Deutschen Sektion der Kommission der Historiker der DDR und der UdSSR 4), Berlin 1967

Bertschinger, George: *The Portraits of John Reinhold Forster and George Forster. A Catalogue Tracing the Origin of Each Portrait*, Los Gatos 2004, online unter: http://www.rainstone.com/Portraits-Forster.2.htm (zuletzt aufgerufen: 29.05.2013)

Bott, Gerhard (Hrsg.): *Freiheit – Gleichheit – Brüderlichkeit. 200 Jahre Französische Revolution in Deutschland. Germanisches Nationalmuseum, Nürnberg, 24.6.-1.10.1989* (Ausstellungskataloge des Germanischen Nationalmuseums), Nürnberg 1989

Brandt, Peter: *Die Befreiungskriege von 1813 bis 1815 in der deutschen Geschichte*, in: Grüttner, Michael (Hrsg.): *Geschichte und Emanzipation. Festschrift für Reinhard Rürup*, Frankfurt am Main 1999, S. 17-57

Brandt, Reinhard/Schmidt, Steffen (Hrsg.): *Mythos und Mythologie*, Berlin 2004

Braubach, Max: *Von der Französischen Revolution bis zum Wiener Kongreß* (Handbuch der deutschen Geschichte 14), München 1974

Burckhardt, Jacob: *Briefe*, Leipzig 1940

Burdach, Karl Friedrich: *Blicke ins Leben. Band 3-4*, Leipzig 1844-1848

Buttkereit, Helge: *Zensur und Öffentlichkeit in Leipzig 1806 bis 1813* (Kommunikationsgeschichte 28), Berlin 2009

Carlyle, Thomas: *Über Helden, Heldenverehrung und das Heldentümliche in der Geschichte*, Leipzig 1910

Claus, Clara: *Vor dreißig Jahren*, in: Neue Bahnen. Organ des Allgemeinen Deutschen Frauenvereins 31 (1896), Nr. 6, S. 50

Colomb, Friedrich August Peter von: *Aus dem Tagebuche des Rittmeisters v. Colomb. Streifzüge 1813 und 1814*, Berlin 1854

Cornelissen, Christoph: *Gerhard Ritter. Geschichtswissenschaft und Politik im 20. Jahrhundert* (Schriften des Bundesarchivs 58), Düsseldorf 2001

Dallmann, Siegfried/Rösser, Wolfgang (Hrsg.): *Lehren des nationalen Befreiungskampfes 1806 bis 1815*, Berlin 1953

Demandt, Philipp: *Luisenkult. Die Unsterblichkeit der Königin von Preußen*, Köln u. a. 2003

Deutsche Nationaldenkmale 1790-1990, hrsg. vom Sekretariat für Kulturelle Zusammenarbeit nichttheatertragender Städte und Gemeinden in Nordrhein-Westfalen, Gütersloh, Bielefeld 1993

Döhler, Karl: *Ein Brief aus dem Jahre 1813*, in: Sächsische Heimatblätter 9 (1963), Nr. 5

Dörner, Andreas: *Politischer Mythos und symbolische Politik. Der Hermannmythos. Zur Entstehung des Nationalbewußtseins der Deutschen*, Reinbek bei Hamburg 1996

Duthel, Heinz: *Die grosse Geschichte der Freimaurerei. Freimaurerei, Rituale und Grade*, 2012

Eckermann, Walther/Mohr, Hubert (Hrsg.): *Einführung in das Studium der Geschichte*, Berlin 1966

Elger, Johann Gottlieb: *Verbrennungs-Akt der englischen Waaren in einem launichten Gewande nebst ausführlicher Geschichte der Confiscation in Leipzig*, Leipzig 1810

Engels, Friedrich: *Ernst Moritz Arndt*, in: Telegraph für Deutschland 4 (1841), Nr. 2-5

Engels, Friedrich: *Immermanns „Memorabilien"*, in: Telegraph für Deutschland 4 (1841), Nr. 53-55

Erbach, Günter (Hrsg.): *Körperkultur und Sport. Namen und Zahlen* (Kleine Enzyklopädie), hrsg. im Auftr. der Deutschen Hochschule für Körperkultur, Leipzig 1965

Erzählung der merkwürdigsten Vorfälle des 26. Juli jenes angstvollen Tages für Leipzigs Bewohner, [Leipzig] 1809

Faber, Richard: *Der Tasso-Mythos. Eine Goethe-Kritik*, Würzburg 1999

Faulenbach, Bernd: *Ideologie des deutschen Weges. Die deutsche Geschichte in der Historiographie zwischen Kaiserreich und Nationalsozialismus*, München 1980

Fiedler, Helene: *Der 100. Jahrestag der Märzrevolution von 1848 im ideologischen Kampf der SED*, in: 125 Jahre Kommunistisches Manifest und bürgerlich-demokratische Revolution 1848/49. Referate und

Diskussionsbeiträge. XXI. Tagung der Kommission der Historiker der DDR und der UdSSR, 21.–22. Mai 1973 in Berlin (Internationale Reihe des Zentralinstitut für Geschichte der Akademie der Wissenschaften der DDR), Berlin 1975, S. 305–310

FISCHER, Andreas: *Goethe und Napoleon. Eine Studie*, 2., erw. Aufl., Frauenfeld 1900

FLÖSSEL, Karl Rudolph August: *Erinnerungen an die Kriegsdrangsale der Stadt Görlitz im J. 1813*, Görlitz 1863

FÖRSTER, Friedrich Christoph: *Geschichte der Befreiungs-Kriege 1813, 1814, 1815. Dargestellt nach theilweise ungedruckten Quellen und mündlichen Aufschlüssen bedeutender Zeitgenossen, sowie vielen Beiträgen von Mitkämpfern, unter Mittheilung eigener Erlebnisse* (Preussens Helden im Krieg und Frieden 5–7. Neuere und neueste preußische Geschichte 3–5), 3. Aufl., Berlin 1854–1857.

FÖRSTER, Gerhard/HOCH, Peter/MÜLLER, Reinhold: *Uniformen europäischer Armeen* (Schriften des Armeemuseums der DDR und des Militärgeschichtlichen Instituts der DDR), Berlin 1978

FRANKE, Martin: *Johann Friedrich August Tischbein. Leben und Werk* (Deutsche Hochschulschriften 698), Mikrofiche-Ausg., Egelsbach u. a. 1993

FRENZEL, Elisabeth: *Vergilbte Papiere. Die zweihundertjährige Geschichte einer bürgerlichen Familie*, Düsseldorf 1990

FRIEDRICH, Rudolf: *Die Befreiungskriege 1813-1815. Band 2: Der Herbstfeldzug 1813*, Berlin 1912

FRIEDRICH, Wilhelm: *Kurzweilige und wahrhafte Beschreibung der Schlachten bey Leipzig und alles dessen, was sich vor- und nachher zugetragen hat. Nebst einem illuminirten Spottbilde und einem sehr deutlichen Schlacht-Plane. Zu Nutz und Frommen seiner lieben Landsleute schlicht und einfältig erzählt von einem Augenzeugen und mit manchen hübschen Bemerkungen, mit gar lustigen Anekdötchen und erbaulichen Gesprächen Napoleons versehen*, Leipzig 1814

FREVERT, Ute: *Frauen-Geschichte. Zwischen bürgerlicher Verbesserung und neuer Weiblichkeit*, Frankfurt am Main 1986

FÜSSLER, Heinz (Hrsg.): *Leipzig 1813. Die Völkerschlacht im nationalen Befreiungskampf des deutschen Volkes* (Leipziger stadtgeschichtliche Forschungen 3), Leipzig 1953

FUNCKEN, Liliane/FUNCKEN, Fred: *Historische Uniformen. Napoleonische Zeit, 18. und 19. Jahrhundert. Preussen, Deutschland, Österreich, Frankreich, Grossbritannien, Russland*, München 1989

GALLI, Matteo/PREUSSER, Heinz-Peter (Hrsg.): *Deutsche Gründungsmythen* (Jahrbuch Literatur und Politik 2), Heidelberg 2008

GASPARI, Adam Christian/HASSEL, Johann Georg Heinrich/CANNABICH, Johann Günther Friedrich: *Vollständiges Handbuch der neuesten Erdbeschreibung. Abtheilung 1, Band 3*, Weimar 1819

General-Gouvernements-Blatt für Sachsen. 7. Juli – 30. Dezember 1814, Leipzig u. a. 1814

GERHARD, Ute: *Unerhört. Die Geschichte der deutschen Frauenbewegung* (rororo 8377. Sachbuch), Reinbek bei Hamburg 1990

GLASER, Hermann: *Bildungsbürgertum und Nationalismus. Politik und Kultur im Wilhelminischen Deutschland* (Deutsche Geschichte der neuesten Zeit 8. dtv 4508), München 1993

GOETHE, Theodor: *Aus dem Leben eines sächsischen Husaren und aus dessen Feldzügen 1809, 1812 und 1813 in Polen und Rußland*, Leipzig 1853

GOLDMANN, Karl: *Die preußisch-britischen Beziehungen in den Jahren 1812–1815*, Würzburg 1934

GREWENIG, Meinrad Maria (Hrsg.): *Napoleon. Feldherr, Kaiser, Mensch. [Anläßlich der Ausstellung Napoleon - Feldherr, Kaiser, Mensch, im Historischen Museum der Pfalz, Speyer]*, Ostfildern-Ruit 1998

GROSS, Johann Carl: *Erinnerungen aus den Kriegsjahren*, Leipzig 1850

GROSSE, Carl (Hrsg.): *Die große Völkerschlacht bei Leipzig im Jahre 1813. Eine Erinnerungsschrift an Leipzigs Schreckenstage während derselben*, Leipzig 1841

GÜLICH, Wolfgang: *Die Sächsische Armee zur Zeit Napoleons. Die Reorganisation von 1810*, Beucha 2006

HAGEMANN, Karen: „Deutsche Heldinnen". Patriotisch-nationales Frauenhandeln in der Zeit der antinapoleonischen Kriege, in: Planert, Ute (Hrsg.): *Nation, Politik und Geschlecht. Frauenbewegungen und Nationalismus in der Moderne* (Reihe Geschichte und Geschlechter 31), Frankfurt am Main u. a. 2000, S. 86–112

HAGEMANN, Karen: *„Männlicher Muth und Teutsche Ehre". Nation, Militär und Geschlecht zur Zeit der antinapoleonischen Kriege Preußens* (Krieg in der Geschichte 8), Paderborn u. a. 2002

HARDTWIG, Wolfgang: Geschichtsinteresse, Geschichtsbilder und politische Symbole in der Reichsgründungsära und im Kaiserreich, in: Mai, Ekkehard/Waetzold, Stephan (Hrsg.): *Kunstverwaltung, Bau- und Denkmal-Politik im Kaiserreich* (Kunst, Kultur und Politik im Deutschen Kaiserreich 1), Berlin 1981, S. 47–74

HARDTWIG, Wolfgang/BRANDT, Harm-Hinrich (Hrsg.): *Deutschlands Weg in die Moderne. Politik, Gesellschaft und Kultur im 19. Jahrhundert*, München 1993

HARDTWIG, Wolfgang: *Geschichtskultur und Wissenschaft* (dtv 4539), München 1990

HARTMANN, Jürgen: *Goethe und die Ehrenlegion*, Mainz 2005

HATTENAUER, Hans: *Deutsche Nationalsymbole. Zeichen und Bedeutung* (Analysen und Perspektiven 19), München 1984

HAUPT, Herman: Die Verfassungsurkunde der Jenaischen Burschenschaft vom 12. Juni 1815, in: Haupt, Herman (Hrsg.): *Quellen und Darstellungen zur Geschichte der Burschenschaft und der deutschen Einheitsbewegung. Band 1*, 2. Aufl., Heidelberg 1966, S. 114–161

HEINE, Gerhard: *Gneisenau. Ein großes Leben*, Oldenburg u. a. 1938

HEINE, Heinrich: *Heinrich Heine über Ludwig Börne* (Heinrich Heine's sämmtliche Werke 12), Hamburg 1862

HEISE, Birgit: *Membranophone und Idiophone. Europäische Schlag- und Friktionsinstrumente* (Instrumentarium Lipsiense), Halle an der Saale 2002

HERRMANN, Ulrich (Hrsg.): *Volk – Nation – Vaterland* (Studien zum achtzehnten Jahrhundert 18), Hamburg 1996

HEUBERGER, Georg (Hrsg.): *Moritz Daniel Oppenheim. Die Entdeckung des jüdischen Selbstbewußtseins in der Kunst*, Köln 1999

HOFFMANN, Barbara/MENDE, Jan/GOTTSCHALK, Wolfgang (Hrsg.): *Schloss & Schlüssel. Bestandskatalog der Stiftung Stadtmuseum Berlin. Sammlung des Märkischen Museums*, Berlin 1995

HOFFMANN, Stefan-Ludwig: Mythos und Geschichte. Leipziger Gedenkfeiern der Völkerschlacht im 19. und frühen 20. Jahrhundert, in: François, Etienne/Siegrist, Hannes/Vogel, Jakob (Hrsg.): *Nation und Emotion. Deutschland und Frankreich im Vergleich* (Kritische Studien zur Geschichtswissenschaft 110), Göttingen 1995, S. 111–132

HOLZHAUSEN, Paul: *Heinrich Heine und Napoleon I.*, Frankfurt am Main 1903

HUBATSCH, Walther (Hrsg.): *Freiherr vom Stein. Briefe und amtliche Schriften. Band 4: Preussens Erhebung. Stein als Chef der Zentralverwaltung. Napoleons Sturz (Januar 1813 – Juni 1814)*, Stuttgart 1963

HUSSELL, Christoph Heinrich Ludwig: *Leipzig während der Schreckenstage der Schlacht im Monat Oktober 1813 als Beytrag zur Chronik dieser Stadt. Nebst einem authentischen Berichte über die mündlichen Unterhaltungen des Kaisers Napoleon, und das, was sich während seines Aufenthalts in dem Hause zutrug, worin er vom 14. bis 18. Oktober, eine halbe Stunde von Leipzig, sein Hauptquartier hatte*, 3. Aufl., Leipzig 1814

HUSSELL, Christoph Heinrich Ludwig: *Leipzigs Geschichte seit dem Einmarsch der Verbündeten im April 1813 bis zur großen Völkerschlacht im Oktober. Als Ergänzung zu: Leipzig, während der Schreckenstage der Schlacht im Monat Oktober 1813*, Leipzig 1814

IBBEKEN, Rudolf: *Preußen 1807–1813. Staat und Volk als Idee und in Wirklichkeit. Darstellung und Dokumentation* (Veröffentlichungen aus den Archiven Preußischer Kulturbesitz 5), Köln u. a. 1970

JACOB, Karl Georg: *Erinnerungsblätter an die Schlacht bei Leipzig. Zwei Vorträge gehalten am 18. October 1842 und am 18. October 1844*, Halle 1845

Jahrbücher für Gesellschafts- und Staatswissenschaften 2 (1865), Band 3, Berlin 1865

JANSEN, Christian: *Einheit, Macht und Freiheit. Die Paulskirchenlinke und die deutsche Politik in der nachrevolutionären Epoche, 1849–1867* (Beiträge zur Geschichte des Parlamentarismus und der politischen Parteien 119), Düsseldorf 2000

JENAK, Rudolf (Hrsg.): *Mein Herr Bruder ... Napoleon und Friedrich August I. Der Briefwechsel des Kaisers der Franzosen mit dem König von Sachsen (1806–1813)*, Beucha 2010

JENAK, Rudolf: Die Realität der Österreichisch-Sächsischen Konvention vom 20. April 1813, in: *Mitteilungen des Vereins für sächsische Landesgeschichte e. V.* 5 (2007), S. 5–24

JOHNSTON, Otto W.: *Der deutsche Nationalmythos. Ursprung eines politischen Programms*, Stuttgart 1990

JOST, Ferdinand (Hrsg.): *F. F. Jost's Historische Sammlung auf die Zeit Napoleon I. speciell der Freiheitskriege 1790–1821*, Leipzig 1900

KELLER, Katrin/SCHMID, Hans Dieter (Hrsg.): *Vom Kult zur Kulisse. Das Völkerschlachtdenkmal als Gegenstand der Geschichtskultur*, Leipzig 1995

KINDLER, Karl: *Die Entstehung des neudeutschen Nationalismus in den Befreiungskriegen. Studien zur Geschichte und den Formen des Nationalismus in Europa*, Diss. Freiburg i. Br. 1950

KLEMM, Beate: Der Leipziger Frauenbildungsverein und der Allgemeine Deutsche Frauenverein. Eine Annäherung an Figuren, Strukturen, Handlungsräume, in: Hettling, Manfred/Schirmer, Uwe/Schötz, Susanne (Hrsg.): *Figuren und Strukturen. Historische Essays für Hartmut Zwahr zum 65. Geburtstag*, München 2002, S. 392–411

KLEMM, Gustav Friedrich: *Chronik der Königlich Sächsischen Residenzstadt Dresden. Zweiter Band: Die Geschichte Dresdens von 1694 bis 1827*, Dresden 1837

KLESSMANN, Christoph, *Zwei Staaten, eine Nation. Deutsche Geschichte 1955–1970* (Bundeszentrale für Politische Bildung. Schriftenreihe 343), 2., überarb. u. erw. Aufl., Bonn 1997

KNÖTEL, Richard/SIEG, Herbert: *Farbiges Handbuch der Uniformkunde. 2 Bände*, überarb. Neuaufl., Augsburg 1996

KOHLSCHMIDT, Walter: *Die Sächsische Frage auf dem Wiener Kongreß und die Sächsische Diplomatie dieser Zeit* (Aus Sachsens Vergangenheit 6), Dresden 1930

KOSELLECK, Reinhart/JEISMANN, Michael (Hrsg.): *Der politische Totenkult. Kriegerdenkmäler in der Moderne* (Bild und Text), München 1994

KRENZLIN, Ulrike: *Johann Gottfried Schadow*, Berlin 1990

KRUG, Wilhelm Traugott: *Krug's Lebensreise in sechs Stationen von ihm selbst beschrieben. Nebst Volkmar Reinhard's Briefen an der Verfasser*, neue, verb. u. verm. Aufl., Leipzig 1842

KRUMBHOLTZ, Wend: *Die Rolle der Leipziger Intelligenz in den Freiheitskriegen. [Maschinenschriftl. Arbeit]*, Leipzig 1954

KUHRT, Eberhard/LÖWIS, Henning von: *Griff nach der deutschen Geschichte. Erbeaneignung und Traditionspflege in der DDR* (Studien zur Politik 11), Paderborn u. a. 1988

KUNZE, Gerhard: *„Die Saxen sind Besien". Die Erschießung von sieben sächsischen Grenadieren bei Lüttich am 6. Mai 1815*, Berlin 2004

LANGE, Bernhard: *Die öffentliche Meinung in Sachsen von 1813 bis zur Rückkehr des Königs 1815* (Geschichtliche Studien 2, Heft 2), Gotha 1912

LANGEWIESCHE, Dieter: *Nation, Nationalismus, Nationalstaat. Forschungsstand und Forschungsperspektiven*, in: Neue Politische Literatur 40 (1995), Nr. 2, S. 190–236

Leipzig, seit dem Einmarsch der Franzosen am 18. Oktober 1806 bis zu dem in Tilsit abgeschlossenen Frieden und Napoleons des Ersten Durchreise. Ein kleiner Beitrag zur Geschichte dieser Stadt, [Leipzig] 1807

Leipzig zum 175. Jahrestag der Befreiungskriege 1813/14 mit dem Höhepunkt der Völkerschlacht bei Leipzig (16.–19. Oktober 1813), hrsg. vom Rat der Stadt Leipzig, Abteilung Kultur, Leipzig 1988

Leipziger Chronik während der Drangsale und Schrecknisse des im Sommer 1813 erneuerten Krieges. Nebst Schilderung der mit Sturm geschehenen Einnahme der Stadt und des Rückzugs der Franzosen. Aus dem Tagebuch eines aufmerksamen Zuschauers, Leipzig [1813]

LENGER, Friedrich: *Die Erinnerung an die Völkerschlacht bei Leipzig im Jubiläumsjahr 1863*, in: Hettling, Manfred/Schirmer, Uwe/Schötz, Susanne (Hrsg.): Figuren und Strukturen. Historische Essays für Hartmut Zwahr zum 65. Geburtstag, München 2002, S. 24–41

LEONHARDT, Karl Gotthelf: *Merkwürdige Ereignisse und denkwürdige Anecdoten aus der Zeit vor, während und nach der Völkerschlacht bei Leipzig*, Leipzig 1863

LEUCHS, Johann Carl: *Zehn Tausend Erfindungen und Ansichten aus einem Leben von 1797 bis Jetzt. Zweiter Band: 1820 bis 1832*, Nürnberg 1870

LEYSSER, August Friedrich Wilhelm von: *Briefe über den Feldzug 1812 in Russland. Geschrieben an den Ufern der Wolga*, in: Der Kamerad. Unterhaltende und belehrende Zeitschrift für deutsche Militärs aller Grade und Waffen, sowie für patriotisch gesinnte Bürger 1 (1863), Nr. 10

LINK, Jürgen/WÜLFING, Wulf (Hrsg.): *Nationale Mythen und Symbole in der zweiten Hälfte des 19. Jahrhunderts. Strukturen und Funktionen von Konzepten nationaler Identität* (Sprache und Geschichte 16), Stuttgart 1991

LÖNNECKER, Harald: *Rebellen, Rabauken, Romantiker. Schwarz-Rot-Gold und die deutschen Burschenschaften*, in: Flagge zeigen. Die Deutschen und ihre Nationalsymbole, Stiftung Haus der Geschichte der Bundesrepublik Deutschland, Bonn 2009, S. 27–33

LUDEN, Heinrich: *Rückblicke in mein Leben. Aus dem Nachlasse*, Jena 1847

LUDWIG, Johanna: *„Eigner Wille und eigne Kraft." Der Lebensweg von Louise Otto-Peters bis zur Gründung des Allgemeinen deutschen Frauenvereines 1865. Nach Selbstzeugnissen und Dokumenten*, bisher unveröffentlichtes Manuskript, Leipzig 2013

LUDWIG, Johanna: *Louise Otto-Peters (Pseudonyme: Otto Stern, Malwine von Steinau)*, in: Sächsische Biografie, hrsg. vom Institut für Sächsische Geschichte und Volkskunde e. V., bearb. von Martina Schattkowsky, online unter: http://saebi.isgv.de/biografie/Louise_Otto-Peters_1819-1895 (zuletzt abgerufen am 28.3.2013)

LUDWIG, Johanna: *Louise Otto-Peters' Nibelungenlibretto und ihre Beziehungen zu Musik und Komponisten*, in: Frauen erinnern und ermutigen. Berichte vom 12. Louise-Otto-Peters-Tag 2005 (LOUISEum 24), hrsg. von der Louise-Otto-Peters-Gesellschaft e. V., Leipzig 2006, S. 69–79.

LUDWIG, Johanna: *Verschafft der deutschen Bühne eine Nationaloper. Das Nibelungenlibretto von Louise Otto-Peters und ihre Beziehungen zu Musik und Komponisten*, in: Ludwig, Johanna/Rothenburg, Hannelore/Schötz, Susanne (Hrsg.): Louise Otto-Peters Jahrbuch 2 (2006) (LOUISEum 25), S. 213–229

LUDWIG, Johanna/JOREK, Rita (Hrsg.): *Louise Otto-Peters. Ihr literarisches und publizistisches Werk. Katalog zur Ausstellung* (LOUISEum 2), hrsg. im Auftrag der Louise-Otto-Peters-Gesellschaft e. V., Leipzig 1995

LURZ, Meinhold: *Kriegerdenkmäler in Deutschland. 6 Bände*, Heidelberg 1985–1987

MAASS, Johann: *Die schrecklichen Drangsale Wittenbergs während der Belagerung durch die königlich preußischen Truppen im Jahre 1813 und 1814*, Dresden 1814

MANGNER, Eduard: *Die Familien Kunze, Körner und Tischbein*, in: Schriften des Vereins für die Geschichte Leipzigs 5 (1896), S. 101–190

MARKHAM, J. David: *Imperial Glory. The bulletins of Napoleon's Grande Armée 1805–1814. With additional supporting documents*, London 2003

MAYER, Karl August: *Deutsche Geschichte für das deutsche Volk. Band 2*, Leipzig 1858

MEIER, Helmut/SCHMIDT, Walter (Hrsg.): *Erbe und Tradition in der DDR. Die Diskussion der Historiker*, Berlin 1988

MEIER, Wilhelm: *Erinnerungen aus den Feldzügen 1806 bis 1815. Aus den hinterlassenen Papieren eines Militärarztes*, Karlsruhe 1854

MEISSNER, Johann Carl: *Leipzig 1813. Tagebuch und Erinnerungen an die Völkerschlacht*, bearb. von Holger Hamecher, hrsg. von Martin Scheffer, Kassel 2001

MENZHAUSEN, Joachim: *Die entwicklungsgeschichtliche Stellung der Standbilder Gottfried Schadows*, Diss. Leipzig 1963

MERSEBURGER, Georg (Hrsg.): *Leipziger Kalender 1913. Illustriertes Jahrbuch und Chronik*, Leipzig 1913

MERSEBURGER, Georg (Hrsg.): *Leipziger Kalender 1914. Illustriertes Jahrbuch und Chronik*, Leipzig 1914

METZELTIN, Michael/WALLMANN, Thomas: *Wege zur Europäischen Identität. Individuelle, nationalstaatliche und supranationale Identitätskonstrukte* (Forum. Rumänien 7), Berlin 2010

MEURER, Karl Ulrich: *Die Rolle nationaler Leidenschaft der Massen in der Erhebung von 1813 gegen Napoleon*, Diss. Freiburg i. Br. 1953

MEUSCHEL, Sigrid: *Legitimation und Parteiherrschaft. Zum Paradox von Stabilität und Revolution in der DDR 1945–1989*, Frankfurt am Main 1992

MEUSCHEL, Sigrid: *Überlegungen zu einer Herrschafts- und Gesellschaftsgeschichte der DDR*, in: Geschichte und Gesellschaft. Sonderheft 19 (1993), S. 5–14

Meyers Enzyklopädisches Lexikon. In 25 Bänden. Band 10 und 24, 9. völlig neu bearb. Aufl., Mannheim u. a. 1975-1979

Meyers Neues Lexikon. Band 14, hrsg. von der Lexikonredaktion des Bibliographischen Instituts Leipzig, 2., völlig neu bearb. Aufl., Leipzig 1976

MICHAJLOVSKIJ-DANILEVSKIJ, Alexandr Ivanovič: *Denkwürdigkeiten aus dem Feldzuge vom Jahre 1813*, Dorpat 1837

MICHALEWICZ, Georg: *Zur Methodik der patriotischen Erziehung. Ein Leitfaden für die Unterrichtsgruppenleiter zur Behandlung der Befreiungskriege 1812/13 im Unterricht*, Berlin 1956

MÖLLER, Horst: *Fürstenstaat oder Bürgernation. Deutschland 1763 – 1815* (Siedler deutsche Geschichte Abt. 2. Die Deutschen und ihre Nation 1), Berlin 1994

MÜNCH, Reinhard: *Vive l'Empereur. Napoleon in Leipzig*, Leipzig 2008

MÜNKLER, Herfried: *Die Deutschen und ihre Mythen*, Berlin 2009

NAPOLEON: *Correspondance de Napoléon Ier. Publiée par ordre de l'empereur Napoléon III. Band 25*, Paris 1868

Napoleon. Feldherr, Kaiser, Genie. [Katalog zur Ausstellung], hrsg. von der Schallaburg Kulturbetriebsges.m.b.H., Schallaburg 2009

Napoleon und Europa. Traum und Trauma, Hrsg.: Kunst- und Ausstellungshalle der Bundesrepublik Deutschland GmbH, München u. a. 2010

NAUMANN, Robert: *Aus dem Jahre 1813. Mittheilungen den Mitgliedern des Vereines zur Feier des 19. Octobers in Leipzig gewidmet*, Leipzig 1869

NAUMANN, Robert: *Die Völkerschlacht bei Leipzig. Nebst Nachrichten von Zeitgenossen und Augenzeugen über dieselbe*, Leipzig 1863

NEEMANN, Andreas: *Landtag und Politik in der Reaktionszeit. Sachsen 1849/50–1866* (Beiträge zur Geschichte des Parlamentarismus und der politischen Parteien 126), Düsseldorf 2000

NIERITZ, Gustav: *Selbstbiographie*, Leipzig 1872

NIPPERDEY, Thomas: *Deutsche Geschichte 1800–1866. Bürgerwelt und starker Staat*, München 1983

Nipperdey, Thomas: *Nationalidee und Nationaldenkmal in Deutschland im 19. Jahrhundert*, in: Historische Zeitschrift 206 (1968), Nr. 3

Nitzsch, Carl Immanuel: *Ein Stück Wittenberger Geschichte aus dem Jahre 1813 (Mai) bis 1814 (Januar). Vortrag im evangelischen Verein am 21. März gehalten*, Berlin 1859

Norden, Albert: *Das Banner von 1813*, überarb. Ausg., Berlin 1962

Normann, H. F. (Hrsg.): *Das Fest der Erinnerung an den 17. März 1813, den Tag des Königlichen Aufrufes an das Preußische Volk und die Landwehr, gefeiert am 17. März 1838*, Berlin 1838

Nostitz, Karl von: *Aus Karls von Nostitz, weiland Adjutanten des Prinzen Louis Ferdinand von Preussen, und später russischen General-Lieutenants, Leben und Briefwechsel. Auch ein Lebensbild aus den Befreiungskriegen*, Dresden 1848

Odeleben, Otto von: *Napoleons Feldzug in Sachsen im Jahr 1813. Eine treue Skizze dieses Krieges, des französischen Kaisers und seiner Umgebungen, entworfen von einem Augenzeugen in Napoleons Hauptquartier*, Dresden 1816

Odeleben, Otto von: *Sachsen und seine Krieger in den Jahren 1812 und 1813. Ein Beitrag zur Würdigung der strategisch-politischen Ereignisse jener Zeit*, Leipzig 1829

Oesterle, Günter: *Erinnerung, Gedächtnis, Wissen. Studien zur kulturwissenschaftlichen Gedächtnisforschung* (Formen der Erinnerung 26), Göttingen 2005

Oncken, Wilhelm: *Oesterreich und Preußen im Befreiungskriege. Urkundliche Aufschlüsse über die politische Geschichte des Jahres 1813. Zweiter Band*, Berlin 1879

Oppell, Hans Adolf: *Die Stellung des sächsischen Adels zur deutschen Bewegung von 1813*, in: Deutsches Adelsblatt. Zeitschrift der Deutschen Adelsgenossenschaft für die Aufgaben des christlichen Adels 46 (1928), S. 341–342

Otto, Karl Emmerich: *Die französische Verwaltung in Sachsen im Jahre 1806. Mit besonderer Berücksichtigung der Stadt Leipzig*, Diss. Leipzig 1904

Otto, Louise [unter dem Pseudonym Otto Stern]: *Deutsche Nationalität. Zweiter Artikel: Deutsche Oper*, in: Der Wandelstern. Blätter für Unterhaltung, Literatur, Kunst und Theater 2 (1845), S. 384–388

Otto, Louise: *Frauencharaktere einer neuen Oper*, in: Neue Bahnen. Organ des Allgemeinen Deutschen Frauenvereins 7 (1872), Nr. 14, S. 105–108

Otto, Louise: *Frauenleben im deutschen Reich. Erinnerungen aus der Vergangenheit mit Hinweis auf Gegenwart und Zukunft*, Leipzig 1876

Otto, Louise: *Johanna Häußer*, in: Neue Bahnen. Organ des Allgemeinen Deutschen Frauenvereins 4 (1869), Nr. 8, S. 59–60

Otto, Louise [unter der Abkürzung L. O.]: *Krieg!*, in: Neue Bahnen. Organ des Allgemeinen Deutschen Frauenvereins 5 (1870), Nr. 16, S. 121–122

Otto, Louise: *Musikalische Erinnerungen*, in: Deutsche Revue über das gesamte nationale Leben der Gegenwart 11 (1886), S. 100–106, 228–234

Otto, Louise: *Die Nibelungen als Oper*, in: Neue Zeitschrift für Musik 13 (1845), S. 49–51

Otto, Louise [unter der Abkürzung L. O.]: *Sieg*, in: Neue Bahnen. Organ des Allgemeinen Deutschen Frauenvereins 5 (1870), Nr. 18, S. 137–139

Otto, Louise: *Die Theilnahme der weiblichen Welt am Staatsleben*, in: Vorwärts! Volks-Taschenbuch 5 (1847), S. 37–63

Otto, Louise: *Theodor Körner. Ein Gedenkblatt zum 26. August 1865*, in: Unterhaltungen am häuslichen Herd. 4. Folge 1 (1863), Nr. 34, S. 666–671

Otto, Louise: *Theodor Körner. Vaterländische Oper in fünf Akten und einem Vorspiel. Des Königs Aufruf*, Musik von Wendelin Weißheimer, München 1872

Otto-Peters, Louise: *Das erste Vierteljahrhundert des Allgemeinen deutschen Frauenvereins. Gegründet am 18. Oktober 1865 in Leipzig. Auf Grund der Protokolle mitgeteilt*, Leipzig 1890

Otto-Peters, Louise: *Das Recht der Frauen auf Erwerb. Blicke auf das Frauenleben der Gegenwart*, hrsg. im Auftrag der Louise-Otto-Peters-Gesellschaft e. V. von Astrid Franzke, Johanna Ludwig und Gisela Notz (LOUISEum 7), [Wiederveröff. der Erstausg. 1866], Leipzig 1997

Otto-Peters, Louise: *Zum 25jährigen Bestehen des Frauenbildungsvereins in Leipzig*, in: Neue Bahnen. Organ des Allgemeinen Deutschen Frauenvereins 25 (1890), Nr. 4, S. 25–29

Paul, Alfred E. Otto: *Der neue Johannisfriedhof in Leipzig*, Leipzig 2012

Pelzer, Erich: *Die Wiedergeburt Deutschlands 1813 und die Dämonisierung Napoleons*, in: Höpel, Thomas (Hrsg.): Deutschlandbilder – Frankreichbilder, 1700 – 1850. Rezeption und Abgrenzung zweier Kulturen, Leipzig 2001, S. 271–284

Pertz, Georg Heinrich: *Das Leben des Feldmarschalls Grafen Neithardt von Gneisenau. 5 Bände*, Berlin 1864–1880

Planert, Ute: *Der Mythos vom Befreiungskrieg. Frankreichs Kriege und der deutsche Süden. Alltag – Wahrnehmung – Deutung 1792–1841* (Krieg in der Geschichte 33), Paderborn u. a. 2007

Planert, Ute: *Die Nation als „Reich der Freiheit" für Staatsbürgerinnen. Louise Otto zwischen Vormärz und Reichsgründung*, in: Planert, Ute (Hrsg.): Nation, Politik und Geschlecht. Frauenbewegungen und Nationalismus in der Moderne (Reihe Geschichte und Geschlechter 31), Frankfurt am Main u. a. 2000, S. 113–130

Plessen, Marie-Louise von (Hrsg.): *Marianne und Germania 1789–1889. Frankreich und Deutschland. Zwei Welten – eine Revue. Eine Ausstellung der Berliner Festspiele GmbH im Rahmen der „46. Berliner Festwochen 1996" als Beitrag zur Städtepartnerschaft Paris – Berlin im Martin-Gropius-Bau, vom 15. September 1996 bis 5. Januar 1997*, Berlin 1996

Plessen, Marie-Louise/Spoerri, Daniel: *Le Musée sentimental de Prusse. Aus großer Zeit! Eine Ausstellung der Berliner-Festspiele-GmbH im Berlin-Museum [vom 16. August – 15. November 1981]*, Berlin 1981

Poppe, Maximilian: *Chronologische Übersicht der wichtigsten Begebenheiten aus den Kriegsjahren 1806–1815. Mit besonderer Beziehung auf die Leipziger Völkerschlacht und Beifügung der Original-Dokumente. 2 Bände*, Leipzig 1848

Pradel, Elvira: *Die Frauengestalten in Louise Otto-Peters' Opernlibretti*, in: Ludwig, Johanna/Pradel, Elvira/Schötz, Susanne (Hrsg.): Louise Otto-Peters Jahrbuch 1 (2004) (LOUISEum 19), S. 184–191

Puschner, Uwe: *18. Oktober 1813. „Möchten die Deutschen nur alle und immer dieses Tages gedenken!" – die Leipziger Völkerschlacht*, in: François, Etienne/

Puschner, Uwe (Hrsg.): Erinnerungstage. Wendepunkte der Geschichte von der Antike bis zur Gegenwart, München 2010, S. 145–162

Ranke, Leopold von: *Weltgeschichte. Theil. 9, Abt. 2: Ueber die Epochen der neueren Geschichte. Vorträge dem Könige Maximilian II. von Bayern gehalten*, Leipzig 1888

Reder, Dirk Alexander: *Frauenbewegung und Nation. Patriotische Frauenvereine in Deutschland im frühen 19. Jahrhundert (1813–1830)* (Kölner Beiträge zur Nationenforschung 4), Köln 1998

Reike, Lutz: *Napoleon in Dresden*, in: Dresdner Geschichtsbuch 1 (1995), hrsg. vom Stadtmuseum Dresden, S. 45–66

Richter, Albert: *Quellenbuch für den Unterricht in der deutschen Geschichte*, hrsg. von Ernst Kornrumpf, 8. verm. Aufl., Leipzig 1916

Richter, Erwin Bruno: *Siegfried August Mahlmann. Ein sächsischer Publizist am Anfang des XIX. Jahrhunderts*, Dresden 1934

Ritter, Gerhard: *Europa und die deutsche Frage. Betrachtungen über die geschichtliche Eigenart des deutschen Staatsdenkens*, München 1948

Rochlitz, Friedrich: *Tage der Gefahr. Die Völkerschlacht bei Leipzig*, Dresden u. a. 1908

Rodekamp, Volker (Hrsg.): *Leipzig original. Stadtgeschichte vom Mittelalter bis zur Völkerschlacht. Katalog zur Dauerausstellung des Stadtgeschichtlichen Museums im Alten Rathaus*, Altenburg 2006

Rodekamp 2008 = Rodekamp, Volker (Hrsg.): *Völkerschlacht. [Ausstellungskatalog FORUM 1813, Museum zur Völkerschlacht bei Leipzig]*, 3. Aufl., Leipzig 2008

Rühlmann, Paul: *Die öffentliche Meinung in Sachsen während der Jahre 1806 bis 1812* (Geschichtliche Untersuchungen 1), Gotha 1902

Sabrow, Martin (Hrsg.): *Verwaltete Vergangenheit. Geschichtskultur und Herrschaftslegitimation in der DDR* (Geschichtswissenschaft und Geschichtskultur im 20. Jahrhundert 1), Leipzig 1997

Schaar, Sebastian: *Christian Friedrich Frenzel (1780 – 1864). Erinnerungen eines sächsischen Infanteristen an die napoleonischen Kriege. Edition und Kommentar* (Bausteine aus dem Institut für Sächsische Geschichte und Volkskunde 11), Dresden 2008

Schäfer, Kirstin Anne: *Die Völkerschlacht*, in: François, Etienne/Schulze, Hagen (Hrsg.): Deutsche Erinnerungsorte. Band II, München 2002

Scharnhorst, Gerhard von: *Ausgewählte Schriften* (Schriften des Militärgeschichtlichen Instituts der DDR), hrsg. von Hansjürgen Usczeck und Christa Gudzent, Berlin 1986

Scheffler 1995 = Scheffler, Sabine/Scheffler, Ernst: *So zerstieben getraeumte Weltreiche. Napoleon I. in der deutschen Karikatur* (Schriften zur Karikatur und kritischen Grafik 3), Stuttgart 1995

Scherr, Johannes: *Blücher. Seine Zeit und sein Leben. Band 2*, Leipzig 1863

Schmidt, Jochen: *Die Geschichte des Genie-Gedankens in der deutschen Literatur, Philosophie und Politik 1750–1945. 2 Bände*, Darmstadt 1985

Schmidt, Otto Eduard (Hrsg.): *Aus der Zeit der Freiheitskriege und des Wiener Kongresses. 87 ungedruckte Briefe und Urkunden aus sächsischen Adelsarchiven* (Aus Sachsens Vergangenheit 3), Leipzig 1914

Schmidt, Otto Eduard: *Carl Adolf von Carlowitz und Ferdinand von Funck*, in: Neues Archiv für sächsische Geschichte und Altertumskunde 55 (1934), S. 125–139

SCHMOLL, Friedemann: *Verewigte Nation. Studien zur Erinnerungskultur von Reich und Einzelstaat im württembergischen Denkmalkult des 19. Jahrhunderts* (Stuttgarter Studien 8), Tübingen u. a. 1995

SCHLOSSER, Ludwig Wilhelm Gottlob: *Erlebnisse eines sächsischen Landpredigers in den Kriegsjahren 1806 bis 1813*, Leipzig 1846

SCHÖTZ, Susanne: *Leipzig und die erste deutsche Frauenbewegung*, in: Döring, Detlef/Schirmer, Uwe (Hrsg.): Leipzigs Bedeutung für die Geschichte Sachsens, Leipzig 2013 [im Druck]

SCHÖTZ, Susanne: *Zur Entstehungsgeschichte des Allgemeinen Deutschen Frauenvereins vor 135 Jahren in Leipzig*, in: Hundt, Irina/Kischlat, Ilse (Hrsg.): Zwischen Tradition und Moderne. Frauenverbände in der geschichtlichen Kontinuität und im europäischen Diskurs heute, Berlin 2002, S. 11–23

SCHROETER, Bernhard (Hrsg.): *Für Burschenschaften und Vaterland. Festschrift für den Burschenschafter und Studentenhistoriker Prof. (FH) Dr. Peter Kaupp*, Norderstedt 2006

SCHULZE, Friedrich (Hrsg.): *1813–1815. Die deutschen Befreiungskriege in zeitgenössischer Schilderung*, Leipzig 1912

SCHULZE, Friedrich August: *Memoiren. Theil 2*, Bunzlau 1837

SCHULZE, Wolfgang-Georg: *Spottmünzen und -medaillen auf Napoleon III. (1848–1872)* (Kleine Hefte der Münzsammlung an der Ruhr-Universität Bochum 6), Bochum 1980

SERRIER, Thomas: *Das Posener Gneisenau-Denkmal 1913. Antinapoleonische Variation im deutsch-polnischen Nationalitätenkampf*, in: Jaworski, Rudolf/Molik, Witold (Hrsg.): Denkmäler in Kiel und Posen, Kiel 2002, S. 126–138

SIEBER, Siegfried: *Ein Romantiker wird Revolutionär. Lebensgeschichte des Freiheitskämpfers August Peters und seiner Gemahlin Louise Otto-Peters, der Vorkämpferin deutscher Frauenrechte*, Dresden 1948

SPECK-STERNBURG, Maximilian von: *Landwirthschaftliche Beschreibung des Rittergutes Lützschena bei Leipzig, mit seinen Gewerbszweigen*, Leipzig 1842

SPEITKAMP, Winfried: *Die Verwaltung der Geschichte. Denkmalpflege und Staat in Deutschland 1871–1933* (Kritische Studien zur Geschichtswissenschaft 114), Göttingen 1996

SPORSCHIL, Johann: *Die große Chronik. Geschichte des Krieges des Verbündeten Europa's gegen Napoleon Bonaparte in den Jahren 1813, 1814 und 1815. 5 Bände*, 5. Stereotyp-Aufl., Braunschweig 1844

STEFFENS, Henrik: *Novellen. Gesamtausgabe. Band 16: Malcolm. 4*, Breslau 1838

STRAUBE, Fritz: *Die Rolle der russischen Truppen bei der Befreiung Deutschlands vom napoleonischen Joch*, Diss. Berlin 1961

Tagesgeschichte des freiwilligen Jäger-Detachements des Füsilier-Bataillons 1sten Pommerschen, jetzigen 2ten Infanterie-Regiments während des Feldzuges von 1813 und 1814, Stettin 1845

THAMER, Hans-Ulrich: *Die Völkerschlacht bei Leipzig. Europas Kampf gegen Napoleon* (Beck'sche Reihe 2774), München 2013

TOBIAS, Carl Anton: *Beiträge zur Geschichte der Stadt Zittau. Band 1: Begebenheiten und Erlebnisse in Zittau 1813*, Zittau 1863

TÖPPEL, Roman: *Die Sachsen und Napoleon. Ein Stimmungsbild 1806–1813* (Dresdner Historische Studien 8), 2., durchges. Aufl., Köln u. a. 2013

TÖPPEL, Roman: *Die sächsische Wirtschaft, Kriegslasten und die Kontinentalsperre*, in: Hemmerle, Oliver Benjamin/Brummert, Ulrike (Hrsg.): Zäsuren und Kontinuitäten im Schatten Napoleons. Eine Annäherung an die Gebiete des heutigen Sachsen und Tschechien zwischen 1805/06 und 1813 (Schriftenreihe Studien zur Geschichtsforschung der Neuzeit 62), Hamburg 2010, S. 37–50

TORABI, Habibollah: *Das Jahr 1813 im Spiegel bürgerlich-revolutionärer zeitgenössischer Presse. Zur nationalen und sozialen Frage der deutschen Befreiungskriege* (Europäische Hochschulschriften. Reihe 22, Soziologie 88), Frankfurt am Main u. a. 1984

TROSKA, Ferdinand: *Die Publizistik zur sächsischen Frage auf dem Wiener Kongress* (Hallesche Abhandlungen zur neueren Geschichte 27), Halle 1891

ULBRICHT, Gunda: *Instandbesetzt. Der Modellfall Sachsen 1813-15*, in: Schnabel-Schüle, Helga/Gestrich, Andreas (Hrsg.): Fremde Herrscher – fremdes Volk. Inklusions- und Exklusionsfiguren bei Herrschaftswechseln in Europa (Inklusion – Exklusion 1), Frankfurt am Main u. a. 2006, S. 139–168

ULBRICHT, Walter: *Zur Geschichte der deutschen Arbeiterbewegung. Band 4: 1950-1954*, Berlin 1958

UNGER, Wolfgang von: *Blücher. 2 Bände*, Berlin 1907–1908

VARNHAGEN VON ENSE, Karl August: *Werke. In fünf Bänden. Band 1–3: Denkwürdigkeiten des eigenen Lebens* (Bibliothek deutscher Klassiker 22), Frankfurt am Main 1987

VEHSE, Carl Eduard: *Geschichte der deutschen Höfe seit der Reformation. Band 6: Geschichte des preußischen Hofs und Adels und der preußischen Diplomatie*, Hamburg 1851

VIETH, Johann Justus von: *Auszüge aus den Papieren eines Sachsen. Anekdoten und Ereignisse als Beiträge zur Geschichte des Königreichs Sachsen in den Jahren 1812 bis 1815*, Meißen 1843

VIRCHOW, Rudolf (Hrsg.): *Archiv für pathologische Anatomie und Physiologie und für klinische Medicin* 31 (1871)

VISCHER, Friedrich Theodor: *Vorschlag zu einer Oper*, in: Vischer, Friedrich Theodor: Kritische Gänge. Zweiter Band, Tübingen 1844, S. 399–436

Vom militärischen Beruf, hrsg. von der Politischen Hauptverwaltung der Nationalen Volksarmee, 3. Aufl., Berlin 1979

WEHLER, Hans Ulrich: *Deutsche Gesellschaftsgeschichte. Band 1: Vom Feudalismus des Alten Reiches bis zur defensiven Modernisierung der Reformära 1700–1815*, München 1887

WEISSHEIMER, Wendelin: *Erlebnisse mit Richard Wagner, Franz Liszt und vielen anderen Zeitgenossen, nebst deren Briefen*, Stuttgart u. a. 1898

WIEGAND, Peter: *Neue Interessen und neue Gesichtspunkte – Friedrich August I. von Sachsen als Verbündeter Napoleons*, in: Martin, Guntram/Vötsch, Jochen/Wiegand, Peter (Hrsg.): 200 Jahre Königreich Sachsen. Beiträge zur sächsischen Geschichte im napoleonischen Zeitalter (Saxonia 10), Beucha 2008, S. 82–122

WITZLEBEN, Caesar Dietrich von: *Geschichte der Leipziger Zeitung. Zur Erinnerung an das zweihundertjährige Bestehen der Zeitung*, Leipzig 1860

WOLFRUM, Edgar: *Geschichtspolitik in der Bundesrepublik Deutschland. Der Weg zur bundesrepublikanischen Erinnerung 1948–1990*, Darmstadt 1999

WOLZOGEN, Ludwig von: *Memoiren des königlich preußischen Generals der Infanterie Ludwig Freiherrn von Wolzogen. Aus dessen Nachlaß unter Beifügung officieller militärischer Denkschriften*, mitgetheilt von Alfred Freiherrn von Wolzogen, Leipzig 1851

ZAMOYSKI, Adam: *1812. Napoleons Feldzug in Russland*, München 2012

ZEZSCHWITZ, Joseph Friedrich von: *Mittheilungen aus den Papieren eines sächsischen Staatsmannes*, 2. Aufl., Dresden 1864

ZIRGES, Wilhelm: *Sachsen in den Jahren 1813 und – 1815, oder wie das so gekommen ist. Neuer Abdruck von merkwürdigen Documenten aus jener für Sachsen so verhängnißvollen Zeit*, Leipzig 1839

HELDEN NACH MASS *200 Jahre Völkerschlacht*
Ausstellung 4.9.2013–5.1.2014
Stadtgeschichtliches Museum Leipzig
Böttchergäßchen 3, 04109 Leipzig

Gesamtleitung
Dr. Volker Rodekamp

Idee und Konzeption
Steffen Poser

Kuratierung
Ulrike Dura, Steffen Poser

Wissenschaftliche Beratung
Prof. Dr. Monika Flake, Berlin
Dr. Harald Homann, Leipzig
Prof. Dr. Susanne Schötz, Dresden

Autoren
Dr. Frédéric Bußmann, Museum der bildenden Künste Leipzig
Ulrike Dura, Stadtgeschichtliches Museum Leipzig
Magdalena Gehring, M.A., Dresden
Prof. em. Dr. Alfred Grosser, Publizist, Soziologe, Politologe, Paris
Stefan Grus, Direktor des Deutschen Schützenmuseums Schloss Callenberg, Coburg
Prof. em. Dr. Wolfgang Häusler, Institut für Österreichische Geschichtsforschung, Wien
Dr. Harald Homann, Universität Leipzig, Institut für Kulturwissenschaften
Dr. Armin Panter, Hallisch-Fränkisches Museum Schwäbisch Hall
Ilona Kohlberg, Friedrich-Ludwig-Jahn-Museum, Freyburg/Unstrut
Steffen Poser, Stadtgeschichtliches Museum Leipzig
Marina Schieke-Gordienko, Musikabteilung der Staatsbibliothek zu Berlin – Preußischer Kulturbesitz
Prof. Dr. Susanne Schötz, Technische Universität Dresden, Institut für Geschichte
Christof Theiler, Wien
Dr. Roman Töppel, Institut für Zeitgeschichte München-Berlin

Ausstellungsgrafik
Plural | Severin Wucher, Berlin
Kilian Krug, Manja Schiemann, Severin Wucher

Ausstellungsarchitektur
KatzKaiser, Köln/Darmstadt
Marcus Kaiser, Tobias Katz, Sabrina Schönemann, Micaela Zellhofer

Ausstellungssekretariat
Christin Kaaden
Michael Volosinovszki

Bibliographische Recherchen
Marko Kuhn

Bild-Recherchen
Christof Kaufmann
Steffen Talhi

Technische Leitung
Michael Stephan

Aufbau
Robert Brückner
Marion Elaß
André Gloger
Thomas Müller
Hanna Spitczok von Brisinski
Michael Stephan
Dr. Andreas Thüsing
Michael Volosinovszki

Realisierung
Diakonische Leipziger gGmbH, Leipzig
Kollege Fißler GmbH, Exponateinrichtungen, Niederschöna
Malerbetrieb Hermann Keil, Leipzig
Urban & Urban Werbeunternehmen, Leipzig

Restaurierung
Andrea Knüpfer, Halle
kunsterhalten/Sybille Reschke, Leipzig
Barbara Schinko, Dresden

Transporte
André Gloger
Hasenkamp Internationale Transporte GmbH, Dresden
Museal Leipzig

Audioguide
tonwelt professional media GmbH Berlin
Steffen Poser

Koordination Multimedia
Michael Stephan

Multimedia
Michael Heinz, Kamera & Produktion Leipzig
Lecos GmbH Leipzig
Trion Film Berlin

Öffentlichkeitsarbeit
Nathalie Ackermann
Christine Becker

Vermittlung
Dana Albertus
Elke Schaar

Leihgeber
Bezirksmuseum Braunau am Inn
Bundesarchiv Koblenz
Dentalhistorisches Museum Zschadraß
Fichtelgebirgsmuseum Wunsiedel
FLOHBURG - Das Nordhausen Museum
Friedrich-Ludwig-Jahn Museum Freyburg a. d. Unstrut
Pfarrer Christian Führer, Leipzig
Georg-August-Universität Göttingen, Ethnologische Sammlung des Instituts für Ethnologie
Germanisches Nationalmuseum Nürnberg
GRASSI Museum für Musikinstrumente der Universität Leipzig
Hallisch-Fränkisches Museum Schwäbisch-Hall
Historisches Museum Frankfurt am Main
Kunstmuseen Krefeld
Kulturhistorisches Museum der Hansestadt Stralsund
Militärhistorisches Museum der Bundeswehr Dresden
Musée de l'Armée, Hôtel National des Invalides, Paris
Musée Royal de l'Armée et d'Histoire Militaire Bruxelles/Brüssel
Museum der bildenden Künste Leipzig
Museum der Weltkulturen Frankfurt am Main
Museumslandschaft Hessen Kassel
Schützengesellschaft Kronach e.V./Deutsches Schützenmuseum Schloss Callenberg, Coburg
Staatliche Kunsthalle Karlsruhe
Staatliche Schlösser, Burgen und Gärten Sachsen gGmbH, Burg Mildenstein, Leisnig
Staatsarchiv Würzburg
Stadtmuseum Jena
Stiftung Deutsches Historisches Museum Berlin
Stiftung Stadtmuseum Berlin, Landesmuseum für Kultur und Geschichte Berlin
Stiftung Weimarer Klassik und Kunstsammlungen, Herzogin Anna Amalia Bibliothek
Christof Theiler, Wien
Universität Leipzig, Medizinhistorische Sammlung des Karl-Sudhoff-Instituts für Geschichte der Medizin und der Naturwissenschaften der Medizinischen Fakultät
und private Leihgeber

Anhang

Hinweise zur Benutzung

Sofern nicht anders angegeben gehören die Objekte den Sammlungen des Stadtgeschichtlichen Museums.
Maßangaben bei Originalen sind Höhe x Breite x Tiefe, sofern nicht anders angegeben.

Bildnachweis

Alle nicht gesondert verzeichneten Abbildungen stammen von Steffen Talhi, Leipzig.

Archiv der Gesellschaft der Musikfreunde, Wien: S. 147 o.
Bezirksmuseum Braunau am Inn: S. 121 o.
Bundesarchiv Koblenz: S. 178 o.
Ddp images/dapd/Berliner Verlag/Klaus Winkler: S. 76 l.
Dpa/Tim Brakemeier: S. 194 u.
Deutsches Historisches Museum Berlin: S. 78 r., 87 u.l., 97 o.l., 104 o.l., 134 M., 135 l., 139 o.r.
Deutsches Rundfunkarchiv Potsdam-Babelsberg: S. 87 u.r.
FLOHBURG – Das Nordhausen Museum/Ilona Bergmann: S. 96 u.l.
Friedrich-Ludwig-Jahn-Museum, Freyburg/Unstrut: S. 80 M.r.
Georg-August-Universität Göttingen, Ethnologische Sammlung des Instituts für Ethnologie/Harry Haase, Göttingen: S. 144 u.
Gerhard Gäbler: S. 179 o.r.
Germanisches Nationalmuseum Nürnberg, Sammlung Löffelholz/Georg Janßen: S. 151 o.
Thomas Goller/Familie May-Weißheimer: S. 55
GRASSI Musikinstrumenten-Museum der Universität Leipzig/Foto Stekovice: S. 95 o.l.
Hallisch-Fränkisches Museum Schwäbisch Hall: S. 149 r.
Stan Hema GmbH, Berlin: S. 119 (3x)
Historisches Museum Frankfurt am Main/Horst Ziegenfusz: S. 129 u.
Kulturhistorisches Museum Stralsund: S. 89 u.
Kunstmuseen Krefeld: S. 152
Militärhistorisches Museum der Bundeswehr Dresden: S. 100, 103 o.
Musée de l'Armée, Hôtel National des Invalides, Paris: S. 187 o. und l.
Musée Royal de l'Armée et d'Histoire Militaire, Brüssel: S. 187 o.r.
Museum der bildenden Künste Leipzig: S. 138 o.l., 142, 146 o.
Museumslandschaft Hessen-Kassel: S. 88 o.
Österreichisches Staatsarchiv, Abteilung Haus-, Hof- und Staatsarchiv: S. 162, 165

Schützengesellschaft Kronach e. V./Deutsches Schützenmuseum Schloss Callenberg, Coburg: S. 163
Skyeurope: S. 140
Staatliche Kunsthalle Karlsruhe/A. Fischer; H. Kohler: S. 129 o.
Staatliche Kunstsammlungen Dresden/Herbert Boswank: S. 176
Staatsarchiv Würzburg: S. 149 l.
Staatsbibliothek zu Berlin-Preußischer Kulturbesitz, Musikabteilung mit Mendelssohn-Archiv: S. 86 o.
Stadtarchiv Mainz: S. 145 l.
Stadtgeschichtliches Museum Leipzig/Helga Schulze-Brinkop: S. 23, 24 u., 81 u.r., 126 (2x), 131 o., 154 o.
Stadtgeschichtliches Museum Leipzig/Christof Sandig: S. 24 o., 37
Stadtmuseum Jena/Burschenschaft Arminia auf dem Burgkeller: S. 181 o.
Stiftung Preußischer Kulturbesitz, Geheimes Staatsarchiv: S. 177 u.r.
Stiftung Stadtmuseum Berlin: S. 166
Stiftung Stadtmuseum Berlin/Hans-Joachim Bartsch: S. 175 o.l.
Stiftung Stadtmuseum Berlin/Michael Setzpfandt: S. 175 o.r.
Stiftung Weimarer Klassik und Kunstsammlungen, Herzogin Anna Amalia Bibliothek: S. 145r.
Titanic – Das endgültige Satiremagazin: S. 170 u.
Christof Theiler, Wien: S. 167 (3x)
ullstein bild: S. 67, 112, 158 r., 179 u.
ullstein bild/Sven Simon: S. 159 o.
Universitätsbibliothek Leipzig: S. 143 u.
Weltkulturen Museum Frankfurt am Main/Maria Obermaier: S. 144 o.
Wikimedia Commons: S. 11
www.wikipedia.org: S. 82 (Porträt)
Bei einigen Bildern konnten die Inhaber der Rechte nicht ermittelt werden. Berechtigte Ansprüche werden selbstverständlich berücksichtigt.

Impressum

© Stadtgeschichtliches Museum Leipzig & Autoren
Herausgeber: Dr. Volker Rodekamp, Direktor des
Stadtgeschichtlichen Museums Leipzig,
Einrichtung der Stadt Leipzig

Redaktion: Christine Becker, Ulrike Dura, Steffen Poser, Dr. Andreas Thüsing
Gestaltung: Gabine Heinze/TOUMAart
Titelmotiv: weite kreise/Patricia Müler, Berlin
Druck und Herstellung: Druckerei Hennig Markkleeberg

ISBN 978-3-910034-18-1